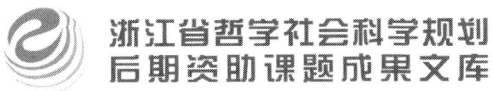
浙江省哲学社会科学规划
后期资助课题成果文库

全球化与区域化：
福建对外贸易研究(1895–1937)

Quanqiuhua Yu Quyuhua:
Fujian Duiwai Maoyi Yanjiu (1895-1937)

刘梅英　著

中国社会科学出版社

图书在版编目(CIP)数据

全球化与区域化：福建对外贸易研究（1895—1937）/刘梅英著．—北京：中国社会科学出版社，2016.4
ISBN 978－7－5161－8238－3

Ⅰ.①全… Ⅱ.①刘… Ⅲ.①地方外贸－研究－福建省－1895－1937 Ⅳ.①F752.857

中国版本图书馆 CIP 数据核字（2016）第 111718 号

出 版 人	赵剑英
责任编辑	宫京蕾
责任校对	秦 婵
责任印制	何 艳

出　　版	中国社会科学出版社
社　　址	北京鼓楼西大街甲 158 号
邮　　编	100720
网　　址	http：//www.csspw.cn
发 行 部	010－84083685
门 市 部	010－84029450
经　　销	新华书店及其他书店

印刷装订	北京市兴怀印刷厂
版　　次	2016 年 4 月第 1 版
印　　次	2016 年 4 月第 1 次印刷

开　　本	710×1000　1/16
印　　张	23.5
插　　页	2
字　　数	386 千字
定　　价	88.00 元

凡购买中国社会科学出版社图书，如有质量问题请与本社营销中心联系调换
电话：010－84083683
版权所有　侵权必究

目 录

第一章 导论 ……………………………………………………… (1)
 第一节 学术史回顾 ……………………………………………… (2)
 第二节 概念的界定 ……………………………………………… (10)
  一 概念界定 …………………………………………………… (10)
  二 研究对象界定 ……………………………………………… (11)
 第三节 理论和方法的运用 ……………………………………… (12)
  一 世界体系理论及运作机制 ………………………………… (12)
  二 地域经济圈理论及运作机制 ……………………………… (15)
 第四节 文章架构及主要观点 …………………………………… (17)
  一 文章架构 …………………………………………………… (17)
  二 主要观点 …………………………………………………… (19)
 第五节 资料评析 ………………………………………………… (20)
  一 档案资料及资料汇编 ……………………………………… (20)
  二 中外调查 …………………………………………………… (21)
  三 新中国成立前后统计资料及专门著述 …………………… (21)
  四 报刊及地方史志资料 ……………………………………… (22)

第二章 从区域到全球：历史描述（前202—1894） …………… (24)
 第一节 区际贸易（公元前202—1500） ……………………… (24)
  一 世界整体发展与中国 ……………………………………… (24)
  二 福建对外贸易发展阶段 …………………………………… (25)
  三 福建对外贸易的特点和成因 ……………………………… (30)
 第二节 早期经济全球化与区域贸易（1500—1894） ………… (35)
  一 早期经济全球化条件下的福建贸易（1500—1840）…… (35)

二　资本主义经济全球扩张下的福建对外贸易（1840—1894） …………………………………………………… (46)
　　三　福建对外贸易的发展趋势和主要特征 ………………… (64)

第三章　全球推进与区域发展（1895—1937） ………………… (67)
第一节　国内外环境变迁 ………………………………………… (67)
　　一　世界体系中心发生转移 ………………………………… (67)
　　二　近代中国社会经济的发展 ……………………………… (69)
第二节　战前踯躅（1895—1913） ……………………………… (71)
　　一　贸易踯躅概况 …………………………………………… (72)
　　二　主要影响因素 …………………………………………… (76)
第三节　战时萧条（1914—1918） ……………………………… (91)
　　一　贸易概况 ………………………………………………… (92)
　　二　主要影响因素 …………………………………………… (95)
第四节　战后繁荣（1919—1931） ……………………………… (104)
　　一　贸易繁荣概况 …………………………………………… (105)
　　二　主要影响因素 …………………………………………… (107)
第五节　全球衰退（1932—1937） ……………………………… (116)
　　一　贸易衰落概况 …………………………………………… (116)
　　二　主要影响因素 …………………………………………… (118)

第四章　全球化与区域化：商品结构（1895—1937） …………… (123)
第一节　福建进口商品结构 ……………………………………… (123)
　　一　进口商品种类大大增多 ………………………………… (123)
　　二　主要进口商品主导进口贸易的变化趋势 ……………… (126)
　　三　大宗进口商品多数是日常消费品和生活必需品 ……… (128)
第二节　主要进口商品 …………………………………………… (135)
　　一　鸦片 ……………………………………………………… (135)
　　二　棉纺织品 ………………………………………………… (145)
　　三　毛纺织品 ………………………………………………… (156)
　　四　五金类 …………………………………………………… (157)
　　五　煤油和火柴等引燃物 …………………………………… (159)
　　六　粮食类 …………………………………………………… (165)
第三节　福建出口商品结构 ……………………………………… (184)

  一 出口以福建的土特产品为主 …………………………… (184)
  二 主要出口商品地位此消彼长 …………………………… (187)
 第四节 主要出口商品 ……………………………………………… (189)
  一 茶 ………………………………………………………… (189)
  二 木材 ……………………………………………………… (205)
  三 纸 ………………………………………………………… (213)
  四 烟草 ……………………………………………………… (218)
  五 瓜果蔬菜、鱼介海味等食用品 ………………………… (221)
  六 其他 ……………………………………………………… (223)

第五章 全球化与区域化：市场结构（1895—1937） ……………… (228)
 第一节 福建对外贸易市场结构 …………………………………… (228)
  一 福建进口贸易的市场结构 ……………………………… (229)
  二 福建出口贸易的市场结构 ……………………………… (238)
  三 福建对外贸易市场结构的变化 ………………………… (246)
 第二节 福建对外贸易的主要国家和地区 ……………………… (248)
  一 闽港贸易 ………………………………………………… (248)
  二 闽台贸易 ………………………………………………… (256)
  三 闽日贸易 ………………………………………………… (264)
  四 闽英贸易 ………………………………………………… (273)
  五 闽美贸易 ………………………………………………… (279)
  六 福建与东南亚的贸易 …………………………………… (286)

第六章 全球化、区域化与经济变迁 ……………………………………… (308)
 第一节 交通运输业 ………………………………………………… (308)
  一 福建—日本或福建—台湾—日本 ……………………… (310)
  二 福建—欧美或福建—香港—欧美 ……………………… (314)
  三 福建—东南亚或福建—新加坡—东南亚 ……………… (315)
 第二节 金融业 ……………………………………………………… (319)
  一 中外银行 ………………………………………………… (319)
  二 传统金融机构 …………………………………………… (322)
 第三节 主要商贸市场 ……………………………………………… (326)
  一 总体发展 ………………………………………………… (326)
  二 福州市场 ………………………………………………… (335)

三　厦门市场 …………………………………………………… (337)
**第七章　全球化与区域化：福建对外贸易的发展趋势、地位、
　　　　特点** …………………………………………………………… (339)
　第一节　福建对外贸易的发展趋势和地位 ………………………… (339)
　　一　发展趋势 …………………………………………………… (339)
　　二　历史地位 …………………………………………………… (341)
　第二节　福建对外贸易的特点 ……………………………………… (346)
　　一　福建贸易长期入超依靠信汇平衡；而全国入超主要依靠
　　　　引进外资平衡 …………………………………………… (346)
　　二　福建商品结构变动体现了半殖民地条件下地域经济的影响
　　　　作用 ……………………………………………………… (349)
　　三　福建外资市场结构的变化从欧美转向亚洲，实际上体现
　　　　了地域经济圈的重要性 ………………………………… (351)
参考文献 ……………………………………………………………… (353)
后记 …………………………………………………………………… (369)

第一章

导　论

　　21世纪的今天，经济全球化纵深发展引起资金、技术、人才、信息等方方面面都成为一个不可分割的统一整体。经济全球化对各个国家和地区的经济社会的影响可以说前所未有。如何在全球经济一体化的大潮中发挥区域经济优势，却是摆在国人面前的一个重要问题，这个问题如果不能正确解决，则会产生因盲从而忽略区域优势导致经济发展后劲不足的严重问题。从近现代以来全球发展史研究中，我们看到，近代以来，在资本主义经济向全球推进的过程中，学者们把目光更多地投入资本主义对中国经济社会发展直接和间接的影响，从而深入探讨了在早期经济全球化过程中卷入及其适应的过程和深度，而没有更多地关注区域经济在全球化过程中发挥的不可轻视的作用。关于这个问题，史学界研究中外经济关系的专家戴一峰教授曾给予合理的评价，认为：近代中外经济关系史的研究基本上被定格在中西经济关系的框架内，一部近代中外经济关系史几乎成了中西经济关系史，近代中国与周邻亚洲地区（除日本外）的经济关系被很大程度地忽略了。[①] 本书从这一评价出发在全球化的大视野中思考区域经济如何共同发展，即近代以来东南沿海地区与周边亚洲地区是否还保存着、怎样保持着历史上形成的源远流长的经济联系。从1895—1937年间福建近代对外贸易受到资本主义全球推进的直接影响引发的经济变迁入手进行历史的解读和分析。

　　地处中国东南沿海的福建，背山面海的地理位置、山多田少的自然环境、"以海为田"的生存趋向、好价善贾的经商传统造就了其对外贸易历史源远流长，对外贸易市场广泛，尤其是与亚洲周边地区经济联系非常密切。问题是福建作为长期以来繁荣发达的对外贸易区域，为什么到近代却

[①] 戴一峰：《近代环中国海华商跨国网络研究论纲》，《中国社会经济史研究》2002年第1期。

失去了昨日的辉煌而表现出了发展后劲不足？为什么同处东南沿海地区，福建的贸易发展却远远落后于其他地区？在资本主义世界体系不断推进过程中，福建对外贸易到底发生了怎样的变化，其影响因素是什么？为什么在对外贸易优势日益丧失的情况下，福建又能消纳相对比出口更多的进口商品？在近代福建日益被边缘化的过程中，其贸易市场结构又发生了怎样的历史变迁？对外贸易又究竟引起怎样的经济变迁？表现出怎样独特的区域性特征？

第一节 学术史回顾

国内外的学者较早关注贸易问题。民国时期，国民政府为发展经济，力求改进贸易统计事业，并作为巩固统治的内容之一，由国立"中研院"首倡对国际贸易统计资料进行整理，编纂成《六十五年来中国国际贸易统计》资料①，统计分析了1864—1928年中国对外贸易的基本情况和全国各港埠的直接进出口贸易值，其中福建三口贸易统计资料第一次被整理出来，为研究对外贸易提供了第一手的数据支持。福建省政府秘书处统计室响应国民政府的倡导，针对本省经济发展衰落现状，补充本省贸易统计事业的缺失而出版了对外贸易统计及福建调查统计丛书。②《福建历年对外贸易统计》③根据海关贸易统计资料，对1899—1933年间的福建三口岸输出入贸易的发展阶段、贸易总体情况、主要输出入商品量值变化进行了整理。五年之后，福建省政府统计处周浩等人对福建的贸易发展情况进行了补充和重新分析，编成《二十八年来福建省海关贸易统计》资料④，对民国以来的对外贸易做出了整体的勾勒。另外，1940年福建省政府秘书处统计室编成的调查统计丛书之二《福建经济研究》（上、下册），其中

---

① 杨端六、侯厚培：《六十五年来中国国际贸易统计》，国立"中研院"社会科学研究所专刊，第4号，1931年版。

② 福建省政府秘书处统计室编，福建调查统计丛书有：郑林宽：《福建华侨汇款》，1940年版；《福建经济研究》（上、下册），1940年版。翁礼馨：《福建之木材》，1940年版；林存和：《福建之纸》，1941年版；唐永基、魏德端：《福建之茶》，1941年版。

③ 福建省政府秘书处统计室：《福建历年对外贸易统计》，1935年版。

④ 福建调查统计丛书之六，周浩等：《二十八年来福建省海关贸易统计》，福建省政府统计室1941年版。

贸易目次下的七篇文章非常有代表性①，直接涉及这一时期的文章有《1934—1935年的福建对外贸易》、《二十四年来福建省对外贸易长期趋势之检讨》等。《福建经济研究》中的《福建主要物产之产销概况》一文则对本省民国以来的大宗特产茶、木材、纸、糖等的产销情况做了简要分析②。另外，还有《福建之木材》、《福建之纸》、《福建之茶》（上、下册）、《福建省粮食之运销》等系列丛书③，分别从单种商品木材、纸、茶、粮食等的产运销及其他相关问题进行了阐述；《福建省银行三周年纪念刊》④简要介绍了1934—1936年的福建贸易问题；经济建设特刊《闽政月刊》中《福建贸易概况》（1935—1939年）详细考察了1935—1939年间的贸易；福建省政府建设厅编印的《福建经济概况》⑤主要简介了民国以来尤其是抗战前后（1935—1939年、1946年）的贸易情况。新中国成立前夕，萨士武、傅衣凌编著的《福建对外贸易史研究》论文集⑥，以近代以前的福建省对外贸易，如明代管理机构市舶司、港口、前清的厦门洋行为主要研究对象，并附载了福州琉球通商史绩调查记。其关于对外贸管理机构及"中介商"洋行的研究，为后人研究对外贸易史指出了新的发展方向。另外，清末、民国时期不少著述如《福建近代民生地理志》、《福建大中华地理志》、《商务官报》、《商业月报》、《中外经济周刊》、《中行月刊》、《银行月报》、《银行周报》、《统计副刊》、《闽政月刊》、《旅行杂志》、《福建文化》等，都不同程度地涉及福建的贸易情况⑦。

---

① 民国二十九年福建省政府秘书处统计室编，福建调查统计丛书之二《福建经济研究》（上、下）下册"贸易"目下的文章有：张果为等：《福建历年对外贸易概况》；陆大年：《民国二十三—二十四年两年来福建之对外贸易》；郑林宽：《福建战时对外贸易发展过程鸟瞰》；周浩：《二十八年来本省对外贸易之分析》；林鉴辉：《二十四年来福建省对外贸易长期趋势之检讨》；翁礼馨：《非常时期本省省际贸易之检讨》；郑林宽：《战时福建贸易与汇兑问题》等。

② 翁礼馨：《福建主要物产之产销概况》，《福建经济研究》，福建省政府秘书处统计室，第244—282页。

③ 国立"中研院"社会科学研究所丛刊第十一种，巫宝三、张之毅：《福建省粮食之运销》，商务印书馆1938年版。

④ 陈肇英：《福建省银行三周年纪念刊》，福州万有图书社印行1938年版。

⑤ 福建省政府建设厅，朱代杰、季天祐编：《福建经济概况》，1947年版。

⑥ 萨士武、傅衣凌：《福建对外贸易史研究》，福建省研究院社会科学研究所1948年版。

⑦ 陈文涛：《福建近代民生地理志》，福州远东印书局1929年版。林传甲：《大中华福建省地理志》，中国地学会1919年版。朱大仑：《厦门的茶叶市场》，《商业月报》第16卷，1936年（4）第4版。《福建省贸易概况》，《闽政月刊》第9卷，福建省政府秘书处编译室1941年（8）第2期。

国外学界尤其是日本学界也关注到了福建外贸史的研究。最具代表性的当推东亚同文会出版的关于中国的系列志书《支那省别全志》（福建卷）①，重点研究了福建省市场、贸易、城市、交通及邮电、主要物产及商事习惯、工矿、输入品、商业机关及保险、金融货币及度量衡等问题，不仅是一部门类齐全的经济巨著，也是研究近代福建对外贸易的很珍贵的参考资料。还有部分日文书籍和文章涉及福建近代对外贸易的内容。②

这些成果一方面为后人研究福建对外贸易提供了非常珍贵的第一手资料，另一方面也反映了时人对经济贸易问题的关注程度。但总观这些成果，基本上是遵循对外贸易研究的一般范式，即简单地描述对外贸易发展的脉络，基本停留在就事论事上。

特别是改革开放以来经济形势引发对外贸易研究热潮。厦门大学中国社会经济史研究室编著的《福建经济发展简史》③专章讨论了近代对外贸易问题，其中述及外商设立洋行、银行、轮船公司以操纵福建对外贸易经营权，1894年前后的出超、入超情况，主要出口商品茶、纸、木材的发展及由盛转衰的原因，主要进口商品粮食、纺织品、丝织品及毛织品情况，三都澳、福州、厦门口岸的贸易特点及影响作用。林仁川教授从对外贸易历史演化及管理机构变迁的角度探讨了各个时期的贸易体制、贸易特点、进出口商品结构、港口变迁及对外贸易对地方经济的影响问题，可以说是研究福建对外贸易通史的第一部专著④。开掘较深，颇见新意。⑤ 但该书对近代福建对外贸易的市场结构、对外贸易变化原因等问题论述有所欠缺。林仁川教授还以"还历史以本来面目"的精神作指导，生动细致地描述了明末清初私人海上势力发展的背景、贸易国别地区、贸易额及贸易率的测算、贸易管理和条令、特点和性质、影响和作用、困难与障碍等

---

① 《支那省别全志（福建省志）》，东亚同文会，大正九年（1920）。

② 《支那沿岸水路志》（第1卷），水路部，大正八年（1919），附注：第四编"厦门港"第373—500页。台湾总督府务事部：《福州事情》，台北印刷株式会社1941年版，第1册。外务省通商局：《福建事情》，启成社大正六年（1917）九月二十一日。

③ 厦门大学历史研究所、中国社会经济史研究室编著：《福建经济发展简史》，厦门大学出版社1989年版。

④ 林仁川：《福建对外贸易与海关史》，鹭江出版社1991年版。

⑤ 戴一峰：《中国近代海关史研究述评》，《厦门大学学报》（哲学社会科学版）1996年第3期。

问题，应该说是对外贸易史研究的范本，值得借鉴。① 廖大珂教授从交通变迁的视角探讨了福建海外交通发展历程及对外贸易概况。② 林庆元教授为代表的一批专家从晚清和民国两个时期论述福建近代对外贸易发展变化概况、进出口商品结构、主要商品输出入、鸦片和苦力贸易情况，并论述了对外贸易对工商企业的影响。③ 具体深入地研究各个商埠的对外贸易如三都澳、福州贸易已经开始进行，值得大家关注。④

对外贸易的发展变化受到多种因素的影响。戴一峰教授认为近代厦门华侨以侨汇为联结点形成的侨乡与移居地两个消费市场的存在，拉动、支持、平衡、影响了福建对外贸易及与外贸有关的国内各行业的发展，阐明了移民与贸易的关系。厦门作为闽南华侨出入之口岸、消费之市场、投资之场所和汇款之集散地，促进了厦门近代海洋轮船客运业的发展并带动了厦门近代航运业，促进了厦门与东南亚的贸易与国内贸易的发展，带动了近代工业的发展，而投资的增加特别促进了城市公用事业等的发展。⑤ 戴一峰教授还从人口、市场与经济、厦门区域经济、商人及商人网络等方面论述了近代福建对外贸易的影响和制约因素，为福建对外贸易研究开拓了新的研究方向。⑥

近代福建的出口商品引起学者的广泛关注，茶叶贸易成果最为显著。台湾学者陈慈玉较早从中国茶叶与世界市场的关系角度考察了福建茶叶出口贸易问题。⑦ 胡刚着重分析了19世纪末叶以来茶叶贸易衰落的情况及影响因素：如国际市场的影响、外商的操纵、封建政府繁重的苛税及中外商人要求压价等。⑧ Robert Gardella⑨、彭景元⑩从厦门茶叶贸易发展史角度着重分析了茶叶出口

---

① 林仁川：《明末清初私人海上贸易》，华东师范大学出版社1987年版。
② 廖大珂：《福建海外交通史》，福建人民出版社2002年版。
③ 林庆元：《福建近代经济史》，福建教育出版社2001年版。
④ 张振玉：《近代福州港对外贸易述略》，《福建史志》2000年第6期。梁民愫：《试论近代福建三都澳开埠后的对外贸易及其特征》，《江西师范大学学报》（哲学社会科学版）2000年第4期。
⑤ 戴一峰：《闽南华侨与近代厦门城市经济的发展》，《华侨华人历史研究》1994年第2期。
⑥ 戴一峰：《区域性经济发展与社会变迁——以近代福建地区为中心》，岳麓书社2004年版。
⑦ 陈慈玉：《中国近代茶叶贸易和世界市场》，台北经济研究所1982年版。
⑧ 胡刚：《近代福建茶叶对外贸易的盛衰》，《中国经济问题》1985年第1期。
⑨ Robert Gardella, *Harvesting Mountains*: *Fujian and the China Tea Trade*, 1757—1937 [D], Berkeley: University of California Press, c1994.
⑩ 彭景元：《试论近代厦门茶叶贸易五十年》，《农业考古》1995年第4期。

贸易发展、高峰、衰败的阶段及衰落的原因，外国银行操纵的洋行控制、封建厘税的影响，及本地茶叶质量粗劣使本地茶叶贸易受阻；而后厦门茶叶出口过分依赖台湾乌龙茶和过分倚重美国市场，是造成茶叶出口贸易一蹶不振的重要原因。黄智森①对近代福建木材产地及木材贸易品种价值的消长变化进行研究，分析了木材业到 20 世纪 30 年代由盛转衰的原因。还有不少涉及出口商品如茶、纸、木材、粮食的文章，即不在此概述。②

福建贸易流向是对外贸易的重要方面。现有的成果较多关注了闽台贸易、闽港贸易及贸易走私问题等。叶涛考察了日据时期闽台贸易、大陆与台湾贸易、日台贸易的发展情况，详细考察了闽台贸易走势及消长变化、台商经营活动、闽台贸易商品结构、闽台贸易航运等问题，认为走私是日据时期闽台贸易的特征之一，闽台贸易的国际贸易性质也无法抹杀闽台贸易的互补性③。谢冰分析了日据时期闽台贸易发展阶段及原因、商品结构的变化，认为闽台贸易实质上已成为中日两国贸易的组成部分，是一种间接的中日贸易，并指出由于中国对日本倾销商品、掠夺原料的抵制，导致闽台贸易走私严重，台资是依附于闽台贸易而存在的④。相关论著涉及清末民初时段的也不少，为深化研究闽台关系研究奠定了学术基础。⑤ 陈名实主要探讨了鸦片战争前后及 19 世纪 60—70 年代厦门与香港的商品贸易往来，指出港厦贸易长期顺差，主要与中转外国洋货，输出厦门土特产及国内其他产品有关⑥。

---

① 黄智森：《近代福建木材贸易的兴衰》，《福建史志》1991 年第 4 期。

② 《近代福建茶叶外销消长的原因》，《福建论坛》（文史哲版）1985 年第 5 期。林仁川：《民国时期福建的木材生产与输出》，《中国社会经济史研究》1988 年第 4 期。林仁川：《民国时期福建纸的生产与运销》，《中国社会经济史研究》1989 年第 1 期。徐晓望：《清—民国福建粮食市场的变迁》，《中国农史》1992 年第 3 期。

③ 叶涛：《日据台时期闽台贸易考略》，《中国边疆史地研究》1998 年第 1 期。

④ 谢冰、曾国良：《日据时期闽台经济关系研究》，《中南民族学学报》（人文版）2001 年第 5 期。

⑤ 《闽台关系史》，《福建论坛》1988 年第 1 期，第 2 期，第 5 期。何绵山：《闽台经济与文化论集》，厦门大学出版社 2002 年版。金泓：《闽台经济关系：历史—现状—未来》，鹭江出版社 1992 年版。顾铭：《闽台经贸关系研究》，厦门大学出版社 1994 年版。许雪姬：《日治时期的〈台湾华侨〉(1937—1945)》。张炎宪：《中国海洋发展史论文集》（第 6 辑），"中研院"中山人文社会科学研究所 1997 年版。刘素芬：《日治初期台湾的海运政策与对外贸易（1895—1914）》，《中国海洋发展史论文集》第 7 辑（下册），1999 年版。唐次妹：《厦门与台湾》，鹭江出版社 1999 年版。

⑥ 陈名实：《晚清福建厦门港与香港的经贸往来》，《福建史志》1997 年第 3 期。

近代福建与日本的贸易及文化交流也早已受到关注。戴一峰教授的《近代旅日华侨与东亚地区交易圈》著作以长崎商号"泰益号"为个案详细地分析了闽台贸易及其网络特征，非常值得深入探讨①。

其他的史志研究如对外经济贸易史志②、航运史志、交通史志、港口史志③，福建省志、海关史志④等从不同角度研究了福建对外贸易及其与国际市场的互动关系⑤。

除了实证研究之外，国内外学者开始从理论与方法上突破传统。从20世纪50年代费正清的冲击—反应理论、罗兹曼的现代化理论、费兰克的依附理论、沃勒斯坦的世界体系理论，到以人际关系为纽带的网络理论的兴起和不断发展，学界不断寻求全球化浪潮冲击下的国家和地区之间的

---

① 市川信爱、戴一峰编：《近代旅日华侨与东亚地区交易圈》，厦门大学出版社1994年版。雷慧英：《近代福建与日本的贸易及文化交流》，《福建学刊》1998年第2期。

② 福建省地方志编纂委员会编：《福建省志·对外经贸志》，中国社会科学出版社1999年版。苏水利等：《厦门对外经济贸易志》，中国统计出版社1998年版。厦门市社会科学界联合会编：《迈向21世纪海洋新时代："厦门海洋社会经济文化发展国际学术研讨会"论文选》，厦门大学出版社2000年版。

③ 《福建省航运史（近代部分）》，福建省航运史编写组1988年版。福建省轮船总公司史志办编：《福建水运志》，人民交通出版社1997年版。林开明主编：《福建航运史（古近代部分）》，人民交通出版社1994年版。《福建航运史（现代部分）》，人民交通出版社2001年版。福建省地方交通史志编纂委员会编著，李功瑞主编：《福建省交通志》，鹭江出版社1998年版。厦门交通志编纂委员会编：《厦门交通志》，人民交通出版社1989年版。李金明：《厦门海外交通》，鹭江出版社1996年版。福州港史志编辑委员会编：《福州港史》，人民交通出版社1996年版。厦门港史志编纂委员会编：《厦门港史》，人民交通出版社1993年版。郑之钦：《福建港论文集》，福州港务局出版社1992年版。邓孙禄：《厦门港志》，人民交通出版社1994年版。顾海：《厦门港》，福建人民出版社2001年版。郑剑顺：《福州港》，福建人民出版社2001年版。蓝达居：《喧闹的海市：闽东南港市兴衰与海洋人文》，江西高校出版社1999年版。庄为玑：《海上集》，厦门大学出版社1996年版。

④ 中华人民共和国厦门海关编著：《厦门海关志（1684—1989）》，科学出版社1994年版。福建省地方志编纂委员会编：《福建省志·海关志》，方志出版社1995年版。

⑤ 王日根、陈支平：《福建商帮：海商劲旅，积极进取》，中华书局1995年版。林金水：《福建对外文化交流史》，福建教育出版社1997年版。陈文石：《明嘉靖年间浙福沿海寇乱与私贩贸易的关系》，"中研院"历史语言研究所1965年版。陈东有：《走向海洋贸易带：近代世界市场互动中的中国东南人行为》，江西高校出版社1998年版。

经贸关系的更加贴合历史和逻辑的视角。① 从西方世界兴起向东方寻求财富,到全球经济一体化条件下中国经济的腾飞,人们开始反思,东方到底何以为兴? 现实的观照激起人们从自身发展的动力角度解读历史,寻找答案。如何诠释中国近现代以来在世界经济一体化过程中具有鲜明地方特色的区域经济的发展,已成为时人关注的焦点。学界更加注重以历史的眼光和实事求是的态度去分析历史现实和问题。曾在史学界掀起巨波的日本学者滨下武志教授的著作《近代中国的国际契机》,突出从"亚洲的角度"观察亚洲史,引起了学界长时期的争鸣。滨下武志教授认为,历史上的亚洲存在着以中国为中心的朝贡关系和朝贡贸易关系,以此为基础形成了"亚洲经济圈"即"前近代亚洲市场"。亚洲经济圈理论的历史延续性问题在曾经以出口茶叶为大宗、大量华侨出国到东南亚地区并有大量侨汇流入的福建区域得到最有力的明证。戴一峰的《近代旅日华侨与东亚沿海地区交易圈》② 利用原始商业书简和账簿资料,以旅日华商泰益号为个案,详细考察了泰益号及其与东南沿海的贸易联系,深入剖析了民国初期以厦门为贸易中心的中国海华商贸易网络,充分肯定了华商在近代亚洲交易圈中的地位,超越了以往华商从属于西方商人的传统观点。本著作以商人为切入点,用网络理论提升和架构,其理论与视角的"两新"值得学界充分关注。另外,美国伯克利加州大学卡蒂埃·卡罗林(Cartier Carolynlee) 1991届的博士学位论文《中国华南沿海的商业城市:宁波、福州和厦门(1840—1930)》③ 从三个城市的商业经济传统与商人组织活动角度,阐述了国际与国内和东南亚商贸网络、资金网络及其对这些城市近代化的作用。美国加利福尼亚大学库克·詹姆斯·亚历山大(Cook, James Alexander)的博士学位论文《通往现代化的桥梁:厦门、华侨和东南沿海的现

---

① [美] 吉尔伯特·罗兹曼:《中国的现代化》,江苏人民出版社2003年版。[美] 伊曼纽尔·沃勒斯坦:《现代世界体系》,尤来寅等译,高等教育出版社1998年版。[美] 苏耀昌:《华南丝区:地方史的变迁与世界体系理论》,中州古籍出版社1987年版。[美] 柯文:《在中国发现历史——中国中心观在美国的兴起》,林同奇译,中华书局1989年版。朱国宏:《经济社会学》,复旦大学出版社1999年版。

② [日] 市川信爱、戴一峰:《近代旅日华侨与东亚沿海地区交易圈:长崎华商"泰益号"文书研究》,厦门大学出版社1994年版。

③ Cartier, Carolynlee, *Mercantile Cities on the South China Coast*: *Ningbo, Fuzhou, and Xiamen*, 1840—1930. Berkeley: University of California, 1991.

代化（1843—1937）》①从厦门华侨在全球形成的移民、商业贸易网络对厦门及移居地社区的经济影响揭示了厦门现代化的原因。除此之外，港澳台地区及海外还有不少相关著述出版，涉及了福建对外贸易的重要内容。②

通过爬梳相关研究，福建对外贸易（1895—1937）的研究主要集中在历史过程的概述、大宗出口商品如茶、木材、纸等的贸易，日据时期闽台贸易、闽日贸易及三都澳、福州、厦门三个口岸贸易的个案研究。到目前为止，关于福建对外贸易（1895—1937）的研究还存在几个方面的问题：一是尽管研究成果不少，但至今仍没有人全面系统、具体细致地勾勒1895—1937年福建对外贸易发展的历史脉络及发展变化的原因；二是商品结构的研究不乏其人，但进出口商品结构整体发展变化及主要进出口商品的消长和地位的研究还不到位；三是有关福建对外贸易的市场结构的研究，可以说多局限于闽台贸易，而整体市场结构的变动和其他国别和地区的贸易研究成果相对较少；四是关于1895—1937年福建对外贸易研究的新视角、新方法还要进行尝试。

基于此，本著作从经济一体化的全球推进历史出发，以世界体系理论和地域经济圈理论为指导，用统计学和比较史学的方法作为主要分析工具，着重梳理福建对外贸易（1895—1937）发展阶段及成因，探讨对外贸易商品结构和市场结构的具体变化，及对外贸易引发的福建区域经济变迁情况，还原历史的本来面貌，勾勒1895—1937年福建对外贸易的总体形象，总结其特征，透视世界体系对福建的影响，即福建卷入世界体系是否具有独特的地方性特征？并从纵向上考察这一时期福建对外贸易究竟在多大程度上受传统贸易圈的支配和影响？也就是"地域经济圈"怎样或在多大程度上影响着福建的对外经济联系？

---

① Cook, James Alexander, *Bridges to Modernity: Xiamen, Overseas Chinese and Southeast Coastal Modernization* 1843—1937, San Diego: University of California, 1998.

② 李国祁：《中国现代化的区域研究：闽浙台地区，1860—1916年》，"中研院"近代史研究所1987年版。林满红：《清末台湾与祖国大陆之贸易形态比较》，《中国近代现代史论集》，第29集，台湾。廖赤阳：《福建商人と近代アジア域内传统贸易——长崎华商泰益号の厦门贸易を中心として》，为日本南京大学1993年硕士论文（未刊）。朱德兰博士学位论文：《近代における长崎华商泰益号の国际贸易活动の研究》，1995年日本九州大学文学部学位论文。发表的《长崎华商泰益号与厦门地区商号之间的贸易》，收于《中国海洋发展史论文集》（"中研院"中山人文社会科学研究所1999年第7辑。）

第二节　概念的界定

对外贸易是考察和衡量福建近代经济地位的重要杠杆，本书仅就经济全球化过程中世界体系和地域经济圈共同作用下的福建对外贸易的历史变迁进行详细考察。

一　概念界定

1. 对外贸易及贸易平衡

对外贸易，亦称"进出口贸易"或"国外贸易"，指一个国家（或地区）对其他国家（或地区）的商品交换。① 随着对外贸易对象的不断增多，对外经济联系从商品到技术、劳务的不断发展，对外贸易的概念也发生了变化。当代有关对外贸易的概念，多指"一个国家（或地区）与另外一个国家（或地区）之间的商品和劳务交换。对外贸易由进口和出口两个部分组成，对一个国家（或地区）来说，进口就是运进商品和劳务，也叫'输入'，出口就是运出商品和劳务，也叫'输出'"。② 由于近代福建对外贸易主要以商品的进出口为主③，本书主要以福建与国外包括港、台、澳地区有形的商品的进出口贸易作为分析的对象。

贸易平衡，又称"贸易差额"，指一国（或地区）在一定时期内（通常为一年）出口商品总值与进口商品总值的对比，出口商品总值超过进口商品总值，为"出超"即贸易顺差，反之则为"入超"，即"贸易逆差"④。本书讨论的对外贸易平衡问题，其意相同。

2. 对外贸易商品结构

商品结构是指一国在一定时期内，各类进出口商品在其对外贸易总额中的组成情况⑤。本书所指的福建对外贸易商品结构是指一定时期内进出

---

① 《辞海》（经济分册），上海辞书出版社1978年版，第390页。
② 张跃庆、张念宏：《经济大辞海》，海洋出版社1992年版。
③ 福建近代有大量的华工出国，并出现了规模巨大移民潮，并对福建产生了重要的影响，也是对外贸易的内容，参见戴一峰《五口通商时期的福建对外贸易》，《福建论坛》（文史哲版）1988年第1期。
④ 《辞海》（经济分册），上海辞书出版社1978年版，第393页。
⑤ 同上书，第394页。

口商品的构成及各类商品在福建对外贸易中所占的比重或地位。进口商品结构是指福建进口商品的构成以及各类进口商品在本地进口贸易中所占的比重或地位。出口商品结构是指福建出口商品的构成以及各类出口商品在本地出口贸易中所占的比重或地位。对外贸易商品结构是反映该区域经济技术发展水平、产业结构状况、资源情况及商品在国际市场上竞争力的重要杠杆。通过进出口商品结构的分析，可以了解福建对外贸易中的优势与不足，从而观察产业经济发展运行过程中出现的问题，从而为经济发展服务。

3. 对外贸易市场结构

对外贸易市场结构是指对外贸易的对象国的构成及各个对象国在对外贸易中所占的比重和地位。近代福建对外贸易的对象国可以说遍布亚、非、欧、美、澳洲等国家和地区，但随着国际形势的不断变化，各个贸易对象国所占的比重和地位也相应发生变化，即对外贸易市场结构不断发生变化。通过福建对外贸易市场结构的考察和探讨，我们不但可以了解近代福建主要贸易伙伴和地区的变化趋势和概貌，而且还可以了解造成市场结构变动的主要影响因素，从而说明福建贸易在经济全球化进程中表现出怎样的特点。

二 研究对象界定

1. 研究对象的界定

一个区域对外贸易的研究，首先必须对该区域的范围进行认定。区域经济学中主要以经济活动及其联系作为认定区域的主要考察标准，认为一个区域一般具有某种经济特征和经济发展任务，经济活动相对独立，内部联系紧密且较为完整，并是具有特定功能的地域空间。[①] 福建作为中国东南沿海的一个行政区划省份，由于具有相对封闭的自然地理环境，是一个综合自然区，一个相对独立的地理单元。它不仅在地貌上，而且在水系、气候特征上也自成单元。福建所有河流均源于本省，又在本省海岸线入海（仅汀江下游在广东入海）。[②] 同时，独特的历史发展脉络和经济、人文传统，使福建基本成为相对独立的经济区域。近代中国在西方资本主义的条

---

① 张敦富：《区域经济学原理》，中国轻工业出版社1999年版，第3页。
② 陈佳源主编：《福建省经济地理》，新华出版社1991年版，第7—8页。

约体制下开埠通商，最初开放五口中，福建首开两埠福州和厦门。到19世纪末，由于条约商埠的不断开放，清政府为发展商务、保护利权，自主开放了一些商埠，三都澳就是其中之一。因此，近代福建对外贸易主要是指三都澳、福州、厦门三口的对外贸易。

2. 研究对象的时间界定

本著作聚焦于1895—1937年这一历史时期。1894—1895年东亚日益崛起的日本为执行其军事扩张的"大陆政策"，发动了影响世界的侵华战争——中日甲午战争，其结果使曾隶属福建省的台湾被日本占领为殖民地，割断了闽台之间传统的互济贸易，并划福建为势力范围，强占租界地，加强对资源的掠夺和商品、资本的输出。由此开始，以台湾、福建为据点，作为"南下政策"的步骤，以期向东南亚扩张而实现独霸亚洲、实现"脱亚入欧"的梦想。直到20世纪30年代制造"九一八事变"，并于1937年发动全面侵华战争为止，标志着日本实施"大东亚共荣圈"的全球扩张时期到来。本书将集中讨论这样一个特定历史时期福建对外贸易的种种变化。

3. 研究对象的空间界定

福建对外贸易的空间结构，主要指福建与中国以外的国家和地区之间的贸易往来。但由于近代中国的半殖民地性质造成了不少领土被资本主义列强侵占，如香港、澳门、台湾等地。因而，近代福建与上述地区的贸易往来均归入对外贸易。因此，书中福建对外贸易的空间范围是指福建与包括香港、台湾、澳门在内的地区以及其他国家之间的贸易。

第三节　理论和方法的运用

本书主要运用区域经济学的一般原理及地域经济圈、亚洲经济圈的理论来探究传统贸易圈对1895—1937年福建对外贸易的影响；并试图运用沃勒斯坦的世界体系理论来解释在中国不断卷入世界体系过程中，日益被边缘化对福建对外贸易的影响。

一　世界体系理论及运作机制

世界体系理论是20世纪70年代由美国兴起的一种理论和方法。作为一种理论，世界体系理论基于资本主义世界经济一体化发展，以霸权国家兴衰隆替及其殖民格局的不断变化、多元文明的交锋碰撞等层面重新建构世界秩序，主张以世界体系为单位来分析不同国家的发展以及世界体系的整体发展；作为分析方法，世界体系理论借鉴法国年鉴学派长时段、大范围的研究模式，采用一体化的学科分析方法，超越以往理论的以国家作为分析单元，而是用"历史体系作为分析单元"，认为在与国际贸易相联系的单一劳动分工基础上不断发展的资本主义通过不断向外扩张，逐步形成了一个相对独立的、不断变化的世界经济体系。"它具有范围、结构、成员集团、合理规则和凝聚力。"① 沃氏从三个方面概括了资本主义世界经济的特征："一是从地域上已扩展到整个世界；二是已经显示出一种扩张和紧缩的周期模式，而且不断改变着经济角色的地理位置（霸权的兴衰，特殊的中心区、边缘区以及半边缘区的起伏动荡）；三是已经历了一个长期演化的过程，包括生产技术的进步、工业化、无产阶级化以及对这种制度本身的结构性的政治抵制力量的出现——这种转化今天仍在继续。"②

就理论框架来看，世界体系主要涉及两个问题，一是世界体系作为一个社会体系，它的结构问题；二是世界体系作为一个社会体系，它的发展问题。③ 也正是由于世界体系的结构的不断变化和世界体系的周期性和趋势性的运动，不断影响着整个世界体系核心、半边缘、边缘角色的不断变动。

从世界体系结构看，"中心区"指世界体系中占优势的地区，往往是一些经济发达的国家。一方面，他们不仅通过不平等的分工关系控制了有利的贸易通道，而且可以利用边缘地带提供的原材料和廉价劳动力生产高附加值产品，从而始终在世界市场占据垄断地位；另一方面，这些地区都有一个强有力的国家。但随着世界体系的不断变迁，中心区也在不断地移动，中心区的霸权国家也在随着势力的竞争和较量进行转换。

"边缘区"是指在世界体系中处于边缘地位的地区，边缘区为现代世界体系提供廉价的劳动力、原料和初级产品（主要是农产品、矿产品及劳动密集型产品），由于中心区和边缘区之间的不等价交换，边缘区相对来

---

① ［美］伊曼纽尔·沃勒斯坦：《现代世界体系》（第1卷），尤来寅译，高等教育出版社1998年版，第460页。

② ［美］伊曼纽尔·沃勒斯坦：《现代世界体系》（第2卷），尤来寅译，高等教育出版社1998年版，第6页。

③ 王正毅：《世界体系论与中国》，商务印书馆2000年版，第75页。

说国家力量相对软弱，边缘区在世界体系中处于被剥削的地位，但边缘区也在进行着资本的积累，有可能上升到半边缘区的地位。

"半边缘区"是指介于中心区和边缘区之间的区域，这类国家既受中心国家控制，同时又可部分地控制边缘国家。在沃勒斯坦看来，"半边缘区是一个世界经济体不可缺少的结构性要素。这些地区所起的作用同帝国中各贸易集团能起的作用相似。"① 半边缘区在现代世界体系中的独特地位，决定了其上升为中心区或下降为边缘区的双重可能性。半边缘概念的引入，避免了依附理论中心剥削边缘，以致边缘注定不发达的宿命论的判断。

世界体系的发展问题，主要涉及两个问题，一个是社会时间问题，也被称作世界体系的周期问题；一个是内在矛盾问题，它涉及世界体系的趋向问题。这是世界体系在时间上的发展变化趋势。世界体系理论的周期性主要吸收了康德拉捷耶夫周期理论②，以50—60年作为一个周期，周期分上升和下降两个阶段，在周期的上升阶段，中心国家社会经济结构不断调整，进行技术革新以提高劳动生产率，向世界范围内不断进行经济扩张，在贸易、金融等方面加强控制，发动革命或战争从而使更多的国家和地区卷入其中；随着经济周期性的发展，在周期的下降阶段，中心国家发生经济危机，生产过剩，人口失业，为转嫁危机，加大对边缘区与半边缘区的剥削，整个世界体系处于发展的低谷；当经济危机过后，又开始了新一轮的上升、下降周期，周而复始，直到旧世界体系崩溃被新体系所代替。

世界体系的结构性变动和周期性发展，对边缘区的影响主要表现在中心国家不断扩张，通过结合（卷入）、农业商品化、工业化、无产阶级化这一长期的发展趋势影响着落后地区日益被边缘化。1895—1937年福建对外贸易的发展变化，就深受当时变化的世界体系格局的影响。当19世纪世界体系中心区在欧洲，霸权国家是英国时，欧洲的其他国家和地区及北美洲的美国日益崛起；东亚的日本也在西方殖民扩张中，

---

① [美] 伊曼纽尔·沃勒斯坦：《现代世界体系》（第1卷），高等教育出版社1998年版，第463页。王正毅：《世界体论与中国》，商务印书馆2000年版。

② Nikolai Kondratieff, *The Long Wave Cycle*, Richardson and Snyder, 1984, pp. 64—80. 康德拉季耶夫曾就1780—1920年间世界经济的周期变化作出了独特的描述，具有历史的契合性，因而引起了广泛的关注。

奋起发展资本主义经济，从而挤入半边缘区的行列；而中国在半殖民化过程中东南沿海地区的福建卷入世界体系，不断被边缘化，其所遭受的中心区及半边缘区的剥削不断加剧。世界体系经济周期的周而复始地运动和发展，对福建的影响最直接的表现就是波及和左右着福建对外贸易的整体发展趋势。

但由于世界体系主要着眼于宏观和整体视野，使得该理论架构明显忽视区域差别及区域经济、社会文化背景对当地的影响，因而遭到了很多批评。最早把世界体系理论应用于历史学研究的苏耀昌针对世界体系与地方性研究的关系问题提出了自己独到的见解。他指出："如果要使世界体系理论站住脚，我们就必须认识到：就特定的世界体系动态而言，资本主义向边缘区原先已存在的不同阶级结构的渗透，有许多不同的方式；在不同的背景下，其表现的强度也不同。因此，在同一的世界体系的刺激下，地方发展可以有许多不同的道路。不能靠宣称世界体系动态将压倒一切地方因素，就轻而易举地将地方发展的这些方式置之不理。"① 因此他提出"在地区社会变迁中，世界体系动态和地方势力所起的作用，哪一个更为重要的争论，似乎都是没有什么意义的。很显然，这两个因素都十分重要，共同决定了地方的发展道路。在这个问题上，探讨世界体系动态与地方势力互相间如何发生作用，倒是很有益的"②。

所以，世界体系理论并非是完美到可以解释所有的国家和地区的发展问题，而福建作为世界体系中日益被边缘化的区域，由于自然、社会、经济及历史的积淀及影响，造成了在卷入世界体系的过程中呈现出显明的地方特色。在此，本书试图在世界体系架构的大环境之下，去寻找更加能够反映区域独特性的理论视角。

二 地域经济圈理论及运作机制

针对史学界过分夸大或强调西方资本主义对世界（包括亚洲）的影响和作用而形成的地域经济圈理论似乎为解释近代福建对外贸易发展的区域性因素提供了一个合理贴切的视角。以日本学者滨下武志教授为代

---

① ［美］苏耀昌：《华南丝区：地方历史的变迁与世界体系量论》，中州古籍出版社1987年版，第7页。

② 同上。

表的一些学者在20世纪80年代发表的一系列论著，提出了基于地域经济圈之上的亚洲经济圈理论，其代表作是《近代中国的国际契机——朝贡贸易体系与近代亚洲经济圈》①。亚洲经济圈理论基于"把握亚洲内在的纽带，并以此为基础进而描画亚洲的近代面貌"的构想，试图从"历史上形成并显示出来的亚洲区域内的国际秩序、国际交易关系全体的内在变化之中，去把握作为亚洲历史继承形态的近代亚洲"，并指出，近代亚洲市场是在传统已经形成的市场基础上重组而来的，即前近代亚洲贸易圈，是"以中国和印度为两个轴心，以东南亚为媒介，通过朝贡贸易、互市贸易等官营贸易和通称为帆船贸易的民间贸易等形成的关系继承和发展而来——不仅在贸易以及贸易结算关系上，围绕金银流动的国际通货体制的各个方面和各国通货财政问题等领域都受其影响"②。提出亚洲贸易圈内在的连接纽带和内在发展的原动力是亚洲经济圈形成过程中朝贡贸易体系和地域经济圈的存在。③ 正是由于前近代亚洲市场的存在，形成了亚洲区域内的以中国的茶、生丝、土布，日本的贵金属、海产品，泰国的米，印度的棉花以及菲律宾的砂糖等货物为中心构成的多边的贸易网络。④ 这个区域市场在被西方资本主义不断纳入世界体系过程中，以其特有的地位和亚洲茶叶出口市场的重组、亚洲白银货币圈的延续、契约劳工贸易的开始和亚洲区域内汇款网络等方面体现着历史的延续，并影响着近代亚洲经济社会的发展。通过详细分析，得出结论：19世纪中叶以来形成的亚洲市场"仅仅是由于西欧加入上述亚洲市场及亚洲市场自身发生了变化，从而使得这个市场在世界市场里占有

---

① ［日］滨下武志：《近代中国的国际契机——朝贡贸易体系与近代亚洲经济圈》，朱荫贵、欧阳菲译，中国社会科学出版社1999年版。

② 同上书，第3页。

③ 所谓地域经济圈，主要是指一种地域经济关系，即跨越一个或若干个国家的主要以经济行为为纽带形成密切关系的地区。这些经济圈，各有其发挥网络中心作用的中枢地，比如说新加坡、香港、马六甲、琉球等的经济地位，滨下还强调近代亚洲市场的形成对各个地区的作用，这种贸易（包括官方的和民间的）以中国为中心，形成了相应的商路（以及相应的移民路线），商业城市和商业网络，从而将中华经济圈紧密地联系在一起。

④ 田汝康：《17—19世纪中叶中国帆船在东南亚洲》，上海人民出版社1957年版。格林伯格：《英国贸易与中国开放，1800—1842》，剑桥大学1951年版。

固有的位置，并作为一种历史的继承形态而得以存在"①。亚洲经济圈理论的提出尽管建构在历史史实的基础上，有其独特的框架结构和运作机制，但任何新理论的提出都不可能不受到学界不同话语的质疑。我们且不去考虑曾经是地理称谓的"亚洲"定义成为一种理论前提能否成立，仅就亚洲经济圈的运作机制问题——历史和现实亚洲有机统一的历史体系实际上没有存在——就可能成为学者置疑的关键所在。在这里我们并非是针对某一理论的不足进行评述，主要是想通过"地域经济圈"的构想帮助我们寻找1895—1937年福建对外贸易联系当中与世界体系这一外因相互作用、共同影响的内在动因②，即福建历史时期形成的跨国界的地域经济贸易网络在世界体系作用下是否还在发挥着历史作用？发挥着怎样的作用？

本书主要从世界体系理论的结构性变动及周期性发展角度，观察1895—1937年间，福建在地域经济圈作用下对外贸易整体格局的变动，揭示其独有的特征。当然，一个区域在对外贸易联系过程中因各个通商口岸在贸易格局中的地位不同，会使研究增加相应的历史比较分析；同时，贸易史的特点决定了必须运用相关的贸易经济学的供求理论与方法、统计学理论与方法进行分析和研究。

第四节 文章架构及主要观点

一 文章架构

第一章 提出问题，回顾福建对外贸易历史（1895—1937）研究现状，总结研究的亮点，分析研究不足之处，提出拟要解决的问题，并简要介绍理论方法、文章架构、资料运用等情况。

第二章 追溯甲午战争以前福建对外贸易的历史进程，总结其特点和发展趋势。这一阶段以1500年为界分成前后两个阶段，1500年以前的福建对外贸易形成了一种以官方贸易为主、市舶贸易为辅的以中国为中心的

---

① ［日］滨下武志：《近代中国的国际契机——朝贡贸易体系与近代亚洲经济圈》，朱荫贵、欧阳菲译，中国社会科学出版社1999年版，第10页。
② 戴一峰：《南中国海与近代东南地区社会经济变迁——以闽南地区为中心》，《史林》2005年第2期。

朝贡贸易圈；1500—1894年的贸易是在世界体系逐步形成过程中，福建对外贸易开始从以朝贡贸易为主向以条约贸易为中心转型。到甲午战争爆发前，最显著的特征是福建与世界体系中心国英国及其他资本主义国家之间形成了出口茶叶为主、进口鸦片和棉纺织品为主的商品交易网。

第三章 分析1895—1937年间福建对外贸易发展的四个阶段及其影响因素。台湾被割占及福建被划为日本势力范围，直接影响了福建对外贸易（1895—1937）的发展趋势。这一阶段的福建对外贸易经历了1895—1913年、1914—1918年、1919—1931年、1932—1937年四个发展阶段。总体来看，主要影响因素有国际经济政治的风云变幻、国内社会秩序的靡乱无定、国内外贸易政策的变动、区域经济社会因素的影响，等等。

第四章 论证福建对外贸易商品结构的变迁。1895年以后进口商品结构主要以鸦片、棉纺织品、毛纺织品、五金用品为主之外，粮食（大米、面粉、糖）、燃料及引燃物及其他各种商品品种不断增多。但占进口大宗的鸦片逐步走向衰落；棉纱从20世纪初、棉布从20世纪20年代也相继跌落；而引人注目的是大米进口（个别年份除外）大大增加、糖品由出口到大量进口转变，成为进口商品结构中的一个显著特征；20世纪30年代之后，所有进口商品都大幅度下降；出口商品结构中，除了曾经大宗出口的茶叶不断衰落外，以国内市场为主的纸、木材、烟草出口国外部分和其他出口商品（主要是土特产品）主要以供给东亚和东南亚地区为主，出口商品的种类不断变化，但没有像进口商品一样增加。

第五章 探讨福建对外贸易市场结构的变迁。在条约体制下，福建对外贸易市场结构开始从主要倚重欧美的英国、美国市场为主，转向以东亚日本（台湾）及以新加坡为首的东南亚各国为主的发展方向。这种市场结构的转型不仅表现出世界体系确立过程中中心、半边缘、边缘的结构性变动引起的福建对外经济联系的变动，同时也表明亚洲经济圈中以日本、东南沿海、东南亚为三级的贸易圈因地缘经济的关系及传统商贸网络的影响而日益表现出更加密切的联系。

第六章 简述福建对外贸易与区域经济的关系。福建对外贸易引起交通、金融、市场体系的变动，交通运输业不仅体现在以香港中转的福建与欧美交通网络上，还体现在由台湾中转的福建与台湾、日本，福建与东南亚，由新加坡中转的福建与东南亚的交通网络日益发达。对外贸易引起融资服务业的发展，既体现在外资银行在福建的竞相创建，也体现在华资银行，以及传统金融机构适时共生发展。外资带动下，内贸以及商业的发展在福建基本形成初中高级几个层级市场，以港口城市福州厦门为中心，与外贸体系互动体现了殖民体系下的地缘经济特征。

第七章 评析全球化背景下福建对外贸易的发展趋势和历史地位。通过福建对外贸易引发的福建经济变迁概况，分析福建对外贸易（1895—1937）在全球视野下的区域经济的发展趋势、贸易地位和历史特征。指出，在经济一体化过程中，充分发挥建构在历史形成的、具有明显经济文化特征的社会网络基础上的地域经济圈的作用，是福建经济腾飞的必由之路。

二 主要观点

1500年以前，以朝贡贸易为中心的贸易与福建的区位特征、贸易历史与经商传统密切相关。1500年以后至鸦片战争前，资本主义使中西贸易、福建贸易呈现与西方非法、与传统区域延续的特点。1500—1894年间，在向条约贸易转型的过程中，福建贸易与英国紧密联系，传统贸易深受影响，不平等性突显。

1895—1937年间，福建贸易呈现明显的阶段性特征，除了福建本身区位与生产力的影响之外，中外贸易政策与日本控制福建、割占台湾，"一战"期间各资本主义国家的激烈竞争、战后各国加强贸易，福建侨汇剧增，及全球金融危机影响福建侨汇，以及关税自主运动的开展等均不同程度影响了福建贸易的发展。

近代福建以进口机制消费品、出口土特产品为主的商品结构及在全国对外贸易中具有独特的地位，表现出独有的特征，一方面表现了福建商品化生产基础薄弱造成的福建对外贸易发展不足；另一方面也表明，地域经济圈尤其是东南亚华侨消费市场的存在及侨汇的支持对福建对外贸易的平衡替补作用不容忽视。

总体而言，厦门是进口贸易中心，福州是土货出口总集散中心，但与全国贸易趋势相较而言，几乎没有优势。但无论怎样，福建贸易的变化引起了区域经济的变迁，使全球化与区域化的进程不断向前推进。

第五节　资料评析

一　档案资料及资料汇编

　　海关档案资料，是开展研究的第一手资料。中国第二历史档案馆、中国海关总署办公厅于 2001 年由京华出版社出版了一套基于年度报告和统计及十年贸易报告之上的《中国旧海关史料（1859—1948 年）》，是研究福建对外贸易最重要的参考资料。

　　由于海关贸易报告最初是英文统计，之后出现了中英文合璧的形式，或中文形式，但在没有出版《中国旧海关史料》之前，只是散存于海关档案当中，不便查阅。因而福建海关组织相关人员编译出版了三都澳、福州、厦门贸易报告的一部分，其出版物主要有：戴一峰编译的《近代厦门社会经济概况》，包括 1865—1881 年厦门的贸易报告及十年贸易报告[①]，吴亚敏等编译的《近代福州及闽东地区社会经济概况》[②] 主要包括福州 1865—1927 年间的贸易报告及三都澳 1899—1928 年间部分年份的贸易报告及二口的十年贸易报告。戴一峰主编的《厦门海关历史档案选编：1911—1949 年》（第 1 辑）[③]。厦门市档案局、厦门市档案馆编辑的《近代厦门经济档案资料》、《近代厦门涉外档案史料》、《闽台关系档案资料》[④] 福建省档案馆、档案出版社出版的《福建华侨档案史料（上、下册）》等[⑤]，为研究福建对外贸易提供了许多有益的参考资料。林金枝、

[①] 厦门市志编纂委员会、戴一峰等译：《近代厦门社会经济概况》，鹭江出版社 1990 年版。

[②] 福州海关编，吴亚敏等译：《近代福州及闽东地区社会经济概况》，华艺出版社 1992 年版。应指出的是，这里有关福州贸易报告多数年份已译出，只有 1868—1869、1874、1877—1879、1902、1904、1914、1916—1917、1920—1922、1924 年没有译出；三都澳的报告 1904、1914、1920—1922 年没有译出。

[③] 厦门海关档案室、戴一峰主编：《厦门海关历史档案选编：1911—1949 年》（第 1 辑），厦门大学出版社 1997 年版。

[④] 厦门市档案局、厦门市档案馆编，汪方主编：《近代厦门经济档案资料》，厦门大学出版社 1997 年版；厦门市档案局、厦门市档案馆编，汪方主编：《近代厦门涉外档案史料》，厦门大学出版社 1997 年版；福建省档案馆、厦门市档案馆编：《闽台关系档案资料》，鹭江出版社 1993 年版。

[⑤] 福建省档案馆编：《福建华侨档案史料》（上、下册），档案出版社 1990 年版。

庄为玑编的《近代华侨投资国内企业史资料选辑》（福建卷）① 为研究福建华侨与福建贸易发展提供了不少珍贵的资料记录。

二 中外调查

1895年日本占领台湾，并划福建为势力范围后，台湾总督府和日本驻福州、厦门领事馆及在福建的日本人对福建情报进行了大量的调查、搜集、编译和整理。如东亚同文会编印的《支那省别全志》（第14卷·福建省）；由日本驻福州和厦门领事馆提供材料，日本外务省通商局监理发行的《福建省事情》和《福建事情》；《福州事情》、《福州考》、《南支那的资源与经济》（第1卷，福建省）、《新厦门》、《福建风土记》；《清国商业综览》、《支那各省经济事情》、《支那政治地理志》、《支那水运论附满洲国水运》、《南支经济丛书》等也包含福建贸易的一些资料。开埠后，不少西方传教士、官员、旅游者、记者居住或途经福州、厦门等城市，对当地的社会风貌也做了描述和记载。如19世纪美国传教士卢公明（Rew. Justus Doolittle）的《中国人的社会生活》（*Social Life of the Chinese*）详细描述了清末福州人丰富的社会生活，其中有一些贸易情况的记载。中国铁道部业务司调查科1929年成立闽浙赣经济调查队，调查了所经各县的工业、商业、物产、交通等情况，并于1933年出版了《京粤线福建段沿海内地工商业物产交通报告书》和《京粤线福建段福州市县经济调查报告书》。20世纪三四十年代一些学者及相关部门组织进行了一些调查，出版了《邵武农村经济调查报告书》和《福州紫阳村经济调查》等。②

三 新中国成立前后统计资料及专门著述

民国时期福建省政府鉴于民国时期福建对外贸易的不断衰落，为振兴经济，复兴对外贸易，陈仪政府身体力行，不仅开始编纂相关统计资料，而且针对具体大宗出口商品的变化等展开了调查研究，出版了一系列的调查统计资料和专门著述。与贸易相关的主要有：福建省政府秘书处：《福

---

① 林金枝、庄为玑编：《近代华侨投资国内企业史资料选辑》（福建卷），福建人民出版社1985年版。
② 林星：《城市发展与社会变迁：福建城市现代化研究（1843—1949）》，天津古籍出版社2009年版。

建历年对外贸易统计》、周浩等主编的《二十八年来福建省海关贸易统计》、《福建省统计鉴》（第一回）、《福建经济研究（上、下册）》、《福建省经济概况》、《福建省粮食之运销》、《福建之纸》、《福建之茶》、《福建之木材》、《福建省特产产销》、李达的《南洋华侨与闽粤社会》、翁绍耳的《福建省墟市调查报告》、冯和法的《中国农村经济资料》及其《续编》；城市指南类书籍有《福州便览》、《福州指南》、《福州要览》、《厦门指南》、《厦门要览》、《厦门大观》，其中也有不少相关贸易的资料。商会等团体编纂的《更定福州商务总会章程》、《厦门总商会特刊》、《闽省商业研究所调查商习惯总册》，等等，为研究民国时期商业组织提供了重要的参考资料。

除了福建地方性的统计和著述外，针对全国对外贸易问题，编辑出版了一系列相关资料和著述，除杨端六之外，武堉幹的《中国国际贸易概论》、蔡正雅等的《中日贸易统计》、何炳贤的《中国的国际贸易》、严中平的《中国近代经济史统计资料选辑》、彭泽益的《中国近代手工业史资料（1840—1949）》、姚贤镐的《中国近代对外贸易史资料》（三卷）、孙毓棠和汪敬虞的《中国近代工业史资料》、许道夫的《中国近代农业生产及贸易统计资料》、蔡谦、郑友揆的《中国各通商口岸对各国进出口贸易统计》等，均有不少可资利用的资料。①

四 报刊及地方史志资料

涉及福建对外贸易记述的报纸主要有《中华民国史史料外编——前日本末次研究所情报资料》，光绪末年的《商务官报》（1—5册）以及《申

---

① 武堉幹：《中国国际贸易概论》，商务印书馆1930年版。蔡正雅、陈善林：《中日贸易统计》，中国经济学社中日贸易研究所1933年版。何炳贤：《中国的国际贸易》，商务印书馆1931年版。严中平：《中国近代经济史统计资料选辑》，科学出版社1955年版。彭泽益：《中国近代手工业史资料（1840—1949年）》（1—4卷），生活·读书·新知三联书店1957年版。姚贤镐：《中国近代对外贸易史资料（1840—1895年）》（全三册），中华书局1962年版。孙毓棠：《中国近代工业史资料（1840—1895年）》，第一辑（上、下册），中华书局1962年版。汪敬虞：《中国近代工业史资料（1895—1914年）》，第二辑（上、下册），中华书局1962年版。许道夫：《中国近代农业生产及贸易统计资料》，上海人民出版社1983年版。Hsiao Liang‑lin, *China's Foreign Trade Statistics*, 1864—1949, Harvard University Press Cambridge, Mass, 1974. 蔡谦、郑友揆：《中国各通商口岸对各国进出口贸易统计》（民国八年、十六年至二十年），国立"中研院"社会科学研究院丛刊，第五种，商务印书馆1936年版。

报》和福建地方报纸《福建民国日报》、《江声报》等，还有一些地方性的剪报。涉及福建经济贸易的刊物有《东方杂志》、《银行月刊》、《银行周报》、《中国银行月报》、《商业月报》、《工商半月刊》、《新福建》、《福建文化》、《旅行杂志》、《统计副刊》等。其中有一些零散的记述。

而地方史志资料主要如清道光年间的《厦门志》和各地市县志等。新中国成立后，与贸易相关的如《福建省通志》类的《对外经贸志》、《海关志》、《农业志》、《林业志》、《交通志》、《商业志》、《烟草志》、《粮食志》等；福州、厦门各类志书、各港史志、航运史志、交通史志为研究福建对外贸易提供了一些有益的帮助。新中国成立后各地政协文史委员会所编的《文史资料》如厦门、福州文史资料及其他各地的相关资料对福建各个行业的贸易情况，或某业的典型事例进行记载；另外《厦门工商史事》、《厦门工商集萃》等关于地方经济类的出版物也为福建对外贸易提供了不少相关资料。

第二章

从区域到全球：历史描述
（前202—1894）

第一节 区际贸易（公元前202—1500）

一 世界整体发展与中国

作为古文明大国的中国很早就与西方发生了对外贸易联系，而且还占有相当重要的地位。

据考中国最早对外贸易可溯至先秦，而真正发展即从汉时开始的。陆上丝绸之路和海上丝绸之路是其发展的主要标志。从陆路辗转中东及地中海，进行通商贸易；海陆主要面向东南亚、印度、经印度洋到地中海沿岸古罗马帝国等地开展丝绸贸易。同时也带来西方的金、银、玻璃、珊瑚、象牙等珍异物品。

7—8世纪以来的几个世纪，中东地区的穆斯林建立起一个横跨欧亚非的世界大帝国，并向中亚、印度、东南亚和非洲等地扩展。时值隋唐盛世，中国与中东地区通过穆斯林商人的中介作用，进行着商贸联系。一些阿拉伯人、波斯人在印度和锡兰购买并运送马匹、白银、铁器、亚麻布、棉、茶和毛织品到东方，换取丝绸宝石、柚木和各种香料。他们一部分从马来亚的卡拉巴尔南下到苏门答腊，一部分穿过马六甲北上中国广州进行通商贸易。唐朝积极鼓励对外贸易，对外商实行优惠政策，设置海外贸易管理机构——市舶使，使当时的海外贸易日益繁荣。"海外诸国，日以通商，齿革羽毛之殷，鱼盐蜃蛤之利，上足以备府库之用，下足以赡江淮之求"。① 五代及两宋以来，对外贸易成为国民经济中

---

① 张九龄：《开大庾岭记》，载《广东通志》卷201，《金石略三》。

的一个重要部分，也成为增加财政收入的重要途径。通商的国家和地区也已扩展到朝日、中南半岛、马来半岛、马来群岛、菲律宾群岛、南亚国家及西亚非洲国家。贸易对象广泛，而贸易方式主要是朝贡贸易和市舶贸易两种形式。

13世纪时，包括中国在内的东亚、中亚、俄罗斯及中东的大部分地区被蒙古帝国征服，横跨欧亚大陆的第一个强大帝国出现了。蒙古帝国与西方的交通贸易，威尼斯商人首开其端，穿过欧亚大陆并找到香料产地印度和东印度群岛。同时，也开辟了到香料产地的海上航线。当时主要进口中东及西方的细纹棉布、中亚的皮革、南亚的优质木材、玉石、香料和象牙等原材料，出口矿石、书、画，尤其是瓷器和丝绸等产品。除继承朝贡贸易外，也出现了少数民族特有的贸易形式——由官方组织出海贩运贸易，这种官方出本和组织的航海贸易，称为官本贸易，另外还有市舶贸易和私商贸易。1500年前后，地处西欧的国家开始扩大向海外探索的进程，到哥伦布发现美洲，一个崭新的时代——经济全球化时代到来了。

二　福建对外贸易发展阶段

地处中国东南沿海的福建没有大陆联系的优势，以"海外贸易"为其主要交往特色。1500年以前，福建对外贸易大体经历了起始、发展、繁荣、巅峰等几个发展阶段。

（一）对外贸易的起始阶段

据史载：闽越人于战国末期的楚越战争中大败，余部率族入闽战胜土人，后裔无诸自立为闽越王。秦统一后在福建设闽中郡。秦末楚汉相争，闽越王无诸佐刘邦建立汉朝，以功复封闽越王，王闽中故地，都东冶（今福州）。① 福建人多傍河而居，"习于水斗，便于用舟"。② 汉武帝时期，不断从陆路与西方大秦（古罗马）、波斯（希腊）进行丝绸贸易，与天竺（印度）、南洋群岛进行海上贸易。同时，为加强统治兴兵东南，中原汉人不断迁徙入闽地，都城东冶地处交通要冲，成为中国与周边地区进行贸易往来的主要通道。因擅长水上生活及适于舟车行事，

---

① 《东越列传》，《史记》卷114，中华书局1975年版，第2979页。
② 《严助传》，《汉书》卷64（上），第2778页。

福建对外贸易渐渐发展。《后汉书》载："建初八年（83年）郑弘代郑众为大司农，旧交趾七郡贡献转运，皆从东冶泛海而至，风波艰阻，沉溺相系。"① 说明福州已成为与中南半岛进行贸易的中转站和主要港口。同时史料记载福建与台湾和菲律宾有交通往来。三国孙吴政权统治福建，在闽中设立建安郡，在侯官县（今福州）设"典船都尉"建海造船。并试图对夷洲（台湾）和澶洲（菲律宾）用兵，但"澶洲在海中……其上人民，时有至会稽货布，会稽东（冶）县人海行，亦有遭风流移至澶洲者"②，充分说明当时福建与菲律宾之间的贸易往来。南朝时印度僧人拘那罗陀来中国传教，于陈永定二年（558年）来到福建泉州，由泉州"再装大舶，欲返西国"③。这表明南朝泉州船舶可抵达中南半岛一带。

（二）对外贸易的发展阶段

隋唐盛世之时，中国社会经济发达，中东地区的阿拉伯商人不断到东方来进行贸易活动。唐王朝积极鼓励对外经济联系，以中国为中心、东连日本、朝鲜，西至印度洋的海上交通线形成，福州、泉州成为必经港口。福州成为"东闽盛大府，百货所聚"的贸易中转地，泉州也出现"市井十周人，还珠入贡频"④ 的繁荣景象，是盛唐时期海道对外贸易的大港之一。唐中叶以后，少数民族吐蕃侵扰西域，陆路通商受阻后，海路渐达。东路与日本朝鲜的海道逐渐移至扬州，南海交通随着福建的开发和发展，由广州渐渐北移，福州、泉州成为与南洋贸易的主要中转港，也成为中西文化交流的主通道。如唐时著名和尚鉴真东渡……曾来福州购船，日本曾派遣唐史来中国，其中一艘船因海风所致曾在福州长溪县登陆。⑤

五代王审知治闽期间，在福州设置榷货物，开辟著名的甘棠航道，"招徕海中蛮夷商贾，海上黄崎，波涛为阻，一夕风雨雷电震击，开以为

---

① 《郑弘传》，《后汉书》卷33，中华书局1965年版，第1156页。
② 木玄虚：《海赋》，肖统编，李善注《文选》卷1，中华书局1974年版，第4页。
③ 《拘那罗陀传》，《续高僧传》卷1。
④ 包何：《送李使君赴泉州》，《全唐诗》卷208，"傍海皆荒服，分符重汉臣，云山百越路，市井十洲人。执玉来朝远，还珠入贡频，连年不见雪，到处即行春"。
⑤ 唐文基：《福建古代经济史》，福建教育出版社1995年版，第608页。

港，闽人以为（王）审知德政所致，号为甘棠港"①。甘常港五代以后成为重要的对外贸易中转港。泉州对外贸易在官方鼓励之下，也日益繁盛。闽南一首诗《贾客》生动地描述了闽商的海上贸易逐利情况。

王审知时期，从海外输入的奇珍异宝、香料特产如象牙、犀角、珍珠和香药等成为名贵贡品，以上贡中原朝廷。王延钧时期，其贡品有玳瑁、龙脑、白氎、红氎。到王继鹏为闽王时，进贡于后晋的贡品有珍珠二十斤，香药一万斤。王延羲时期，其贡品有沉香、饼香、煎香六百斤，胡椒六百斤，肉豆蔻三百斤。② 说明当时福建从国外进口的贸易已相当发达。751年怛罗斯战役之后，阿拉伯人控制了中东地区，切断了唐朝通西域的陆上"丝绸之路"，海路的优势更加显现出来。

从贸易对象来看，隋唐以来，福建海外贸易联系地有东洋的日本、朝鲜、东南亚、中亚等地，如日本有记载，"大中六年（852年）有唐朝商人钦良晖的商舶自日本肥前国值嘉岛扬帆归国，在海上航行六日，后在福州连江登陆。"③《入唐五家传》载咸同六年，有日本商舶"自大唐福州得顺风五日四夜著值嘉岛"。同时与东南亚诸国也有往来。《唐会要》100卷记载有福建到三佛齐国入朝进奉使都番长蒲诃粟，被中国政府授予宁远将军之称号，表明福建与印尼苏门答腊三佛齐的贸易往来。福建也成为中亚的波斯商人进行商贸中转的基地，他们远载而来的货物从福建贩运内地江西乃至全国各地。

（三）对外贸易的繁荣阶段

宋元时期，农副业的大大发展，造成人地比例失调，促使对外贸易继续发展。《宋会要》载，太平兴国初，诏"诸蕃国香药，宝货至广州、交趾、泉州、两浙，非出于官库者，不得私相市易"④。宋初统治者认识到：

---

① 伊本·考尔大贝：《道程及郡国志》。《琅琊王德政碑》有记载，"闽越之境，江海通津，山号黄崎，怪石惊涛，覆舟害物，公乃具馨香黍稷荐祀神，有感必通，其应如乡，祭罢，一夕震雷暴雨，若有冥助，达旦则移其艰险，别注平流，虽画鹢争驰，而长鲸弭浪，远近闻而异之，优诏奖饰，乃以公之德化所及。赐名其水为甘棠港。"据王审知开辟甘棠港的一重要原因，《新五代史》中的《王审知传》（卷68）第846页记载："岁遣使泛海，自登、莱朝贡于梁，使者入海，覆溺常十三四……招来海中蛮夷商贾，海上黄崎，波涛为阻。"
② 潘德深：《宋代福州港的对外贸易》，《福建地方志通讯》1986年第2期。
③ [日]木宫泰彦：《日中文化交流史》，商务印书馆1980年版，第111页。
④ 《宋会要辑稿》职官44之1，中华书局1957年影印本。

"市舶之利最厚，若措置合宜，所得动以百万计，岂不胜取之于民，朕所以留意于此，庶几可以少宽民力尔。"① 于是积极发展对外贸易。北宋中期泉州港发展迅速，逐渐成为一个"有帆舶之饶、杂货山积"的港口，贸易地位日益突出。宋仁宗嘉祐年间泉州惠安人谢履所作的《泉南歌》就谈道："泉州人稠山谷瘠，虽欲就耕无地辟，州南有海浩无穷，每岁造舟通异域。"② 宋哲宗元祐二年（1087年）在泉州设立市舶司，管理进出口船舶，征收关税，并出台了一些对外贸易的奖惩条例，以规范进出口贸易。南宋时期，泉州因广州地位的变化，泉州港的经济地位日益突出。当时由泉州港发出的船舶往来于58个国家和地区，成为宋代我国交通范围最大、贸易往来国家最多的第一大港。元代是泉州港鼎盛的时代，有"梯航万国"的世界东方大港之称，进出的海舶往返于107个国家和地区。因此在宋元政权交替时，独揽泉州市舶大权的官员积极进行基础设施建设，并审时度势，弃宋投元，得以使泉州对外贸易没有受到战火的焚烧而中断。泉州湾的后渚港，曾是个小渔村，宋元时期，日趋繁盛，凤樯鳞集，海舶穿梭，泉州市舶史曾建成望云楼，用以观察众多的海舶。③

由外国商人操纵的中外贸易的局面到宋元时期逐步改观，"市舶之设，始于唐、宋，大率夷人入市中国。"④ 福建对外贸易带动了一大批福建商人走向海外，从事海外贩运贸易。北宋中期，苏轼说，"唯福建一路，多以海商为业"⑤。"仅从海外通商国家的数目看，新旧《唐书》'南蛮传'记载的国家只有区区数十个，宋代赵汝适《诸蕃志》所提及的海外国家就有58个，较之唐代不啻倍徙。元代汪大渊从泉州附舶出洋，所亲历的国家和地区又增至99个，反映了福建海商的活动地区不断扩大"。⑥

南宋对外贸易的主要国家有东亚的日本、高丽，南海通商的有东南亚地区，即中南半岛诸国，印尼、菲律宾。如占城（越南南部）、真腊（柬埔寨）、三佛齐（印尼苏门答腊东部占碑一带）、阇婆（印尼爪哇岛中部北岸一带）、兰无里（今苏门答腊岛西北的亚齐）、凌加斯加（苏门答腊

---

① 《宋会要辑稿》职官44之20，中华书局1957年影印本。
② 王象之：《舆地纪胜》卷103《福建路·泉州》。
③ 黄仲昭：《八闽通志》卷73，福建人民出版社1990年版。
④ （明）张燮：《东西洋考》卷7《饷税考》，第153—154页。
⑤ 苏轼：《东坡全集》卷56《论高丽进奉状》，第10页，文渊阁《四库全书》。
⑥ 廖大珂：《福建海外交通史》，福建人民出版社2002年版。

岛以东的林加岛)、渤泥(加里曼丹岛)、麻逸(菲律宾的民都洛岛)、三屿(菲律宾的巴拉望等岛)。南亚诸国,即印度次大陆,时称"西天诸国",南毗国(印度马拉巴尔)、故临国(奎隆)、注辇国(印度东南)、鹏茄罗国(孟加拉)、细兰国(斯里兰卡)。阿拉伯诸国,宋代为大食。周去非在《岭外代答》中说:"大食者,诸国之总名也。有国千余,所知名者数国耳。"① 主要国家有麻嘉(沙特阿拉伯麦加)、翁蛮(阿曼),记施(波斯湾基什岛)、白达(伊拉克首都巴格达)等。另外非洲、欧洲地区也有一定的联系,但相对东亚、南亚和中亚地区的交往相对较少。蒙元时期,蒙古横跨欧亚大陆,国力强盛,对外贸易达到前所未有的程度,当时对外贸易的国家和地区从宋代的五六十个,增至100多个。

宋元时期,进出口商品的品种和数量都有大量增加。主要出口商品有:陶瓷器、纺织品、金属及其制品、农副产品(主要有糖、盐、茶叶、水果等)、生活用品(雨伞、草席、漆器、木梳、帘子、绢扇还有大黄、川芎、白芷、樟脑等药材;朱砂等染料,纸笔书籍等文化用品。主要进口商品有:香料、药物、宝货、珍珠、纺织品、食品、鲨鱼皮、鹿皮、硫黄、水银、松板、罗板、杉板、螺头、合箅等各种杂货。福建进口的商品以香料和药物为最多。元代进口与宋代大致相同,主要以香料和药物为大宗。其次有各种宝货,各色食品及各国的土特产。不同的是,出现了各国布匹的大量输入。

无论从贸易对象国家和地区或者进出口商品种类及品别,还是参与对外贸易商人的规模,宋元时期达到了前所未有的高峰时期,这不能不归结于宋元时期经济的整体发展水平对对外贸易的促进。

(四)对外贸易的极盛时期

明初,为恢复战乱造成的创伤,积极发展生产。发展以稻米、引种的番薯、玉米生产,并扩展经济作物如甘蔗、茶叶、蓝靛、水果、林业等生产,不断适应商品化经营,万历年间烟草从国外传入,大大丰富了经济作物的生产。手工业生产继续发展,在国内外拥有广阔的市场。"凡福之绸丝、漳之纱绢、泉之蓝、福延之铁、福漳之橘、福兴之荔枝、漳泉之糖、顺昌之纸……其航大海而去者尤不可计,皆衣被天下。"② 农业的商品化

---

① 周去非:《岭外代答》卷3《外国门下·大食诸国》。
② 王世懋:《闽部疏》,成文出版有限公司1975年版,第47页。

及手工业的发展，带动和促进了商业的发展和繁荣，并促使福建商人更加迅速地成长壮大。数量之多，活动范围之广，形成了重要的商人集团——福建商帮。"泉州商贾贸丝者大都为海航互市，其肆中所列若哆啰呢、哔叽、琐袱之类，皆自海舶至者。"① 商品经济的发展，使很多行业开始雇佣化经营和管理的资本主义萌芽，不仅提高了雇佣者的积极性，同时雇主也从中解放出来，能够投入更大的生产，促进了生产发展。造船、航海技术也不断发展。在生产力不断发展的情况下，基本的逻辑是，对外贸易更加兴旺发达才是我们所预期的。但明初为稳定政权，内防"诸贼强豪者悉航海，纠岛倭入寇"②，外恐蒙元残势卷土重来，规定"片板不许下海"，以加强专制统治，尽管对东南沿海诸国采取怀柔远人、厚往薄来的政策，为掌管朝贡贸易，几次改设市舶司。但严格限制对外贸易的政策，大大束缚了海外贸易的规模。

明成祖时期，社会稳定，经济发展，积极发展对外贸易，实行了许多优惠政策，招徕国外贸易。不仅继承明初传统，于浙江、福建、广东设市舶提举司，根据与琉球对外贸易的需要，把市舶司从泉州迁至福州。③ 并取消对贡期的限制，放宽对贡物的要求，还提供相应的免税优惠。④ 不惜重资，不惜重力，派遣郑和从1405—1433年"浮历数万里，往复几十年"下西洋，开展航海贸易，弘扬国威，可谓中国乃至世界航海史上的壮举，标志着官方朝贡贸易发展达到顶峰。从此之后对外贸易的严格限制政策使官方贸易开始走下坡路，而促使了私人海上贸易兴起。当时以西欧为中心的"经济世界"加紧了向东方扩张，而真正的全球性的经济贸易联系在对抗和摩擦中慢慢展开。

三 福建对外贸易的特点和成因

1500年以前世界贸易主体区域是欧亚大陆，而连接欧亚大陆的主要通道是"陆上丝绸之路"，但中国福建独特的背山面海的地理位置、山多田少的自然环境、"以海为田"的生存趋向，好价善贾的经商传统造就了

---

① 王沄：《漫游纪略》卷1《闽游》，第7页。
② 张瀚：《松窗梦语》卷3《东倭记》，第57页。
③ 唐文基：《福建古代经济史》，福建教育出版社1995年版，第608页。
④ 廖大珂：《福建海外交通史》，福建人民出版社2002年版，第174页。

福建对外贸易历史的源远流长。在独特的区位条件下，福建区域逐步形成了一张以福建为中心，由福建商人经营的与东亚、东南亚各国间的贸易网络。

(一) 1500年以前福建对外贸易的特点

(1) 福建外贸区域日益广泛。世界贸易主要以欧亚大陆为背景，与各个帝国展开对外扩张及先后嬗变相适应，福建作为中国东南沿海的一个区域，代表着中国的对外贸易联系的广度，其对外贸易联系的国家和地区越来越广，从东亚扩展到东南亚、南亚、中亚及广大欧亚大陆及非洲地区。商品流向也基本沿着环欧亚大陆海域由近及远不断扩大。从汉朝与旧交趾（今越南中北部）的联系、三国时期吴国对夷洲和澶洲的联系、南北朝时期福建同林邑（今越南中部及南部）、扶南（今柬埔寨）、狼牙修（今马来西亚）、阇婆（今印尼爪哇）、狮子国（今斯里兰卡）及印度等的通商，说明联系日益广泛。隋唐盛世"市井十洲人"的景象除了东亚"近水楼台"的日本、高丽外，还不断与东南亚地区的三佛齐、中亚的波斯、安息等地直接发生贸易联系。中亚海上丝绸之路主要航线"是自福建、广东起锚，驶向西亚可辗转达到阿拉伯半岛或北非地区，此航线亦称为中国海上'丝绸之路'的西方航线"，说明当时对外经济联系已非常广泛。宋元以来，据赵彦卫《云麓漫钞》记载，福建市舶司常到的诸国船舶有大食、嘉令、麻辣、新条、甘丕、三佛齐国、真腊、三泊、缘洋、登流眉、西棚、罗斛、蒲甘国、渤泥国、阇婆国、占城、磨国、波斯兰、麻逸、三屿、蒲里唤、白蒲迤国等。从《旧唐书》记载的贸易国家"区区10个"到南宋《诸蕃志》所提及的国家58个再到元朝《岛夷志略》作者汪大渊亲历国家99个的发展趋势说明，福建对外贸易经济联系面越来越大、范围越来越广。郑和下西洋时，从太平洋西南中国海穿过东南亚群岛，到印度洋红海及赤道线以南非洲东岸，其"航程16万海里（折合29.6万公里），使人类在印度洋上的航行，达到了前所未有的水平。"[①] 而从世界范围来看，以福建为例的海外贸易并不能代表"世界海洋时代"的真正来临，直到郑和下西洋时，欧亚大陆及其他各大洲几乎处在相对松散的经济联系中，各个区域内部交往相对频繁。

---

① 胡欣、丛淑媛：《印度洋纵横谈》，福建人民出版社1982年版，第22页。

（2）福建外贸结构输出主要以生活用品，输入主要以海外盛产的"珍品异物"为主。无论从欧亚大陆的东方还是西方，也无论从中国的陆路还是海路来看，进行贸易的商品种类不断增多，商品结构也不断变化。但总的来看，没有超出满足各地区统治阶级奢华生活需求的奢侈品。就福建而言，输出品以福建的一些特色手工制品及土特产品等生活用品为主；输入品则是一些海外盛产的"珍品异物"。

两汉以来，福建对外贸易作为陆上丝绸之路的补充，也是海上丝绸之路的必经之地，因而对外贸易输出主要以丝绸为主，输入则是西方的珍奇物品，如交趾的明玑、翠羽、犀、象、玳瑁、异香、美木等。唐初因福州（当时名为泉州）"境接东瓯，地邻南越""言其实利，则璆琳珠玑"，璆琳和珠玑等是从海外进口的商品。宋元时期输入商品大大增加，基本形成了对外贸易长期以来的结构性特征。输出商品以福建特产的瓷器及瓷制品和丝织品为最。建窑黑瓷、德化白瓷、泉州青瓷出口最盛，从唐朝始以宋元出口范围更广，宋《诸蕃志》载福建陶瓷运销亚洲30多个国家和地区，元代《岛夷志略》则称运销海外达58个国家之多。① 据载泉州的丝绢已远销东南亚、朝鲜等13个国家和地区，元代则远销68个国家和地区。还输出一些金属制品，糖、盐、茶叶、水果等饮食品，生活用品，药品及染料品等，输入品则以香料、药物、宝货、布匹、各类皮货等杂货为主。而明代以来其输出入商品结构也基本与宋元以来的相差无几。这种以进口香料、药品、宝物为主，出口以手工制品、金属制品、瓷器及生活用品为主的对外贸易的商品结构则可以看出对外经济联系中的自然经济决定下的贸易特征。

（3）福建贸易方式是以朝贡贸易为中心的易货贸易；贸易主体从以外国商人为主，逐步转向依靠福建海商为主。从汉唐以来，至明朝中叶以前，中国基本形成了一个以官方朝贡贸易为主、以市舶贸易为辅的双重贸易体制。福建海外贸易因其相对有利的区位优势及社会经济的繁荣，对外贸易地位日益突出。唐朝开始在泉州设立"参军事四人掌出使导赞"管理和负责对外国使臣的事务，五代在福州设立榷货物，处理外商贸易事务，宋元以来，先后在泉州、福州设立市舶司以管理对外贸易事务，并颁布《市舶条例》、《市舶法》。管理机构的健全、法律制度的完善，不仅反

---

① 林金水：《福建对外文化交流史》，福建教育出版社1997年版，第37页。

映了政府对福建对外贸易的重视，也说明官方积极操纵和控制福建对外贸易。这集中体现在海外贡使前来朝贡的同时进行自由贸易。唐朝开元年间，许多海外贡使来华，从泉州登岸在福建进行交易，五代王审知时期，新罗派使节来福州，三佛齐也先后派使节入贡闽王，闽王允许他们在泉州、漳州等地贩卖香料。宋元以来，贡品及其他商品量大大增加，至元十五年（1278）宣布诸番国"诚能来朝，朕将宠礼之，其往来互市，各从所欲。"① 唐宋以来，南洋诸国商人、东南亚一带的商人到泉州一带与泉州海商交换商品，带来香料等，换回福建的土特产品。同时泉州海商也运载陶瓷品、丝织品、手工业品、中药材等往海外诸国换回香料、珍珠等奇异商品。苏轼有云："福建一路，以海商为业。"宋泉州莆氏家族长于海外贸易，拥有大量船舶，甚至有私人军队，南宋朝廷干脆任命莆寿庚为举市舶，掌握泉州财政大权。到明中叶郑和下西洋时期，在招引朝贡的同时，也曾带去本国产品，换回当地商品。一批福建商人为与东南亚各地进行贸易，纷纷移居当地，与当地妇女通婚，形成了一股非常强大的海商势力。也可以说，海商是福建商人的代表。福建海商及海商集团逐步成长壮大，成为中外贸易的一个特色。

（二）福建海外贸易发展的成因

1500年以前，福建的确形成了独具特色的海外贸易优势。这主要基于以下几方面的因素影响。

（1）福建独特的区位优势是发展海外贸易的基础。福建独特的生态环境，很大程度上是影响其外向型经济的一个非常关键的因素。地处北纬23°30′至28°22′，东经115°50′至120°40′之间，背山面海，峰峦起伏，河流纵横，海岸线曲折绵长。向称"八山一水一分田"，山地丘陵面积约占全省85%以上，山多交通不便，使福建自成一体，与周边联系较少；但山多也造就了丰富的山林、矿产资源，为外贸提供了货源；由于山多田少，整个福建只有福州、漳州、泉州、莆田等几个平原，严重影响作物的种植与成长，造成福建自古以来要发展农业以外的商贸生产。福建面积不大，但在有限的土地面积上却有29个水系，663条河流，大小河流总长达1万多公里，流域面积在50平方公里以上的河流有597条。河流纵横弥补了福建山多不便的缺点；海岸线曲折绵长，绵延达3051公里，占全

---

① 《元史》卷10，世祖七。

国 1/5，多数港湾内港阔水深，风平浪静，是天然的优良港口，为开发海洋资源，进行海外经济联系创造了有利条件。

（2）福建海外贸易历史悠久，源远流长。中国最早对外贸易可溯到先秦时期。秦始皇在"桂林、象郡、南海"设置三郡进行统治，以"利越之犀角，象齿、翡翠、珠玑"。① 而福建有确凿记载的是《汉书·郑弘传》。从汉朝开始，福建对外贸易作为中国与海外贸易的中转基地与中国陆上丝绸之路互为补充，不断发展，但还不占主要地位，中国对外的主要经济联系是通过陆路来进行的。后历经三国两晋南北朝、隋唐五代、宋元以及明中叶1000多年的发展，福建对外贸易日益繁荣发达。如果说秦汉时期是福建对外贸易起始阶段，且只是汇入中国对外贸易洪流的一个细小的支流的话，那么历经隋唐五代时期的发展，到宋元时期，可谓达到了鼎盛时期，也成为中国对外贸易的主流。而声势浩大的郑和下西洋则宣告一个时代的结束，一个新时代的开始。

（3）福建商人的经商传统支撑海外贸易的日渐繁荣。福建区域特征造就了商人经商的思维习惯。尤其是闽南一带，推崇"商能致富""商胜于工，商胜于农""以商为荣"。泉南人不仅敢冒海上航运的风险，也常冒犯朝廷禁令，不顾一切走私商品。早在宋代，就有此风气，正如《宋史系年要录》中所载，私商贩海，泉州尚多。泉南人赚了钱后，不是存起来，而是马上扩大经营规模。如泉南人信奉"三分天注定，七分靠打拼"，晋江、石狮一带商人，不仅敢冒险，还善于经商，有敏锐的商业头脑，有着强烈的竞争意识。泉南人注重商业信誉，守条约、不失信，正如《高丽史》载"泉州商人讲仁与信"。福州商人到海外经商的也不少，这是在以陆路联系为主的时代福建海外贸易发展的重要原因。

总之，1500年以前福建由于多重因素的影响，逐步形成了一个以中国为中心，以福建区域对外贸易为龙头，向东亚、东南亚、南亚、中亚、非洲、欧洲及其他地域扩散的贸易网，而贸易的重心是在东洋及南洋地区。这种朝贡贸易和朝贡贸易体制下的外贸结构，反映了福建在中国对外贸易中具有非常重要的地位。

---

① 《淮南子》卷18《人间训》。

第二节 早期经济全球化与区域贸易(1500—1894)

一 早期经济全球化条件下的福建贸易(1500—1840)

地理大发现后,西欧各国开始了资本主义原始积累的进程,不断向海外进行扩张。16世纪以来,西班牙在美洲、葡萄牙在东印度群岛开发和建立殖民地,开始了向全球的贸易扩张和殖民活动,荷、英、法等都参与其中。非洲、拉丁美洲和亚洲逐渐被融入这张贸易网络之中。"南北美洲和东欧(与西伯利亚一起)生产原料,非洲提供人力,亚洲提供各种奢侈品,而西欧则指挥这些全球性活动,并愈益倾全力于工业生产。"① 直到19世纪中叶,中国被迫打开大门。在此期间,西方各国不断向东南沿海(福建)开展贸易攻势。

(一)西方向全球扩张过程中对福建贸易的试探

葡萄牙人最早于1445年派迪亚斯抵达非洲西海岸的佛得角。1505年占领印度的卧亚作为东方商业根据地,1511年葡萄牙人占领马六甲,葡萄牙人利用其与中国的朝贡关系,开始向中国东南沿海进军,试图建立以东南亚马六甲为中介的联系欧洲和东亚的贸易网络。1517年到达广东,经当局许可,派员经泉州前往访问琉球,并与当地商人进行贸易,"在泉州可以赚到与广州同样多的利润。"② 但因气候所阻,最远航抵福建漳州,这是葡萄牙首次入闽。1522年,葡军屯门败北后,把目标转向闽浙,他们以福建浯屿为据点勾结中国海盗,从事私贩贸易。当时"佛郎机之来,皆以其地胡椒、苏木、象牙、苏油、沉束、檀乳诸香与边民交易,其价尤平,其日饮食之资于吾民者,如米、面、猪、鸡之数,其价皆倍于常,故边民乐与为市。"③

1520年,西班牙到达菲律宾和摩鹿加香料群岛,开始与当地福建商

---

① [美]斯塔夫里阿诺斯:《全球通史——1500年以后的世界》,上海社会科学院出版社1992年版,第221页。

② 张天泽:《中葡早期通商史》,香港中华书局1988年版,第40页。

③ 林希元:《林次崖先生文集》卷5《与翁见愚别驾书》,《四库全书存目丛书》集部,第75册,齐鲁书社1996年版,第539页。

人有了接触，并希图进行贸易。① 1518—1521年征服墨西哥，1564年从墨西哥入侵菲律宾，1565年建成第一个西班牙殖民点，用大帆船载运亚洲香料和货物，返回墨西哥。1571年西班牙占领马尼拉，1575年派员出使福建，抵达中左所（厦门），历经泉州、漳州、兴化和福州各地……他们的通商要求遭到拒绝。西班牙人在马尼拉利用闽籍华侨造船，开通了马尼拉与墨西哥阿卡普尔科之间的大帆船贸易。1567年（隆庆元年）海禁解除，福建漳州月港与马尼拉大帆船贸易迅速发展，形成漳州月港—菲律宾（马尼拉）—墨西哥的海上丝绸之路，主要运送90%的中国货物（以生丝和丝织品为主）到墨西哥并转运内地，运回马尼拉的是银圆和其他货物，白银大多流入中国。从漳州月港经台湾到菲律宾的新航线主要由福建商人开通，福建与菲律宾的贸易为当地提供了很多生丝、棉布等物品，福建商品并由菲律宾转运拉丁美洲及欧洲市场，同时，载运从美洲运来的白银回国，"西洋诸国金银皆转载于此，以通商故，闽人多贾吕宋焉"②。墨西哥的货币、美洲的番薯、烟草、玉蜀黍也传到福建，解决了福建长期粮食不敷的情况。为此，西班牙鼓励中国帆船到马尼拉通商，招徕中国劳工定居当地，从而扩大了双方贸易交流。

1602年，荷兰东印度公司成立，取得了好望角到麦哲伦海峡之间的航运和贸易垄断权；1604—1662年间，武力侵占澎湖台湾，数次进犯厦门、兴化等地，"期望进行自由贸易"。在占领台湾期间，他们在小金门、浯屿把邻近商贾带来的丝和糖运到日本和巴达维亚。与中国人和日本人贸易的同时，并派船到中国和日本直接采办货物，用帆船从台湾运白银到厦门，以换取供应日本、印度和欧洲市场的商品。当时出口到日本的主要货物是生丝和糖，运到巴达维亚的为丝绸、瓷器和黄金，输入台湾的货物为纸、香料、琥珀、锡、铅和棉花，输出到中国的为台湾土产米、糖、藤、鹿皮、鹿角和药材等。③ 1655—1687年遣使朝贡，派舰队与清军联合反对

---

① 福建与南洋地区的香料群岛有悠久的贸易渊源。自宋元以来福建海商不断到菲律宾进行贸易，"先是闽人以其地近且饶富，商贩者至数万人，往往久居不返，至长子孙"。参见（清）张延玉等《明史》，《吕宋传》，中华书局1974年版。

② 何乔远：《闽书》卷150，福建人民出版社1994年版，第4436—4437页。

③ ［英］包罗著：《厦门》，余丰译，《二十世纪中国商埠志》，中国人民政治协商会议，福建省厦门市委员会文史资料研究委员会编：《厦门文史资料选辑》（第2辑），1983年版，第142页。

郑氏集团，并由此获得入贡权。

英国于1588年打败海上无敌舰队荷兰，1600年成立东印度公司，垄断了从好望角到麦哲伦海峡的贸易。英国不断派船来印度、南洋、中国沿海一带进行贸易。为对付荷兰阻挠对华贸易，英葡双方达成协议合作对澳门贸易。1637年，英国派船在澳门向中国军队开火，"但求通商"，不果而归。从此开始，英国侵华目标开始转向福建。1662年荷兰人被郑成功赶出台湾，英国乘机与郑成功建立贸易联系。

1670年，东印度公司商船"万丹"号首航厦门，这是英商第一次与福建直接接触。郑经时代的台湾对英国实行减税政策，进行军火生意，对抗清廷。英国从台湾购买日本铜、黄金及中国的纺织品、瓷器、真麝香等。1676年，东印度公司趁郑经攻下厦门之际，又派一艘商船前来厦门设立商馆，1678年，命令把厦门商馆作为其在中国的总商馆，台湾商馆隶属其管辖。

直至18世纪初，英国对华贸易主要在厦门进行。1678年、1679年、1680年派船到厦门购买生丝及丝绸，运来现款和货物。如1680年从伦敦到厦门的航船载有银圆、布匹、弹药、火枪、铅、葡萄酒，然后运出一些日本铜、糖和其他粗货运往苏拉特，另有丝绸、生丝、麝香和日本屏风及中日的珍宝直接运往英国，其他余款则换成黄金运往苏拉特。1697年（康熙三十六年）从厦门出口英国茶叶1100桶，丝织品149750件，生丝30吨。此后，茶叶、丝和丝织品一直是厦门出口英国的大宗商品。英国还在厦门投资设厂，表现出相当的繁荣景象。《闽海纪要》康熙年间有记载："至是英圭黎及万丹、暹罗、安南诸国，贡物于经，求互市，许之，岛上人烟辐辏如前。"[①] 1684年，清政府统一台湾后，海禁遂开，英国人又在厦门重开贸易。1635—1704年的70年间，来厦门贸易的东印度公司商船，占该公司来华商船2/5以上。1670—1703年的34年中，包括该公司在内的英国商船来厦门贸易共计43艘。1683—1735年的51年中，来厦门贸易的英国东印度公司商船达35艘，居全国各商埠首位。商船带来的只有少量胡椒、洋酒、绒布等，而在厦门采购的物品，主要是生丝、各种丝织品、茶叶、樟脑、明矾、生姜、冰糖与食糖、水银、瓷器、麝香、

---

① 郑成功研究学术讨论会编：《台湾郑成功研究文选》，《郑英通商关系之检讨》，福建人民出版社1982年版。

黄金、日本铜等，一半以上必须捎带白银或银圆支付。生丝和茶叶常常是东印度公司指令其商船必须采购的商品，当时英国商人认为"厦门是通往产茶省份福建十分重要的口岸"①。18世纪初，由于纳税过重，货物供应不足，贸易限制太多等种种原因，厦门的对外贸易逐渐萧条。1757年限令广州一口通商，关闭闽海关，厦门只准与吕宋贸易。1782年，清朝不得不再次同意厦门与南洋各地进行贸易，并通过在厦门设立的"洋行"进行对外通商。

18世纪末到19世纪初，欧美各资本主义国家开始侵占亚洲各地。英国首先控制了印度，接着逼近东南亚和中国，法国侵入东南亚，俄罗斯也从北部进逼，美国则进入太平洋沿岸。东亚的历史就不能不在欧美各国的强大压力下展开了。②在东亚，"首先是中国，然后是日本，被迫敞开国门，接受西方的商人，传教士，领事和炮舰。"1832年，英船"阿美士德"号以开展中英贸易为借口，无视禁令，到厦门进行考察，并闯入福州港进行调查和搜取商业情报，为日后武力打开福州、厦门做好了准备。

（二）朝贡贸易体制下福建私人海外贸易的兴衰

在西欧不断向海外扩张的同时，中国唐宋政府创建的朝贡贸易体制在明清政府实施的海禁政策的影响下，大大抑制了中国对外经济联系。随着政权稳固，民间出海贸易要求高涨，明清政府先后于1567年（隆庆元年）、1684年（康熙二十三年）、1727年（雍正五年）部分开海贸易。这一时期，时而"非法"、时而合法的福建私人海外贸易随着政策的变化盛衰相间。

明政府的闭关政策抑制了福建海外贸易的发展，直到1405—1433年郑和下西洋时期，才又重新恢复与东南亚各国的关系，但仍是以弘扬官方贸易、限制民间贸易为目的。这使福建对外贸易走向衰落。海禁使"闽人滨海而居，非往来海中则不得食，自通番禁严而附近海洋鱼贩一切不通，故民贫而资愈起……"③，海滨民众生理无路，迫使走私盛行。"月港豪民

---

① 顾海：《厦门港》，福建人民出版社2001年版，第75页。
② 卞修跃、金圣甫、板垣龙太：《东亚三国的近现代史》，社会科学文献出版社2005年版，第15页。
③ 《明世宗实录》卷538，嘉靖四十三年九月丁未。

多造巨舶向外洋交易，久之，诱寇内讧，法不能止。"① 走私贸易商为生存往往结成团伙，携带武器，烧杀劫掠，杀人越货，开始以小股分散进行，明嘉靖中叶以后发展为财厚势大、人众船多、规模庞大的"巨寇商人集团"。明后期，为打击走私贸易和解决财政危机，明政府于1567年（隆庆元年）开放福建漳州海澄月港，准许私人"贩东西二洋"，实行船引，限定出航船数。这一政策使月港由非法走私贸易港变为合法的民间海商国际贸易大港，私人海外贸易迅速崛起。同时，设置征税机构——督饷馆，制定各种饷税的征收办法，规定凡出海贸易的商船，必须缴纳引税、水饷、陆饷和加增饷，月港随之成为各种进出口商品的集散地。

福建对外贸易联系，明前期以西洋区的南亚、西亚和东非诸国为主，自西方殖民者东来后，除与西方进行"非法"的贸易外，福建海船一般被局限在马六甲海峡以东海域航行，尤以赴东洋地区的日本、吕宋者为多。隆庆开海禁后，"准贩东、西二洋"。②《东西洋考》记载，开海后的漳州月港主要是私人贸易港，与海外通商的主要有交趾（安南）、占城、暹罗等西洋的20多个国家和地区，东洋则有日本、吕宋、文莱等10多个国家和地区。

实际上，开海后福建与东洋日本的贸易仍在禁列，但福建海商无视禁令，频频出海贸易。当时贩往日本的货物主要有生丝、丝织品、棉麻织品、瓷器、铜钱、砂糖、矿物、皮革、苏木、药物、铁锅、针等，贩回的主要是金、银、青玉、琥珀、水晶、水银、螺钿、硫黄、铜铁、细绢、花布、屏风、刀、扇、砚、漆等。福建漳州、厦门与吕宋联系密切，输出的货物主要有面粉、大麦、食糖、各种干鲜果品、钢铁、锡铅、红白铜、精美瓷器、各种丝织品和各种小物件及铜炮等，运回的货物主要是银圆，银圆"俱自佛郎机（指墨西哥）携来"，还有一些金、子花（吉贝花）、苏木、椰等。③ 福建商船以陶瓷、丝绸等日用商品，换回苏禄负有盛名的珍

---

① （清）李书吉等修，蔡继绅等纂：《澄海县志》卷7，清嘉庆二十年刊印本，成文出版社1967年版。

② 当时的东西洋以"文莱即婆罗国，东洋尽处，西洋所自起也"。东洋大致包括日本、琉球、菲律宾群岛、马鲁古群岛（香料群岛）、苏禄群岛及北婆罗洲；西洋包括中南半岛、马来半岛、苏门答腊、爪哇以及南婆罗洲，主要是在东南亚、南亚地区。参见张燮《东西洋考》卷5《东洋列国考·文莱》，《吕宋》，《苏禄》，中华书局1981年版，第102页。

③ 张燮：《东西洋考》卷5《吕宋》，中华书局1981年版，第94—95页。

珠、玳瑁、珠壳、片脑、番锡、降香、竹布、棉布、荜茇、黄蜡、苏木、豆蔻、鹦鹉等。① 福建与西洋贸易中，安南、占城、柬埔寨、爪哇、马六甲、暹罗等地都向福建输出各种奇珍异物、香料和金银等②；荷兰殖民者1619年占领巴达维亚后，诱使华工和华商贸易帆船来爪哇经商，当地华侨人口大增，从1619年的400人增至1627年的3500人。华侨直接从事与福建的贸易，并向爪哇等地输出生丝、丝织品、铜钱、瓷器以及各种棉织品等物。

  入清以来，政府合理的税赋政策、商品化的农业和工商业的发展，促进了贸易的活跃，海商不断发展壮大。晚明崛起的郑氏集团，清军入关后，郑芝龙降清被杀。其子郑成功控制了东南沿海的制海权，以安平为据点，起兵反清，发展海外贸易。为打击郑氏反清斗争，清初延续了明初海禁与朝贡贸易相结合的政策，1656年继续实行禁海，1660年实行迁界政策。顺治平定浙江福建后，颁招天下，"东地海外琉球、安南、暹罗、日本诸国、附近浙闽、有慕义投诚纳款来朝者，地方官即为奏达，与朝鲜等国一体优待，用普怀柔。"③ 禁海、迁海政策使福建沿海船舶"行贾外洋，以禁海暂阻"，贸易中断④，但却给了以厦门为据点的郑氏垄断海上贸易有利时机。郑成功实行"通商裕国"政策，设立山路五大行和海路五大行，其中后者基本在厦门从事对海外贸易。在1646—1658年间，占领福建大部，维持一支庞大的贸易船队，南向取粮于惠、潮，中向取货于泉、漳，北向取材于福、温，因此货物源源不断。⑤

  郑氏通商范围从日本长崎到琉球、东京（越南北部）、广南以及东南亚各地（包括柬埔寨、暹罗、北大年、爪哇、西里西伯和吕宋），其中尤以与日本东京、暹罗、荷兰殖民者的贸易最为密切，形成了联系中国（厦门）—东南亚—日本—中国（厦门）的贸易圈。贸易商把中国的手工制品及土特产等日常用品运往国外，从国外进口所需各种商品。如在郑芝龙时期与日本贸易时，特意开辟了一条由泉州安平直抵长崎的直达航线，把中国丝及各种丝织品、绸缎、各种糖、麝香及土茯苓、绢织

---

① 张燮：《东西洋考》卷5《苏禄》，中华书局1981年版，第97—98页。
② 张燮：《东西洋考》，《柬埔寨》，中华书局1981年版，第29—30页、第53—55页。
③ 《清世祖实录》卷30，顺治四年二月癸未，中华书局1985年版，第3册，第251页。
④ 杜臻：《粤闽巡视纪略》卷1，第953页。
⑤ 《清世祖实录》卷108，顺治十四年二月丁卯，中华书局1985年版，第3册，第850页。

物、粗杂货和药材运到日本长崎进行贸易。① 明末清初，私人海上贸易曾盛极一时，贸易国东起日本、朝鲜、中经菲律宾群岛和南洋群岛，西达阿拉伯半岛，甚至非洲东海岸，到处都有中国海商活动的足迹。据东张燮《东西洋考》记载，仅与漳州月港进行贸易的就有东西两洋40余个国家和地区。②

1684年，清政府统一台湾，宣告开放海禁，开四关开放通商。福州南台和厦门设关衙，厦门作为贸易正口，使福建对外贸易迅猛发展。当时主要与日本、英国及东南亚各国进行贸易，尤其是与东南亚贸易最为繁盛，"其地为噶喇吧、三宝垅、实力、马辰、垛仔、暹罗、柔佛、六坤、宋居朥、丁家卢、宿雾、苏禄、柬埔寨、安南、吕宋诸国"③。商舶交于四省，偏于占城、暹罗、真腊、满剌加、渤泥、荷兰、吕宋、日本、苏禄、琉球诸国。海外商船也舳舻相衔，来到福建港口，交通"极一时之盛矣"④。由于福建商人图利常载粮出国，并把船只卖到当地，十之五六都留居不归，从而又加强了对外贸易限制，如规定出海商民，必须申请具保、核准，领取执照等。尤其是1717—1727年南海禁令的颁布，规定禁止前往南洋、吕宋、噶喇吧等处贸易。已出海在南洋一带居留的商民，限3年内回国，否则不准复归故土。尽管准开厦门为唯一开放口岸，但仍严重制约了对外贸易的发展。乾隆时，虽取消"从前逗留南洋之人，不准回籍"的规定，但对出海的种种限制，使"藉贸易之赢余，佐耕耘之不足"的形势面临着危机，加上繁重的商税、吏治腐败及西方势力不断地染指福建地区，使福建私人海外贸易"骤富骤贫，容易起落"⑤。1757年，清政府限令仅能在广州一口通商贸易，福建对外贸易深受影响。1817年，清政府禁止福建茶叶从厦门海运出口，使依托厦门对外贸易的福建贸易大受打击。

开海时期，厦门从事海上运输的船只分为四种：为去北方各港口为主的"透北"，往南方各港口的"广拨"，从事厦台贸易的"过台"和从事国外贸易的"出洋"；当时厦门港的国际航线有东洋、东南洋、南洋和西

---

① 林仁川：《明末清初海上私人贸易》，鹭江出版社1991年版，第181页。
② 同上书，第176页。
③ 周凯：《厦门志》卷15，鹭江出版社1996年版，第5页。
④ 陈寿祺：《重纂福建通志》卷87《海防·总论》，第1760页。
⑤ 周凯：《厦门志》卷15《风俗记·俗尚》，鹭江出版社1996年版，第512页。

南洋4条。东洋航线贸易国家有朝鲜、日本、琉球；东南洋航线有菲律宾的吕宋、苏禄、班爱（今班乃岛）、呐毕单（今棉兰老岛西北的达比丹）、猫里雾（今棉兰老岛南、北三宝颜2省）、莽均达老（在棉兰岛上）；南洋航线有越南（今越南北部）、占城（今越南中南郎）、文莱、文郎马神（今印度尼西亚加里曙丹岛马辰）、暹罗（指当时首都阿瑜陀耶，今曼谷以北）、六昆（今泰国那空是贪马叻）、宋居劳（今泰国宋卡）、埗仔（今宋卡西南）、大呢（今泰国北大年）、麻剌甲（今马六甲）、柬埔寨；西南洋航线则有吉里问（今印度尼西亚爪哇岛北面的卡里摩爪吐群岛）、旧港（今印度尼西亚苏门答腊岛巨港）、丁机宜（今苏门答腊岛英得腊其利河流域）、亚齐（今苏门答腊岛东北部）柔佛、彭亨（马来西亚）、荷兰、英吉利、干丝腊（西班牙）和法兰西。①

其中，福建与日本、琉球、暹罗、新加坡等地贸易往来值得关注。清康熙开海禁第二年（1685），曾企图与日本贸易，但被锁国的日本谢绝。但中日民间贸易仍然不断发展。据不完全统计，在开海后的40年里，福建赴日商船有640艘，其中从福州发船的有219艘、厦门170艘、台湾130艘、泉州56艘、漳州39艘、沙埕26艘。② 从厦门运往日本的货物有丝绸、棉布等数十种纺织品、瓷器、干果、水果、中药材、书画等，日本运到厦门的以铜及钳制品为主，也有海产品等其他物品。由于日本物产不多，需用白银购买中国产品，以致大量白银外流。这使日本政府于1715年颁布法令限制中国各地赴日船只，并实行高关税政策，使福建对日贸易颇受限制而日趋没落。

与琉球继续有明一代的朝贡贸易关系，明代从事的是中国与东南亚的中介贸易，明末清初以来，日本控制了琉球的对外贸易，因而贡物以日本托售的货物为主，贡使基本上是中日贸易的掮客。同时，福建商人也利用"册封"机会，到琉球经商。这种以"封贡"形式的福建与琉球海上贸易一直维持到1879年日本吞并琉球，改为冲绳县。

与暹罗是以经营大米贸易为主的民间贸易。康熙朝始从暹罗运来大米，实行免征大米税、减免随载货物税、鼓励本国商民在国外造船，发给

---

① 顾海：《厦门港》，福建人民出版社2001年版，第69页。
② 据林春胜、林信笃《华夷变态》和《唐蛮货物改账》统计。

牌照，载米回国，以接济福建米粮不足。① 这一政策实施后，厦门进口的大米数量明显增加。1748年，从东南亚陆续回到厦门的商船16艘，每艘船随带大米200石至300石不等，另加龙溪县（今龙海市）船商何景兴从暹罗运回大米1000石，总计当年进口大米5000余石。1751年（乾隆十六年）从厦门进口的商船约20艘，带回大米共5300余石，另有一艘暹罗商船运来大米4000余石，这一年厦门进口大米共计9300余石。大米运到厦门，再分转省内各地。

清解除海禁以后，厦门与吕宋贸易往来日渐增多。1739—1745年的7年中，厦门到达马尼拉商船共计41艘，平均每年也有6艘，占这7年到达马尼拉商船总数106艘的39%。西班牙殖民者派商船从菲律宾载运当地土特产，携带大量墨西哥银圆来厦门换取和采购他们需要的中国产品。有记载称，1781年、1782年、1783年、1809年吕宋的西班牙商人带银圆和苏木、槟榔、乌木等各种奇珍异物来厦门购买白纸、青白瓷器、条石、花砖、方砖、布匹、麻线、土茶、冰糖、药材、雨伞等物。② 一方面因大帆船贸易衰落，另一方面也由于清朝禁止生丝、丝织品出口，闽商经与吕宋的贸易兴盛时间不长。西班牙船是唯一可以到中国进行贸易的外国商船，经常到厦门来经商，而吕宋的贸易基本是殖民者西班牙在经营，如此，西班牙（吕宋）厦门之间这种合法贸易一直到嘉庆初年，后西船多从事走私。

另外，对新加坡的贸易，1819年英国占领新加坡，开埠后第一艘到达新加坡的中国商船就是从厦门起航的。1829年有8艘中国商船抵达新加坡，其中3艘是厦门商船，载去陶器、砖瓦、干果、土布、生丝等250吨至400吨不等。1830年9艘中国商船中4艘是厦门商船，共载货约3000吨，1831年的18艘中国商船中有2艘为厦门商船。③

总体来看，当时输出海外的商品主要是手工业制品和原料（丝及丝织品、棉制品）、矿产品、水产品、农副产品、皮毛、食品、药品、文化用品等，以生丝及丝织品、瓷器、食糖为大宗；贩运回国的商品以各种香

---

① 田汝康：《华侨在暹罗航运上所作的贡献》，《17—19世纪中叶中国帆船在东南亚洲》，上海人民出版社1957年版。

② 顾海：《厦门港》，福建人民出版社2001年版，第72页。

③ 同上书，第73页。

料、金银、奇珍异物、珍奇动植物、珠宝等奢侈品为主。

（三）早期经济全球化条件下福建对外贸易的特点

早期经济全球化使中西各国开始进行经济碰撞和有限的贸易往来，这个过程是西方拓展世界市场和东方改变传统贸易方式的时期。在经济全球化条件下，福建贸易发生的变化及其影响，主要有以下几个特点。

（1）资本主义生产方式与封建主义生产方式碰撞的结果是，双方不能以和平协商的方式进行合法经贸往来，只能以"民间"或"非法"的形式存在。以地理大发现和新航路开辟为标志，西欧各国在新生产方式的促动下，不断拓展海外市场，建立在国际分工之上的，以贸易为纽带的世界经济体孕育形成，并逐步开始探索对中国的经济贸易联系。但在中国以朝贡贸易为唯一合法贸易途径，因"内忧外患"，实行"时开时禁"的贸易政策，不仅打击和约束了西方各国向东方扩张的脚步，还抑制和限制了福建对外贸易发展，从而使福建与西方贸易被限制在"民间"或者"非法"的状态。

（2）福建与西方进行初步接触的同时，基本承袭、延续、利用了地理大发现以前福建业已形成的与东亚、东南亚及印度洋周边国家间的贸易联系。地理大发现后，西方各国向东方的推进和扩张，利用福建与东亚、东南亚地区业已形成的贸易商道和福建籍商人，以及中国和东南亚、中国、东亚日本、东南亚的三角贸易网络开展对中国的贸易。明清时期主要由福建商人开通的马尼拉与墨西哥之间著名的大帆船贸易航线，福建与东洋和西洋、南洋航线的开通，给西方资本主义者的东来提供了便利条件。如马尼拉大帆船贸易不仅利用闽商开通的航道，还利用闽商制造的船只，运送多数中国货物进行中、菲、拉美贸易，又如中暹的大米贸易中，除闽商直接经营之外，运送的货物中，西洋的商品也作为朝贡的贡品进献中国。滨下武志说："历史上形成的亚洲区域内的贸易网，通过若干条渠道与亚洲区域外的贸易道路相连，西欧诸国正是沿着这些渠道进入亚洲的。也就是说，由西班牙、葡萄牙打头，荷兰、英国、美国诸国都为着寻求亚洲的特产而加入到亚洲区域内的贸易网中来。"① 而福建与亚洲及周边贸易情况，则在西方各国的利用和排挤下，则基本局限在东亚、东南亚地

---

① ［日］藤田正典：《17、18世纪的中英通商关系——以东印度公司为中心》，《东亚论丛》第2辑，1939年版。

区。福建与这些国家和地区的联系是在地理大发现以前贸易基础上的发展，但基本约束在朝贡贸易范围之内，双方商品往来已具有互济贸易性质。1840年西方武力打开中国大门之后，福建与欧美国家之间贸易迅速发展，从而使与东亚和东南亚的贸易份额明显降低。

（3）福建对外贸易商品结构仍然以进口奇珍异物等奢侈品，出口糖、竹、木、瓷器等自然资源性消费品为大宗。地理大发现以前，各国出口商品主要是"具有自然垄断性质而供上层社会消费的奢侈品，例如美洲的贵金属，印度的各种香料，印度和波斯的象牙和纺织品，中国的丝绸和瓷器等"①。地理大发现后，西方各国试图通过贸易扩张进行资本原始积累，以便搜集生产原料和生活资料，扩大再生产；提供的商品则决定于其自然天赋和传统的手工工艺和特色。"从出口商品结构看，当时国际贸易中占主导地位的商品是农副产品和以农产品为原料的手工业制品。"② 17世纪后半期，东方国家出口商品除了茶、香料以外，还有生丝、绸缎、棉布、印度蓝、硝石等；欧洲国家的出口商品结构中占较大比重的则是手工业制品，如英国当时主要是毛织品、棉布、铁制品、服饰品和亚麻制品等。从16世纪到19世纪中叶，"近代使东方和西方发生接触的是商业。但事实上西方人出来寻求中国的财富，而不是中国人出去寻求西方的财富。自16世纪至19世纪，在这将近三百年的中西交往中，最显著的事实是，西方人希求东方的货物，而又提供不出多少商品来交换"③。在西方不断开拓福建市场的过程中，从用金银、奢侈品、最后用鸦片作为交换，来换取福建茶、糖等土特产。而福建与亚洲各国则从各自的生产生活所需进行必要的互济互助贸易，如用大米等换取福建土特产和中国的丝等。

（4）福建对外贸易发展变化，既与国际环境变化相关，又与当时国内有限度的对外贸易政策密切相关。在中西经济碰撞的过程中，中国并没有从日益发展的国际大势中寻找出合乎自己发展的模式，而依然奉行"朝贡贸易"政策，并辅以"时松时紧"的禁海政策。在官方贸易的约束和束缚下，以海为生的福建民间贸易——私人海上贸易发展壮大起来，盛极一时，并形成武装海商集团。但这种"非法"私人贸易也在官方贸易的

---

① 金祥荣、王文标、严建苗：《出口商品结构研究》，杭州大学出版社1990年版，第2页。

② 同上。

③ 格林堡：《鸦片战争前中英通商史》，商务印书馆1961年版，第1页。

约束和打击下，日趋衰落。郑氏海商势力衰弱后，清朝为适应厦门对外贸易发展的需要，在官府的严格限制政策下，设立中介性质的"洋行"，处理对外贸易事务。在洋行的作用下，厦门对外贸易并未停止。"厦门贩洋船只，始于雍正五年，盛于乾隆初年，时有各省洋船载入口倚行贸易征税，并准吕宋等夷舶入口贸易，故货物聚集，关税充盈，至嘉庆元年，尚有洋行三十余家，洋船商船千余号，以厦门为通洋正口也。"① 总体上，由于贸易政策的限制，福建对外贸易经历了明末月港"非法"贸易时期、清初厦门贸易合法时期、再到广州一口通商的"非常"贸易时期，大大限制了福建对外贸易的发展。

二 资本主义经济全球扩张下的福建对外贸易(1840—1894)

以英国为首的西方各国在企图打开中国贸易市场的过程中，由于没有更多合适的商品与中国进行贸易，中英贸易长期处于严重的出超状态，它们不得不运送白银来平衡。为改变这种贸易不利地位，1773年开始从印度运送鸦片到中国来平衡英印中三角贸易。这使英对华贸易从19世纪30年代开始改变其不利地位，但清政府的严厉禁烟措施，激起英国发动鸦片战争，开始了西方各国武装侵华的历程。以英国为首的西方各国发动一系列武力战争打开中国大门，并签订一系列不平等通商条约，标志着中国开始一步步卷入西方资本主义经济体系之中。"直到19世纪中国才被纳入了这一世界体系"。② 地处中国东南沿海的福建，首当其冲卷入其中。第一次鸦片战争后，中国五口通商中福建的厦门于1843年11月2日开放，福州于1844年7月3日开放。根据不平等条约，清政府允准列强携带家眷自由居住、建立租界、开设领事馆、进行通商贸易，并享有协定关税、领事裁判权、治外法权和片面的最惠国待遇等种种特权。为了把持对外贸易的管理权，外国人又先后于1861年在福州设立"闽海关税务司公署"，1862年在厦门创立"厦海关税务司公署"，史称"洋关"，又称"新关"。洋关和清朝廷原设的海关（改称"常关"）分别掌管国外和国内的贸易货运及其船舶管理、关税征收事宜等，福建的海关从此落失他手。如果说开

---

① 萨士武、傅衣凌：《福建对外贸易史研究》，福建省研究院社会科学研究所，第45页。
② [美]伊曼纽尔·沃勒斯坦：《现代世界体系》第1卷，高等教育出版社1998年版，中文版序言第1页。

辟商埠、建立租界、攫取种种特权等是外国资本主义侵略者为对中国开展掠夺性的殖民地贸易准备的种种经济的和政治的条件，那么，外国商人"冒险家"的纷至沓来及外国洋行的纷纷建立，就是它们在各种条件不断具备的情况下从事掠夺性殖民地贸易活动的开始。① 西方各国在福建增开洋行、建立银行和船舶修造公司、轮船公司等，加紧对商业、贸易、金融、航运权的控制，日益操纵了福建进出口贸易的经营权。

（一）福建对外贸易商品结构的变化

西方各国不断与福建进行商贸往来，首先表现在英国等西方商人、洋行利用鸦片和主要机制工业品打开福建市场，并从福建搜罗茶叶为主的土特产商品，使进出口商品结构日益与世界市场发生密切的联系。贸易趋势的变动随着大宗进出口商品的消长变迁而变迁。西方商人曾经利用福建与东南亚形成的传统贸易经济圈开展对华贸易，在武力打开中国大门后，这种世界性的贸易关系是否在继续利用传统的贸易圈，或者是在进行着排挤对抗？

1. 以鸦片和棉纺织品为主的进口商品结构

（1）鸦片贸易的消长

鸦片战争前，鸦片走私十分猖獗。② 19 世纪 20 年代，在福州从事鸦片走私贸易的主要是英国、美国、荷兰、葡萄牙、西班牙等国。开埠通商后，厦门、福州，甚至泉州等地都大量走私鸦片。据载，长年停泊的鸦片趸船厦门 3 艘，福州 2 艘，泉州、集美各有 2 艘。这些趸船是外商从事走私贩卖鸦片的海上据点。③ 1824 年 3 月，有甲板夷船在洋游奕，教卖鸦片烟土。奸民勾通滋弊，通饬营汛一体巡防驱逐。自后七年三月、九年三月、八年五月、十年正月，皆寄挂外洋，随时驱逐。……④19 世纪 40 年代，"鸦片走私贸易是沿着从福州直到泉州的海岸进行的，在那里有一支庞大的（英国）鸦片走私飞剪船。"⑤ 1856 年，闽海关以"洋药"名义准

---

① 黄苇：《上海开埠初期的对外贸易研究（1843—1863）》，上海人民出版社 1961 年版，第 26—27 页。
② 马士：《中华帝国对外关系史》第 1 卷，商务印书馆 1963 年版，第 238—239 页。
③ 马士著，张汇文译：《中华帝国对外关系史》第 1 卷，生活·读书·新知三联书店 1957 年版，第 610 页。
④ 周凯：《厦门志》卷 5《船政》，第 34—35 页，成文出版社 1967 年版，第 117—118 页。
⑤ H. C. Sirr, *China and the Chinese*, London, 1848, vol, I, pp. 175—176.
厦门复出口主要输往台湾等地，如 1864 年净进口值为 2678933 元，其中复出口为 20142 元。

许鸦片进口，鸦片进口量日益剧增。

据英领事报告，厦门开埠后头几年，每年鸦片贸易额约25万英镑，远超过合法贸易总额。以后逐年增加。1858年厦门鸦片贸易合法化促使鸦片进口大大增长。1864年厦门从国外进口鸦片共计4774担，值269万美元。1864—1876年间进口总量，基本保持在6000担之内，呈倒弓形发展趋势；1877年增至6942担，直到1885年，进口保持在11000担以内的高峰段；以后下滑到1894年的3525担。厦门鸦片复出口较少，1865—1894年间厦门鸦片净进口量，与进口总量趋势基本相同。厦门鸦片进口值在洋货进口净值中所占的比重非常可观，1864年为47.85%，1881年为55.8%，到1894年又降为26.53%。[①] 大部分鸦片是从香港转运而来，减少的原因主要是转口的减少及其他毒品的引进（如吗啡）等因素的影响。

福州的鸦片输入量更大。开埠初期，每年输入2000—3000箱，估计货值200万—250万元。19世纪50年代，随着茶叶贸易的发达，鸦片输入每年达5000—6000箱，估计货值每年达300万元以上。1958年鸦片贸易虽合法化，但由于福州鸦片厘金征收的约束和限制使本由福州输入的鸦片转向其他港口而使福州进口减少。据海关资料统计，1861年7—12月，福州鸦片进口3212.5箱，1862年7292箱。1864年福州鸦片净进口有6978担，之后，到1877年净进口减少到3164箱。1876年中英《烟台条约》和1885年签订，1887年实施的《烟台条约续增专条》统一了全国鸦片进口的厘金、税率，福州的鸦片进口又开始回升。从1877年的3165担升到1888年的6166担，不过没有超出1864年的水平。鸦片进口净值1876年为157万海关两，占洋货净进口值的49%，1877年后逐年上升到1881年的201万海关两，比重升至52%，1882年跌至158万海关两，比重为46%，直到1887年输入值为160万海关两，所占比重降低但仍有38%，1888—1889年两年超过210万海关两，1894年，福州鸦片净进口降至4410担，输入净值为240万海关两，约占进口净值的47.43%。无论

[①] Returns of Trade at the Port of Amoy（百分比通过计算而来）；中国第二历史档案馆、中国海关总署办公厅：《中国旧海关史料（1859—1948年）》，京华出版社2001年版（以下华洋贸易报告和统计未经注明，均与此相同）。

输入怎样消长，所占比重几乎占到半数弱，可见其地位之重要。①

总体来看，福建鸦片进口量非常大。尽管厦门和福州鸦片在此阶段的进口量都呈现明显的进口高峰，并逐渐下降，但由于鸦片进口在洋货进口中所占的比重很大，可以说鸦片进口值的变化基本左右着福州洋货净进口值的发展变化趋势。从全省来看，福建鸦片进口量前期受福州埠增进的影响出现一个较高时期，19世纪60年代中期到70年代初下滑到最低点，70年代末开始恢复，到90年代中期达到高峰后转入低潮，到1894年落到1871年低点的6581担之下。鸦片贸易，表明西方资本主义扩张仍带有明显的原始资本积累的性质。另外，鸦片贸易不仅毒害了人们的身心健康，还大大耗费了人民的购买力，影响了其他进口商品的消费能力，从而严重影响了福建的进口贸易格局。

（2）机制工业品进口贸易的变化

西方各国除向福建推销鸦片外，还不断推销英美两国棉纺织品、英属殖民地印度的棉花、棉纱和部分来自海峡殖民地的产品。开埠初期，厦门进口一些印度的棉花和英国的棉纱，海峡殖民地的产品则仍由本地船只直接从马来群岛运来。1855年，仅英国一国对厦门的合法贸易总值即超过了180万元，这数量大致相当于该港口全部对外贸易的2/3左右。② 1864年，厦门海关贸易统计记载，进口洋货有鸦片5种、棉织品14种、五金7种、毛织品9种、杂货类共100种左右，其中鸦片约值270万美元，约占进口总值的比重为47.96%；棉纺织品34.36万美元，所占比重只有6.1%，其中以原色布、白洋布、染色布、白点布、红布为最；棉纱25.64万美元，所占比重为4.56%；毛织品25.1万美元，约占总值的4.46%；五金以铅、锡、黄铜较多，共计47.47万美元，约占进口总值的8.85%；杂货中，从东南亚进口的海参、燕窝、墨鱼、各类鱼及制品（其中以干鱼为最）、各类动物角、油饼、大米、外国绳子等商品占多数。从各种商品占进口洋货的比重看，除鸦片外，棉织品所占比重不断上升，并位居首位。以1881年为例，国外进口贸易的全部净值中鸦片占61.8%，棉布占18.8%，毛织品占2.0%，金属类占4.9%，杂货占23.2%。③ 随

---

① *Returns of Trade at the Port of Foochow*.
② S. W. Williams, *The Chinese Commerical Guide*, p.184.
③ *Returns of Trade at the Port of Amoy*, c1864, c1881.

着进口贸易的发展变化，1894年厦门洋货进口种类（鸦片4种、棉织品12种、毛织品9种、混合物1种、五金11种、杂货86种）增长到120种左右。而各类商品占厦门洋货进口净值的百分比分别为鸦片31.87%、棉织品23.9%、毛织品1.29%、五金5.47%。仅棉纱一项就占全部进口值的18.8%，占棉纺织品的78.68%。五金进口以锡和铅为主，其中锡占五金进口的比重为78.42%、铅为5.9%。与国外直接进口贸易中，鸦片值约178万海关两、棉织品143万海关两、毛织品7.4万海关两、五金41.4万海关两，分别占洋货直接进口（包括香港，和复出口）的27.95%、22.38%、1.16%、6.5%。比较而言，进口鸦片比重下降，棉纺织品比重上升。

棉纺织品中，洋纱输入引人注目。19世纪以前，以家庭手工纺纱、手工织布为主的福建纺织业的原料依靠外来进口。鸦片战争后，福、厦、漳、泉等地相继创办纺织手工工场，开始大量进口棉花和棉纱。从19世纪的60年代起，价格低廉的洋纱进口逐步增加，而棉花的进口相对减少。1864年厦门口岸进口棉花4.2万担、棉纱3205担，1870年进口棉花1.9万多担、棉纱增为1.57万多担。1891年棉花进口再减为5996担，棉纱增加到5.79万多担。棉纱进口增长很快。

厦门1870年之前主要进口土棉，1870年之后，印度原棉由于价格低廉大量从香港转运到厦门，1870年进口印度原棉19195担，1874年巨跌为603担，以后逐年上升，到1884年进口高达48777担，后又跌到甲午战前的854担（棉纱总进口7669余担，值70821海关两）。这主要是因为物美价廉的洋纱影响了棉花的进口，如1868年，在棉花价格没有变动的情况下，洋纱几乎每包减价50元。"对于本地人来说，当洋纱的价格降低时，把棉花纺成纱是无利可图的了，就品质与价格说，小贩是宁愿购买洋纱的，所以棉花进口下降，而外国洋纱消费就大量增加了。"[①] 1869年进口洋纱10235担，1874年进口棉纱19635担，1884年上升到39369担，比1874年增长1倍余，1892年达到63345担，1894年稍落为58561担，不过与1874年相比，增长约2倍。[②] 棉纱进口解决了人们原棉纺纱织布投入成本高的问题，利用洋纱织布表明在卷入世界市场过程中资源比较优势

---

① 厦门港史志编纂委员会编：《厦门港史》，人民交通出版社1993年版，第138页。
② *Returns of Trade at the Port of Amoy.*

的重要性；同时又表明，洋布进口虽然在增加，但还远没被广大消费者所接受。

进口的棉织品以标布、原棉、白布为大宗。1869年厦门共进口布10.8万匹，1880年洋布进口达20.6万匹，1890年洋布的进口数达到27万匹。但1882—1891年厦门十年贸易报告中称，"印度棉纱1881年进口净量27858担，到1891年进口达57978担……而就各种棉制品而言，其进口趋势是衰退的。毛绒织品的情况也大致一样。"① 到1894年棉纺织品整体进口量上升了，这明显看出主要是棉纱的比重相对较大的缘故。

五金中最具影响力的是铅、锡及旧铁的进口。从1874年始，进口铅大增，1877年进口最多，达到14233担，以后下降到1894年的4087担，比1877年下降71%。"其原因是本地茶叶贸易衰退。"铅本来用作茶箱的衬里，茶叶贸易的衰退导致需求量的减少。曾经有个时期，为满足本地区的需求，每年进口14000担以上，但1881年，仅上述数额的一半便满足了全部需求，而目前的年进口量则仅有2900担。②

杂货类中，最有影响力的要数煤油、日本火柴、美国面粉。厦门海关十年报告（1882—1891）记载：十年前，煤油的年进口净量不超过2万加仑。此后，年进口量迅速增长，现在已超过100万加仑的巨大数额……火柴的进口，1881年为12万罗，1891年的进口额则已达31.75万罗。其中约4/5为日本制造，其余的来自欧洲。10年前，美国面粉的增长虽然并非始终如一，但现在进口量已是1881年的7倍。③ 其他杂货商品如来自爪哇的油饼，来自新加坡、爪哇和马尼拉的海参、来自海峡殖民地的栲皮、来自马尼拉的油果、来自海峡殖民地、爪哇和马尼拉的沙藤等，都进口不少。

福州开埠初期，英国商人记连和康普登试图以洋布换取茶叶，没有成功。在19世纪40年代，以占绝对多数的进口英货贸易而言，一直在10%以下，直到1852年，才达到11%。厦门的进口英货值，1843—1844年度为广州进口值的2.4%，上海的14.8%。1849年为广州的14.4%，上海的25.8%。即使是最好的1852年，亦仅为广州的18.4%，上海的

---

① 戴一峰：《近代厦门社会经济概况》，鹭江出版社1990年版，第257页。
② 同上书，第257—258页。
③ 同上书，第257页。

39.4%，与广州、上海无法相比。① 60 年代以后，福州棉毛织品的进口日见起色，1868 年进口洋布突破 2 万匹，进口毛织品达 1.4 万余匹。19 世纪 70 年代后，棉布进口达 30 多万匹，毛织品基本保持一万余匹上下。直到 19 世纪 90 年代，福州进口的棉纺织品在 30 余万匹上下波动，1882 年进口 39.3 万匹，1891 年则为 36.1 万匹。棉织品品种主要有原色棉布、白色棉布、标布、美国斜纹布、英国斜纹布、土耳其红布、市布、蓝花青布、漂白棉布、洋纱布、白纱布、手帕等，其中以标布、英国斜纹布及美国斜纹布等最为重要。

福州进口的五金及制品主要为铅、锡锭和锡板、铁条、铁钉及铜皮等，以铅为大宗。进口铅主要用于制茶箱的隔衬，每年茶季开始大量进口，并随茶叶出口量的增减而变化，19 世纪 80 年代后期，随茶叶出口量减少而相应减少。如 1861 年后半年福州进口铅为 30471 担，1868 年为 6.2 万担，但到 1894 年下降为 3.6 万担。②

福州杂货品进口中，以生活日用品和消费品居多，如火柴、煤油、玻璃、肥皂、药材及海参、人参、燕窝、肉桂、胡椒、海带、紫菜、甲鱼、海产品、淡菜等。1865 年，福州进口洋货包括鸦片和金银在内，共计有 109 种之多，其中棉货类 17 种（以本色棉、标布、白洋布、棉纱等居多）；五金类 5 种（以铅、锡、铁、钢、铜及其制品为主）、毛织品（绒毯、羽纱、羽绫、哔叽、小呢为主）14 种，杂货类 73 种之多。从价值来看，进口各类商品分别为：鸦片 323 万美元、大米 37 万美元、棉织品 32 万美元、毛织品 23 万美元、五金类 20.4 万美元，这五项占进口总值的 45.5%，鸦片一项就占 33.8% 之多、大米 3.8%、棉织品 3.3%、毛织品 2.4%、五金为 2.1%。除此之外，金银进口占 49.7%，其他杂货进口不足 5%，主要以人参、海参、燕窝等东南亚产品为多。③ 1894 年，商品进口花色、种类相对增多，主要为鸦片（4 种）、棉织品（17 类共 26 种）、毛织品（12 种）、棉毛混合类（3 种）、五金类（17 类共 25 种）、杂货（88 种）等几大类，共有 148 种之多。1894 年福州洋货进口净值 506.4 万海关两，其中鸦片 240 万余海关两，所占比重为 47.43%；棉织品类 80 万

---

① 戴一峰：《五口通商时期的福建对外贸易》，《福建论坛》（文史哲版）1988 年第 1 期。
② 福州港史志编辑委员会编：《福州港史》，人民交通出版社 1996 年版，第 152 页表。
③ Returns of Trade at the Port of Foochow, c1865.

海关两，比重为15.73%；毛织品类10.6万海关两，比重为4.42%；五金类为37万余海关两，比重为15.5%。福州直接进口洋货总值为441万海关两，其中鸦片244万海关两，所占总值比重为55.23%；棉织品50万海关两，比重为11.33%；毛织品5.62万海关两，比重为1.27%；五金类22万海关两，约占5.03%。直接进口中，除以鸦片为最大宗，棉毛织品从上海等埠转口不少外，进口较多的还有军需品、美国或俄国煤油、机器、日本火柴、煤、海参、骆驼脑、各国人参、墨鱼、苯胺、黑胡椒、干虾、干咸鱼、面粉、药品、干菇类、藤条、硝石、檀香、海菜、贮具、白糖、粉条、酒等产品。①

2. 以茶叶为大宗的土特产品的出口商品结构

据查，我国最早是从厦门口岸由海路出口茶叶的。厦门人最早运茶到印度尼西亚卖给荷兰人，荷兰人又从海路把茶叶运到欧洲，称为"海上茶叶之路"。② 厦门开埠后，茶叶作为大宗出口商品，以安溪乌龙茶及其他种红茶为主。1843—1844年由英船装载的茶叶出口值为5.8万元，第二年增加到7万余元，1850年增为22万余元。③ 1853年之后，由于闽江水路输出商道的开通推进福州茶叶市场的竞争，使厦门茶叶出口逐渐落后于福州，但绝对值仍不断增长，1855—1864年，每年输出茶叶为3万—5.63万担，增到1877年的最高纪录为9.1万担多。④ 之后，由于厦门茶叶质量下降，并由台湾茶叶取代。从厦门复出口的台湾茶以乌龙茶为主，1881年复出口93155担，比厦门茶多了22133担，比上一年增长5834担，1882年，厦门茶叶贸易开始衰退，"但在过去10年（1882—1891）里，衰落益加明显ính。"1885年，由于法国对台湾北部采取军事行动，中断了淡水的出口贸易，结果造成对厦门茶叶的额外需求，"使厦门茶叶贸易稍有好转。1887年出口4.2万担，1891年，则只剩2.4万担"。⑤ 1901年出口只剩7017担，茶叶出口日益递减，失去了昨日的辉煌。⑥ 厦门出口的茶叶以乌龙茶为最。1864年厦门全部茶叶出口约有360266担，值

---

① *Returns of Trade at the Port of Foochow*, c1894.
② 林沙：《话说厦门》，厦门大学出版社1999年版，第281页。
③ 姚贤镐：《中国近代对外贸易史资料》第1册，中华书局1962年版，第630页。
④ 厦门港史志编纂委员会编：《厦门港史》，人民交通出版社1993年版，第143—144页。
⑤ 戴一峰：《厦门社会经济发展概况》，鹭江出版社1990年版，第259页。
⑥ 同上书，第306页。

786252美元，占出口总值的42.88%，其中乌龙茶628742.84美元，占出口总值的34.6%。而乌龙茶出口到英国2513美元、美国508666美元、英属海峡殖民地17681美元、爪哇21867美元、暹罗17736美元、马尼拉647美元、香港59627美元等，以出口美国为最，占乌龙茶出口总值的80.9%。其他如工夫茶89757.36美元，小种16714.11美元，包种茶18679.36美元，ankoi 11370.45美元，绿茶64.8美元，罐茶4157美元①。茶叶出口值长年均占土货出口总值的40%左右，而有些年份则高达60%以上，如1876年，在出口的土货总值计211万余海关两，茶叶达137万海关两，即占65%。②

厦门出口商品除各类茶叶外，还有不少其他土特产品，如1864年出口商品有120余种，"其他出口货物还有樟脑、从台湾和漳州府产糖区来的桶装糖、物美价廉的冰糖、陶器、纸张、纸伞、神纸和神香等以及销售给侨居在其他港口的中国人使用的各种杂货。"③就糖品出口而言，福建是重要的产糖区，共有10县，多分布于南部各县，主要产区为莆田、仙游、同安、晋江、南安及龙溪、长泰、诏安、云霄各县，还有闽东福安一县，也为产糖区，19世纪六七十年代开始由于有利可图而主要经厦门港运销国外。就糖品出口而言，1864年厦门港出口糖为128677担，1865年减少为51317担，后又增加为1870年的124549担，1875年升到18万余担，1880年升到30万担④，1894年出口17万担，值关平银85万余两，比1893年多1.6万余担。⑤ 1874—1894年间，出口基本保持在16万—30万担之间。糖品主要销售国内市场，输往国外的糖不是很多，1874年出口国外糖为3857.7担，出口香港为44万余担，出口中国各口岸16.3万余担。1877年英美等国甜菜歉收导致糖需求紧张，厦门出口国外和香港共计糖达17.7万担，而国内则只有11.5万担消费。1879年时，出口国外的糖为4835担，运往香港约18806

---

① *Returns of Trade at the Port of Amoy*, c1864.

② *Returns of Trade at the Port of Amoy*, c1876.（有些统计在19世纪60年代以前使用上海两即两为单位，每100海关两=111.4上海两换算。）

③ 林仁川：《福建对外贸易与海关史》，鹭江出版社1991年版，第211页。

④ 戴一峰：《近代厦门社会经济概况》，鹭江出版社1990年版。

⑤ 《光绪二十年厦门口华洋贸易论略》。

担，运往外埠的为 22.4 万担。①

早在 1845 年 6 月，英国商人记连于福州设立洋行，经营武夷红茶和从厦门口转运而来的外国布匹，遭到中国商人的联合抵制而没有成功。1850 年 3 月，英国商人康普登从广州来到福州用布匹换取茶叶运到英国（康被称为从福州输出茶叶的第一个商人），洋货销路不畅。总体来看，1843—1853 年，福州没有进行过大量的对外贸易，到 1846 年为止，只有 7 只外国船只进口，其中 3 只为美国船。② 1853 年以后，太平军切断了传统的陆上茶路，使福州水路运茶贸易日渐兴盛。美国旗昌洋行派人沿闽江而上到武夷山采购茶叶，从福州转运出口，英国的怡和洋行、宝顺洋行也争起仿效，"各国船只驶闽运茶者遽呈争先恐后之状，福州由是遂成为驰名世界之茶叶集中地也"③。1864 年福州茶叶出口外洋值共计 1571.7 万美元，占土货出口外洋总值的 99.99%，出口量达 476951 担。其中以红茶出口为主，出口英国达 117.8 万美元，美国 146 万美元，澳大利亚 215 万美元，法国 8.3 万美元。④ 到 1880 年，福州茶叶出口量达到最高峰，出口外洋（外国和香港）共计 72 万余担，值 907 万海关两。由于当时印度、锡兰、日本等茶叶的竞争和茶叶质量低劣等因素的影响，福州茶叶贸易日益衰落。1885 年开始，茶叶出口下降为 63 万余担，到 19 世纪 90 年代初期，茶叶出口多维持在 30 万担的水平，1891 年出口量最低，仅为 33.6 万担，占最高年份 1880 年的 46.52%。1894 年出口外洋茶叶为 35 万余担。⑤ 据载，1866 年福州的中国茶商亏损达 250 万两银，1886 年亏损 125 万美元，1889 年亏损达 300 万美元。⑥ 总体而言，福州茶叶基本占出口总值的一半以上，发展鼎盛时期比重占到 80% 以上。据统计，1871—1873 年，中国平均每年出口值为 11000 万元，其中茶叶出口值为 5797 万元，占 52.7%，而福州口岸输出的茶叶价值又占全国茶叶价值的 35%—44%，

---

① 厦门港史志编纂委员会编：《厦门港史》，人民交通出版社 1993 年版，第 146 页。
② 姚贤镐：《中国近代对外贸易史资料》第 1 册，中华书局 1962 年版，第 596 页。
③ 班思德：《最近百年中国对外贸易史》，海关总税务司统计科译印，1931 年版，第 36—37 页。
④ *Returns of Trade at the Port of Foochow*，c1864. 单位为 dollar。
⑤ *Returns of Trade at the Port of Foochow*。
⑥ 戴一峰：《论近代闽江上游地区商品经济发展制约因素》，《中国社会经济史研究》1987 年第 3 期。

也就是说，福州仅茶叶出口一项，就占当时全国出口总值的20%左右。①从开始主要向英国、美国出口，逐步扩大到澳大利亚、新西兰、欧洲各国、俄国及南非等地，其中英国仍为多，输英茶叶占福州出口量的2/3以上。

除茶叶外，福州的其他商品出口很少。如1865年出口只有33种商品，除占第一位的是茶叶，共计1959万余美元，占土货出口外洋总值的99.79%之外，还有干、鲜水果12444美元，明矾6246美元、药品3315美元、上等纸2795美元、桂圆2508美元、火腿1826美元、木板材1161美元、莲心1126美元。②到1894年，福州出口商品增至49种，比1865年多出16种，仍以茶叶为主，1894年茶叶出口总值为602万余海关两，占出口总值710万余海关两的84.79%，直接出口国外的比重也下降了，出口值为464万海关两，约为出口总值的97.47%，但仍是出口商品的领头羊，左右着出口的方向和价值。其他出口商品还有干笋、竹器、羽毛、香菇、鲜橄榄、上等纸、干咸李、土豆、花籽、蜜饯糖、个人用品、纸伞等。③福州土货出口总值从19世纪70年代开始渐增，以1874年为最高点，达1460万海关两，此后一泻千里，一直降到1894年的477万海关两。茶叶出口绝对值的减少是导致出口贸易总值减少的主要原因。

（二）福建对外贸易市场结构的重组

《南京条约》使香港被割占，并设为自由贸易港，作为英国在东方的贸易据点，香港的贸易地位日益突显出来。第二次鸦片战争前，中英贸易仍是延续鸦片战争前的三角贸易关系，即"印度鸦片输给中国，中国茶叶输给英国，英国统治印度"④，中英贸易基本是通过香港转运。近代以来，作为自由港的香港没有关税制约，因而成为东南沿海贸易走私的重要地点，鸦片、大米、糖、樟脑等大量走私，大大刺激了香港的贸易发展。第二次鸦片战争后，随着英国在香港统治的确立，香港的转口贸易地位日益突显。1886年中国进口商品的39.1%和出口商品的42.2%由香港转口，

---

① 徐晓望：《论近代福建经济演变的趋势》，《福建论坛》1990年2月版。
② *Returns of Trade at the port of Foochow*，c1865.
③ *Returns of Trade at the Port of Foochow*，c1894.
④ 余绳武、刘存宽：《19世纪的香港》，中华书局1994年版，第249页。

1890年，中国进口商品的55.9%和出口商品的37.8%都经过港埠。1894年进口的49.8%，出口的39.6%都由香港转口。"1881年，香港占广州总进口量的99.7%，占厦门的90.3%，占福州的78.6%。"① 香港是英国对华商品倾销的重要基地，从香港进口的商品，多是从英国进口转运内陆，虽然中英贸易从1871年占中国总贸易额的85%降至19世纪末的60%，但在英对华输出中，经由香港转口的分量仍在增加。到19世纪80年代，英国对华出口近1/2是经香港的。② 地处华南的福建对外贸易当中，香港日益突出的转口地位及其对各国的贸易，影响了福建对外贸易的流向。福建从香港转运进口的商品从何处来，由香港转运出口的商品到何处去的问题是衡量福建对外贸易市场结构的非常重要的问题。如福州从香港进口占外洋进口总值的比重1871年为97.9%、1875年为98.4%、1880年为99.3%、1885年为94.6%、1890年为98%、1894年为91.6%，平均香港转运进口占洋货进口净值的96.6%，平均约占进口总值的77.7%。厦门由香港转运进口的洋货平均约占外洋进口净值的81%，平均占进口总值的80%左右，可见其地位之重要。③ 而出口的基本情况是，1870—1894年间，厦门从香港转口货物最高值为出口外洋贸易的22%，最低7%左右；福州则是19世纪70年代开始从香港转运出口的商品值90年代初才超过10%，到1894年高达20%。④ 有关香港转运进口的来源及出口流向，"可以根据各方面的材料进行推算，得出一个比较接近的统计数字，特别是占比重一半以上的大宗传统商品，如西方进口的鸦片，棉毛织品、工业产品和出口的丝、茶等；南洋进口的糖、米、海产品以及南洋土产和出口的中国药材等等。""根据估算，在全国范畴内，第一次世界大战前，全国对香港进出口贸易中，粗略估算，约有70%当属对西方贸易，30%左右属于南洋贸易（包括香港本地销售，按地区划分属南洋）。第一次世界大战后，全国对港贸易中，约有60%应属于对西方国家的转运贸

---

① 张晓辉：《香港与中国近代对外贸易》，中国华侨大学出版社2002年版，第79—80页。

② 聂宝璋、朱荫贵：《中国近代航运史资料》第1辑（上册），上海人民出版社1983年版，第383页。

③ 净值=从外洋进口+外埠转运进口-复出口；总值（直接进口总值）=从国外进口（复出口包括在内）。市场结构分析主要以直接贸易值来比较分析。

④ *Returns of Trade at the Port of Foochow and Amoy.*

易，40%属于对南洋贸易。"① 根据对全国的推算及厦门、福州贸易对香港市场的倚重，下面估算厦门、福州的市场结构变动情况。

1840—1894年，厦门从香港转运进口的货物大部分是英国货及其在美洲、东南亚殖民地的商品。五口通商时期，厦门洋货除了部分来自海峡殖民地商品外，主要是英美两国纺织品及英属印度的棉花、棉纱。贸易主要以与英国为最，年输入值占厦门进口总值的2/3以上。② 而英国商品多数从香港转运进口。"机器制造品、金属和鸦片几乎无例外地经由香港运抵本口岸。"据统计，1870年、1875年、1876年来自香港的进口值分别占厦门港全部进口值的59.1%、85.3%和80%。③ 1873年厦门的贸易报告中记载："尽管严格说来，没有任何来自英国的直接进口，但厦门进口的洋货很大一部分在离开英国时是被托运往厦门的，只是在香港转船而已。厦门进口的英国货估计达2401872海关两，占厦门从香港进口的洋货总值的70%。洋货来自日本的计有633587海关两，来自交趾支那的计有324031海关两，来自新加坡等海峡殖民地的计167955海关两，来自爪哇的计有165008海关两，来自暹罗的计有120236两，来自菲律宾的计47869两，来自澳大利亚的计有25399两。"④ 由此可以看出，除英国外，其他进口市场以东亚、东南亚及澳大利亚等地为主。这些市场供给的商品约占厦门洋货进口的30%。根据这一比例来看，如1864年厦门从英国进口洋货值为5410美元，英属北美为13675美元，英属海峡殖民地为84万余美元，爪哇41万余美元，暹罗13万余美元，马尼拉28万余美元，香港364万余美元，西贡29万余美元，总计559万美元。根据香港转运进口的70%是英货、其余30%多数来自英属海峡殖民地等东南亚地区计算

---

① 上海社会科学院经济研究所、上海市国际贸易学会学术委员会编著：《上海对外贸易》（上），上海社会科学院出版社1989年版，第186—187页。第一次世界大战后，全国对港贸易中，约有60%应属于对西方国家的转运贸易，40%属于对南洋贸易。主要是由于原来向西方出口的大宗商品丝茶出口日减。同时，从西方进口大宗的鸦片及棉毛工业品输入也日减。而从南洋进口的大宗商品仅糖、海产品、米及出口至南洋的棉布、棉纱、药材、纸、烟、爆竹等合计的比重日益增大。上海在"一战"前以6∶4对西洋与南洋，战后以4∶6对西洋与南洋贸易进行分析。

② 戴一峰：《厦门与中国近代化》，引自张仲礼《东南沿海城市与中国近代化》，上海人民出版社1996年版，第179页。

③ 厦门港史志编纂委员会：《厦门港史》，人民交通出版社1993年版，第133页。

④ 戴一峰：《近代厦门社会经济概况》，鹭江出版社1990年版，第95—96页。

的话，则英国共占进口总值的45.4%，传统贸易商品大米进口则倚仗东南亚地区，1864年从英属海峡殖民地进口约53625美元、从爪哇进口33922美元、从暹罗进口39570美元、马尼拉14145美元、香港11987美元、西贡46990美元，共计约200239美元。① 福州洋货进口贸易市场结构与厦门相似，其进口的商品一半以上是鸦片（由英印转来）、棉纺工业制品、毛织品及五金，加之，福建外洋进口几乎全部从香港转口，福州由香港进口的商品中，英国商品也不下70%。如果以这样的比例来进行测算的话，1865年香港转口947万美元，那么转口英货70%计算，即663万美元，从澳大利亚进口2.8万美元，从新加坡进口2.6万美元，从仰光进口2.3万美元，共计从国外进口洋货值481万美元，金银474万美元，进口货值共计955万美元。仅英国从香港转运进口就占进口总值的69.4%，其他多由东南亚和澳洲而来。②

就出口而言，不论在福州（最低占不到3%，最高也只20%左右），还是在厦门（最低占7%左右，最高占22%左右）的香港出口转运所占比重都小得多，出口主要是直接与国外市场相联系，如左右福州出口的茶叶几乎全是直接运往英国；其次澳大利亚和美国。1874年除由香港转运出口外，其余国家所占出口总值的比重英国占78%、澳大利亚占15%、印度占1%、新西兰占1%、美国占5%。到1894年随着出口值的下跌，出口市场的基本格局变为英国占44%、澳大利亚占25%、美国占16%、欧大陆占8%、南非占5%、英属美洲占2%。③ 与1874年相比，英国在出口中所占比重下降，美国、澳大利亚欧大陆比重均上升，而且出口到其他国家的比重也在增长。可见列强开始争雄，但英国是福州土货出口第一市场的地位仍未改变。

1840—1894年间，厦门的重要出口市场是美国，运往美国的商品主要是乌龙茶。即使不考虑香港转口的分割，也能看出国别比重的大小，除美国、英国外，其他市场也是集中在东南亚地区。1864年，厦门出口到英国的商品价值为7万余美元、美国54万余美元、印度3.7万余美元、英属海峡殖民地28万余美元、爪哇24万余美元、暹罗12万美元、马尼

---

① *Returns of Trade at the Port of Amoy*, c1864.
② *Returns of Trade at the Port of Foochow*, c1865.
③ *Returns of Trade at the Port of Foochow*, c1874, c1894.

拉25万美元、香港23万余美元、西贡4万余美元，总值181万余美元，仅出口美国一国就占总出口值的29.9%。到1894年，厦门出口英国的商品有14万余海关两、新加坡与海峡殖民地为72万余海关两、美国为447万余海关两、菲律宾为20万余海关两、暹罗不足66649海关两、爪哇为51万余海关两、运往香港转口48万海关两，还有不少商品出口到英属美洲、安南和日本等。作为最大的出口市场，当年美国占出口外贸总值高达67.4%，若加上由香港转运而来的，则远不止这些。①

综上所述，在福州的市场结构中，以英国为首的西方国家不论在进口还是出口当中都占有绝对优势；而在厦门的对外贸易当中，进口洋货则主要来自英国，出口土货则主要运往美国。

这种贸易格局的形成，主要是以英美为主的各国洋行把持了对外贸易的经营权。早在1845年，英国商人首先创设德记、和记两家洋行，随后又陆续开设了汇丰、怡记（义和）、合记、宝顺、水陆、协隆、台湾记、广顺、德建、新钦兴、利记、丰记、福昌、成记、麦南美、福士特、嘉士、查士等共20家洋行，还有屈臣氏、主利两家药房；同时，英属印度设立裕记、安记、庆记3家洋行。1850年，德国先后设立宝记、新利记两家洋行；美国开设旗昌、美时两家洋行；西班牙开设端记及天仙茶园。这一时期，各国在厦门开设的洋行有30多家，英国占1/3强。1881年，厦门的23家外国洋行中英国有15家，德国3家，美国、丹麦、西班牙各1家。福州茶市开通后，随着美国旗昌洋行而来的还有英国的怡和、宝顺等洋行，由于茶叶出口有利可图，使洋行数量猛增。1854年共有7家洋行经营茶叶，1858年时仅英国在福州开设的洋行就达到21家。1867年，福州有15家英国洋行，3家美国洋行，2家德国洋行和1家布津吉商行，3家银行，2家货栈和1个印刷司。② 1877年，设在福州的外国洋行达17个。1875年，洋行成立外国商会，维护在华商业利益。英商德记、和记的大班勿汝士、高微两人分任正副董事长，英商协隆、美商旗昌、德商宝记等洋行的大班充任董事。这些洋行把持着福建的进出口贸易，"自夷人来厦开市，凡洋货皆系夷商自行转运，闽省并无赴粤之商，粤省亦鲜有来

---

① *Returns of Trade at the Port of Amoy*, c1864, c1894.
② 《中国茶讯》，1950年版。

闽之贾，且该夷除贩运洋货外，兼运洋布、洋棉。"① 一方面大量倾销舶来品，还非法推销鸦片、吗啡、海洛因等毒品，高价贩卖军火给内地土匪，拐卖华工；另一方面以贱价收购我国大宗土特产，转运到我国其他商埠和外国，垄断牟利。他们由于语言、地形等方面的障碍，依赖当地华商，充当买办，携带巨额资金深入产区收购土特产品。如每到茶叶采制季节，英商德记、和记、美商旗昌等洋行的买办都深入武夷山、安溪等产茶区收购茶叶。尽管外国进口商经常抱怨中介人和卖主合谋在价格、质量上欺骗他们，但"和外国人的茶叶贸易几乎是由中介人代理处垄断经营的，交易双方的外国买主和中国本地卖者极少直接谈判"②。

但是，值得注意的是，福建与东南亚各国业已形成的贸易网络到近代后仍然在继续发展。在与东南亚等各国的贸易中，不少西方洋行也试图插手经营福建与台湾和东南亚等地的贸易，如在1880年厦门对台湾的复出口贸易中，"本地3家洋行在台湾的两个口岸——打狗和淡水设有分行；另有一家仅在打狗开设分行，其他洋行也对其航运和贸易极感兴趣。"③最主要的是，传统贸易圈中形成的福建海商仍然承担着福建对东亚、东南亚等地的贸易商角色。厦门海关贸易报告中指出，"厦门是中国市场与南方市场的沟通点。南方市场包括曼谷、新加坡、马六甲、槟榔屿、爪哇、苏门答腊、婆罗洲、马加撒等地，在爪哇、西贡、海峡殖民地（即新加坡、马来亚、槟榔屿等）的中国人大部分来自福建。这些人自然希望能够用上本国生产、制作的产品，所以厦门与海峡殖民地之间存在着不小的贸易。"④ 这些贸易基本上被以福建商人为主体的中国海商所操纵，"在厦门口岸，中国商人不必以外国商人作媒介，独自经营着相当规模的贸易"，就是指中国与东南亚间的土产贸易。⑤ 这说明，在福建对外开放过程中，传统的亚洲贸易网络一直连续不断地发展着，但其中各国在福建市场结构中的地位相对逊于构筑在不平等条约体制下的正在扩张时期的西方资本主义国家及其附属殖民地的地位。

---

① 彭泽益：《中国近代手工业史资料》第1卷，生活·读书·新知三联书店1957年版，第494页。

② Rew. justus Dollitle, *Social Life of the Chinese*, New York：HarPer & Brothers 1985, Reprinted in Singapore Grahm rash, 1986. 第137页。

③ 戴一峰：《近代厦门社会经济概况》，鹭江出版社1990年版，第220页。

④ *Returns of Trade at the Port of Amoy*, c1864.

⑤ *Report of Trade at the Port of Amoy*, c1865.

(三) 福建对外贸易的概况

甲午战争以前,福建对外贸易发展变化情况,我们根据海关贸易统计的相关数字为据进行分析。

1840—1894年间,厦门的进出口值变化很大。开埠以后,厦门进口贸易值直线上升,1850年比1843年增长了180%。1843—1844年由英船装载进口的洋货为37万余元,1845年增长到68万元,1847年为83万元。① 厦门开埠后,对英贸易增长迅猛,不到10年,贸易总额增长了近6倍,从1843—1844年度的38万银圆,增长到1852年的220万余银圆,其中以进口为主。然因开埠初期,输入的英货大量滞销,使曾在1847年前迅速增长的英国进口贸易额从1847年的83万余银圆惨跌到1848年的38万银圆,这种情况随后很快得到改变,又不断发展。② 到第二次鸦片战争后,厦门对外贸易才有较大发展。但从1865年开始再度下滑,1867年进口贸易值为477万海关两,其间1876年、1877年两年稍有增长之外,一直到1881年才突破661.9万海关两,其间时起时落,1885年达到最高峰,进口值为724.7万海关两,到1894年出口为637.2万海关两。总体来看,基本处于上升的状态。从出口来看,厦门商品出口整体上呈逐渐发展的趋势,第二次鸦片战争后,内河航行和内地通商权的获得,使西方更加便利地大肆搜罗中国土特产品等原料。1867年出口158.8万海关两,1877年升至476.5万海关两,其间1868年、1870年、1873年三年有所下降,1877—1891年间,基本保持在400万海关两上下,1892年超过1877年出口值,后一路加升,到1894年出口值达663.7万海关两。由于厦门的进出口贸易都趋于上升,因而直接贸易总值也不断上升,从1867年的636万海关两,上升到1894年的1301万海关两,增长了1倍余③。

进出口贸易相比,厦门进口大于出口,甲午战争以前,除1894年对外贸易唯一一年是出超以外,厦门贸易长期处于入超地位。但入超情况基本分为三个阶段,入超值从1867年的318万余海关两,逐步下降到1879

---

① 聂宝璋:《中国近代航运史资料》第1辑(上册),上海人民出版社1983年版,第233页。

② 戴一峰:《厦门与中国近代化》,引自张仲礼《东南沿海城市与中国近代化》,上海人民出版社1996年版,第179页。

③ 姚贤镐:《中国近代对外贸易史资料》(第3册),中华书局1962年版,第1611—1617页。

年的59万余海关两,1880年开始又逐渐增大,1884年入超值高达329万海关两,之后又逐步下降,到1893年时入超减至136万余海关两。这主要是由于以茶叶为大宗的土货出口的消长变化而引起的。

从开埠到1853年福州水路开通之前,福州进出口贸易一直停滞不前,1853年后,茶叶出口才日渐发达,而洋货进口到19世纪60年代以后才渐渐成长起来。1868年福州出口贸易值为1325万海关两,1870年跌至756万海关两,后逐年上升,1874年又达到1265万海关两的相对高度后,开始逐年下跌,到1894年时,约为477万海关两。进口贸易在1867—1869年间基本保持在340万海关两以上,1869—1892年间则基本在250万—300万海关两之间徘徊,只1893年、1894年两年超过了400万海关两。这一时期,福州出口值远大于进口值,即长期处于出超的局面,在19世纪60—70年代福州的出超额多在1000万海关两以上,1868年高达1300多万海关两。到80—90年代,由于茶叶出口的衰落及洋货进口的大增,港口贸易顺差幅度减小。因茶叶贸易的影响,福州直接对外贸易总值也表现出与出口发展趋势相同的发展轨迹,即不断下降,从1867年的1639万海关两,下降到1880年的1194万海关两,再降到1894年的918万海关两[1]。

从全省来看,1867年进口贸易值为826万海关两,1871年降为652万海关两,以后基本保持逐年上升的态势,1881年时增加到972万海关两,1885年第一次突破高达1040万海关两,到1894年达到1078万海关两,出口贸易值1867年为1449万海关两,后不断下降,跌至1870年的不足1000万海关两,只有921万海关两外,其他年份大体相当,保持在1000万海关两之上。到1874年升至最高峰为1595万海关两,以后个别年份少有增长外,其余年份逐步递减,1890年跌至不足于1870年的数值,仅816万海关两,后到1894年才恢复到1140万海关两,且还不足1867年的进口值。但总体而言,自1867年到1894年甲午战争27年间,除1890年、1893年以外,其余年份均为出超,即土货出口超过洋货进口,表现出长期出超的局面。这一时期,出超基本上分为两个时段,1867—1875年间出超额不断增大,除1870年外,其余年份均保持在500

---

[1] 姚贤镐:《中国近代对外贸易史资料》(第3册),中华书局1962年版,第1611—1617页。

万海关两以上，如 1867 年出超 623 万海关两，1874 年则高达 943 万海关两；1876 年到 1894 年间，出超额从 582 万海关两减至 62 万海关两①。

福建直接对外洋贸易总值中，1867 年进出口总值为 2275 万海关两，1870 年贸易总值跌至最低点，只有 1616 万海关两。1871—1875 年间逐步回升，1875 年达最高峰 2312 万海关两。1876—1888 年间，贸易总值时高时低，基本保持在 2200 万海关两左右，1888 年达到最高峰 2300 万海关两。随着出口贸易的下跌，到 1890 年贸易总值也跌至近于 1870 年的水平，仅有 1693 万海关两左右，尽管其后几年有所上升，但到 1894 年为止，也没有超过 1867 年的水平，贸易值为 2219 万海关两。若用线型趋势回归分析，可看出进口贸易基本呈稳步上升状态，出口贸易相对出现下滑状态；而由于出口贸易的相对优势，致使贸易总值尽管没有出现类似出口贸易下滑那么明显，但却无法摆脱走下坡路的危险。

由上观之，整个福建进口贸易呈现上涨的趋势，主要由于福州、厦门进口都在增加；而出口贸易则日趋下滑，出超值越来越小，这是由于福州土货出口巨跌引起的，尽管厦门的出口表现出增长，因绝对值远远低于福州，因而无法左右出口衰减的趋势。虽然如此，出口贸易在 1888 年以前仍远远高于进口贸易，出口贸易的发展变化成为左右福建对外贸易总体发展趋势的主要方面，福建进出口贸易总值的发展走向表现出与出口贸易相似的特征。

三　福建对外贸易的发展趋势和主要特征

近代福建在西方资本主义不断扩张的背景下，被迫开放贸易口岸，开始了不平等条约体制下的不等价贸易格局，从而使福建对外贸易表现出不同的特点。

（1）从市场结构的变化看，这一时期西方资本主义的扩张及对福建与周边贸易优势的利用和排挤，使其贸易范围除了英、美外，则基本局限在东亚、东南亚地区。鸦片战争之后，改变了福建 1840 年前以东南亚为中心的贸易格局，而是与欧美国家之间的贸易迅速发展，以英国、美国为首的西方国家在福建对外贸易的市场结构中所占的地位相当重要，而传统

---

① 姚贤镐：《中国近代对外贸易史资料》（第 3 册），中华书局 1962 年版，第 1611—1617 页。

的与东亚、东南亚地区的贸易不得不受到了些许排挤，但仍然继续发展。鸦片战争后，英国占领的香港作为自由贸易港，充分发挥了在与西方贸易当中的中转港的作用。英、美、澳大利亚、俄国都加盟了对福建的贸易，但英国占据最为重要的位置。这是英国作为资本主义世界工厂在工业化发展过程中，开拓世界市场、寻求原料来源的迫切需求和必然表现。

为适应形势需要，西方商人纷纷前来福建开办洋行，经营航运，操纵大宗商品的进出口贸易。一方面加紧开通福建与各国的直达航线和以香港为中转基地的贸易航线；另一方面加紧控制福建与东亚、东南亚的航线的经营权。如19世纪60年代福州茶叶贸易兴盛时期，曾出现福州与伦敦间的运茶飞剪船竞赛的壮观景象；1870年苏伊士运河通航，1871年上海伦敦间海底电缆建成，大大便利了东西方之间的航运。"这个变化对于中国茶叶贸易的影响特别重大"①。1869年只有三艘轮船从福州运茶叶至欧洲，1870年苏伊士运河开通后，便增加到6艘，1871年又增加到15艘，1872年更增加到34艘，其中29艘驶往英国，3艘开往美国，2艘开往台湾。② 同时，西方各国开辟到香港的航线，大大便利了对香港的转运贸易。一是大英轮船公司开辟的上海至香港航线，途经福建；二是1863年，英国德忌利士和大英公司合开福州途经汕头、厦门到香港的航线；三是1880年，荷兰的渣华轮船公司开设从爪哇到香港和澳门的航线，1884年英德记洋行也开辟了汕头、厦门、台湾、香港间航线等。日本于1891年开辟了台湾至厦门的航线，在增辟新航线的同时，加紧对原有航线的控制。1866年中日轮船公司开辟厦门、新加坡、拉布安（今文莱）、纳闽、马尼拉客运，后发展至法国，但一年后撤销，由英美各国船只不定期航行。1877年西班牙三轮定期航行厦门、马尼拉航线。如荷兰渣华轮船公司加盟经营厦门、马尼拉等南洋之间的航线。1890年荷兰皇家邮船公司开辟了荷兰、厦门、日本各港的航线；1890年日本开辟了神户、马尼拉航线，途经福州，厦门停泊，等等。总之，随着贸易商路的不断增辟，福建对外贸易联系日益广泛，以英国为首的西方各国在福建对外贸易中日益占据了非常重要的位置，而不断被排挤的尤其是厦门与东亚、东南亚地区的传统贸易往来，但由于历史的、地缘政治还有移民等多方面的影响，仍然在继续发展。

---

① ［美］西·甫·里默：《中国对外贸易》，生活·读书·新知三联书店1958年版，第31页。
② 姚贤镐：《中国近代对外贸易史资料》第2册，中华书局1962年版，第949页。

（2）从商品结构的转型看，在西方不断开拓福建市场的过程中，从用金银、奢侈品，最后到用鸦片作为交换，来换取福建茶、糖等土特产，而日益地卷入世界市场，因而也难以摆脱世界市场制约下的出口商品结构的变迁趋势。出口商品结构仍基本由自然属性为主导的资源性商品和劳动密集型为主的商品结构为主，而进口则是西方大工业带来的各种机制棉纺织品、毛织品及一部分生产原料五金等。当然不可不提的是，由于福建本身自然生态环境及社会因素造成了长期以来多数地区严重缺粮的局面，因而粮食进口尤其是大米进口也成为一个特点，一些生活资料和一部分生产资料也有小部分进口，但以生活资料为多。

（3）从贸易性质变化看，鸦片战争之后，条约体系下的不平等贸易逐渐代替了过去的朝贡贸易，不等价交换性质日益突出。这一转变过程从过去主要以福建海商为主体的南中海贸易网络在西方不断利用和肢解后转向以西方各国洋行商人为主来进行，但海商势力在延续的贸易网中仍非常活跃。鸦片战争后，越来越多的外国人为到福建开拓市场，收购原料，建立了很多新洋行，并雇用通外国语言、了解地形的中国人做买办，从代理各项进出口贸易、航运船只事务，发展到自行经营走私鸦片、贩运人口，及从事各种贸易服务的航运、金融、保险等业务。福州从 1853 年由美国旗昌洋行收购茶叶开始，洋行纷纷设立经营中外贸易。西方商人主要从事福建与西方的贸易，但也有不少经营与东南亚地区的贸易；同时，中国商人也相继设立一些商行从事对外贸易，他们以从事传统的与东亚和东南亚的贸易为主。据统计，1880 年时，厦门已有的 24 家洋行，其中 17 家从事一般商业贸易，其中 4 家银行代理人；还有 183 家中国批发商行，其中有 16 家商行从事与香港间的贸易，有 11 家从事与新加坡等海峡殖民地的贸易，运去茶、瓷器、铁锅和锡箔等，运回锡、棉花和藤条等，有 15 家从事与马加撒、巴达维亚、三宝垄与泗水间的贸易，有 15 家从事与菲律宾的贸易，有 9 家从事与暹罗和交趾支那间的贸易……[①]洋行中的多数是入英国籍的中国商行，这些洋行和商行充当着对外贸易的主要中介人。这种中外商人共营的局面，充分显示了福建在卷入世界市场中的独特地方性特征。

---

① 戴一峰：《近代厦门社会经济概况》，鹭江出版社 1990 年版，第 95—96 页；《厦门文史资料选辑》（第 2 辑），1983 年版，第 157 页。

第三章

全球推进与区域发展（1895—1937）

中日甲午战争后，各资本主义国家加强对中国的商品——资本输出。直到抗日战争爆发前，在以日本为首的资本主义各国的控制和渗透及区域经济联系的共同作用下，福建对外贸易呈现了发展的阶段性，基本经历了甲午战争后的平稳期、"一战"期间的萧条期、"一战"后的繁荣期、全球经济危机以来的衰落期四个阶段。

第一节 国内外环境变迁

一 世界体系中心发生转移

第一次工业革命促成英国确立了其全球范围的霸主地位，也相继推动了比、法、德、美等各国的发展，并使俄、日开始摆脱传统经济的束缚从而走上资本主义发展之路。以电力能源的广泛应用和钢铁材料工业的发展带动的石油能源、化学化工、交通通讯（电报、电话的发明及应用）、农业等各个行业的变革，又打破了英国绝对一统天下的局面，德国、美国开始了与英国的工业竞赛，日本也从半殖民地的状态中"脱颖而出"，"一战"前的加拿大和澳大利亚的工业也大大发展。到1913年时，美国超过群雄成为世界上头号经济强国，确立了统领世界的霸权地位。

第二次工业革命后，世界经济飞速发展，使无论在工业生产还是贸易方面均为世界领头羊的英国被日益崛起的美国所取代。如1840年，英国在资本主义国家世界工业生产中所占的比重为50%、美国仅占10%。到19世纪70年代，英国在世界工业生产中所占比重下降到32%、美国上升到23%。1880年为美国超过，1910年又为德国超过。到第一次世界大战前夕，英国在工业产值中的地位继续下降，只占14%，而美国上升到

36%、德国上升为16%。到1937年第二次世界大战前夕，英国工业比重只占9%，美国则升至35%、德国10%、法国4%、俄国约占17%。① 20世纪初开始，美国确立了世界中心大国不可动摇的地位。

随之而来的是，英国的国际贸易地位也逐步下降，从1870年占世界贸易的22%下降到1900年的19%，到1913年约占15%，1937年比重为14%，所占比重仍位居第一；美国随着工业国地位的不断增强，贸易地位也不断上升，从1870年占世界贸易的8%，增长到1913年的11%，1937年升至12%。②

由上可见，世界体系中心区不断变动，从19世纪末叶以英国为中心转为20世纪初叶以美国为中心，其他国家群起争霸。他们在世界范围内开展一轮又一轮的争夺殖民市场的斗争，加速了殖民地半殖民地国家的被边缘化进程，不平衡的解决最终表现为帝国主义之间矛盾的总爆发，随后出现对边缘区商品和资本输出、原料产品掠夺的升级。

欧美各国及东亚崛起的日本为扩大在全球的贸易，争夺世界市场，拓展商品倾销、资本的投资场所，继续在世界范围内展开争夺殖民地的斗争。经济危机加剧了争夺世界市场和殖民地的矛盾。19世纪末，全球分割基本完成。在大量侵吞殖民地的同时，加紧控制和掠夺半殖民地国家，东亚的中国，中亚的奥斯曼和波斯都成为他们侵夺的对象。

甲午战争以蕞尔小国日本战胜泱泱大国清王朝结束，不仅改变了中日两国在国际上的地位，也宣告了以中国为中心的朝贡贸易体系的彻底瓦解，迫使中国从广度和深度两个方面与世界体系发生密切的联系，被边缘化程度不断加深。恩格斯曾经指出："中日甲午战争意味着古老中国的终结，意味着它的整个经济基础全盘的但却是逐渐的革命化，意味着大工业和铁路等等的发展使农业和农村手工业之间的旧有联系瓦解。"③ 战后签订的《马关条约》承认朝鲜独立、割台、赔款、增辟商埠、允许外国合法设厂制造，便利了西方资本主义对中国的商品和资本输出，加上铁路的开通、轮船的广泛应用、远洋航运的发达，中外经济

---

① ［日］宫崎犀一、奥村茂次、森田桐郎：《近代国际经济要览》，中国财政经济出版社1990年版，第21页。

② 同上。

③ 《马克思恩格斯资本论书信集》，人民出版社1976年版，第568页。

联系更加便利。伴随着西方各国在华商品、资本输出权的扩大，拓展租界、划分势力范围的斗争在中国展开。日本占领了中国台湾和澎湖列岛后，基于闽台经贸关系的密切，强行获取了在福建的权益；日本占领中国台湾、澎湖列岛和辽东半岛，严重侵犯了西方各国在中国的利益，因此以俄国为首的俄、德、法联合"干涉还辽"为标志，开始了帝国主义在中国划分势力范围的斗争。

东亚的日本为重新构筑亚洲国际秩序，进而践履其脱亚入欧的外交战略，加入侵华联盟中。在资本主义体系结构性变动及经济的全球性发展中，东亚的日本、老牌的英国和新兴的美国扮演了十分重要的角色。1900年八国联军之役，日本扮演"远东宪兵"角色，英国支持日本对抗沙俄，争夺中国东北和朝鲜，并在中国领土上进行了1904—1905年日俄战争。"一战"期间，日本以对德宣战为借口，向中国德战区扩张，1914年9月初不顾中国政府的抗议，进军山东，强占胶州和济南，攻打青岛要塞，并向德属南太平洋发动进攻，占领了马绍尔群岛和加罗林群岛等。1915年1月，日本向袁世凯政权提出《二十一条》，在中国人民的强烈反对下，未能实现。美国经济地位的提高及战时坐收渔翁之利，大发战争之财，最终确立了牢固的中心国地位，战后不断加大侵华脚步。而日本为争霸全球，1931年发动"九一八事变"侵占东北，1937年发动全面侵华战争。到此为止，随着世界体系的中心、半边缘、边缘的不断调适，日本确立了东亚的中心国地位，美国取代英国确立了全球的霸主地位，但围绕对全球的殖民争夺不断进行着竞争和较量。

二 近代中国社会经济的发展

世界体系的结构性变动和周期性发展，牵动和冲击着中外关系的发展变化，使近代中国面对政治、经济全面卷入世界体系的危势，不得不在反对殖民侵略的同时，积极发展民族资本主义，巩固和发展对外贸易。

甲午战争激起了社会各界寻求救国之路，站在救亡图存前列的是代表民族资产阶级的知识分子群体，一是以康有为、梁启超为代表的改良派。一是以孙中山为代表的革命派，同时，以农民为主体的人民群众进行了一系列的反帝反封建的爱国运动。

在侵略与反侵略的声浪中，一些爱国工商界人士痛感战败之辱，指出，中国积贫积弱的缘由则是工商不发达，所以中国欲自强，必须大力发展工商业①，发出了"实业救国"的呼声，要求自设工厂以抵制"洋商洋厂"。同时，巨额赔款及连年战争造成了空前的财政危机。清政府为了扩大税源，放宽了对民间设厂的限制，制定相关章程，设立商务局，农工商总局等，颁布矿物铁路章程，支持兴建铁路和开矿，等等，所有这些措施刺激了民族资本主义的发展，大大加快了经济近代化的步伐。

1895—1898 年是民族资本主义发展的第一个高潮时期。这一时期的设厂资本总额由 1895 年的 331 万元增长到 1898 年的 438 万元。据不完全统计，在此期间新办的商办企业有 50 余家，资本总额达 1200 万余元；而官办、官商合办企业仅 8 家，资本总额只有 400 万余元。无论是投资额抑或是创办数量，民营企业都大大超过了官办、官商合办企业；而甲午战前 1872—1894 年 20 余年间，中国有资本可查的共计 72 家企业，其中中国民营厂矿仅 53 家，资本额不过 470 万元，商办企业占这时总资本额只 22.4%，官办官督商办则达 77.6%。②

1905—1908 年间，民族资本主义发展进入了第二次发展高峰，棉纺织工业、面粉工业、火柴工业、卷烟工业、机器制造业、榨油工业、水电工业、采矿业、其他制造工业均得到了发展。同时，随着战后国内外市场的扩大和商业贸易的繁荣发展，轮船逐步代替木帆船，成为水运的主要交通工具。棉纺织工业，在 1895 年以前，只有上海两家，1895—1899 年间新开设的纱厂就有 8 家，1905—1908 年间，增开了纱厂 9 家，1909 年、1910 年各设 1 家。1895—1913 年第一次世界大战前夕共设 19 家。③ 1895—1900 年，中国新设工矿企业共计 122 家，其中商办 107 家，官办、官督商办 15 家，官商合办 2 家。不包括两家官商合办企业在内，则占总

---

① 朱英：《甲午战后清政府经济政策的变化及其影响》，《甲午战争史论文集》，第 886 页。

② 李新：《中华民国史》第一编（上），中华书局 1981 年版，第 59 页。严中平：《中国近代经济史资料选辑》，科学出版社 1955 年版，第 93 页记载：1872—1894 年 20 余年间，中国有资本额可查的共计 72 家近代厂矿企业。其中商办 53 家，资本额 4704 千元；官办、官督商办企业虽只 19 家，资本额却达 16208 千元，除去中外合办和官商合办的源昌机器五金厂各 1 家，甲午战前商办企业只占这一时期总资本额的 22.4%，官办、官督商办企业的资本额则占 77.6%，远远超过商办企业。

③ 许涤新、吴承明：《中国资本主义发展史》（第 2 卷），人民出版社 1990 年版，第 658—659 页。

资本额的83.3%。官办、官督商办企业的资本额只有406.2万元，仅占总资本额的16.7%。①

南京临时政府、北京政府及后来的南京国民政府都采取了积极发展经济的政策，使民族资本主义不断发展。尤其是第一次世界大战期间，西方暂时放松了对中国资本及商品输出，中国民族资本主义发展进入了"黄金时代"。1912—1919年的8年中，新设立民族资本工矿企业470余家，资本95000千元，超过去40年设立工矿的总和，以棉纺织业和面粉业的发展最为显著。"一战"后，西方资本主义国家重返中国市场，加紧对华资本和商品的输出，又严重压制了民族资本主义的发展。虽然民族资本主义在日后抵制日货的声浪中又有所发展，但最终被日本全面侵华所遏阻。

在这种国内外形势下，晚清及之后的历任政府都采取积极措施发展对外贸易，主动开放通商口岸②，实行有利于中国对外贸易发展的关税政策和保护侨务等措施，但中外贸易仍出现了严重的入超现象，商品结构也随着世界市场需求及国内生产发展的变化而不断发生着变化。

第二节 战前踯躅(1895—1913)

甲午战争后，日本占领台湾，闽台之间传统的互济贸易，一变而为"国际贸易"，使福建对外贸易市场扩展。而日本占据台湾初期所实行的殖民政策，还没有产生很大的作用，加上日本划福建为势力范围，加大对福建的商品、资本输出，因而在这一时段，福建的进口贸易仍有相当的规模。而曾经大宗的茶叶出口贸易自19世纪80年代以来陡然下降，尽管其他土货出口不断发展，但仍牵动了整个福建出口贸易值不断下降。福建洋货进口远远大于土货出口，洋货进口拉动的福建对外贸易整体呈现些微上扬的发展趋势。一言概括，从1895年起至第一次世界大战爆发前，福建对外贸易虽起伏不定，但基本保持平稳发展态势。③

---

① 杜恂诚：《民族资本主义与旧中国政府（1849—1937）》，上海社会科学院出版社1991年版，第33页。
② 1898年4月宣布首批商埠是湖南岳州、福建三都澳、直隶秦皇岛、江苏吴淞等地。据统计，清末民初，中国历届政府宣布自开商埠达50处左右。
③ 以海关两计的进出口贸易值会随着银价的变动而变动，近代银价下跌严重，因此若以金价或美元计，贸易情况可能更加不尽如人意。

一 贸易踯躅概况

1. 对外贸易概况

甲午战争后的1895年福建对外贸易净值为2152万海关两,1905年上升到2431万海关两,1913年为2830万海关两。若以1913年为基期,贸易净值指数从1895年的76,1905年升为86,到1913年为100,贸易指数在1895—1913年间,上升了24个点。①

其中,洋货进口绝对值逐步上升,从1895年进口1251万海关两,上升为1913年的1961万海关两,比1895年增长了710万海关两,增长率为57%。福建洋货进口的变化与三个对外贸易港口贸易变化息息相关,三个口岸的洋货进口均呈现了起伏不定的特点,但总体趋势则是上升的。其中,进口净值以厦门为最、福州次之、三都澳最少。三都澳对福建进口贸易来说,影响甚微,其进口净值所占比重不及1%。而福州、厦门,尤其是厦门的进口则影响着福建洋货进口的走势。1900年厦门洋货进口占比为56%,福州为44%;1910年厦门占比上升为62%,福州下降为37%,三都澳只占1%。1913年厦门占54%,福州占45%。1895—1913年间厦门洋货进口占绝对多数。② 这除了与厦门特定的地理环境相关外,主要是由于厦门是一个消费性的城市,而围绕厦门形成的南中国海消费市场的发展,大量华侨从厦门出入国境及大批侨汇在厦门市场的流通,大大提高了当地人们的购买力,从而吸纳了更多的进口之故。

土货出口的情况,1895年全省出口到外洋的土货共计901万海关两,1905年下降为612万海关两,1910—1913年间稍有恢复,1913年出口值为869万海关两,比1895年减少了约32万海关两,下降了3.6%。其中,由于三都澳于1899年刚开关,而且唯一大宗的茶叶出口也是转口福州再运出的,所以这一时期及"一战"时这种情况于1916年后有所转变,始有直接出口外洋土货的记载。这一时期的土货出口以福州、厦门为主,1895年福州土货出口外洋总值为514万海关两,厦门为387万海关两,

---

① Santuao, Foochow, *Amoy Trade Returns* (*Statistics*) *for the years* 1895—1913. Table Ⅱ, Gross and Net Values of the Trade.

② Santuao, Foochow, *Amoy Trade Returns* (*Statistics*) *for the years* 1900, 1910, 1913. Table Ⅱ, Gross and Net Values of the Trade.

所占比重分别为57%、43%。而随着对外贸易的发展，到1900年，福州出口升至586万海关两，厦门则减至142万海关两，福州比重大大上升，约占80%，而厦门则只剩20%。之后，由于厦门土货出口的相对恢复，福州土货出口的起伏不定，到1910年时福州比重又降到69%，厦门上升到31%，到1913年，福州比重为71%，厦门为29%。①

由上看出，当时土特产品的出口，60%以上是由福州供应的。福州地处闽江尾闾，闽东、闽北以及闽南部分地区的商品均集散到福州出口，"八闽物产以茶、木、纸为大宗，皆非产自福州也。然大商巨贾其营运所集必以福州为目的。"② 这表明福州是土货出口的集散地。三都澳开埠后，闽东的一些茶叶仍运到福州转运出口。广阔的腹地是福州商品出口比例较大的重要原因之一。厦门由于腹地相对较小，加之"厦门内陆交通不能与上海之有长江，广州之有珠江相提并论，就与汕头之有韩江、福州之有闽江也都不如"，加上九龙江短而淤，通航范围非常有限，水道交通极不便利，只有发展陆道，可是，厦门没有铁路，所以充其量只是闽南的贸易港，发展自然受到限制。除了内陆交通不便之外，福建产业没有开发，也限制了厦门的发展，"因为这样使厦门的出入口贸易额不能增加，同时也使厦门只是一个商业都市，不能同时是一个工业都市。"③ 民国后期的这些记述，反映了腹地及交通状况对厦门贸易的制约作用。

由此看来，洋货进口加增，土货出口停滞不前，福建对外贸易一改甲午战争以前贸易出超的局面，开始入超，并且入超值日益加大，从1895年入超值的349万海关两，上升到1905年的1208万海关两，到1913年入超值为1092万海关两，入超上升了约2倍。

2. 进出口船舶吨位的变化

对外贸易的变化直接影响进出口船舶吨位的变化，"航海轮船吨数，其所以减绌者，盖因运往外洋茶叶较为短少之故。"④ 福建对外贸易船只

---

① *Foochow, Amoy Trade Returns (Statistics) for the year* 1895, 1900, 1910, 1913. Table Ⅱ, Gross and Net Values of the Trade.

② 铁道部业务司调查科编：《京粤线福建段沿海内地工商业物产交通报告书》，1933年版。

③ 陈烈甫：《厦门在变》，《星光日报》1949年1月10日。

④ 民国元年（1912）《福州口华洋贸易情形论略》。

的进出口吨位也反映了对外洋贸易的变化情况。① 1895—1913年间,除1898年稍低于1895年外,其余年份的进出口船只吨位基本上呈缓缓上升的状态,如1895年的福建进口船只吨数为233万吨,上升到1913年为367万吨,保持一个平稳的状态。② 这一时期,英国仍然占据绝对优势,尽管面临着西方各国力量不断增强而与英国分庭抗礼的局面,但日本、美国等还远远不足以与英国相比,如1895年英国进出口福建海关船舶吨位约占总吨位的80%、美国和荷兰分别占1%、华船占4%、其他各国(包括挪威、瑞典、葡萄牙、德、俄及其他各国)占14%。③ 随着资本主义势力的变化,到20世纪初,日本、美国、中国和荷兰航运势力不断增强,到1905年,英国航运势力所占比重明显下降,只占进出口船舶吨位的57%,而美国上升为5%、荷兰上升为2%、日本上升为3%、华船上升为10%、其他各国航运势力也不断增强,上升为23%,形成了与英国争夺航运霸权的斗争。④ 各口贸易报告也反映了这种变化趋势,1896年厦门贸易报告载:"盖因大洋轮船近日多到厦门故也。本年行走中日英等处轮船公司之船到厦甚有定准,别公司之大洋轮船到厦亦有数次。"⑤ 1901年,厦门"船只往来之数本年计1700艘,共179.1万余吨,英国船数略为减少,唯悬日本国旗之船渐增,至今已居全年吨数十分之二,大阪商船会社之轮船得台湾官家之助,已于来往香港台湾经由潮厦之生意得占一大席之地矣"。⑥ 1913年第一次世界大战前夕,随着日本对福建贸易势力的扩张,其航运势力也明显增长,从1905年占航运比重的3%一跃上升到1913年的24%,华船也上升到17%,荷兰上升到5%,美国、英国和其他欧美国

---

① 由于经由海关进出口的各国船只运送和经营的并非全是对外洋的贸易,也有埠际贸易,所以船只的进口变化不能完全真实地反映对外国贸易的变化情况。但在1895—1913年之间,福建对外洋的贸易值几乎占到60%—78%,即占绝对多数,如1895年对外洋贸易净值为2152万海关两,福建对外贸易净值为2749万海关两,外洋贸易占78%,以后,虽整体来看所占比重逐步下降,也不时有起伏,但1913年时对外洋贸易净值仍占总值的62%。

② *Foochow, Amoy Trade Returns (Statistics) for the years 1895—1899*;1899—1913年据福建省政府秘书处统计室编《福建省历年贸易统计》,1935年版,第57页。

③ *Santuao, Foochow, Amoy Trade Returns (Statistics) for the year 1895*。

④ 福建省政府秘书处统计室编:《福建历年对外贸易统计》,1935年版,第57页。

⑤ 光绪二十二年(1896)《厦门口华洋贸易情形论略》。

⑥ 光绪二十七年(1901)《厦门口华洋贸易情形论略》。

家都有所下降,分别为1%、50%、4%。① 轮船的广泛应用也是贸易繁荣发展的主要表现。1895年,福州"轮船运输逐年增加,帆船逐年减少的情况仍然如常,统计数字表明,前者增加7096吨,后者减少11365吨。英国船有503797吨,德国船有72311吨,中国船有29079吨。轮船协会的船垄断了去欧洲、美国和加拿大的运输业,除了北德路易公司的轮船外,没有其他轮船去国外贸易"。②

3. 关税收入的变化

税收的变化反映了贸易的消长情况。近代以来海关贸易统计中的税收有除鸦片外的进口正税、出口正税、沿岸贸易税(复进口税)、鸦片税(进出口及沿岸贸易税)、船钞、子口税及鸦片厘金等几个方面。而关税主要包括进口税、出口税和通过税三方面,其中通过税主要与埠际贸易有关,与外洋贸易有关的主要是进口税和出口税两个方面。

从有海关统计来看,1888年福建省总税收达到最高后,开始下降。而1895—1913年间,无论从绝对值,还是速度来看,都呈明显的下滑趋势,税收价值从1895年的223万海关两下降到1913年的180万海关两③,这一方面说明在协定关税制度下,协定关税率时常达不到值百抽五,另一方面也说明对外贸易并不景气。1897年福州"税收如果不是说最差的一年,至少也应该说是20年来最差的一年。洋关的所有税收为129万余海关两,比1895年减少18.5万海关两,即下降10%,主要是出口大幅度下降,出口税减少了17万海关两"。④ 从各税所占比例来看,1895年福建税收情况(福州和厦门两关)进口正税为25万海关两,出口正税为117万海关两,沿岸贸易税为4万余海关两,鸦片进出口各税为8万海关两,船钞不足6万海关两,子口税为3万余海关两,鸦片厘金为49万海关两,所占比重分别为12%、54%、2%、4%、3%、2%、23%。⑤ 到1899年,

---

① 福建省政府统计室:《福建历年对外贸易统计》,1935年版,第57页。

② 吴亚敏:《近代福州及闽东地区社会经济概况》(1895年福州贸易报告),华艺出版社1992年版,第206页。

③ 杨端六:《六十五年来中国的国际贸易统计》,国立北平图书馆1931年版,第126页,第131页。

④ 吴亚敏:《近代福州及闽东地区社会经济概况》(1897年福州贸易报告),华艺出版社1992年版,第214页。

⑤ *Amoy, Foochow Trade Returns for the year* 1895.

三都澳对外开放，因只有茶叶一项出口而税收只有出口正税4209海关两，全省各类税收的比重进口正税为13%，出口正税下降到46%，沿岸贸易税增长到4%，鸦片进出口税增加到9%，船钞有所下降，只为2%，子口税也维持不变，为2%，洋药厘金为24%。其中主要是出口正税有所减少，而鸦片税有所增加。其他各项上下浮动不超过2%。① 这一方面表明土货出口贸易下降，另一方面表明鸦片进口比重增强，而洋货进口正税基本维持原来的水平，则说明进口货没有多大变化。

到1913年各种关税发生了较大的变化。变化最大的莫过于进口正税从1899年的13%上升到25%，出口则从46%下降到33%，沿岸贸易税则上升为8%，鸦片税为8%，船钞为3%，子口税仍为2%，洋药厘金为21%。② 由于土货出口贸易下降导致出口正税下降，而进口贸易稍有增长，反映到进口正税上也明显有所上升。总之，这一阶段关税税率基本是协定税率，而各国实行贸易壁垒、增高茶叶等特产的关税，因而洋货进口税基本维持，而土货出口明显下降，这从税收的变化基本反映出对外洋贸易的变化趋势。

二 主要影响因素

第一次世界大战前，福建对外贸易没有明显的进步趋势。为什么曾经在甲午战争前繁荣一时的对外贸易却出现了这种发展态势？是什么原因使甲午战争以前的贸易出超改为入超？

（一）中外关系的不断变化是左右对外贸易变化的直接因素

近代中外关系复杂多变，直接影响对外贸易的升降，反过来，中外贸易又是中外关系不断演变的一个内生变量。

第一，日本占领台湾是第一影响因素。1895年日本占领台湾，使闽台贸易"乃转变为日本与我国国际贸易之一环"③，过去从厦门转运复出口的台湾各种商品现在变为"洋货"进口商品，造成洋货进口明显增加。1895年厦门"洋货价值名虽有增，实因营口、台湾为日本占据，由该处进口之货物本关作为洋货故也"④。向称"福建谷仓"的台湾在日本占领

---

① Santuao, Amoy, Foochow Trade Returns for the year 1899.
② Santuao, Amoy, Foochow Trade Returns for the year 1913.
③ 福建省档案馆、厦门市档案馆：《闽台关系档案资料》，鹭江出版社1993年版，第523页。
④ 光绪二十一年（1895）《厦门口华洋贸易情形论略》。

初期，由于日本殖民统治政策还没有最终形成，从台湾输闽的食米和茶叶等还占相当重要的地位。而福建严重依赖进口粮食，所以日据初期，仍有可观的台湾米输往福建，日本在台湾殖民政策形成后，输入不断减少。如在1900年，时值福建米荒，台湾输闽数达7000万斤，时价200万日元，为日本占领台湾期间台米输闽最盛的一年。自后即趋剧减，到1911年11年间，竟减少至其1/10以下。据1907年统计，台湾输闽仅值131358日元。1912年台米输闽减少至"毫不重要"的地位。① 除大米外，糖、茶叶在日据初期，也多是运到厦门转运出口的，这一部分贸易，增加了福建洋货进口量。日据初期，仅厦门从台湾进口的商品价值1895年就有270万海关两，到1904年时增长到407万海关两，1895年从外洋进口总值为978万海关两，从台湾进口即占厦门总进口的27%，1904年进口总值为1400万海关两，从台湾进口所占比重为29%，其间1897年从台湾进口比重高达38%。② 1907年以后，进口随着日本在台湾保护关税政策的不断变化而日趋下降。但总体来说，在1895—1913年间，从台湾进口的商品仍是福建进口的一个非常重要的来源，推进了进口值的上升，这可从闽台贸易总额看出。如1902年闽台贸易总额为1046.7万元，由于日本在台湾的殖民政策鼓励台湾与日本及国外直接贸易，随着台湾日本间贸易的不断增长，闽台贸易在1903年显著下降到853万元，以后不断下降，1913年降为516万元，1914年仅有337万元。直到1916年，闽台贸易一直呈现衰落的状态。③ 福建对台湾的出口贸易值相对进口来说，则小得多。如厦门出口到台湾的贸易值1895年为32万海关两，1898年为55万余海关两，1899年开始，由于日本的统制政策，出口下降为34万海关两，到1904年升为56万海关两，与进口均在300万—400万海关两之间无法相比。福州对台湾的贸易较厦门小得多，影响不大。④

---

① 福建省档案馆、厦门市档案馆：《闽台关系档案资料》，鹭江出版社1993年版，第541页。

② Amoy *Trade Returns for the years* 1895—1904, Table Ⅲ, *Trade in Foreign Goods Imports and Re-exports*, Summary.

③ 李汝和主编：《台湾省通志》卷四《经济志》商业篇，第三章第四节第四项之表，台湾省文献委员会1969年版。

④ Amoy, *Foochow Trade Returns for the years* 1895—1904, Table Ⅲ, *Trade in Foreign Goods, Imports and Re-exports*, Summary; Table Ⅴ, *Trade in Native Produce, Exports and Re-exports*, Summary.

第二，日本强占租界，把福建划为势力范围，是福建贸易变化的又一影响因素。

甲午战后，日本借口中日贸易发展，要求在各个通商口岸设立租界。1896年日本和清政府签订了"公立文凭"，其中规定："中国政府亦允，一经日本政府咨请，即在上海、天津、汉口、厦门等处设立日本专管租界。"① 1899年，日本强行要求划虎头山为租界，但在美、英、德等列强的阻止和厦门人民的反对下没有得逞。义和团运动中，日本制造了"厦门事件"。1901年美国借口日本独占厦门，建议把鼓浪屿开辟为"万国公地"，在各国领事与地方总督的协商之下，于1902年初举行租界章程草案签字仪式，《厦门鼓浪屿公地章程》和《续订公地章程》开始生效，鼓浪屿成为各国共管的"公共租界"。

在西方列强争夺中国势力范围的斗争中，早在1898年，日本就发出"福建不得割让"的往来照会。外务大臣复照称，"本福建省内及沿海带，均属中国要地，无论何国，中国断不让与或租给也。相应备文复贵大臣查照，传达贵国政府可也。"② 这实际上是承认了日本对福建的统治权，便利了日本对福建的商品倾销和产品掠夺。为了资本输出，争夺铁路利权，日本曾要求修建从厦门经福州、南昌到汉口的铁路干线，并派人前来窥探。1904年以陈日翔为首的地方绅商，与日本领事上野专一策划合办"闽潮铁路公司"，在厦门设立总局，计划没有实现。1906年福建铁路公司着手修建厦漳铁路时，日本还提出交涉，全国收回利权运动抵制了日本的无理要求。日本还试图开展对福建省政府整理借款和实业借款、对福建省财政厅的借款等，这些贷款都附有许多政治条件，日本通过以上贷款，控制了福建的财政，当时日本在福州、厦门两地的投资额达几千万日元。

同时，日本不断增设洋行，加强对贸易和金融的控制。大阪洋行专营海上贸易运输，1901年日本在厦门开设三井洋行，专营进出口贸易。1900年，台湾银行厦门分行为发展贸易进行金融融通业务，以福州、厦门两地为主，在华发行银圆纸币，盛行于福建沿海一带，垄断了该省（福建）对外贸易与汇兑。这三家洋行是日本人在厦门从事大规模掠夺的经济基地。同时，还要求建造煤油库，要求划鼓浪屿对面的大屿给日本。通过

---

① 王铁崖：《中外旧约章汇编》（第1册），生活·读书·新知三联书店1957年版，第686页。
② 同上书，第751页。

增建洋行，一面控制在东南沿海开辟远洋航线，一面垄断进出口贸易。1901年，日本在厦门、福州两地直接投资的企业就达168个。

日本大阪商船公司操纵了福建远洋运输。1895—1913年间，主要由日本大阪商船会社拓展远洋航运贸易，开展了与以英国为首的西方国家航运业的竞争。1899年，在日本政府的资助下，大阪商船会社开设淡水—香港间航线，由2轮行驶，1900年，各以1只轮船，分别开设安平—香港和福州—香港的航线，4轮船总吨位4711吨（登簿吨数为3047吨），皆在厦门、汕头停泊；1905年把福州—香港线北沿至上海，增为2轮行驶，安平—香港线延至打狗（高雄）—广州，这5只轮船总吨位共计8148吨（登簿吨数为4848吨），运载能力比以前增加了1/2以上。① 1907年，大阪商船会社与日本邮船会社等航运公司联合成立日清汽船会社，其中大阪商船会社的船只主要航行基隆—福州、基隆—福州—天津、基隆—厦门—香港线，共有6艘船，不仅便利了闽台贸易，而且控制了福建的客货运输。1911年，大阪商船会社与英商德忌利士轮船公司联合开设福州—香港定期航运。

厦门三井洋行（1901—1945），行址设在海后路，仅次于上海支店，管理福州、汕头两代理机构。1903年成立的三井洋行出张所在厦门收购闽浙地区的土特产品，同时向厦门地区倾销日本货。日本还在福州设立三井物产会社、丸一洋行、日东洋行、铃木洋行等。② 这些洋行控制和垄断进出口贸易，使"一战"前日本及台湾对福建的贸易有所发展。仅直接对日贸易来看，如福州从日本输入的洋货从1895年的5万海关两上升到1904年的28万海关两，上升了约4.6倍。而厦门从日本输入的洋货从7万海关两上升到12万海关两，虽然绝对值不大，但却呈现不断增加的趋势。③

美、英、法、德等资本主义国家，为防止日本独占福建，继续加紧侵略福建。他们在甲午战争前就在福建开办了许多洋行，并设立租界，控制福建海关，把持对外贸易，操纵经济命脉。甲午战后，1896年英商在厦门增设太古洋行，经营轮船代理业。1904年，美国商人新设惠华洋行和

---

① 樊百川：《中国轮船航运业的兴起》，四川人民出版社1985年版，第367、第369页。

② 中国人民政治协商会议福建省福州市委员会文史资料工作组编：《福州地方志》，1979年版。第七章《商业和金融》。

③ *Amoy, Foochow Trade Returns for the years* 1895—1904, Table Ⅲ, *Trade in Foreign Goods, Imports and Re-exports, Summary*.

美孚（又名三达）、德士古两个石油公司。1907年，英国商人设立亚细亚石油公司。这一时期、厦门的各国洋行有数十家，最多时，单是英国的就达30家左右，还有几个国家商人投资开办银行、钱庄、酒店等，加大了在福建的争夺。英国在航运业和商业方面和日本展开激烈竞争；法国企图攫取建、邵、汀三府的矿权；美国企图侵占三沙湾为海军基地，多次派遣舰队、商团来闽"访问"，为与日本争夺在福建的利权，美国提出的海军借款合同规定，以马尾船厂全部财产做担保，美国伯利恒钢铁公司还从中取得修建三都澳军港船厂的权利（该合同后因日本反对未实行）。各个帝国主义国家在争夺福建过程中，矛盾日益尖锐，但为了共同的利益又互相勾结起来。西方各国与日本对福建权益的争夺，导致福建对外贸易大受影响。

第三，侵略与反侵略战争的不断升级是制约贸易发展的又一因素。

甲午战争后，社会各界积极开展爱国救亡运动。农民、民族资产阶级、小资产阶级革命斗争连年不断，最为著名的当属反帝爱国斗争义和团运动。为镇压义和团运动，西方列强于1900年发动八国联军侵华战争，日本充当"东亚宪兵"，出兵2.2万人参战，并企图从台湾向厦门出兵，制造了厦门事件。①战乱造成为贸易服务的金融机构对资金的紧缩，严重影响了福建的商贸发展。"上半年景象尚佳，唯自五月间北方拳匪乱，两月后本口又有日本水师登岸一事，致买卖入停，而本地钱庄复于七八九三个月内收账停歇，虽熟客挪借亦不肯通融，贸易场中更为棘手。"②"1900—1901年外国军队在北方横行，使物价进一步上升，他们留驻不走，物价也跟着不跌。"③1905年抵制美货运动，各地商人参加了反对海关勒收苛税和收回权利的斗争，辛亥革命及二次革命斗争也影响了贸易的进展。"1912年厦门贸易总值约为2210万海关两，由于二次革命及其他干扰因素的影响，1913年贸易额下降了。"④各资本主义国家的对外侵略扩张，客观上也影响了对华贸易。1898年美西战争中，由于美国忙于战争，使来厦门运茶出口之船只减少，因而影响了进出口贸易。"料因三口

---

① 1900年8月24日本指使僧侣烧毁租住的房屋，嫁祸中国人，因而企图向厦门出兵，在厦门人民的反抗和各国的干预下，于9月9日撤兵，史称厦门事件。
② 光绪二十六年（1901）《厦门口华洋情形论略》。
③ 吴亚敏：《近代福州及闽东地区社会经济概况》，华艺出版社1992年版，第391页。
④ 戴一峰：《近代厦门社会经济概况》，鹭江出版社1990年版，第362页。

有疫症与吕宋战争所致，进出口之船共 1640 余只，计 163 万余吨，而上年则 1690 余只，计 173 万吨，昔日行走太平洋之轮船到此运茶往旧金山者，本年甚觉短少，多为美国国家租作运船之用，故以行走别路之轮船由上海顺道到厦运货经苏伊士河往纽约而补其缺也。"①

总之，国内外连年战争，兵连祸接，造成社会混乱，物价上涨，如福州，1902—1911 年物价上涨 80%，厦门、三都澳的物价也普遍上涨。许多手工业者由于捐税繁重被迫歇业。比较富裕的归侨，往往"挟货而归，不数月而荡家破产"。广大劳动人民生活原来已经异常困苦，加以连年天灾，简直无法为生。于是，有的逃亡外地，有的出洋谋生。据海关关册记载，1905 年前后，每年从厦门出境的人数，高达 10 万人左右。人们无力购买更多的洋货商品，更无心进行商品经济的生产，无法提供多余的商品出卖，因而出现了贸易停滞不前的情况。

（二）以关税制度为主的中外贸易政策的不断调整是影响贸易发展的关键因素

甲午战争后，"任便"设厂制造权的获得，协定关税范围的扩大，关税管理权、税收支配权的进一步丧失，使中国对外贸易完全成了"自由贸易"；遍行全国的厘金更加遏阻了出口贸易的发展；而各国对中国实行不同程度的"关税保护"，造成福建对外贸易条件恶化，这是进口增加、出口减少的重要影响因素。"一国商业之发达与其商业政策至有关系，而商业政策中尤以关税政策为改进内外贸易之最要方法。"②

首先表现在协定关税制度下，进口税的日益走低，使进口贸易量不断增加。进出口货物一律"完纳值百抽五"的海关正税，与"另按值百抽二点五的税率征收子口税"，其余各种内地税捐一概免征，近似"自由贸易"，使洋货进口贸易不断发展。1895 年厦门贸易报告称，"至外洋进口各货如一进厦门口，即将进口正税子口半税一并完纳，以后运赴内地，不再重征，贸易必臻兴旺，税课亦可丰盈。"③ 同时，协定关税中列出了洋货进口的免税条款，1858 年《海关税则》明文规定金银、金银钱、洋米、

---

① 光绪二十四年（1898）《厦门口华洋贸易情形论略》。
② 武育干：《中国国际贸易概论》，商务印书馆 1930 年版。
③ 光绪二十一年（1895）《厦门口华洋贸易情形论略》。

洋麦、烟酒、药品、玻璃器皿等"进出口通商各口，皆准免税"①，这大大便利了洋货的进口。福建粮食向来依赖外粮进口，而粮食免税无疑使大量的米麦及面粉涌入福建。

甲午战后设厂制造权的获得及在华外资企业商品获得了由外国运入之洋货一样的各种优惠特权，加大了外贸向中国输出资本。"日本臣民在中国制造一切货物，其于内地运送税、内地税、钞课、杂派，以及在中国内地沽及寄存栈房之益，即照日本臣民运入中国之货物一体办理，至应享受例豁除，亦莫不相同。"②协定关税的商品范围，从进出口商品扩大到在华外资企业生产的产品。种种便利加大了资本主义向中国资本输出的步伐，而资本输出带动了工业生产所需原料商品的进口。1896 年中日《通商行船条约》第十二款规定，"日本臣民在通商各口岸购买中国货物土产，非系禁运出外洋之物，运出口时，只完出口正税，所有内地税赋、钞课、厘金、杂派，一概豁免，"又给予了外国在中国搜罗土特产免除各种内地税的特权。③

随着中国财政危机的加剧，加之银价下跌，物价上涨，使协定关税税率远远达不到"值百抽五"。因而，清政府也根据十年修约的规定，通过修改海关税则而提高关税，这就是全国范围内 1902 年修改税则。"1901 年 9 月 7 日签订的'辛丑各国和约'规定对进口货物切实征税 5%"，11 月 11 日，这一暂行税则开始实施。同一天，"本关开始实行对常关的兼管。"④ 但是，由于不是以当年货物之市价为准，而限于 1897—1899 年三年的平均价为税则货价标准，所以切实"值百抽五"并没有真正实行，对保护中国的商业发展并没有起到很大的作用。民国元年以来开始讨论修改税则问题，一方面因日、俄、法等国的苛刻附带条件，一方面因"一战"爆发而被延误。

而福建区域内苛重的通过税严重影响了对外贸易的发展，土货流通受厘金的阻扼⑤，洋货受子口税保护，使进出口贸易剪刀差越来越大。由于

---

① 王铁崖:《中外旧约章汇编》（第 1 册），生活·读书·新知三联书店 1982 年版，第 116 页。
② 同上书，第 616 页。
③ 同上书，第 664 页。
④ 戴一峰:《近代厦门社会经济概况》，鹭江出版社 1990 年版，第 304 页。
⑤ 厘金是清政府为镇压太平天国起义而由帮办税务的刑部会侍郎雷以諴于 1853 年在扬州仙女庙开征米捐的一种地方税，规定"值百抽一"，通行全国，称为厘金。主要分为百货厘、茶厘、盐厘、洋药厘、土药厘等五种，但在推行过程中，各地的厘税从 1%—20% 不等。

厘金涉及百货、茶叶、盐、土洋鸦片厘等几个方面,对于福建来说,出口最大宗的商品茶叶厘税的苛重,严重影响了茶叶的出口。清政府创办厘金不久,闽省就开始征收茶税,每年所收税银达100万余两,为税厘中最大收入。厘金征税采用从量法,每一百斤征税约一两五钱。1901年福州海关贸易报告记载,"一个茶商认为,中国特别是福州的茶叶贸易,无法复苏,除非中国人采取一些激烈的改革措施,如修改出口税和厘金税,否则,即使没有印度和锡兰这两个从中国的贸易衰落中获得利益的国家的竞争,这两种税收本身就足以摧毁任何贸易。如果中国人对采茶和加工工艺不加重视,根本就无法与印度和锡兰竞争。有人建议,通令应当发到产茶区,废除对铅锭和茶叶所征的厘金税,以让茶农能够获得微薄的利润,并促使他们对茶园感兴趣,而不是迫使他们完全放弃茶叶业。"① 认为茶叶厘金危害极大。就蔗糖业来看,从产地运往厦门,"糖无法避免内地常关征收厘金"。② 20世纪以后,糖厘金征收有加重的趋势,而子口税保护下的洋糖则便行内地。这导致一些商人为逃避税课,不得不将土货运至香港,再转运其他口岸,不仅延误了贸易时间,也阻扼了福建对外贸易向好发展。尽管福建各类厘金税额比初行时大大减少,但清末在福建财政收入中仍占据相当重要的地位,如1908年福建的财政收入481.8万海关两,厘金税为84.8万海关两,约占年财税收入的18%。③ 厘金等苛税的存在,大大制约了贸易的发展。

西方资本主义国家根据本国的需要,对外实行高关税的保护政策,加上在中国享有的"自由贸易"特权,使对中国贸易的进口税率普遍低于出口税率,反映到价格上,就是进口货价低于土货价格,从而使进口贸易有利于出口贸易的发展。如英国1886年实行贸易保护主义政策限制福建红茶的进口,美国1897年颁布"不纯物法"限制厦门乌龙茶的消费,1898年实施加收茶税等政策使福建茶叶出口量大大减少。厦门1872年茶叶出口数为83177担,其中64220担是运往美国的。而到了1901年全部茶叶出口数量是7017担,除了29担运往美国外,其余都是为了满足海峡

---

① 吴亚敏:《近代福州及闽东地区社会经济概况》,华艺出版社1992年版,第235页。
② *Report on Working of Amoy Native Customs*, Customs Papers, No.85, c1904, p.8.
③ 李国祁:《中国现代化的区域研究:闽浙台地区(1860—1916年)》,"中研院"近代史研究所1982年版,第418页。

殖民地的中国消费者的。① 而从福建大量进口的机制面粉也可看出,"美国面粉之佳者,贩运进口价甚相宜。本土制面未得善法,废弃尤多,是以两相比较,用洋粉货色既高,价费更省,故运进内地者渐行推广也。"② 1901年,厦门的美国面粉进口有20.1万余担,较上年多5.2万余担,实为历年之巨擘。此货销场日益加广,况物美价廉,故土人乐用而成进口货之大宗也。③

同时,银价变动不定也制约了贸易的发展。"外洋贸易因汇水高低靡定,只以货价衡度贸易之情形难矣。其故有二:洋货系以金镑购买,银价按市高低,若忽遇金镑昂贵,虽货物价银增多,而生意尚非起色,一也;本口赖庄稼为民食,如年成丰稔,则土民可将余资以买洋货,或偶遇禾稻损坏,所蓄之资多出购外洋谷米,故进口货价值总数虽见增而进出口各货反见绌,二也;再本口每年进口银项历年较不相上下。其所进之银有由土货销售外洋而得者,有由土人约250万名在小吕宋爪哇新加坡等处营生,汇寄前来而得者尚遇银价低跌,金价高昂,欲以此银而购洋货定必减色。"④ "本口所消洋货价值之数无甚增减,殊堪诧异。历年以来所增甚鲜,其起落亦多缘汇水之高下而不关销场之盛衰也……"⑤ 由于银价下跌,导致物价上涨,虽然人们的工资水平也会有所提升,但1892—1903年"所有的生活用品、工资等等都远比前一个10年更贵更高,在许多方面银圆的购买力都比以前下跌了一半左右"。⑥ "这10年里,许多生活必需品的价格和10年前相比,几乎增长了一倍。虽然工资有了明显的增长,但其增速远远赶不上生活用品价格的上涨。"⑦ 银价跌落引起的物价上涨,使人们的购买力日趋下降,也牵制着对外贸易的发展。"1892—1901年间,海关两与英镑的兑换率下降30%左右,但外国商品涨价都超过30%。虽然自1898年以后,外汇兑换率有所改进,但是货价滑降,实际上增加了20%。"1898年以后,"由于政府对每种商品实行5%的征税,上海一

---

① 戴一峰:《近代厦门社会经济概况》,鹭江出版社1990年版,第306页。
② 光绪二十二年(1896)《厦门口华洋贸易情形论略》。
③ 光绪二十七年(1901)《厦门口华洋贸易情形论略》。
④ 光绪二十九年(1903)《厦门口华洋贸易情形论略》。
⑤ 光绪三十三年(1907)《厦门口华洋贸易情形论略》。
⑥ 戴一峰:《近代厦门社会经济概况》,鹭江出版社1990年版,第314—315页。
⑦ 同上书,第359页。

些商行提价10%。1900—1901年外国军队在北方横行,使物价进一步上升,他们留驻不走,物价也跟着不跌。"① "溯查本口土货之价较前三十年高昂无几,同治十年内上等纸每担值银十七、十八元,下等纸每担八九元,麻袋每百个四五元,冰糖、白糖每担约十元。三十年以来,银价逐年低跌,今日之土货价仍如此,而洋货则不然,以银购买其价较前加倍,进出口货物生意若逢银贱似不合宜计。"②

按道理来讲,银汇率的下降,有利于出口而不利于进口。但由于商品生产的不断萧条,土货出口则没有生产发展的后劲,银价下跌,造成进口的商品价格上涨,又严重影响人们的购买力。福州的银圆汇率下跌很快,如从1892年1海关两=4先令4.5便士,到1895年为1海关两=3先令2.5便士,以后又下降到1901年的1海关两=3先令。③ 而1895年贸易总值为1411万海关两,到1899年上升到1754万海关两,到1901年下降到1555万海关两。本期贸易有所上升,"但如果对英镑与海关两的比值进行分析,就可以发现,贸易总值大大地下降了,但是进口总值增加的金额,足以弥补1892—1901年十年海关两跌价的损失。出口方面,尽管初期的数字与期末的数字相等,但实际上是降低了25%,茶叶与茶砖两项出口量的减少足以说明它们的差别了。"④ 1902年福州贸易报告称,进口有了很大增长,"其货价因银贱竟增至1415.7万余两,历年来以今年为巨擘,上年仅1112.9万余两,然亦非生意果大有起色,其实则与此相反也。"⑤ 金银比价,银汇率下降,银价下跌,致使物价上涨,虽进口价值上涨,然并非人们生活水平真正提高。

(三)以鸦片、棉纺织品等生活消费品为主的进口商品结构及以茶等农副产品加工品的出口商品结构严重制约了福建对外贸易的发展

如果说中外关系的变化是影响福建对外贸易的外部原因,关税政策是影响对外贸易的关键的话,那么近代以来中国在卷入世界体系过程中面临的种种劫难造成的动荡不定对全国各区域的贸易发展均产生了不良的影响。这就需要我们思考为什么全国贸易一直处于迅速增长的状态,而福建

---

① 吴亚敏:《近代福州及闽东地区社会经济概况》,华艺出版社1992年版,第391页。
② 光绪二十九年(1903)《厦门口华洋贸易情形论略》。
③ 吴亚敏:《近代福州及闽东地区社会经济概况》,华艺出版社1992年版,第391页。
④ 同上书,第386页。
⑤ 光绪二十八年(1902)《厦门口华洋贸易情形论略》。

则呈现出发展的缓慢及后劲不足？

从福建进口商品结构来看，这一阶段，鸦片是最主要的进口货之一，除此之外，进口商品多是以满足人们的衣食之需的棉布、棉纱、大米、面粉及生活原料煤油、火柴等为大宗。随着洋货渐渐被认同和普及消费，其需求弹性相对较小，因而会保持一定的消费水平。福州1895年洋货进口净值为515万海关两，仅鸦片一项的进口就约占进口净值的42.38%，约占1/2弱，可见，鸦片在福州进口商品中仍占有支配地位；而棉纺织品以棉纺织原料棉纱、标布、原色布为最大宗，进口比重也高达20.09%；毛纺织品比重为2%；五金占6.99%；杂货类占26.92%。[1] 杂货进口品种繁多，以煤油、军需品、海产品最多。鸦片和棉纺织品两类就约占福州进口净值的62.47%。厦门的情况也十分相似，鸦片进口也占相当重要之地位，约为当年进口净值的18.19%，棉纺织品17%，除此之外，杂货类比重最大，约48%，其中依次以豆类、大米、鱼介海味、麦粉、煤油、豆饼、各种参、日本火柴、稻谷为最多。这些消费品中豆类、豆饼主要来自其他省份。[2] 到1910年，福建全省进口洋货居前十位的依次是鸦片、棉布、棉纱、米谷、豆类、麦粉、豆饼、鱼介海味、糖、煤油。鸦片占全省进口总值约25%，棉纺织品中，仅棉布和棉纱两项即占约14%。[3] 除鸦片、棉布、棉纱外，因福建严重缺粮，加上粮食享有免税优惠特权，大米进口量的平稳发展，所占比重很大，多从东南亚地区进口。如福建闽南永春县，常赖南洋大米输入，"逢岁歉，则缅甸、暹罗、越南之粟，皆得径达内地。故虽台、澎割于日本，而东南一带尚留不竭之仓也。"[4]

在洋货进口当中，鸦片占据相当重要的地位。1895年福建鸦片净进口值为352万海关两，洋货净进口值为1251万海关两，鸦片约占28%，到1910年时随着进口洋货上升到2077万海关两，鸦片价值也飙升至833万海关两，占洋货比重高达40%。随着禁烟运动的开展，到1913年时，鸦片进口逐步下降，所占洋货净进口比重下降到16%，1914年鸦片禁止进口，所占比重下降到5%以外，其余多数年份在20%以上，还有些年份

---

[1] Trade Returns and Reports for the year 1895, the Returns of Foochow.
[2] Trade Returns and Reports for the year 1895, the Returns of Amoy.
[3] 福建省政府秘书处统计室：《福建历年对外贸易统计》，1935年版，第69页。
[4] 郑翘松等：《永春县志》卷9《户口志》，1930年，成文出版社1975年版，第281—282页。

达30%以上，最高达40%①。

若把鸦片进口数除去，1895年土货出口值仍高于洋货进口值，即对外洋贸易处于出超状态，但从1896年开始，则改变了出超的状况，入超越来越大，这说明洋货进口仍在不断地增加。

另外，福建的出口商品以资源性产品及其加工品为主，茶、纸、木材是三大土特产，水果、蔬菜、鱼介海味等是纯粹的自然资源产品，而出口国外的以茶叶为最大宗。尽管印度、锡兰等国茶叶群起竞争，但在1913年之前，茶叶仍占福建出口商品之首位。

福建出口贸易值的下跌，最主要的是占据首位的茶叶出口减少引起的。"1898年本省茶叶出口量达2.4万吨，占全省输出总值的30%以上，居出口物资中的第一位。这时期，本省三大茶区基本形成，即除闽北老茶区外，还有闽东红茶区和闽南区。"② 到1910年时，全省出口商品居前十位的依次是茶、纸、木材、烟草、菜蔬、糖、干果、鱼介海味、鲜果、瓷瓦器等。其中茶叶占出口总值的21%，纸业出口仅次于茶叶，占18.12%。③《福建之茶》有统计说，直到1918年第一次世界大战结束时，经由海关输出茶叶占输出总值总列第一位。④ 这些记述是指经由海关出口的全部茶叶（包括输往外埠）在出口的所有商品中（包括输往外埠）的比重，但约有70%输往外洋，如此看来，茶叶的兴衰牵动了整个出口贸易的发展趋势。

与19世纪80年代以前相比，茶叶已无可挽回地失去了过去出口的辉煌的地位。由于福州的主要出口货是茶叶、水果、木材和竹，其中最重要的是纸。这些物品中，茶叶是出口外国的唯一大宗货。但可悲的是，茶叶的出口量逐年下降。在市场上已不像过去那样受欢迎。⑤ 厦门茶叶出口下跌之势更惨，"由于茶农应受谴责地忽视了土壤肥力的保持、粗心的采摘、普遍肮脏的制作，这项有价值的贸易终于无可挽回地丧失了……"美国国会对厦门茶叶贸易发动的最后的致命一击是1897年通过的"不纯物

---

① *Amoy, Foochow Trade Returns for the years 1895—1914, Table Ⅲ, Trade in Foreign Goods, Imports and Re-exports.*
② 陈佳源：《福建省经济地理》，新华出版社1991年版，第179页。
③ 福建省政府秘书处统计室：《福建历年对外贸易统计》，1935年版，第65页。
④ 福建省政府统计处，唐永基、魏德端：《福建之茶》（下册），1941年版，第316—318页。
⑤ 吴亚敏：《近代福州及闽东社会经济概况》，华艺出版社1992年版，第215页。

法", 对厦门茶叶规定了一个标准①, 致使茶叶在国际市场上受到限制, 茶价下跌致使茶商亏折严重。1898年, 厦门"唯茶叶商人气运不佳, 亏本约50万元之多, 实永久不能忘者也。美国于四月间颁行新例, 每磅茶叶加税美国金洋一角, 茶价因而降跌竟较开船时减少十分之二, 故生意更觉不前。而美国辨别台茶, 较上年更为严紧。不符定样, 皆不得入口也。"② 福州茶价出现同样的趋势, "茶叶是大宗出口土货, 但我担心, 那些运茶到国外的人没有什么好庆幸的。那些将茶叶卖给外国的中国茶商恐怕也难以从茶叶贸易中赚到钱, 到年底还有大量存货未出售, 与去年形成了鲜明对照, 1899年年底, 根本无茶叶可售。售价并不令人满意, 功夫茶原每担价值白银19—24两, 现跌到10—24两, 乌龙茶原为19—24两, 现跌到14—20两, 其他各类茶亦莫不跌价。"③

厦门茶叶出口的减少, 还由于过去经由厦门复出口的台湾茶在日本占据台湾后向厦门输入转口不断减少所致。台湾茶在日据初期, 仍大量从厦门转运出口, "厦门茶叶因美国新例出口亦复短少, 洋商以台茶在美国销场颇畅, 是以本口贸易得此贵重之品, 附入更觉增色。须知此项货物将来或归为乌有, 若日本人擅开台北之港道, 则茶叶即不须到厦门转运, 如是, 固于本口贸易大有关碍, 即税钞亦不免为之短绌, 盖船钞中多有装载转运台地土产船所纳者。"④ 随着台湾茶叶从厦门转运出口的日益减少, 造成土货出口值不断减少。"厦门乌龙茶洋商已停止办运……出茶之区皆已荒废, 从轻减厘税亦不能复。与本年出口之数降至（25箱）800余箱, 台湾岛乌龙茶由此地出洋者共有12万担, 其中由淡水买来到此转往美国者居三分之二, 由台湾取道日本径运销场者有（25箱）3万余箱, 约居全货出产百分之九, 此则昔日亦由厦地转往者也, 由日本转运之茶日本国家另定税则, 使其获益, 故将来由台载往日本自必渐增, 而到厦转运者渐减也。"⑤ "茶务居今只有台茶到厦转运出口一宗, 其生意全年皆不顺适, 商人亦无利可图, 非独本地如此, 即在美国亦莫不然, 厦门乌龙茶出口者共只3600余担, 价值关平银4万两, 皆运往海门、爪哇以供出洋华人之

---

① 戴一峰:《近代厦门社会经济概况》,鹭江出版社1990年版,第306页。
② 光绪二十四年（1898）《厦门口华洋贸易情形论略》。
③ 吴亚敏:《近代福州及闽东社会经济概况》,华艺出版社1992年版,第229页。
④ 光绪二十三年（1897）《厦门口华洋贸易情形论略》。
⑤ 光绪二十五年（1899）《厦门口华洋贸易情形论略》。

用者。"①

另外，占出口大宗的蔗糖也由于世界市场机制糖品的竞争及各国高关税的保护而不断走下坡路。如"盖日本糖业，受关税保护，在其国内之地位，极为安全，可以自由伸缩，挹彼注此，以资补救。不但引也，政府奖励输出，又有戾税制度，是以减轻成本"。②而我国的糖税则根据协定关税"值百抽五"纳税，加之，各种内地通过税使出口处于严重不利的局面。1902年厦门商人发起要求修改糖税，清海关首次颁布食糖关税专则。国民政府并于1918年、1922年、1928年、1930年、1933年、1934年等连续数次调高进口糖税，但其他各国的糖税"其高于我国者十之八九，不及我国者十之一二耳"③。

到1913年第一次世界大战爆发前，土货出口下降幅度并不太大，这主要是因在茶业生产逐步下降的同时，19世纪末至20世纪初，纸业、木业等行业进入了一个蓬勃发展的时期，尽管不以国外市场为重，但仍不失为重要的出口商品，其他各类商品的出口也不断发展。但是从土货出口不断下降的趋势及资源性商品出口的特点来看，说明本省商品经济的发展后劲不足。

（四）贸易之不振根源在于"产业不兴"④

商品经济的发展是社会分工和生产力发展的结果，其中工业和农业的分工对其发展有着划时代的意义。鸦片战争后，中国商品经济发展的背景则要复杂一些。首先引起商品经济发展的是中外贸易，其次才是工业。⑤农产品的商品化及其商品经济的发展变化是影响福建对外贸易的关键因素。福建出口商品主要是农副业，这种以小农业为主的农业生产体系，技术水平较前无大改观，商品性农业的生产基本处于手工操作阶段。据载，直到民国初年省内茶叶每亩仍为50斤左右，低于19世纪90年代日本亩产63斤的水平。⑥劳动生产率很低，业茶者无利可图，茶业商品化生产日益衰退，导致茶叶出口在国际市场竞争中日益趋于不利地位。福州红茶出

---

① 光绪二十六年（1900）《厦门口华洋贸易情形论略》。
② 陈重民：《今世中国贸易通志》第三编，进口货物，第188页。
③ 全国经济委员会编：《制糖工业报告书》，1936年版，第89页。
④ 武育干：《中国国际贸易概论》，商务印书馆1930年版，第575页。
⑤ 章开沅、马敏、朱英：《中国近代民族资产阶级研究》，华中师范大学出版社2000年版。
⑥ 林庆元：《福建近代经济史》，福建教育出版社2001年版，第47页。

口减少，原因是"产量不足，而不是需求下降"。① 出口茶叶贸易不振，又制约了茶业商品经济的发展，业茶者及从事茶叶加工和贸易者减少，厦门"除了为海峡殖民地的中国居民的消费而小量生产外，本地茶叶已基本停止生产……从茶叶贸易开始衰落起，这一衰落就必然在一段时期内妨碍本地区的贸易发展。"② 1896年厦门贸易报告中称，"计厦茶贸易在二十五年之前，每岁值关平银200万两降至今日尚不足10万两之数，故种茶者昔日可获丰衣足食之乐，而今日则不得不于茶树行列之中夹种番薯以免饥寒之苦。"③"福建茶区，茶园荒芜几近上千至数千顷。"④《大田县志》载："自清末以来，省中茶价跌落，茶商多亏折，兼之时局影响，以致商家无敢采办。而各处茶山亦因之荒废。"⑤ 在福建古田县，茶叶在清同光年间曾是出口之大宗，"迄清季，本地茶业失败，茶行尽闭歇，茶山亦荒。迩来，有名于此会者，只九都之乌龙、十七都之水仙而已。唯出产有限，不敷本地销售。此外，如大东区鹤塘、杉洋、邹洋等乡制造绿茶。尚有运者销售，然不及从前远矣"⑥。而相对发达的蔗业生产，也因清末始南大陆和东南亚的机制糖大量输入中国，台湾糖也来抢占闽糖市场，福建土糖生产一跌再跌，闽省蔗糖生产遂衰落下去。其他出产的纸、木材虽然大量出口，但多数运国内转销，出口国外的相对较少。

以外向型出口加工为主的近代工业虽然有了一定程度的发展，但这些行业很容易因国际市场行情的变化而变化。当出口贸易消退时，出口加工工业消退，出口贸易兴盛时，出口加工工业发展；而当进口商品需求较大时，兴起一批生产这种商品的进口替代产品，反之，国内替代工业日渐消沉。如茶叶19世纪80年代以前贸易兴盛之时，各种官办、民办茶叶加工厂不断兴建，各地制茶作业也不断扩展。贸易扩大带动制茶箱的木材业也随即兴起。甲午战后各国纷纷来设锯木厂，促使了木材输出剧增。总体来说，甲午战后，外资、官办资本逐步让位于民族资本业。但民族资本规模小，资本有限，技术水平低，没有现代化的经营管理，工业基础薄弱，机

---

① 吴亚敏：《近代福州及闽东地区社会经济概况》，华艺出版社1992年版，第215页。
② 戴一峰：《近代厦门社会经济概况》，鹭江出版社1990年版，第305页。
③ 光绪二十二年（1896）《厦门口华洋贸易情形论略》。
④ 光绪三十一年（1905）《福州华洋贸易情形论略》。
⑤ 民国《大田县志》卷5《实业志》，成文出版社1975年版，第619页。
⑥ 民国《古田县志》卷37《实业志》，成文出版社1967年版。

械动力低,加上外资、官资的排挤和竞争,这是造成本期对外贸易不发达的根本原因。

另外,天气、灾荒、疫症等无不制约和影响了对外贸易的发展。如厦门1897年进出口贸易净值减少,"盖大半年之内,皆有结核之症,继之以寒热之病且金价常昂,于购买外洋布定不无大碍也。"①

总之,世界体系变动造成福建日益国际化的市场环境,进出口贸易全赖国际市场的供求变化而变化,出口商品的价格最终取决于国际市场,在竞争中占据有利地位的进口机制产品日益充斥城乡各地,使近代中国包括福建在内的贸易条件日益恶化。

第三节 战时萧条(1914—1918)

资本主义世界经历了瓜分全球的斗争之后,至1910年,各大洲沦为殖民地的国家占各洲土地总面积的比例分别是,非洲90.4%、亚洲56.6%,南北美洲27.2%,大洋洲100%,这都不包括为数众多的半殖民地和附属国。② 由于世界市场的最终形成,帝国主义政治经济发展的不平衡,利益不均等导致世界范围的矛盾总爆发。"一战"严重影响了欧洲各国向殖民地半殖民地输出商品和资本,世界生产和贸易主要是围绕战时需求进行,对外贸易显著下降。美国利用"一战"期间的有利时机,积极发展经济,加大对外贸易,大发战争之财,国民生产净收入从1907—1911年的289亿美元,上升到1917—1921年的703亿美元。③ 美国为取得与日本在华均等商业机会,以中国的主权为代价,签订了《蓝辛石井协定》,怂恿日本对华的侵略。日本借机对德宣战,企图占领德国在中国山东的一切特权,并乘机迫使袁政府于1915年5月9日签订《二十一条》,后由于中国人民的坚决反对没有实现。由于战时西方无暇东顾的时机,中国民族资本主义进入又一次的发展高峰。但福建工业基础薄弱,并没有很好地带动贸易的发展。

---

① 光绪二十三年(1897)《厦门口华洋贸易情形论略》。
② 樊亢、宋则行:《外国经济史》(第2册),人民出版社1980年版,第14页。
③ 《中华民国外交史》(卷1),正中书局1945年版,第124页。

一 贸易概况

(一)"一战"时期福建对外洋贸易的萧条

福建对外洋贸易净值在第一次世界大战期间呈衰减的趋势。1914—1918年5年间,进出口贸易净值从1914年的2378万海关两,下降到1917年的最低数1755万海关两,1918年略有回升为1838万海关两,下降比率约为22.7%。以1913年为基期,指数为100的话,进出口贸易值指数从1914年的84下降到1918年的65,而大战结束后的1919—1920年两年,指数上升到80①。

洋货进口从1913年的1961万海关两,下降为1914年的1663万海关两,下降比率为15%。到1918年下降为仅有1293万海关两,比1914年又下降了22%。这除了由于鸦片禁运政策,福建海关贸易统计到1914年为止,进口为83.75万海关两,之后再没有进口值的影响外(福建于1914年实行禁运,鸦片值大大减少,仅占当年洋货净进口值的不足5%),主要是由于各国忙于战争而无力东顾所致。

其中1913年三都澳、福州、厦门三个口岸进口洋货值分别为25.6万海关两、875.5万海关两、1059.6万海关两,各口所占全省洋货净进口值的比重为三都澳1%、福州45%、厦门54%。1914年"一战"爆发当年,三个口岸的洋货净进口绝对值均出现了下降,三都澳为25.4万海关两,福州为691.6万海关两,厦门为946万海关两,所占进口净值的比重为三都澳2%,厦门56%,福州降到42%。到1918年时三都澳进口净值为16.7万海关两,比重又下降到1%,厦门进口净值为745万海关两,比重上升为58%,福州进口净值为531万海关两,比重更下降到41%。三口进口的绝对值不断下降,但厦门在三个口岸当中所占的比重则不断上升。为什么会出现这种情况呢?战时是什么因素能使厦门进口比例增长,这是值得我们思考的一个问题。

而土货出口方面,1913年出口值为869万海关两,1914年下跌到714.6万海关两,尽管1915—1916年两年较1914年有所上升,但到1918年下降到544.6万海关两,下降比率约为24%,土货出口值整体上也呈

---

① *Santuao, Foochow, Amoy Trade Returns (Statistics) for the years* 1913—1919;福建省政府秘书处统计室:《福建历年对外贸易统计》,1935年版。

现衰落之势。

三口分别来看,"一战"前的1913年福州土货出口外洋净值为615.9万海关两,占全省土货出口净值的71%,厦门土货出口为253万余海关两,比重为39%。第一次世界大战爆发当年三都澳没有出口,福州土货出口下降到497万海关两,厦门下降到217万海关两,到1918年时三都澳土货出口5358海关两,福州土货出口351.5万海关两,厦门土货出口192.6万海关两,福州所占比重为65%、厦门为35%。总体来看,三口中以福州为最多,厦门次之,三都澳最少,其中福州从1914年到战后1920年所占比重均在50%以上,有些年份高达74%;而厦门土货出口从1914年的30%下降到1916年的29%,1917年升到46%,1918年又降到只有35%,"一战"结束后,厦门土货出口值的比重又有所下降。1919年为28%,1920年稍升为33%。三都澳则自始至终出口值都不足1%。土货出口值依然以福州为最多。

由于洋货进口、土货出口均出现了下降,原来保持的贸易逆差依然存在,并趋于下降。从1913年入超1091万海关两,下降到1918年时的748万海关两。战争结束后,由于洋货输入增多,1919年入超又上升为962万海关两。

(二) 船舶吨位的变化

1913年,福建全省经由海关进出口船只吨位共计367万吨,1914年大战初始时,仍保持相当数量,但1915年一下子就降到了335万吨,到1918年降到最低的225万吨,1919年大战结束后略为上升,共计为300万吨。以1913年指数为100来看,1915年下降为91,1918年更下降为61,1919年稍升至82。[①] 从进出口船只吨位的绝对值来看,各主要资本主义国家都时有起伏,但整体上呈下降趋势,若从各国所占全部船舶进出口吨位的比重来看的话,英国明显下降,俄、德等其他国家也有所下降,荷兰船基本保持不变。值得注意的是,战时的华船和日本船只则逐步呈上升的趋势。1913年时,英国船舶吨位比重仍为首位,为50%,美国不足1%,荷兰为5%,日本为24%,华船为17%,其他为4%(包括挪威、瑞典、葡萄牙、德、俄及其他各国)。1915年时,各主要资本主义国家相

---

① 福建省政府秘书处统计室:《福建历年对外贸易统计(1899—1933)》,1935年版,第57页。

继卷入战争,因而各国对福建进出口船舶吨位相对减少,而华船增加。英国下降为44%,荷兰稍有上升,为6%,美国则不足1%,日本稍有下降为22%,华船上升为27%,其他国船下降,只有1%。到1918年时,英国所占比重下降为37%,荷兰下降为5%,美国不足1%,日本则上升为30%,华船稍有下降为26%,其他船只吨位只占2%。① 各国在福建舶舶吨位数的变化,一方面反映了各国在福建航运势力的发展变化情况,一方面也是外贸消长变化的指标之一。②

(三) 关税收入的变化

"一战"时期,由于受到大战的影响,对外贸易基本走下坡路,因此,福建全省各关的关税收入也出现了明显的下滑现象。1913年,全省总关税收入为180万海关两,1914年下降到130万海关两,到1918年,关税收入低至只有90万余海关两。1920年,全省关税收入增加到114万海关两,不过远没有恢复到战前水平。而三口当中,三都澳1913年、1914年各项税收总值分别只有15万余海关两,1915年上升为16.9万海关两,1916年开始下跌,1918年降到11.4万海关两。福州从1913年的94万海关两,下降到1918年的44万余海关两。厦门则从1913年的70万海关两,一直下降到1918年的约35万海关两。在海关各项税收当中,鸦片税和厘金由于鸦片的禁运而只到1914年,因此各项税收当中,这两项的消失是关税收入减少的重要原因之一,当然大战期间进口正税、出口正税、子口税、船钞、沿岸贸易税都有不同程度的减少。如福州1915年贸易报告记载:"本年共征关平银54万两,比较去年绌征银8万两,而此数中,计有4万两应摊作药税厘项下所失,盖福建之于禁运洋药省份中,现在已居其一矣。除此而外,其余短征数目,当由各款税项中,均匀分担,唯仅只复进口税一款,则觉其尚有增加耳。"③ 并指出海关税收减跌原因,如1917年,"除子口税征有增多外,余者无一不形减绌,而尤以出口税为最甚。推其原理,盖皆因茶叶以及其他商品输往外洋之出路,均受牵制之

---

① 福建省政府秘书处统计室:《福建历年对外贸易统计(1899—1933)》,1935年版,第57页。

② "一战"时期,经由海关对外洋贸易所占比重基本在50%以上,而对外洋贸易所受战争影响较大,由于各国忙于战争,他们所从事的中国沿岸贸易也可能有所减少。因此,船舶进出口吨位的变化,并不是对外贸易的最直接的反映,也有可能反映了沿岸贸易的一些变化。

③ 民国四年(1915)《福州口华洋贸易情形论略》。

故耳。进口税,虽较寻常为稍逊,然而所差尚不甚远。若夫复进口半税,只不过平平而已。海关税课,所以减色之由,其情形不一而足,欧战以前,本口所销洋货,所仰以为供给之场,遂至本口税收,亦因以递减。"①1916年厦门海关税数,比1915年短征将近关平银10万余两,"其各项税目内,只船钞颇有增加,至复进口与子口两税,俱各短绌,推厥原因,系有货物向乃运进本口,然后转赴沿海及内地销场,今特改由别路前往,较为便捷故也"②。1917年,厦门"海关所收额数,已至极低之点,乃本年复再减少1.75万两,独进口税课,有溢9500两,诚不足以抵其他项税目之短绌矣。他项税目之短绌最著者,莫船钞一项若也,常关税款,比上年大有增多"③。

二 主要影响因素

(一)第一次世界大战是最重要的影响因素

战争波及欧亚各国,使福建及与其有密切经济贸易联系的国家和地区的双方交通状况、贸易环境都发生了重大变化。

欧战时期,各主要资本主义国家中,英国及其殖民地(新、加、印度、澳洲)对华贸易均形减少。美国在"一战"初期,坐收渔利,加大对各大洲的商品和资本输出。"'一战'期间,英、德战火焚烧,无暇顾及贸易,成为美国的工业品的推销市场和输出市场。美对欧贸易大为增加,对世界各地包括亚洲和大洋洲的进出口贸易亦呈现活跃状态。"④ 但中国不是其主要投资场所,因而贸易规模也不大。日本在利用西方资本主义忙于大战的时机,以地缘优势,加大对中国的商品、资本的输出。各国对华出口贸易比重英国由1891—1893年所占20.4%,下降到1919—1921年的14%,美国由1891—1893年所占8.5%,增加到1919—1921年的17.6%,超过了英国的对华输出额;日本由1891—1893年所占4.7%,增加到1919—1921年的29.2%,成为对华最大输出国。⑤

---

① 民国六年(1917)《福州口华洋贸易情形论略》。
② 民国五年(1916)《厦门口华洋贸易情形论略》。
③ 民国七年(1918)《厦门口华洋贸易情形论略》。
④ 章友江编:《对外贸易政策》,正中书局印行1943年版,第45页。
⑤ 《中国近代国民经济史参考资料》(三),中国人民大学国民经济教研室1962年版,第176页。

第一，欧战影响波及与福建有密切联系的东南亚地区，造成大批华侨回国。

"一战"期间，各资本主义国家不同程度地卷入战争，福建贸易中，本省港口无一例外地受到大战的影响。三都澳尽管主要经营国内转口贸易，所受影响相对较小，但外贸"既因欧洲战事影响最大，商场又加中国政体变迁靡定，以致商务景象，殊鲜活泼"①。厦门作为福建主要进口港，其生意尤其是与东南亚之间的贸易由于欧战波及而受影响，"盖此次战争，实有以致本口生意缩小约十分之一……本口所作爪哇及新加坡等处生业，极形缩减"②。1915年的贸易报告称，"因上年八月间，欧洲大战发端，旋即兵连祸接，深滋蔓延，本埠虽未显受影响，而战事延长，于商务常情，不无妨害，故欲望其他处得有较优之结果者，难矣。盖本口贸易，必须中外各埠一致平靖安然，交通方可发达也。"③ 1916年，"战祸之殃及本口者，以船只影响为最，核其吨数，较前几年，相去虽属不远，乃其往返船期参差，不能照常接续行驶，加以运费增昂，竟使商情处于困难地步"。④ 而作为最大进出口贸易口岸的福州更难逃大战影响，"若夫商业上之所以稍蒙其累者，则只缘欧战影响，洋货来源，较前短绌耳"⑤。战时交通断绝，使贸易备受影响。"本口贸易所处状况，有为全球所共同者，亦有为本口所独有者，且更有关系独觉重大者，若夫船只之减少，以致舶来商品，固有来源，竟难维持如旧。"⑥ "本年贸易与去年相差无多，然而欧战之阻遏，船舶之寥寥，益以本口茶叶，出路难寻，此等缺陷，却又视去年如出一辙焉。"⑦ 海关贸易报告中有关福州、厦门普遍受到战争影响的记载充分说明当时的萧条状况。

同时，欧战造成东南亚商业萧条，导致大批华侨回国。福建是著名的侨乡，长期以来，东南亚华侨华工在当地从业生产生活，不断汇款回国，还有相当部分华工不断回国投资工商业，有力支持了当地的生产生活。

---

① 民国四年（1915）《三都澳口华洋贸易情形论略》。
② 民国三年（1914）《厦门口华洋贸易情形论略》。
③ 民国四年（1915）《厦门口华洋贸易情形论略》。
④ 民国五年（1916）《厦门口华洋贸易情形论略》。
⑤ 民国四年（1915）《福州口华洋贸易情形论略》。
⑥ 民国六年（1917）《福州口华洋贸易情形论略》。
⑦ 民国七年（1918）《福州口华洋贸易情形论略》。

"欧洲战争之起,其搅乱所及,弥觉影响甚速。就以南洋一带华工而言,已因之失业者极众。"① 广大失业侨民陆续回国,造成了社会秩序的混乱,增加了社会的负担,政府不得不想方设法给予安置,"当泰西宣战之际,其由本口常川往来新加坡载客巨轮,多有停止,改驶往返他港,其时新加坡一带之华侨,因战事而致失业者,或被政府视为匪徒,均受一律递解来厦,为数甚众,中系贫者居多,初以此等大批游民突如其来,似难安置,继由地方官长及商务总会、暨各富绅力为设法,资遣还乡,此于治安上不无裨益也"。② 而战争影响使福建侨汇减少非常显著。如1913年时侨汇值有1230万海关两,1914年下降到1202万海关两,到1917—1918年两年,下降至最低,分别为903万海关两和835万海关两。战后第一年侨汇大大增加,超过了战前1913年的水平,高达1318万海关两。③ 随着侨汇的减少,消费人口大大增加,曾以大量侨汇支持的侨乡人们的购买力日益下降,约束了进口贸易的发展。而战时生产又受到影响,这无疑会造成社会生产力相对下降,无力进行洋货购买和土货的出口,从而造成对外贸易的无力和下降。

第二,天灾人祸致使贸易雪上加霜。

"一战"期间,美国乘机与欧洲大做军火生意,俄英等国源源不断地向日本大量订购军事物资,使日本对外贸易空前活跃起来。1914—1919年间,日本的进出口贸易增加3倍以上,由战前的入超国一跃而成为出超国,出超总额达13.3亿日元。海运又给日本增添了18.9亿日元收入。日本从战前的债务国一跃而为战后的债权国。1914年,日本的外债数为19.8亿日元,到1919年则一跃而为借出5亿日元,并在银行里有21.5亿日元的现金储备,这推动了日本工业特别是重工业的发展。④ "第一次世界大战曾经在一个时期内给了日本帝国主义以独霸中国的机会。"⑤ 日本一面发动军事侵略,借机对德宣战,加紧侵略中国山东,提出了灭亡中国

---

① 民国三年(1914)《福州口华洋贸易情形论略》。
② 民国三年(1914)《厦门口华洋贸易情形论略》。
③ 郑林宽:《福建华侨汇款》,福建省政府统计室1940年版,第95页,换算而来。
④ 刘淑兰:《主要资本主义国家近现代经济发展史》,中国人民大学出版社1987年版,第333页。
⑤ 毛泽东:《论反对日本帝国主义的策略》,《毛泽东选集》合订本,人民出版社1967年版,第129页。

的《二十一条》，造成更加严重的民族危机，一面加紧经济扩张，加大了对华的商品、资本输出。

表现在对福建的经济扩张活动上，主要是不断加强对福建远洋航线的控制。日本大阪商船会社于1917年增开广东经香港、汕头、厦门、安平到高雄的航线；原来开通的福州—基隆、厦门—基隆航线，前者两周一次，后者则每月10次航班往来；此外，城津丸每10天也航行1次厦门与台湾之间，但该船很少从厦门转航福州再从福州返航台湾。① 日商五公司合组的日清汽船会社在华主要经营长江航线，也经营上海—厦门—广东线，该航线有台东丸、嵩山丸、庐山丸3轮，每月航行3次。台湾的石田洋行开通基隆（淡水）—福州线运送来自台湾的邮件，三井物产公司的临时船从台湾往福州输入煤炭；福岛洋行亦有一艘轮船航行于上海—福州线。② 1917年山下汽船株式会社成立，加紧控制与中国沿海的航运。

同时，增设柏源、广贯堂、日龙、志信、菊元、文光等多家洋行于厦门，还开设日本"御料理"，各类成药如仁丹、眼药等遍销内地，以三井洋行为侵略基地，加紧控制福建商品进出口贸易，不断扩大经营范围。如烟叶出口主要是由日本三井洋行经营，它在平和的小溪专设机构，建筑仓库，进行大量收购，把烟草集中厦门转运台湾，制成香烟，返运我国各地销售，还经营木炭、苋签、茶粕、人磷等的出口，通过日本商船直接运往台湾；三井洋行在厦门作为批发供应行，向市内各行供应日货，如棉纱、棉布、海产品、罐头、胶鞋、轮胎、水泥、朝鲜的高丽参等。还经营台湾煤，各需用公司如厦门电灯公司、自来水公司、泰利轮船公司等都直接向三井洋行购买，因而日本货源源打进福建市场。"至若日本货进口数目，计去年只值关平银64.3万两，本年竟达80.8万两，虽其间曾因中日交涉，商民不愿售用日货，而其进口数目，反较去年为增，其故亦可思矣。"③ 欧战给了日本对福建贸易以有利时机，"然而其影响所及，不过向之觅购于西者，今则移购于东而已"④。"印度棉纱，美国及苏门答腊煤

---

① 福建省档案馆、厦门市档案馆编：《闽台关系档案资料》，鹭江出版社1993年版，第455页。

② 交通部交通史编纂委员会：《交通史航政编》第6册，1931年版，第2932页、2941页。

③ 民国四年（1915）《福州口华洋贸易情形论略》。

④ 民国六年（1917）《福州口华洋贸易情形论略》。

油，因欧洲战事，其价值均受影响，是以销售疲滞，而日本棉纱，遂即乘此时机，运进102担，其煤油之运进者，亦有5620加仑之多（系来自台湾者），此两宗者，在三都澳实为创见物也。"① 综计大宗日本货色，来自通商口岸者，为棉纱、柳条棉法兰绒、棉布面巾、毛毯、床毯、梳妆需品、香水脂粉、肥皂药材、洋参、鱼介各类海味、鱿鱼、墨鱼、玩物、玻璃及料器、时辰表、煤油、煤等项。②

由于日本财力有限，加上抵制日货运动不时发生，虽还无法替代西方各国的贸易地位，但其贸易优势却突显了出来。如据1915年税关统计，外国人在福州开设137家商店，其中有109家是日本人（包括日籍台湾人）开的。③ 1914年，厦门的外国商店153家，1915—1918年分别为203家、179家、310家、206家，日本人开的商店占大多数。④ 海关贸易年度报告均反映了日本贸易的繁盛。厦门对日本贸易畅旺之势，"洋货由外洋径运进口及由通商口岸运来者，本年价值，复短关平银50余万两。此大都因欧货少进故也。而进口增数最多者，莫如日本标布一项，自3000疋增至4.9万疋，核其所增之数，足抵英国此等布疋减进之额矣。"⑤ 这还可从欧战期间日本旗下的各项关税收入增长方面看出。

1913年"一战"爆发前，厦门海关征收日本旗下的各项税钞总数为6.2万余海关两，"一战"开始后增长为7.7万余海关两，到1916年增长到13万余海关两，1917年达到最高，为14.9万余海关两，"一战"结束后的第一年即1919年有所下降，约11万海关两。尽管绝对值无法与英国相比，但从战时其总体上明显增盈的趋势，可以看出日本加大对福建经济扩张，这主要从进口正税和出口正税上看出来。进口正税从1913年的3.8万余海关两上升到1917年的最高值11.5万海关两，1918年略有减少。总体来看，1918年比1913年增长了1.9倍。出口正税1913年的1.4万海关两经由后两年的稍微下降后，又增加到1918年的2万余海关两⑥。这明显看出，日本对福建输出远远大于从福建输入，贸易报告中，也能看

---

① 民国三年（1914）《三都澳口华洋贸易情形论略》。
② 民国三年（1914）《福州口华洋贸易情形论略》。
③ 张遵旭：《福州及厦门》，1916年版，第53—54页。
④ 日本外务省通商局监理：《福建省事情》，大正十年（1921），第3页。
⑤ 民国四年（1915）《厦门口华洋贸易情形论略》。
⑥ *Amoy Trade Returns for the years* 1913—1919.

出这种记载。

但由于长期以来洋货充斥中国市场，严重打击了民族工业，国内从1904年始开展了抵制洋货运动，到1919年达到高潮。因此，国内各界展开了抵抗侵略，抵制日货的风潮，使国内物价升降不定，加之本已消沉的购买力，使人们更加望而却步。

国内战乱、灾荒无不影响贸易发展。"本埠商务之疲滞，或以为与他处相似，亦因受欧战影响所致。然而夷考其实，此疲滞之故，系多因于国内之纷乱，其所受于欧战实无几也。"[1] 辛亥革命后，由于革命的不彻底及革命党人内部的矛盾，北洋军阀则乘机委派岑春煊为福建镇抚使，带兵入闽，使胜利的果实落入军阀手中。二次革命后，1913年11月29日，袁世凯任命李厚基为福建镇守使，护军使、将军、督军，最后为督军兼省长，期间李攫取大权，进行专制统治，并通过各种手段，排除异己。1917年9月，孙中山在广州建立护法军政府，准备北伐。1917年10月作为福建省长的李厚基在北京政府段祺瑞扶持下向广东进军，而由国民党推选桂系军阀程璧光为讨闽陆军总司令，双方于11月共同进攻福建，闽粤战争爆发。从此，兵连祸接，土匪横行，严重扰乱了社会秩序。1911—1928年间发生较大规模的战争达140次，加上不时发生的虫旱涝灾害，严重影响了商品生产及对外贸易的发展。

（二）中外各异的贸易政策使战时福建经济形势更加严峻

影响贸易的政策主要是关税政策和汇率政策。关税是对进出口贸易商征收的捐税，汇率则是指一国货币折算成另一国家货币的比率或比价。其机理是直接影响进出口商品价格来促进或抑制进出口贸易，进而影响进口国相关产业的生产。

中国采取鼓励贸易出口的减免税政策，并加强商业组织的监管力度。针对当时情况，北京政府继续实施鼓励商业的政策，在清末《商人通例》的基础上，1914年7月19日又颁布了《商人通例施行细则》14条，《商业注册规则》9条，《商业注册规则施行细则》4章41条。对部分出口商品进行减税，如1914年10月26日提出减免茶叶税率，以便提高茶叶质量和加强出口，并对7种自制工业品减税。为加强对商会的管理，政府于1914年颁布了《商会法》、《商会法施行细则》，限令在6个月对旧商会全

---

[1] 民国六年（1917）《三都澳口华洋贸易情形论略》。

面改组，遭反对。1915年11月《商会法》经参政院通过，再行公布执行。同时，积极鼓励发展民族工商业，提倡国货，抵制洋货。为推广农业新技术，鼓励南方各省扩大种茶面积，改良茶种和改进制茶技术，1915年在汉口、上海、福州三地组织"茶叶调查局"。国外则针对对华贸易情况，实行茶叶禁运政策。就福建来说，英国禁运华茶入口，使福建最大之国外市场尽失，严重打击了福建茶叶的出口。贸易减退的原因，"半由于本埠茶市之停顿，亦要根于英国禁运华茶入口之所致"①。

而各国的银价政策，也大大影响了银汇的变化。"欧战时期，即系如是，该时参战各国，为防战事延长起见，对于现银积极采购，以备应用。于是银价高涨，出口数量，为之激增。"② 国内外环境的变化及国际贸易政策的转型，使国内物价上涨，汇率变迁不定。抵制日货而"本年内各种物价，虽多继长增高，即是用所需，亦靡不日见昂贵。然而寻常必不可免物品，尚无匮乏之虞，所类乎风潮震惊者，即为中日交涉，商民因而不售日货一事，幸为时不甚久耳"。③ 中日交涉导致部分商品价格增高。货物多因时局靡常，骤增价值，其间增价最昂者，莫如稻米（早稻晚稻虽均丰稔，而每担价值亦增加洋银一圆五角）及美国麦粉、煤炭、糖斤、棉绒货类、日本自来火，玻璃、颜料等项。④ 如1915年，"当中日交涉，商民不售日货，其结果所至，遂使自来火售价，几乎增长一倍。迄于今日，犹如故也。考自来火一物，固最为普通之品，然而虽在自来火易之之处，似仍有用火刀火石者。以本年之商况，揆势度时，幸不至如预料之颓唐，似堪欣慰。乃天时费顺，致令本境日用各物，多有昂贵异常，兼以各船载资腾涨，汇兑价格不佳，遂使进口货物，成本加重，兹举数种物品，按前三年来之价值以衡之，则其费用浩繁，当可显见噫。对此百价纷腾，其受亏实属无从而抵偿矣。缘此中不仅房租工值，价有倍增，即本国重要食物，如稻米、麦粉、生肉、家禽以及鲜咸鱼菜、其价之昂、竟有增加三成而至四倍者，至于外来常用之洋货，如棉绒货类、煤油、自来火、尤属大加腾贵焉"⑤。洋货进口受欧战及汇兑的影响，"洋货进口，由欧美二洲来者，统

---

① 民国七年（1918）《三都澳口华洋贸易情形论略》。
② 民国二十二年（1933）《海关中外贸易报告》。
③ 民国四年（1915）《福州口华洋贸易情形论略》。
④ 民国三年（1914）《厦门口华洋贸易情形论略》。
⑤ 民国四年（1915）《厦门口华洋贸易情形论略》。

言之，其初固颇有可望，厥后则殊形冷淡，盖缘外国汇兑价格，迄无标准，至于欧洲出产各货，复为战端阻碍，更不待言"①。

（三）战时福建各类进出口商品大大减少

从进口商品结构来看，一方面主要因鸦片禁运进口，其他洋货进口均在不同年度内不同程度地减少，导致进口下降，各关贸易报告无不论及鸦片禁运的影响。"洋药本年报册所载数目，系春初四个月之额而已。迨五月一日起，药土即完全禁运出口，故本关贸易册中，对于各种药土，业已删除尽矣。"1914年厦门从外径运进口及由通商口岸转来者，"与前数年较之，又复减少，推原其故，半由于药土消减，半由于欧西战端所致"②。从国外进口货物"其所以减绌原因，大半由于洋药业经禁运，盖此种商品，今于本关册载中，已成广陵散矣"③。同时，欧战影响使从欧美运销过来的棉纺织品及从东南亚运来的生活用品减少。福州是受影响最大的口岸，由于福州腹地广阔，需用棉纺织品输入比重较大，但战争造成输入品明显减少。而厦门进口货中占比重最大的多是从东南亚运来的饮食品和日用生活消费品。进口棉纱减少，"系因有用中国纱以代之耳"，稻米、麦粉、煤油系为进口洋货大宗商品，"而其减少之多，殊堪令人注意者"④。1915年全省进口洋货中，占前十位的依次是：棉布、豆饼、鱼介海味、豆类、麦粉、棉纱、糖、煤油、米谷、药材等，曾经占相当重要地位的棉纱下降到了第六位。所占比重棉纱只有5.89%、棉布10.21%、鱼介海味8.43%、麦粉7.05%、糖4.51%、煤油4.31%、米谷3.70%、药材2.61%，其中豆饼和豆类主要由外埠输入，鸦片已没有进口。⑤ 各类商品都包括从国内进口的部分在内。

第一次世界大战爆发后，土货出口进一步减少。1917年，全省土货出口比前年减少近一半。以茶叶出口为主的贸易受到各国贸易政策的变动限制，茶叶出口下降，是导致出口下跌的主要原因。如"一战"期间，福建全省出口商品中位居前十位依次是纸、茶、木材、烟草、菜蔬、鱼介海味、糖、鲜果、干果、瓷瓦器等，其中纸上升为第一位，茶叶已降为出

---

① 民国三年（1914）《福州口华洋贸易情形论略》。
② 民国三年（1914）《厦门口华洋贸易情形论略》。
③ 民国五年（1916）《福州口华洋贸易情形论略》。
④ 民国三年（1914）《厦门口华洋贸易情形论略》。
⑤ 福建省政府秘书处统计室：《福建历年对外贸易统计》1935年版，第69页。

口的第二位，其所占百分比分别为29.48%、26.84%。① 福州茶叶出口受到影响："至最关重要之茶务贸易，当本年开盘时，比较前数届时，若更大有希冀焉。唯有一二原因，就如欧洲变局，已不免被其影响非轻。市场本称兴旺，遂乃顿形萧索，坐使此种营业，竟成一投机性质，以故亏折者有之，获利者亦有之。"② 茶叶贸易不振，引起茶市停顿，进而导致生产的更趋衰退。茶市停顿，"故植者贩者，莫不失望，虽所产红茶，其质极佳，然销路有限，即如上年之坦洋茶，福州茶贩仍存积甚多，未能售脱，若以寻常市况论之，则此种货色，早经伦敦市场吸收矣"③。"茶，自欧战发生后，销路阻梗，价格低落，比较上年十折其九。设法救济，挽回利权，当以此为先着。"④

福建三埠贸易不同程度地受到大战影响。倚重茶叶出口的三都澳于1899年开埠后，贸易增长很快，但从1912年开始，贸易开始走下坡路，如果考虑价格波动的因素，贸易基本处于停滞阶段。贸易指数经1915年高峰后到1918年降落20个百分点，"按理此阶段正经第一次世界大战，各主要资本主义国家悉数卷入战争，正是对外开拓商品市场的良机。但闽东北生产欠发达，三都澳等地商贸组织不健全，除茶叶出口，三都澳对外贸易并无明显增长，而且三都澳出口贸易过分依赖茶叶等一两项大宗商品，一旦国际市场变故，贸易极易受其制约"⑤。海关报告也称，"茶叶一项，因欧洲战事延长，亦大受池鱼之殃也，计进出口货物价值与税课之减色者，大抵系因本埠所称为大宗出口各茶之短绌所致，计各茶较去年共短2.8万担。以故凡报有本年茶市，仍能继续去年佳景之乐观者，均皆失望。推原茶贩本年所售之价不及去年者，匪特因茶质较劣，而盘运各费昂贵，汇兑价格不佳，亦均足致茶市疲滞不振也"⑥。而厦门贸易的变化，1917年华洋贸易报告总结了四点，颇值得思考："欧洲战争，以致轮舶稀少，运费价涨，一也；银贵金贱，大有阻碍新加坡一带及他处侨民不能照

---

① 福建省政府秘书处统计室：《福建历年对外贸易统计》1935年版，第65页。
② 民国三年（1914）《福州口华洋贸易情形论略》。
③ 民国七年（1918）《三都澳口华洋贸易情形论略》。
④ 民国《政和县志》卷17《实业志》，成文出版社1967年版，第205页。
⑤ 梁民愫：《试论近代福建三都澳开埠后的对外贸易及其特征》，《江西师范大学学报》2000年第4期。
⑥ 民国五年（1916）《三都澳口华洋贸易情形论略》。

常汇回银项，二也；国内扰乱，于下半载蔓延各处，三也；天气欠佳，兼本土船只，以及果木禾稻，于九月间顿遭飓风摧残，四也。其中损失虽称剧烈，然于商务关系，却比以上所列三害，为犹轻矣。闻此地富户颇多，蓄资饶足，唯未有可图之商业，足以诱其提出钱财而利用之，夫当此商舶缺乏之时，若得有船厂出租，则租船之人，自可优给高价，而出之船，实于置船业主，甚有厚利焉。"① 福州的情况莫不如是。

"一战"时期，西方资本主义国家暂时放松了对福建的商品输出，洋货进口下降，但为什么在全国民族资本主义大发展的黄金时期，福建的土货出口外洋值却没有上升也下降了呢？通过以上分析，我想其深层的原因一如前人所做的中肯总结："对外贸易之经营，悉操诸洋商之手，已则完全处于被动地位，在大战期间，外国人不能如平时之推销其货物，但亦无收买我之产品，全国对外之输入与输出，此数年中均见低落，福建情形，亦复相同，查减少之数中，比例观之，输入方面并不大于输出方面，即在数年内，输入与输出之比例，依然保持原有状态，是可见福建输出之完全听命于洋商，而未能有所左右也。"②

第四节 战后繁荣(1919—1931)

战时状态结束后，欧美等各资本主义国家重返远东市场，又加紧了向中国输出商品和资本，国际形势从战时以欧洲为主的军事对抗转向了发展各国进出口贸易为主，日本在大战期间所获得的优势地位再度受到挑战。1925年，在中国进口总额中，日本占30%，美国占14.8%，英国占9.7%；在中国出口总额中，日本占23.9%，美国占14.8%，英国占6.5%。③ 两次世界大战期间，是中国资本主义范围扩大的时期，或资本主义化的时期。在资本主义不断发展的前提下，群雄竞相发展与福建的贸易，加上当地政府积极采取各种措施恢复和发展生产，使福建对外贸易逐步回升，进入了福建贸易史上的黄金时期。

---

① 民国六年（1917）《厦门口华洋贸易情形论略》。
② 张果为、杜俊东：《福建历年对外贸易概况》，《福建经济研究》（下册），1940年版。
③ ［日］依田憙家：《日本帝国主义与中国》，卞立强、陈生保、伍清玉译，北京大学出版社1989年版，第169—170页。

第三章　全球推进与区域发展（1895—1937）

一　贸易繁荣概况

（一）福建对外贸易的快速增长

1919年第一次世界大战结束后，福建对外洋进出口贸易净值逐步回升，战后前两年由于大战的影响还未及时消除，进口只略多于1918年，1918年进出口净值为2271万海关两，1919年为2258万海关两，20世纪20年代以后，各国在短暂的危机之后，对福建进出口贸易加大，1921年上升到3408万海关两，比1919年上升约50.9%，1931年增到4572万海关两，比1919年增长1倍余。以1913年指数为100来看，1919年指数为80，增长到1931年的162，1931年比1919年增长了约82个点①。此时福建对外洋贸易增长之势为甲午战争以来所未有，进入战后对外贸易的繁荣时期。

全省洋货进口值上升最快，从1919年的1617万海关两，上升到1931年的最高峰3733万海关两，1931年进口值比1919年增长了1.3倍。在洋货进口当中，厦门地位非常重要，从1919年的941万海关两上升到1931年的2682万海关两，在进口净值中所占比重从1919年的58%上升到1931年的72%，占进口净值的绝对多数。而福州1919年洋货进口为658万海关两，之后有升有降，到1931年升至最高值1022万海关两，总体来看绝对值呈现上升的状态，但与厦门相差较远，所占比重则从1919年的41%，下降到1931年的27%。三都澳洋货进口的绝对值更小，大体上为缓慢上升的态势，从1919年的17万海关两，升至1931年的25万海关两，其进口所占比重仅占1%，几乎没有超过2%。

1919—1929年间，全省土货出口外洋总值基本处于上升状态，从1919年的654万海关两，上升至1929年的1876万海关两，但从1930年始出现了下降，1931年继续下降到839万海关两。这一阶段中，1931年的出口值比1919年上升了约28%。三口当中，厦门在1919—1926年间出口逐步增多，从183万海关两升至518万海关两，1927—1931年间，则又不断下降，从476万海关两降到305万海关两。其在全省出口值当中所占的比重保持在30%左右，最低只有19%，最高也不

---

① 福建省政府秘书处统计室：《福建历年对外贸易统计》，1935年版，第33页、第49页的相关表格。

过 36%；而出口最大的口岸福州出口绝对值远高于厦门，1919 年出口值为 369 万海关两，1929 年升到 1484 万海关两，其间除 1925 年稍有下降外，其余年份不断上升。1930 年开始下降，到 1931 年时降到 527 万海关两。福州土货出口始终保持在全省土货出口的 60% 以上，一些年份还达到 80%。三都澳出口年仅有几千海关两，到 1930 年、1931 年两年才超过 1 万海关两，达到最高值，绝对值非常小，基本不影响福建出口的变化。

由于洋货进口和土货出口均呈增长的态势，而进口的增长率又大于出口，因而长期以来形成的入超状况没有变化。入超情况虽时有起伏，但整体来说是日益加大，尤其是 1929 年之后土货出口下跌造成非常不利的局面。1919 年入超值为 962 万海关两，1925 年为 1084 万海关两，1929 年为 1106 万海关两，1931 年则增长到 2895 万海关两，与 1919 年相较，增长了约 2 倍。

（二）交通条件的改善

大战结束后，欧美各国积极开展对华贸易，运货船只增加，"欧战告终而后，船舶困难情形，悉获触除，美国煤油进口，乃大有恢复旧景象"[1]。日本在华的优势地位受到挑战，"回观一年之间，船只却示增加 89 艘，较之上年贸易逾过 17.3 万吨，因上年系船只稀少时代，本年发现美旗船只，系得忌利士公司所租者，英旗、华旗船只行走之处以及吨数，均见加增，日本旗船只，则未见增色。"[2] 但大战的影响并没有完全消除，因而 1919—1920 年两年贸易只是稍有回升。1920 年之后，欧美短暂的经济危机过后，对福建贸易力度加大，各国进出口船舶总吨位显著增加，经由海关船舶吨位，从 1919 年刚刚恢复的 300 万吨，日趋上升到 1931 年的 730 万吨，上升了 1.4 倍。其中除法国外，其余无论中国、日本还是欧美国家，对华航运吨位基本保持在持平或上升的态势当中，这种交通条件的不断改善，促进了福建进出口贸易的不断增长。英国船舶吨位从 1919 年的 107 万吨上升至 1931 年的 303 万吨，上升比率为 1.7 倍，大大超过了整体增长速度。而日本也从 71 万吨上升到 117 万吨，上升比率为 64%。除了绝对值增长外，欧美各国在华船舶吨位比重也在不断发生变化。1919

---

[1] 吴亚敏：《近代福州及闽东社会经济概况》，华艺出版社 1992 年版，第 328 页。
[2] 民国八年（1919）《厦门口华洋贸易情形论略》。

年，各国所占比重分别为英国35%、美国5%、荷兰5%、日本24%、中国28%、其他国家3%。1929年之后，欧美国家相继卷入世界经济危机，危机从美国开始，因而船舶吨位最先下降；日本侵华行径，使举国上下掀起了"抵制日货"运动，使中日贸易备受影响，到1931年时，英国为43%、美国下降为1%、荷兰上升为16%、日本下降为16%、中国下降为28%、其他国家下降为1%。[①]

（三）关税收入持续增长

尽管在"协定关税"体制下，海关税率极低，但对外贸易的增长还是拉动了关税收入增长。1919年全省各项关税收入为116万海关两，后渐渐增长到1928年的192万海关两。1919—1928年间，税收增幅较低，10年只增长66%。随着关税自主运动的进行，税率日加提高，反映到关税收入上，也迅速增长。1929年各项关税收入为365万海关两，比前一年就增长了90%，到1931年时，绝对值增长到638万海关两，比1929年又增长了75%。1919—1931年间，增长率更高达450%。三口当中，税收的增长趋势基本相同。三都澳税额很小，其间基本在10万海关两上下，最高的1931年也只有17万海关两；福州从1919年的56万海关两，上升到1931年的197万海关两，增长率为300%；厦门增长更快，从1919年的47万海关两，增至1931年时的346万海关两，增长率高达600%。

二　主要影响因素

（一）国际环境的变化既是发展贸易的稳定因素，又是导致国内贸易环境面临的潜在危机

首先，各资本主义国家从战时的军事状态恢复到继续开拓国际市场的经济扩张上来，他们加大为经营对福建的进出口贸易而展开竞争。但是，由于"一战"造成了英国等国大量的洋行倒闭、歇业，因而其势力一时之间难以恢复。"一战"结束后一直到抗战爆发前，英国洋行只有德记、和记和太古等11家；中法合资的中法实业银行，开张时间不长就行倒闭；中美合资的美丰银行，从开办至倒闭也历时不久。但是，其他欧美国家也加强经济扩张，德商宝记洋行于战后复业；荷兰侵占印尼后，于1923年

[①] 福建省政府秘书处统计室：《福建历年对外贸易统计》1935年版，第57页。

在厦门分设安达银行,稍后又设立渣华银行。① 东亚的日商虽然受到西方各国重返市场的竞争,但是其势力占据着非常重要的地位。"一战"刚结束时,1920年,日本人在厦门的商店共34家,如台湾银行支行、三井物产出张所、大阪商船出张所、三五公司(樟脑)、台华殖民合资会社(移民)、广贯堂(药材、杂货)、柏原洋行(药材、杂货)、久光堂(药材、杂货)等。经营范围涉及樟脑、药材、杂货、米、面粉、杂谷、茶、烟草、纺织品、石油、香港、南洋和东洋等地的什器买卖以及砂糖制造、钱庄、外河航运汽船业等。②

1917年山下汽船株式会社成立后,为拓展华南市场,1924年开辟基隆—厦门—汕头—香港—海口—北海—海防线。③ 一些台湾籍民的帆船也航行于基隆—福州线上。1930年时,在厦门的重要外国公司有:日本开办的三井洋行、台湾银行、玉井商店、马场商店、中和盛药房、安田御料理、津田毅一法务局、广田商店、菊花洋行、柏原洋行、大阪商船会社、久光药房、广实堂、日龙洋行、审美堂古玩、布袋屋料理、盐田旅社、三谷辩护士、农工银行等;英国开办的主要有太古洋行、美丰洋行、英美烟公司、企公牛奶公司、德士古火油公司、亚细亚火油公司、德忌利士洋行、和记洋行、卜内门公司、美孚火油公司等;美国开办的有捷成公司、老晋隆、福特汽车公司、渣华轮船公司;荷兰开办的有安达银行、小公轮船公司、小公银行等。④ 经营范围从各类土洋货的进出口到其他各类商业经营如银行、餐饮、食品、钱庄、旅馆、西药、航运、古玩等方方面面,使福建商贸空前繁盛。

同时,民族资本和华侨资本的发展,华商和华侨商人势力的壮大,也带动了福建对外贸易不断发展。如在厦门经营绸布的商行共有48家,其中21家洋行,分别为日本12家、英国3家、葡萄牙3家、法国、德国各1家,洋行约占商行总数的43.75%;到1919年厦门的绸布商增加到53户,洋商共计19家,其中日商减少到9家,英国不变,葡萄牙增加到4

---

① 中国人民政治协商会议福建省委员会:《厦门的洋行与买办》,《福建文史资料》第5辑,1981年版,第147页。

② 东亚同文会编:《支那省别全志》第14卷,福建省,大正九年(1920)版,第63—64页。

③ 杜恂诚:《日本在旧中国的投资》,上海社会科学院出版社1986年版,第113页。

④ 陈清保:《外人营业一览》,载《厦门指南》,苏警予等编,1931年版,第10篇,第47页。

家，法国1家，美国2家，洋行约所占比重有所下降，为35.79%。到1930年时，厦门绸布商共计上升到65家，洋商更加减少，共计只有15家，其中日本8家，英国1家，葡萄牙5家，其他1家。洋行所占比重降为23.08%。① 这说明洋侨商、华商势力的不断壮大。

其次，国际局势的变化及经济危机的爆发，为战后福建对外贸易的繁荣景象埋下了潜在危机。其中日本制造的军事摩擦和冲突及国内政局的变化仍然是扰乱贸易形势不可忽视的原因。日本侵华步骤不断升级，于1931年制造了企图侵占东北的"九一八事变"，激起此起彼伏的反抗日本侵略、抵制日货的斗争。福建也不断发生抵制日货运动，但由于日本在福建进行廉价推销，因而造成抵而不停的为难局面，"停销日本货物，始于五月中旬，其间态度激昂，轻重不一。第延至年终，日货仍然复进，为首停销日货者，取法以绳人不能购买日货，否则处罚，似此非正当之办法，大都不以为然，其受苦至重者，半系一般小民，而来自外府州县无知之乡愚，其受苦为尤甚矣"②。但是对日货的排斥，给其他国家商品的挺进或国货的替代造成有利的环境。1919年，洋货进口贸易"货价总数略有增加，第其中最堪注意者，即为下半年发生停销日货风潮一事，维时凡对于日本商品，有可以为之替者，无不以代物为用，类如印度棉纱及上海机制土棉纱与棉货类是矣"③。这可以说是与欧美各国开展贸易的契机，但也造成了贸易环境的恶化。

在日本不断制造军事摩擦的同时，国内地方军阀连年战争及国共摩擦使是"政局杌陧，险象环生，方兴未艾"。④ 1922年李厚基下台，政局变动不定，"如以常有之军事行动，暨种种阻力，贸易不能安然发展，以致省中各事，办理均属棘手，南军侵入该省后，卒至福州不保，李厚基督军，旋即弃离去，大局因而摇动，秩序为之紊乱，且波及闽南一带，于是各该地盘之司令官，互相争雄不已"。⑤ 1930年"岁首福州省城，发生变故，省政府委员等六人，致被拘禁，全城空气极形紧张，夏季三个月内，双方军队，在福州附近地方，迭为攻守，常处于对垒状

---

① 《解放前厦门的绸布商业》，《厦门文史资料》第4辑，1983年版。
② 民国八年（1919）《厦门口华洋贸易情形论略》，杂论。
③ 吴亚敏：《近代福州及闽东社会经济概况》，华艺出版社1992年版，第328页。
④ 民国八年（1919）《厦门口华洋贸易情形论略》。
⑤ 民国十一年（1922）《通商海关各口全年贸易总论》。

态，虽闽垣始终未遭陷落，然商民日困，危城警皇，无似益以百货腾贵，生活奇昂，物价涨落，往往跌出常轨，令人无从揣测。致华商各行号以及银行钱庄之被累倒闭者，不一而足。"① 另外，各地土匪滋扰，社会秩序混乱，严重影响生产生活。如尤溪的卢兴邦、沙县的郭锦堂、泉州的高义、南安的陈国辉、安溪的杨烈汉、永春的陈国华、仙游的吴威、同安的叶定国等。这些"土皇帝"明夺暗抢、杀人越货、敲诈勒索、为所欲为，侨乡人民深受其害，特别是归侨侨眷更成为土匪绑架勒索的重点对象。仅1926年2月，永春县的湖洋、达埔、西向等侨乡就发生绑架案50多起。②

总之，从辛亥革命胜利果实被篡夺起，北洋军阀连年统治，引发1926年国共开始合作北伐，到"四一二反革命政变"，全国政局不定。而福建福州发生"四三"政变，杨树庄出任省府主席，卢兴邦任省府委员之一，1928年杨树庄改组卢兴邦出局，因此，卢兴邦1930年1月6日制造了"一六"绑架事件。第56师刘和鼎奉命进剿，刘卢战争爆发，历时6个月，福州与南平水陆交通几乎完全断绝，物资不能畅通，福州"薪米俱缺，人心惶惶，加以商业破产之数达数百万元，榕城金融滞涩，可谓空前"。③

资本主义经济的复苏、发展、萧条、危机的周期性发展，于1929年从美国纽约股市暴跌引发全球性经济危机。1929—1931年，银价不断下跌，贸易额抵消了世界经济危机对中国的不利影响。1931年经济危机波及中国，对外贸易开始大幅度下降，从1929年开始即有征兆。1930年，"世界经济恐慌勃发，本埠出口贸易亦受打击，计其总值殆于十一年数字相埒，而转口贸易仍较该年超越四百万两，迨二十年，出口益形不振，以视上年，出口货值减少250万两，转口亦减100万两焉"。④ 福建贸易危机四伏。

---

① 民国十九年（1930）《中国海关华洋贸易报告书》（福州）。

② 永春县文史资料工作组编：《永春1911—1949年大事记》，载《永春文史资料》，1982年版，第1辑；德化县文史资料工作组编：《德化县1911—1949年大事记》，载《德化文史资料》第2辑。

③ 《福建青年会报告书》，1930年版，第1页。转引自徐天胎《福建现代史》第2册，第64页，福建师范大学图书馆藏抄本。

④ 吴亚敏：《近代福州及闽东社会经济概况》，华艺出版社1992年版，第432页。

(二) 各国调整对外贸易政策及关税自主运动为福建贸易繁荣创造了条件

大发战争之财的美国经过1920—1921年的短期经济萧条后，1923—1929年间，经济复苏，并进入相对稳定的发展时期。这期间，美国工业产量增长69%，超过了整个欧洲，对外贸易总额也超过英国而居第一位。资本输出急剧增加，1919—1929年，美国所提供的借款总额超过了其他所有资本主义国家所提供借款的总和。但是美国在1923—1929年间对华出口只占中国进口额的16%—18%，只占美国总出口额的3%，同期日本对华出口占中国进口额的27%，并构成了日本全部出口额的22%。[①] 日本在对华贸易中取得了优势地位，实行保护关税政策，提高奢侈品税，"自日本施行奢侈品税则后，与该国华茶之贸易，遽受打击，结果华商财力，因而损失，"各类茶叶出口均形减少。[②] 其他国家的地位受到日本的挑战，因此，"一战"后不久，各国纷纷采取降低银汇价倾销剩余产品，福建进口贸易大大增加。发轫于1929年10月24日纽约股票市场的暴跌而引发的经济危机，使各主要资本主义国家工农业生产过剩，产品价格下降，人们失业很多。为转嫁危机，美国率先于1930年提高关税，以止外国进口，其他国家纷纷效仿。

不平等体制下的中外经济关系，严重影响了中国社会经济及对外贸易的发展。为增加财政收入，收回利权，提高关税，国民政府于1927年开展关税自主运动。1927年4月21日，国民政府发布公告：决定"先就关税权自主自动地宣布独立"。宣布自9月1日起，裁撤厘金，实行"关税自主"。之后，经过多次努力，终于于1928年12月7日，颁布了第一个"国定税则"，确定税率自7.5%至最高27.5%七级，定于1929年2月1日起实施。这是协定关税以来中国自主订立关税税则的一次尝试。但是税则规定，"缔约各国不论以何藉口，在本国领土内，不得向彼国人民所运输进出口之货物，勒收关税或内地税或何项捐款超过本国人民或其他国人民所完纳者，或有区别。"[③]

[①] 杨生茂：《美国外交政策史（1775—1989）》，人民出版社1991年版，第329页。
[②] 民国十三年（1924）《通商海关各口全年贸易总论》（福州）。
[③] 武育干：《中国关税问题》，商务印书馆1938年版，第160页；黄逸平、叶松年：《1929—1934年"国定税则"与"关税自主"剖析》，《中国社会经济史研究》1986年第1期。

1930年5月6日，国民党政府重拟新税则，于1930年12月29日公布，定于1931年1月1日实行。由七级税率变为5%—50%十二级税率，税率较1929年几高1倍，奢侈品之烟酒税最高，为50%，人造丝10%增至30%，机器等器材的税率略有减轻。这个税则，名为自主，但给予日本以极大优惠权。日本享受中国进口日货优惠的数百种货物的税率，最高为17.5%，多数均协定为最低税率7.5%。而我国输往日本的货物税率，多数协定为70%。总之，日本受惠的货物不仅种类多，数值大，而且税率低。大部分货物的协定税率仅7.5%，连12.5%亦未达到。①

1933年，在英美的压力下，国民政府又一次国定税则，税率分14等级，最低5%，最高为80%。增税物品主要为棉织物、鱼介海味、煤、纸、丝织品（包括人造丝）、烟、酒等，工业原料、机器类等，税率有所降低。这主要针对从日本输入货物税率较轻而增加，减轻从英美输入机器等税率的缘故。在日本的抵制下，1934年7月，国民政府第四次国定税则，税率依然14等，但就税率调整当中，日本从这一税则中得利最多，就英、美、日在全部主要增减税率物品中贸易比重分析，据中国银行统计，主要减税物品贸易额，日本占13.11%，英国占12.85%，美国占0.54%，主要增税物品贸易额，美占60%，英占47.29%，日本占46.28%②，这是在日本帝国主义的压力下造成的，而美国则处于相对不利的地位。上述四次国定税则，虽然提高了部分关税，但仍没能做到"完全自主"，也没能很好地起到保护民族工商业的作用③，因而严重影响了对外贸易的发展。

厘金制度严重影响了土货的运销出口，1928年，全国总计设有厘卡735个，其中甘肃43个、山西42个、江苏58个、安徽42个、浙江42个、湖南34个、福建45个、贵州44个、江西47个、云南44个，其他省份相对较少。④为改变厘金的束缚，国民政府改厘金为特种消费税，原则上一物一税，但由于负担仍然沉重，于1931年1月1日最终被裁清。

---

① 黄逸平、叶松年：《1929—1934年"国定税则"与"关税自主"剖析》，《中国社会经济史研究》，1986年第1期。

② 徐雪寒：《中国关税二重性》，《中国经济论文集》（第2集），生活书店1935年版。

③ 黄逸平、叶松年：《1929—1934年"国定税则"与"关税自主"剖析》，《中国社会经济史研究》1986年第1期。

④ 《中国年鉴》，1928年版，第574页。

国民政府实行关税自主,提高进口商品价格,银汇下降,而高贸易值的背后,实际上则潜伏着危机。近代对外贸易值是按"国币制即海关两计算的",但是在资本主义世界经济危机时期,金贵银贱,海关两对外币的汇率暴缩,"1929 年每关两还合英镑 2 先令 7 又 13/16 便士。因此,按海关两计算,1931 年虽然是中国进出口贸易额最高的一年,但按英镑计算,则仅及 1929 年 59.5%,且低于战后各年的水平"①。因世界银价暴落,金汇飞涨,开空前未有之奇局,妨碍商务,良非浅鲜,其反响所及,虽激增贸易统计册内所载之货物价值,然均属有名无实,非与货物之真正销售量相合也。自本年二月一日起施行进口新税则,同时,并将向由各独立税局征收之附税,并入海关正税内征收,致海关税激增,固于商业上不无影响。②国民政府实行新税则后,福建贸易引起较大变化:"今之所以略见进步者,半缘于八月一日实行新税则也。本口富足之源,本寄诸远涉重洋之商贾,际此银市涨落无定,影响所及,遂使爪哇暨南洋群岛各处,汇银大形跌降,于商业上不无衰退。"③按银计之对外贸易虽无大变化,但实际上贸易有所下降,本省内工业基础薄弱,土货出口不见增长。但关税提高,便于国货销用。"本期进口货值以银计算,历年无甚轩轾,但观其数量则所有各货莫不减退,此及银价跌落,及进口税率提高之必然结果也。坐是之故,国产货物略受鼓励,进口踊跃,货值增加,唯本埠机制工业尚未兴起,虽有工厂数家,出口亦属无多。"④由于银价跌落,"购用外货,价值昂贵,故纷纷改用国货也"⑤。国家增税,外汇下跌,虽然贸易表面上增长,但实际已有潜在危机。"内则国家增税,外则新加坡政府,由卫生上取缔船舶进口,商务用是停顿,往来本口新加坡轮船,因之却步不前者,已有数艘。他若金银进出,价格无度,种种窒滞,无一非为贸易前途障碍也。"⑥ 这表现在福建对外贸易值的迅速增长上。银价跌落,购买外国进口商品用银更形增多,导致白银大量外流,影响人们生活,从而影响

---

① 上海社会科学院经济研究所、上海市国际贸易学会学术委员会编:《上海对外贸易》,上海社会科学院出版社 1989 年版,第 184 页。

② 民国十八年(1929)《中国海关华洋贸易报告》。

③ 民国八年(1919)《厦门口华洋贸易情形论略》。

④ 吴亚敏:《近代福州及闽东地区社会经济概况》,华艺出版社 1992 年版,第 433 页。

⑤ 民国二十年(1931)《海关中外贸易报告》(厦门)。

⑥ 民国八年(1919)《厦门口华洋贸易情形论略》。

生产活动。

（三）福建进出口商品结构仍然倚重生活消费品和土特产品

1920年占进口商品前十位的依次是棉布、棉纱、麦粉、豆饼、豆类、糖、鱼介海味、煤油、米谷、五金等。其中棉布所占进口商品总值（包括从国外和国内各种商品的进口，以下同）百分比为13.43%、棉纱8.44%、麦粉6.92%、糖类5.17%、鱼介海味5.03%、煤油4.73%、米谷3.61%、五金2.86%、豆饼及豆类分别占6.68%及5.46%。棉布、棉纱所占比重合计有21.87%。而面粉、糖、鱼介海味、米谷共计18.73%。① 到1925年，福建全省进口商品前十位当中，米谷上升到第一位，占11.07%；棉布下降到第二位，仍占10.26%；糖品上升到第三位，占8.12%；麦粉第四位，占5.69%；棉纱从1920年的第二位下降到第五位，占进口总值的4.47%；其余依次是豆饼（4.45%）、煤油（4.32%）、豆类（3.98%）、鱼介海味（3.98%）、五金（2.42%），棉布和棉纱的进口合计下降到14.73%，而米谷、麦粉、糖、鱼介海味四种饮食品所占比重就升至28.86%。到1930年时，棉布虽又上升为第一位，占10.38%，棉纱进口趋于消失，而糖则从1925年的第三位上升为第二位，麦粉从第四位上升到第三位，米谷第四位，肥田料的需求增加，占进口商品的第五位，其余为纸烟、鱼介海味、豆类、煤油，其中糖、面粉、米谷、鱼介海味四种饮食品进口所占比重为20.21%。② 这种进口大宗食品的商品结构，明显反映出福建社会经济的衰退。

而出口商品中，1920年经由海关出口商品占前十位的依次是木材、纸、茶、菜蔬、烟草、樟脑、糖、鲜果、鱼介海味、鲜菜等。1920年、1925年出口第一位的是木材，第二位是纸，占最大宗的茶叶降到第三位，但由于木材及纸出口到外埠居多，茶叶比重虽只占12%，由于主要是输出国外，尽管西方各国限制华茶输入，茶厘苛重，茶叶出口应仍不失其出口最大宗之地位。至于出洋华茶，备受种种困难，一因俄国及西比利亚一带，华茶贸易概形，一因英国政府优待印度茶，减轻进口税率，故华茶几无立足之地。③ 茶叶税厘很重，茶商无利可图，"所惜厘税太重，以致茶

---

① 福建省政府秘书处统计室：《福建历年对外贸易统计》1935年版，第69页。
② 同上。
③ 民国八年（1919）《三都澳口华洋贸易情形论略》。

树培植一蹶不复振矣。细询茶叶兴衰，可以一言答曰，只陷于重税下耳。目今在附近之台湾，如日本种植茶树，会将大告成功，时乎已至，中国似宜各所适从。一面豁免茶厘暨出口税，一面引用机力制茶，冀与并驾齐驱。果尔，则福建茶叶，自必臻于隆盛之秋也。免其厘税，则户部岁收，或见损失，此诚无可置辩者，第溯厦中茶叶，自受影响以还，势至今日，已成不可掩其失败之事实矣。以此推测，将来华茶厘税，当有免除之一日也。回观25年以前，厦门产茶各处，每年价数，有过300万元，今日则只剩35万元之谱。茶厘之害，于斯可见云云"。① 1919年起中国政府为鼓励茶叶出口，免税二年。到1930年时，茶叶出口又上升到第一位，所占比重增加到25.46%，木材降到第二位，纸降到第三位。其他出口商品中，除占第十位的砖瓦器外，均是饮食品和烟草类的消费品。② 福建商品经济的发展在省政府的力图改良政策下稍有起色，但由于工业基础薄弱，主要土特产品的商品化生产减退，加上过分倚重这种单一的农产品及其加工品的出口商品结构，严重束缚了对外贸易发展的后劲。

由上观之，关税自主运动使税额增加、汇率降低、银价跌落，造成购买洋货价格增高，"但因华侨汇款归来，接济市面益殊多，再加前数年种植罂粟，人民富裕，购买力日益增厚……故进口洋货足头，显有超前之概，内以英国市布、细斜纹布、洋标布，厦门进口贸易流露生机迥出寻常"③。长期的贸易入超全都是通过侨汇来平衡，"本埠市面之繁荣，向来几全恃海外侨汇巨额款项，以资维护，而本年此项资金之流入，为数尤为巨大，盖闽侨托足之地，皆系用金之国，今值金价奇昂，银价跌落之际，故均乘此汇兑有利之时，将留在异域运用之款，汇归祖国，投资于厦门及其附近地方之各项事业也。"④ 而到了20年代末，世界经济危机波及东南亚，华侨经济的萧条，迫使大量华侨从东南亚回国，引起土货出口的减少，"盖厦门出口贸易大部分系本省土产如药材、酒、粉丝、桂圆、纸箔、神香、罐头、菜蔬之类，供给海外闽侨购用。近因马来半岛、爪哇、菲律宾群岛等处贸易衰疲，所有各该处福建侨民，纷纷返掉回国。故出口

---

① 民国八年（1919）《厦门口华洋贸易情形论略》。
② 福建省政府秘书处统计室：《福建历年对外贸易统计》1935年版，第65页。
③ 民国十年（1921）《通商海关各口全年贸易总论》。
④ 民国二十年（1931）《海关中外贸易报告》（厦门）。

贸易，势必因之减少"①。由于国内外经济形势的不断变化，1929年之后，土货出口开始迅速下降。出口贸易衰落，实由匪势猖獗，民不安居，生产力因而低减，暨国外华侨对于国货之需求，亦形减色所致。②

第五节 全球衰退（1932—1937）

世界体系周期性发展的结果，导致1929—1933年爆发了影响全球的经济危机。这不仅沉重打击了西方各国的生产生活，还使国际贸易备受影响，全球经济陷于低潮。国内关税自主运动部分地限制了洋货的进口，从而使以进口为主的对外贸易在1931年达到制高点后一泻而下。福建对外贸易也不例外。

一 贸易衰落概况

这一时段全省进出口贸易净值从1931年的4572万海关两一下跌落至1932年的3661万海关两，以后逐年下降，到1936年跌至谷底，仅有1737万海关两，1937年抗日爆发前，稍增为1759万海关两，1937年与1932年相比，下降了约52%。1938年厦门、福州相继沦陷后，进出口贸易更加跌落。贸易净值指数从1932年的129，下降到1937年的69，下降将近一半。

洋货进口净值也开始从1931年的3373万海关两暴跌为1932年的3131万海关两，到1937年只有1253万海关两，下降比率为60%。从福建三口来看，三都澳洋货进口较少，从1932年的20万余海关两，下降到1937年仅10万余海关两；而最大的进口港厦门从1932年下降到2429万海关两，下降到1937年835万海关两，比1932年下降了66%；福州所受影响最大，1931年洋货进口高达1022万海关两，1932年猛跌至682万海关两，只这一年，下降比率就达33%，之后进口不断减少，到1937年时只进口了408万海关两。1937年比1932年下降了40%。③ 三口在全省洋

---

① 民国二十年（1931）《海关中外贸易报告》（厦门）。
② 民国十九年（1930）《中国海关华洋贸易报告》（厦门）。
③ 《二十八年来福建省海关贸易统计》，福建省政府统计室1941年版，第33页、35页、37页、39页。（其中1海关两=1.558国币元进行换算）。

货进口中的比重，以厦门为最高，约占2/3强。

土货出口值1931年时高达839万海关两，1932年就下降到529万海关两，之后基本保持平稳发展之势，1937年抗战爆发时稍有上升，共计551万海关两。在土货出口贸易当中，福州出口从1930年开始下滑，到1932年时出口净值为309万海关两，1935年下降至224万海关两，后两年有所回升，1937年升至410万海关两；厦门出口值从1930年下降以来，到1932年出口值为219万余海关两，后一直到1937年抗战爆发前，除1933年较1932年低3万海关两外，其余年份基本上处于年年增加的状态，到1937年升至296万海关两。尽管增加值并不大，但应当引起注意。而各口岸出口所占全省出口的比重，1932年福州约72.35%、厦门27.06%；到1937年时，福州下降到57.71%，厦门上升为41.71%，三都澳一直都没超过1%。

由于洋货进口绝对值仍远远大于土货出口值，因而贸易逆差依然存在，但厦门土货出口在逐步增加，因而逆差在逐步缩小。入超从1932年的2602万海关两，下降到1937年的547万海关两，下降了79%。

这一时期，经济危机使对外贸易迅速下跌，各国进出口福建的船舶吨位也发生了相当大的变化。全省进出口船舶吨位，从1931年的730万吨，迅速下降到1932年的395万吨，下降了46个百分点，1933年更降到340万吨，之后稍升到1937年的442万海关两。以1913年指数为100来看，指数从1931年的199，下降到1933年的93，1934年为102，比1913年只稍增2个点，1937年升为120个点。最早遭受经济危机影响的美国1929年船舶吨位为32万余吨，1930年开始下降，1931年下降最为显著，对福建进出口贸易只有11148余吨，1933年后一泻而下，1936年只有1630吨。其他国家基本上从1932年开始减少，其中英国、荷兰、日本、中国的船只影响最大。英国1932—1936年进出口船舶吨位分别为199万吨、174万吨、188万吨、214万吨、199万吨。荷兰1931年为117万吨、1934年为63万吨、1936年为76万吨。日本在1932—1936年间基本是49万吨、39万吨、59万吨、79万吨、96万吨，中国的船只吨位数1932年为86万吨、1934年为59万吨、1936年为63万吨。

国定税则实施后，洋货进口税率较协定税率大大增加。表现在税收上，1929年开始，税收额增长较快，1931年达到最高峰638万海关两，1933年下降到529万海关两，后直到1937年，则基本保持在550万海关两之上。

二　主要影响因素

（一）世界经济危机及国共摩擦是客观原因

1919—1933年的资本主义危机，世界贸易量下降了38.7%，"世界贸易益趋萧条，价值愈见跌落，货值与数量遂致皆蒙受影响"①。1931年，危机波及中国，中国银价汇率暴跌。1929年平均每海关两合英镑2先令7又13/16便士，1931年就缩减为1先令6又7/16便士，下降近70%，中国外贸出现大幅度下降。1936年中国进出口贸易值下跌到10.6亿海关两，仅及1931年的45%。②对中国经济的影响，海关贸易报告记载，"唯受创最深，损失特重者，厥为国际贸易耳。盖自欧战以还，商业竞争，日趋剧烈，迨恐慌勃发，各国竞为限制外货之输入，保护工业为之是务"。作为农业国，"国内经济之荣枯，胥视农产出口之隆替，当此世界减缩之际，中国出口贸易，尚示即坠深渊，汇价顺利，裨益实多"。中国出口不振，"国内拂逆情形，自有相当之影响，而世界商业凋敝，致中国土货销胃不佳，价格跌落，因而造成人民穷困，农业阽危之现象，亦为关键之所在焉"③。随着中国对外贸易的萧瑟，"福州贸易，仍因世界经济，普遍衰落，深受影响。"④

厦门向赖南洋华侨汇款得以补济长期以来的贸易入超。1930年来，世界经济已呈普遍的衰落，南洋一隅早被波及，南洋商业已是一蹶不振，厦门受南洋的影响，自然也踏上没落之途了。⑤世界经济危机使东南亚华侨经济衰退，侨民回国居多，"海峡殖民地与和属东印度等处之华侨，年内返归本埠者，已达5.7万人，由马尼刺、台湾、香港、及经过香港回国者，亦不下5.5万人，衰败情形，有加无减，回忆上年贸易报告，曾谓厦门之繁荣，端赖华侨汇款以资维护。唯闽籍侨民，则自上年以还，多赋归来，其余居留海外者，收入亦皆锐减，以故流入本埠之资金，遂日见短

---

①　姚洪卓：《近代天津对外贸易（1861—1948年）》（1932年天津贸易报告），天津社会科学院出版社1993年版，第53页。

②　上海社会科学院经济研究所、上海市国际贸易学会学术委员会编：《上海对外贸易》（上册），上海社会科学院出版社1989年版，第183页。

③　民国二十一年（1932）《海关中外贸易报告》。

④　民国二十四年（1935）《海关中外贸易报告》。

⑤　茅乐楠：《新兴的厦门》，生活出版社1934年版，第45页。

缩，凡此诸端，均足以影响本埠进出口贸易，彰彰显明也"①。大批华侨回国，侨汇日渐减少，"该项贸易差额，向赖海外华侨汇款，以资挹注。是以本埠贸易之隆替，基于国内各项原因者小，而关于海外华侨之荣枯者大也。不幸比岁以来，南洋各地，商务衰落；华侨经济，困苦异常；返棹归来者，络绎不绝。……汇归之款，逐年减削，本年跌落尤巨。虽此项无形收入，对于本埠贸易差额补苴实多，然仍不可挽回其颓势也"。②

同时，国内政治动荡，军阀割据，土匪横行，国共两党摩擦加剧。"内地共匪，滋蔓难图，四五月间，尤为猖獗，厦门亦濒于危，直至十九路军开到进剿，始向省境西南溃窜，但克复区域，满目荒凉，资产之家，多已他从，商业恢复，尚须数月。"③ "闽省匪共，终年猖獗，贸易孔道，时生梗阻，甚至闽赣交界之城镇，如建宁、邵武、崇安、浦城等处，且曾一度失陷，备遭荼毒，而延平西北，沿闽赣路一带之重镇，实际虽未被匪占据，然邻近该路村落，已蹂躏不堪矣。"④ 福州一带，"萑苻猖獗，赤氛弥漫，地方困窘，民生涂炭"。⑤ 20世纪30年代初，日本发动"九一八事变"后，十九路军从上海被调入闽，联合共产党发动反对国民党统治的福建事变。"岁聿云暮，闽变突发，东南鼎沸，举国骚然。"⑥ 这些事件均影响到了社会和经贸稳定发展。"迭经匪共摧残，困惫已属不堪。而闽变突起，政局蜩螗，社会滋扰；进口洋货完全断绝，工商各业，亦均凋敝。"⑦ 闽变遭到镇压后，蒋介石任命陈仪为福建省政府主席。陈仪政府为彻底解决民军问题，改革人事制度，主要在经济上整顿纷乱的财政，实施粮食专卖，以更好地恢复和发展生产，开始进行调查和各种复兴计划。但日本全面侵华，厦门、福州沦陷后，经济发展又陷入危机当中。国内外的危势造成的混乱局面，严重影响了福建的生产，对外贸易更是停滞不前。

（二）各国贸易统制政策严重制约了福建的对外贸易发展

1929—1933年经济危机，世界各资本主义国家均纷纷放弃了国际的

---

① 民国二十一年（1932）《海关中外贸易报告》（厦门）。
② 民国二十二年（1933）《海关中外贸易报告》。
③ 民国二十一年（1932）《海关中外贸易报告》。
④ 民国二十一年（1932）《海关中外贸易报告》。
⑤ 民国二十二年（1933）《海关中外贸易报告》。
⑥ 民国二十二年（1933）《海关中外贸易报告》（福州）。
⑦ 民国二十二年（1933）《海关中外贸易报告》。

自由经济主义,转向于封锁的统制经济政策。① 1930 年美国率先提高关税率,各国竞相效仿。1932 年 8 月,英国宣布实行"帝国特惠制,在英联邦内实行优惠税率,对其他国家则实行关税歧视;德法也纷纷采取"输入比额制"或采取"保护关税制度""贸易清算制度"等,以为保护本国产业和贸易。之后,重倡抬高银价的旧议。在他们的压力下,美国时任总统罗斯福于 1934 年 6 月签署了《白银购买法》,高出中国市价的 1/4。外销白银活动吸引大批在中国境内享有治外法权的外国银行和公司进行投机。更为严重的是,日本出于从政治上搞垮中国的目的,进行大规模白银武装走私,牟取暴利,仅在美国《白银购买法》生效后的半年里,中国白银外流总额达 6.45 亿盎司,约占中国当时白银流通量 12.8 亿盎司的一半以上。中国银根吃紧,现金枯竭,工商业倒闭,农村破产,出口困难。② 1936 年 5 月 28 日的《白银协定》给美国带来了很大的经济政治利益。美国坚持中国售银所得须存储于美国银行,从逐步控制了中国外汇基金,不仅取代英国在华的领先地位,也加深了与日本的明争暗斗。1936 年,中美贸易额比上一年增加了 19%,美国一跃而成为占中国外贸总额 20% 以上的最大贸易伙伴。1937 年 1—4 月,美国对华贸易出口比 1936 年同期又增加 60%。其在华投资的增长速度也大大超过了英国和日本。③ 据伦敦经济周刊所载,"自民国二十年五月至本年七月,数月之间,已有二十一国增高关税,以限制进口,三十八国对于特种货物,课以重税,二十二国或施行定份制度,或采用准许方法,然就今日经济恐慌趋势观之。以上各种限制,非徒无益,反使世界贸易及其辅助事业(如航业等)愈趋萎靡,非特此也。即以黄金为基础之国际货币制度,亦因商品无法自由流通,而遭颠覆。致有二十二国被迫废止金本位,引起世界金融空前之紊乱……至今日,金融之紊乱,财政之困窘,贸易之衰退,可谓达于极点矣。虽深信金本位为国际货币之唯一善制,若不设法恢复,无从挽回世界之繁荣,然关税壁垒一日不除,国际贸易无由振兴,则此二十余国,一日无恢复金本位之能力也"。④ 各国由于经济恐慌,纷纷实行关税壁垒,限制进口,加

---

① 章友江:《对外贸易政策》,正中书局 1943 年版,第 47 页。
② 杨生茂:《美国外交政策史(1775—1989)》,人民出版社 1991 年版,第 354 页。
③ 同上书,第 356 页。
④ 民国二十一年(1932)《海关中外贸易报告》。

上金融危机，使国际贸易陷于停顿。

在各国纷纷实行关税保护政策的情况下，中国积极进行"国定税则"，实行关税自主，提高进口税，减免出口税，由于洋货进口急转直下，导致贸易急剧下降，出口国外的市场受到封锁，因而尽管关税自主，收回了部分利权，理论上保护了国内工商业的发展，但对进口洋货起到相当的限制，政府鉴于各国保护工业，不遗余力，乃自本年五月十六日起，施行修正海关进口税税则，对于洋货进口税率，多予提高。行见外洋棉货化学产品及染料等项，进口净感桎梏。① 加上各种捐杂的影响，"本埠商务，因内地捐税，既甚繁重，海外市面又复萧条，顿形跌落，自在意中"②。

（三）生产停顿使本已萧条的进出口贸易面临更加严重的危机

抗战爆发以前，"福州向为工业落后之地，又罕有经济基础，军兴以还，虽为国内吐纳港之一，但因当地商人资力薄弱，民众购买力愈趋愈薄，当地贸易日形短绌，一般市场，大部分赖湘赣客贩为主要对象，商业趋向，大有江河日下之势"③。而进出口贸易中，经由海关进口的商品占前十位的依次是米谷、棉布、麦粉、纸烟、植物油、鱼介海味、棉纱、豆饼、豆类、煤。而粮食中仅大米就占 16.3%、棉布 9.6%、麦粉 8.7%，其他各类除棉纱、煤为生产原料品外，其余均是生活消费品，这十种商品约占进口总值之 60%。④ 后直到 1937 年，进口商品中，棉布居第一位，麦粉第二位，肥田粉及米谷为第三位，为增加土地肥力的肥田粉成了进行生产的必备原料。1934—1937 年间，出口商品中，茶叶占出口总值均在 43% 以上，占第二位的 1934—1935 年为纸，1936—1937 年为木材，占第三位的 1934 年是菜蔬、1935 年为木材、1936—1937 年为纸。总体来看，仅前三位就占出口总值的 60% 以上。⑤ 这说明本省出口国内外的商品主要

---

① 民国二十二年（1933）《海关中外贸易报告》。
② 民国二十一年（1932）《海关中外贸易报告》（福州）。
③ 陈维藩：《福州金融经济概况》（《前线日报》1933 年 12 月 15 日）。
④ 福建省政府建设厅，朱代杰、季天祐：《福建经济概况》，1947 年版，第 316—317 页；福建省秘书处编译室：《闽政月刊》1941 年版，第 9 卷，第 2 期；陈肇英：《福建银行三周年纪念刊》，福州万有图书社 1938 年版，第 40 页。
⑤ 福建省政府建设厅，朱代杰、季天祐：《福建经济概况》1947 年版，第 319 页；陈肇英：《福建省银行三周年纪念刊》，福州万有图书社 1938 年版，第 40 页。

仰赖土特产茶、纸、木材和菜蔬等，而出口国外的则基本是茶叶为主。

由于世界茶叶生产过剩，加上福建茶叶质劣价低及外国茶叶的保护政策，华茶在海外备受排挤。到抗战爆发前，福建茶叶生产及出口都已日暮穷途。"茶叶仍为本埠主要商品，历年出口数量，辊属甚巨。然并无在本埠交易者，不过由产茶之区，运往福州销售，取道于此而已，本年茶市，异常清淡，产销各业，均感失望。……推原其故，半由内地盗匪滋扰，半由上年台风为灾，而福州市场，存底丰厚，本年需要无多，变为其一因，本年茶叶，不但出口数量锐减，而价格亦甚跌落"。①

除茶叶之外，其他产品的销路，也没有起色。木材贸易，"虽蒙政府减轻转口税率，经示鼓励，终因销路不畅，殊鲜起色"。纸张贸易，亦无生气，主要在于"造纸方法，过于陈旧，产品不精；且纸厂所在地方，多被匪共蹂躏；而本埠新式纸厂，所制货品，又因东省去胃清淡，与夫洋纸兑销，备受打击。以致终年所获之利，尚有不敷开支之虞也"。② 茶、木材、纸贸易均形衰落。时人指出，"如不加以改良，则更难立足。按本年闽省西北及三都澳附近产茶区域秩序宁谧，所望循斯以往，人民得以安居乐业，俾对于茶之栽培，加意讲求，华茶贸易，庶几有豸，对观夫印度、锡兰、日本暨荷属东印度各处之植茶事业，年来均已采用科学方法，则福州茶叶，自非锐意改进，不足以维持其原有地位也。本埠向为中国纸业中心，但日货角逐殊烈。苟非广用机器，大量制造，本埠纸业，将无法立于不败之地也"。③

---

① 民国二十一年（1932）《海关中外贸易报告》（三都澳）。
② 民国二十二年（1933）《海关中外贸易报告》（福州）。
③ 民国二十四年（1935）《海关中外贸易报告》（福州）。

第四章

全球化与区域化：
商品结构(1895—1937)

对外贸易商品结构是指某国家或地区在一定时期内，进出口商品的构成以及某种商品在该国家或地区进出口对外贸易中所占的比重或地位。对外贸易商品结构的变化反映了该国或该地区的产业结构、资源情况、社会经济发展水平及商品在国际市场上的竞争力等。福建区域山多田少、地狭人稠、可再生性的自然资源相对丰富，加上历史形成的外向型发展的商贸传统与世界经济全球化扩张条件下贸易往来的不断变化等各种因素的综合作用，使对外贸易商品结构不断变化，并呈现独特的区域性特征。

第一节 福建进口商品结构

福建进口商品结构是指该区域进口商品的构成以及各类进口商品在本地进口贸易中所占的比重或地位。进口商品结构的变化直接反映当地人们的需求结构的变化，从需求的变化可以反映本地相关行业经济技术发展水平及生产力的变化和人们消费水平的改善情况。总体来看，甲午战争以后到抗战爆发前，与甲午战前相比，福建进口商品结构发生了很大的变化。

一 进口商品种类大大增多

甲午战后初期，福建进口商品仍以鸦片和棉纺织品、毛纺制品为大宗，主要变化表现在进口杂货种类较前大大增多。从海关统计资料来看，1885年福州港进口商品主要为鸦片（4种）、棉纺织品（18种）、毛纺织品（10种）、五金（16种）及杂货（57种）几大类。[①] 随着贸易发展，

---

① *Foochow Trade Returns for the year* 1885.

进口的各类商品品种更多，分类更细。1894 年时，五金类商品中增多最著，有 17 类共 25 种；杂货增加到 88 种；进口商品共计 148 种之多。① 因甲午战争的关系，1895 年进口的商品与 1894 年相差无几。② 10 年之后的 1904 年，福州进口的各种商品花色和品种大大增多。就棉纺织品而言，如棉布每一类花色、宽幅大小不同：棉标布有 24 码 32 英寸和 36 英寸之分，印花棉布有不超过 30 码的印花布、不超过 30 码的印花标布、25 码的印花红布等；染色布类品种花色更多，有些棉布来源地大大扩展。③ 值得注意的是，杂货从 1895 年的 87 种增加到 1904 年的 159 种，增长约 1 倍。④ 1895 年，厦门进口商品也主要有鸦片（6 种）、棉纺织品（42 种）、毛纺织品（16 种）、五金（15 种）、棉毛混合类（3 种）、杂货（100 余种）几大类。⑤ 到 1904 年时，各类的进口商品中（除鸦片外），花色种类均有增加。杂货类增至 177 种，其中大米、面粉、煤油等生活必需品和生活原料增长迅速。⑥ 1899 年，三都澳作为自开商埠，对外开放。开埠初期，洋货消纳不多，到 1904 年洋货进口棉货类仅有 4 种，五金为 6 种，毛类 1 种，杂货类 25 种。但与开埠后第二年 1900 年相比，种类也有明显增加。如 1900 年五金只有铅 1 种，杂货只有水泥、面粉、火柴和煤油及未分类的杂货等 5 种商品。⑦

福建进口商品种类不断增多，一方面是统计分类比以前正规，或分类更加明细，另一方面也体现了进口新品种不断出现并增多。正如西方驻华领事在《商务报告》中强调，"贸易的重大发展必须在新品种中去寻求。"⑧ 新增的商品中，如机器设备的引进值得关注。机械进口在甲午战前已开始出现。甲午战后，随着军用、民用企业不断增多，全国机器设备

---

① Foochow Trade Returns for the year 1894.
② Foochow Trade Returns for the year 1895.
③ Foochow Trade Returns for the year 1904.
④ 因海关统计方法变更，进出口各类商品量与值的详细统计只到 1904 年，1905 年以后，则只有大宗商品进口量，而没有了细类商品值的统计，因而分析只能到 1904 年，以下相关情况同此，特此说明。
⑤ Amoy Trade Returns for the year 1895.
⑥ Amoy Trade Returns for the year 1904.
⑦ Santuao Trade Returns for the years 1900，1904.
⑧ 姚贤镐：《中国近代对外贸易史资料》（第 2 册），中华书局 1962 年版，第 1095 页。

进口不断增多。但由于当时福建工业发展相对薄弱，因而进口绝对值及其比重都非常小。1899年，全省共计进口机电产品约有14.23万元。1913年升至20万元，"一战"期间减少，战后的1920年才恢复到进口15万元。1930年全省机械进口总计60万元，福州为30万元，厦门不足30万元。1931—1932年达到最高，1931年约为104万元，从1933年开始不断下跌，到1937年仅有15万多元。①

其他生产原料进口明显增加。如本省农民引进肥田粉（包括硫酸亚、各种化学或人造肥料）来加强农地肥力，"巨量之输入，则自1912年始，二十余年以来输入额增长甚速，1930年已达540余万元，占输入各货之第五位。其中大部分由外洋而来，经由厦门入口者最多，盖亦由于闽南之需要较大也。"② 生产用染料如水靛、人造靛、安尼林染料、栲皮、铜金粉、薯莨、硫化元、银朱、各种颜料及其他未列名染料等都不断进口；而建筑用水泥也从无到有不断发展；电气材料如电灯泡、电缆、湿电池、蓄电池、绝缘电线、电筒、电扇及其附件，电表及其配件，各种电气配件、装修材料等，民国以后也开始输入；汽车、脚踏汽车、脚踏车和马车、人力车及其他各种车辆等均有输入，尤其20年代以后更形显著。

各种奢侈消费品也值得注意。除各类鱼介海味（海菜、海参、干贝、鱿鱼、墨鱼、蚶、蛤、鱼翅以及各种鲜干咸制鱼介与海产品）外，纸烟、酒水（啤酒、烧酒、药酒、瓶装桶装各色酒类以及泉水、汽水等项）、燕窝、炼乳、糖及各类药材如洋参、干槟榔、砂仁豆蔻、肉桂、胡椒、化学药品等，都有进口。另外，香水、脂粉、香肥皂及各种化妆用品也成了新进口的时尚品。

总之，福建除了进口鸦片、棉毛织品、五金等几类商品外，其他的从调味品、营养品（鱼介海味、燕窝、人参等）到各种药品和食品，从装饰品、各种日常生活原料（火柴、煤油等）到生产原料（煤、染料、玻璃等）及制造品（机械等），林林总总，不一而足。这充分说明随着对外贸易的发展，福建人们生产、生活的方方面面都与国外商品市场联系在一

---

① Foochow, Amoy Trade Returns for the years 1895—1899；福建省政府秘书处统计室：《福建历年对外贸易统计》，1935年版，第157页；周浩等：《二十八年来福建省海关对外贸易》，1941年版，福建省政府统计室，第225页。

② 福建省政府秘书处统计室：《福建历年对外贸易概况》，1935年版，第19页。

起，其中机制生活消费品和生活必需品占主导地位。

二 主要进口商品主导进口贸易的变化趋势

在进口商品中，尽管种类不断增多，但占据主导地位的仍是甲午战前占主导地位的鸦片、棉纱、棉布、五金等商品，以及战后不断增多的大米、煤油、火柴等几项消费品。这些商品进口的发展变化主导着全省商品进口贸易的总体变化趋势。

表4-1-1　　1895—1937年福建几种主要进口商品量的变化

年别	鸦片（担）	棉纱（担）	棉布（千元）	火柴（罗）	煤油（加仑）	糖（担）	五金（千元）	米（担）	面粉（担）	染料（千元）	机器（千元）	净进口（千元）
1895	6129	66527	1541*	756873	5054507	3705	934	277646	131977	122*	2	19485
1900	5379	71471	1410	844918	6417330	43537	1453	310161	171263	103	456	20044
1905	6600	101288	2289	781092	6260415	146928	3289	343290	155006	184	127	28345
1910	5176	63432	2610	1045400	5865865	169767	1035	519144	103872	331	131	32352
1914	164	58590	3062	1139774	8941109	341443	1490	267864	184076	672	75	25910
1915	—	45141	3063	902578	7194681	198781	1290	427590	1676	98	163	22848
1920	—	11305	4050	676200	6037780	166370	1602	58981	12235	329	153	23634
1925		1298	4799	474641	7810076	476249	1833	1010732	161147	677	405	37713
1930	—	3	6557	1004109	8263507	652820	2432	612601	212776	719	601	50491
1935		—	269	49839	1167239	110164	640	1134155	16804	237	268	31749
1936			79	32780	3271070	121229	675	160438	10569	153	317	18605
1937	—	—	44	2291	3256010	116379	663		5621	35484	154	151	19523

资料来源：Foochow, Amoy Trade Returns for the year 1895；福建省政府秘书处统计室：《福建省历年对外贸易统计》，1935年版；周浩等：《二十八年来福建省海关贸易统计》，福建省政府统计室1941年版，根据相关表格整理而来。

说明：*1895年棉布进口包括原布类、白洋布、英美粗斜纹布、标布、薄棉布、各种制裟布、织花斜纹布、印花布、红布、花素棉羽绸、色花色提色点布、染色素布、棉法兰绒、棉剪绒、棉绒、黑绉纱、日本棉布，不包括毛巾布、床单布及其他未分类棉布等；*染料主要包括水靛、人造靛、安尼林染料、煤膏染料、栲皮、铜金粉、著莨、硫化元、银朱、各种颜料及其他未列名染料（1895年厦门包括染色钵铵、苏木、檀木、栲皮、靛青、朱砂等共计33223海关两，福州进口主要有染色钵铵、栲皮、朱砂、分类颜料和蓝色染料等共44798海关两）。

由表4-1-1来看，一是鸦片的进口贸易由盛转衰，民国初年趋于消灭。鸦片是西方打开中国市场的主要商品之一，在近代进口商品中占据相当重要的地位。甲午战前福建鸦片进口量非常大。19世纪80年代净进口高达1.4万余担，随着鸦片禁运呼声日益高涨，90年代初开始减少，

1895年进口6129担，1910年降到5176担。1914年以后，鸦片海关统计的消失，标志着官方明令禁运鸦片产生效果。① 鸦片进口由盛至衰直至消失，反映了世界资本主义在扩张过程中原始资本积累和暴力掠夺性不平等贸易因受到世界范围的反对而终于退出贸易市场，半殖民地国家在卷入世界市场中所受到的非人道的盘剥也终于停止。

二是棉纺织品的进口占主导地位。棉纱及棉纺织品是西方工业品打开中国市场的主要商品之一。尤其是棉布是解决人们穿衣取暖问题的主要原料，其输入基本处于增长的态势，从1895年进口154万元，上升到1930年的近656万元，20世纪30年代以后趋于衰落。棉纺织品进口稳步增长，主要由于土布生产落后，而外国棉布价格低廉，人们乐于购用。闽江流域广大腹地的需求都从福州这个最大的集散中心中转；20年代厦门开始市政建设，流动人口增多，市场经济活跃；同时，作为著名的侨乡，很多出国到东南亚从事商贸经营的华侨回国探亲，购买大批棉布作为礼品；而大量的华侨汇款，资助了侨乡人们的生活，提高了厦门地区的消费水平，从而拉动了棉布的进口。20世纪30年代后，福建棉布进口剧跌，主要由于1929—1933年的世界经济危机的影响和日本占领中国东北和上海，激起人们的抵货运动；而关税自主运动使进口关税增高；加上外埠土布的竞争等因素加剧了福建棉布进口的下跌。棉纱与棉布一样，在洋纱取代土纱的过程中，进口量曾经非常大。② 随着国内纺纱业的不断发展壮大，从省外进口逐渐增多，加上战乱影响，在经历了进口的高峰年（1898）后，即开始下降，致使洋纱进口从1905年的10余万担，下降到1914年的近6万担，20年代以后，从不足万担降到基本消失。

三是粮食是福建进口贸易的特色之一。福建山多田少，早在清康熙年间，粮食就多仰赖进口。近代以来，茶叶出口辉煌之时，农田多改种茶叶，使粮食生产更形短绌。加上粮食进口因受天年影响呈起伏不定状态。与甲午战前相比，无论从绝对量上，还是从增长率上来看（"一战"期间明显衰退），大米和面粉的进口基本呈上涨趋势，20世纪30年代以后开

---

① 但由于有利可图，福建有很多走私鸦片进口，同时，由于军阀、土匪当道，强勒捐税，强迫种植土鸦片，鸦片影响仍然很大。这里走私贸易不在论列范围，但其影响值得关注。

② 19世纪60年代以后，福建使用洋纱织布的现象非常普遍，洋纱的进口量也不断增大。1888年，福州织布局成立，开始大量运用洋纱生产土布，更导致洋纱大量进口。之后尽管织布局倒闭，但民间织布局兴起，致使洋纱进口更形增长。

始跌落。如 1895 年进口大米近 28 万担，1935 年进口高达 113 万余担。数量之巨，殊堪惊人。而西方机制面粉的进口以"一战"为界，基本有两个高峰期。① 另外，由于闽南土糖生产的日趋衰落及人们消费结构的改善，20 世纪初到 30 年代，糖品进口不断加大，1905 年进口近 15 万担，到 1930 年进口高达 65 万余担。

四是煤油和火柴的进口不可忽视。作为取暖照明原料和发电燃料，煤油和火柴因物美价廉而不断普及。与战前相比，煤油进口量非常可观。除了"一战"期间的 1917—1918 年两年进口减少外，一直到 20 世纪 30 年代基本保持在 500 万—800 万加仑。之后福、厦、漳、泉等城市都先后建立了发电厂，居民逐步改用电灯照明，加上税收及煤油工业欠发达等原因，尽管广大农村仍主要依靠煤油灯照明，但总体上用量逐年减少；甲午战后火柴多从日本进口，但随着福建火柴厂的相继兴办及抵制日货运动的发生，1912 年以前保持强劲的升势后，火柴进口不断下降，虽在 1928—1930 年间进口又回复不少，但进口明显下降的趋势不可阻挡。

五是五金及其他工矿产品等生产原料也是重要的进口商品。福建五金进口以铅、锡、旧铁等为大宗。铅主要用来做茶箱的衬里，铅锭的"需求量取决于茶叶的出口贸易"②，锡主要用来制造迷信纸箔祈福，旧铁主要用来制造农具。1895 年五金进口 93 万元，1905 年升至 329 万元，经过"一战"下跌后，1930 年又升至 243 万元，20 世纪 30 年代以后不断下降。甲午战争后不断发展起来的机器进口在 1900 年曾达到 46 万元，但也无法摆脱"一战"的困扰，1914 年下跌到不足 8 万元，大战结束后，进口不断增多，1930 年达 60 万元，30 年代后均出现下降。福建工业相对薄弱，制造业发展缓慢，作为生产资料，五金和机器在整个洋货进口当中所占的比重不大。

另外，各类染料的进口除了第一次世界大战的影响外，基本是处于不断增长的状态，20 世纪 30 年代后都进入了衰落时期。

三 大宗进口商品多数是日常消费品和生活必需品

从海关统计中的鸦片、棉纺织品、毛纺织品、五金和杂货等几种分类统计来看，1895 年台湾被日本占领后，全省 1895 年鸦片占净进口值的

---

① 刘梅英：《试论近代福建粮食进口贸易》，《厦大史学》第 2 辑，2006 年版。
② 吴亚敏：《近代福州及闽东地区社会经济概况》，华艺出版社 1992 年版，第 203 页。

28%，而棉纺织品则为18%，杂货约为39%，杂货中以海产品、煤油、大米、面粉、军需品和各种参为大宗。① 随着进口商品结构的不断变化，新进口商品种类不断增加，用于农业生产的原料豆饼和化肥也开始占据相对重要的位置。如在1899年福建省进口商品占第一位的是粮食，约为628.04万元法币，第二位是烟土，约为590.43万元法币，第三位是纺织品，为458.29万元法币，第四位是煤油，约为157.57万元法币，第五位是用于农业生产肥料的豆饼，约为145.61万元法币。② 1905年时，鸦片仍占全省进口商品之第一位，其他依次是棉布、棉纱、米谷、豆类、五金、鱼介海味、煤油、小麦、糖等。到1912年时，福建省进口烟土占进口的第一位，纺织品第二位，豆饼升至第三位，粮食第四位，煤油第五位。③ 1914年后鸦片禁运进口，因而贸易统计册内不再有数字记录，1915年，进口商品中，位居前十位的依次是棉布、豆饼、鱼介海味、豆类、麦粉、棉纱、糖、煤油、米谷药材。1925年依次是米谷、棉布、糖、麦粉、棉纱、豆饼、煤油、豆类、鱼介海味和五金。1935年时棉布又跃居第一位，占第二位的是麦粉，第三位是米谷，第四位是纸烟，其后依次是植物油、肥田粉、鱼介海味、豆类、棉纱、豆饼。④

1905年以来，全省经由海关进口的各种商品（中外各埠）在进口商品总值中所占的比重，如表4-1-2所示。

表4-1-2　　　　　福建全省主要输入货物之位置　　　　单位：国币千元

位次	年份	1905	1910	1915	1920	1925	1930	1934	1935	1936	1937	1938
一	货名	烟土	烟土	棉布	棉布	米谷	棉布	米谷	棉布	棉布	棉布	棉布
	国币	6231	12974	5271	7864	8868	11700	11637	7399	6257	6654	4862
	%	13.27	24.99	10.21	13.43	11.07	10.38	16.30	11.00	10.40	11.40	9.40

---

① Foochow, Amoy Trade Returns for 1895.
② 福建省地方志编纂委员会编：《福建省志：对外经贸志》，中国社会科学出版社1999年版，第102页。
③ 同上。
④ 福建省政府秘书处统计室：《福建历年对外贸易统计》，1935年版，第69页。朱代杰、季天祐：《福建经济概况》，福建省政府建设厅1947年版，第316—317页；福建省秘书处编译室：《闽政月刊》第9卷，1941年版，第2期；陈肇英：《福建省银行三周年纪念刊》，福州万有图书社1938年版，第39页，《最近三年来福建全省进口货位变动表》（根据省政府统计室材料统计）。

续表

位次		1905	1910	1915	1920	1925	1930	1934	1935	1936	1937	1938
二	货名	棉布	棉布	豆饼	棉纱	棉布	糖	棉布	麦粉	麦粉	麦粉	肥田粉
	国币	4653	3586	4513	4939	8218	6307	6856	6498	5190	4451	3697
	%	9.91	6.91	8.74	8.44	10.26	5.60	9.60	10.10	8.70	7.60	7.60
三	货名	棉纱	棉纱	鱼介海味	麦粉	糖	麦粉	麦粉	米谷	肥田粉	肥田粉	麦粉
	国币	4123	3551	4350	4051	6513	5904	6207	5917	4358	3804	3245
	%	8.78	6.84	8.43	6.92	8.12	5.24	8.70	9.30	7.30	6.50	6.80
四	货名	米谷	米谷	豆类	豆饼	麦粉	米谷	纸烟	纸烟	纸烟	纸烟	纸烟
	国币	4103	3333	3978	3912	4563	5829	3404	3574	3590	3307	2398
	%	8.74	6.42	7.71	6.68	5.69	5.17	4.80	5.60	5.60	5.70	5.70
五	货名	豆类	豆类	麦粉	豆类	棉纱	肥田料	植物油	植物油	植物油	植物油	米谷
	国币	3379	2447	3641	3197	3579	5408	3049	2442	2246	2453	2173
	%	7.20	4.71	7.05	5.46	4.47	4.80	4.30	3.80	3.80	4.20	5.20
六	货名	五金	麦粉	棉纱	糖	豆饼	纸烟	鱼介海味	肥田粉	米谷	棉纱	棉纱
	国币	3289	2113	3038	3026	3569	4879	2954	2330	2084	1932	2140
	%	7.01	4.07	5.89	5.17	4.45	4.33	4.10	3.70	3.40	3.30	1.30
七	货名	鱼介海味	豆饼	糖	鱼介海味	煤油	鱼介海味	棉纱	鱼介海味	煤	豆饼	煤油
	国币	2001	1999	2329	2946	3465	4736	1966	2329	1972	1857	1426
	%	4.26	3.85	4.51	5.03	4.32	4.20	2.80	3.70	3.20	3.20	3.40
八	货名	煤油	鱼介海味	煤油	煤油	豆类	豆类	豆饼	鱼介海味	豆类		五金矿砂
	国币	1665	1848	2225	2771	3192	4683	1780	2312	1931	1422	1168
	%	3.55	3.56	4.31	4.73	3.98	4.16	3.20	3.60	3.20	2.40	2.80
九	货名	小麦	糖	米谷	米谷	鱼介海味	煤油	豆类	棉纱	豆饼	五金矿砂	豆类
	国币	1300	1513	1911	2011	3190	4184	1729	1982	1826	1347	1015
	%	2.77	2.91	3.70	3.61	3.98	3.71	2.40	3.00	3.10	2.40	2.80
十	货名	糖	煤油	药材	五金	五金	豆饼	煤	豆饼	棉纱	鱼介海味	汽油
	国币	1264	1328	1346	1653	1939	3669	1879	1656	1772	1331	973
	%	2.69	2.56	2.61	2.82	2.42	3.20	2.40	2.60	2.90	2.20	2.30
总值	国币	46938	51914	51610	58535	80132	112701	71514	63627	60018	58511	42127

资料来源：福建省政府秘书处统计室：《福建历年对外贸易统计》，1935年版，第69页；根据周浩等《二十八年来福建省海关贸易统计》，福建省政府统计室1941年版，第22页表；福建省政府建设厅，朱代杰、季天祐：《福建经济概况》，1947年版，第316—317页；福建省秘书处编译室：《闽政月刊》第9卷，1941年版，第2期；陈肇英：《福建省银行三周年纪念刊》，福州万有图书社1938年版，第39页，《最近三年来福建全省进口货位变动表》（根据省政府统计室材料统计）。

说明：以上各类输入商品均包括从国外和外埠转运进口的洋货，同时，也包括本国进口的土货。输入总值乃全省经由海关输入货物总值，包括所有从海关进口的国内外商品，即从国外进口的洋货和从外埠进口的洋货和本国商品在内。

第四章　全球化与区域化：商品结构（1895—1937）

从福建各大宗商品在洋货进口净值中所占的比重来看，占主导地位的各类商品地位不断发生变化。但是，无论各类商品所占比重怎样变化，占据主导地位的商品多是日常消费品和生活必需品，除此之外，则是生活和生产原料品。一是长期占据进口贸易首位的鸦片由于实行禁运政策，从1915年开始，鸦片则从进口货中退出。二是除鸦片外，棉布占据突出地位。从1895年占进口值的7.91%升至1920年的17.14%，直到1930年仍占12.99%，可见其地位非同一般。从鸦片禁运当年1914年始，棉布是第一大进口商品，1925年下降到第三，1930年也屈居第二，所居地位非同一般。之后直到抗战爆发，洋布进口减少，土布进口独居鳌头。[23] 三是1895—1905年除鸦片外，占据进口第一位的棉纱，1920年下降到第二位，1915年下降到第5位，此后日趋下降，一泻千里。四是糖的进口比重不断增长，从1895年的0.23%，一路攀升至1925年的18.34%，1914年升为进口商品第二位，1915—1925年间，糖升至第一位。五是大米的进口一直占据相对较重的份额，个别年份所占比重达到16%甚至26%，居进口第一位。除此之外，麦粉、鱼介海味、肥田粉、纸烟、植物油、五金、煤油、药材等一直是福建输入的大宗商品。30年代后，福建进口的各主要商品出现了明显的下降趋势。[24] 总体来看，在这些进口商品中，除了豆饼、肥田粉、五金矿砂等主要是用农业生产的生产资料之外，其余商品均是消费品，且多数是为满足衣食的日常用品，可见在福建这样一个山多田少的特殊区域内，尽管长期以来形成了相对发达的商贸传统，但福建省的经济依然无法满足最基本的生活需求，而要仰赖进口。生产不敷吃穿，大部分所得用来购买基本生活所需，更谈不上发展工商业的生产。主要商品进口净值占全省洋货进口净值的比重，见表4-1-3。各大宗商品在洋货进口净值中所占的比重到30年代后，出现了明显的下降趋势，而外埠转运进口的商品相对来说，出现增加的趋势。这种情况说明，可能部分的商品由埠转运进口而没有统计在内，是各类大宗商品比重迅速减少的影响因素之一。

商品结构的变化在三个口岸中情况大体相同。三都澳贸易量非常小，而福州和厦门中，以厦门的进口占据支配地位。我们仍从几个主要年份看一下各大类进口商品所占比重的变化情况。1904年之后，海关贸易统计编制方法发生变化，只有大宗商品的进口量的统计，进口值则没有单列。因此可以就1894—1904年间的各关情况进行分析。

表 4 – 1 – 3　　1895—1937 年间主要商品占洋货净进口值百分比比较

年别	鸦片	棉纱	棉布	火柴	煤油	糖	五金	米	面粉	染料	机器
1895	28.15	10.09	7.91	1.13	4.63	0.23	4.80	4.44	3.13	0.63	0.01
1900	25.85	10.84	7.03	1.66	9.22	2.14	7.25	6.76	4.73	0.51	2.27
1905	21.98	14.18	8.08	1.05	4.29	4.46	11.60	7.73	3.01	0.65	0.45
1910	40.10	8.45	8.07	1.25	4.08	4.68	3.20	8.65	1.61	1.02	0.40
1914	5.04	8.35	11.82	2.13	8.79	9.58	5.75	4.57	4.27	2.59	0.29
1915		6.87	13.41	2.19	9.63	9.88	5.65	8.16	0.05	0.43	0.71
1920		4.31	17.14	2.23	11.42	9.85	6.78	1.44	0.34	1.39	0.65
1925		0.29	12.73	0.81	8.82	18.34	4.86	16.24	2.83	1.8	1.07
1930			12.99	1.12	7.98	11.47	4.82	7.87	2.93	1.42	1.19
1935			1.24	0.10	1.87	2.35	2.94	26.14	0.65	1.09	1.23
1936			0.42	0.08	5.91	4.14	3.63	3.77	0.54	0.82	1.7
1937			0.23	0.005	4.84	1.58	3.40	0.19	2.39	0.79	0.77

资料来源：*Trade Reports and Returns of Foochow*，*Amoy*，1895；福建省政府秘书处统计室：《福建省历年对外贸易统计》，1935 年版；周浩等：《二十八年来福建省海关贸易统计》，福建省政府统计室 1941 年版。根据相关进口商品值计算而来。

说明：1933 年以后，由于海关贸易统计方式又发生了改变，因而洋货从外埠转运进口的部分无从查考，而复出口部分也未曾除去，因而表现在主要进口洋货所占的比重上，可能外埠转运进口的部分比例较大，也是影响大宗商品比重下降的重要因素之一。

1894 年福州的洋货进口净值为 506 万余海关两，各类商品进口值及其占洋货进口净值的比重分别为：鸦片 240 万海关两，占 47.43%；棉纺织品 80 万海关两，占 15.73%；毛纺织品 11 万海关两，占 4.42%；五金类 37 万海关两，占 15.5%；杂货类不足 17%。① 1895 年洋货进口净值为 515 万海关两，各类所占比重分别为：鸦片 218 万余海关两，占 42.38%；棉纺织品 103 万余海关两，占 20.09%；毛纺织品为 10 万余海关两，占 2%；五金为 36 万海关两，占 6.99%；杂货类为 139 万海关两，占 26.92%。② 其中所占比重鸦片稍低上年，棉纺织品及杂货类有所升高，而毛类及五金则明显下降。棉货类净进口值共 103 万海关两，进口最多的依次为印度棉纱 33.5 万海关两、标布 31.5 万海关两、原色布 14 万海关两。海关贸易报告也指出，棉货类增加主要是"其中白布（白洋布）增

---

① *Foochow Trade Reports and Returns for the year* 1894.
② *Foochow Trade Reports and Returns for the year* 1895.

加 2123 匹（论略是疋），即 50%，灰布（原洋布）增加 8931 匹，即 16%；中日战争期间减少 18% 的斜纹布（扣布），增加 32252 匹，即增加 23%。唯一例外的是本色薄棉布，减少 2460 匹，这是由于前一批布的质量太差"。① 除了原布、标布增加外，印度棉纱进口是引人注目的一项。印度棉纱增加 5158 担，比 1894 年增加了近 50%，"因本地四载之前兴纺纱织布，是以所需之巨，其所织之布虽不逮宁波坚厚，价尚较廉，销售之于贫民为较易耳"。② 杂货总计 139 万海关两，煤油共计 26 万海关两，军需品 22 万海关两，海产品总计 17 万海关两，分别占杂货进口的前三位。其他杂货主要有：茶席 59911 海关两、各国人参 58496 海关两、日本火柴 36936 海关两、染色苯胺 30260 海关两、麦粉 28638 海关两、煤 28516 海关两、药品 26289 海关两、酒精 21983 海关两、檀香 20945 海关两、编织物 19502 海关两、整藤 16240 海关两、各类糖 15301 海关两、黑胡椒 14778 海关两、茶纸 14019 海关两、窗玻璃 12011 海关两、燕窝 11683 海关两、香木 10884 海关两、硝石 10750 海关两。五金不如上年，总计为 360062 海关两，依次以锡 171346 海关两、铅 120895 海关两、旧铁 23632 海关两为最要。总体来看，1895 年福州进口洋货中鸦片和棉纺织品两项就占进口值的 60% 余，可见，当时鸦片与棉布及棉纱在进口商品中的比重之大。1896 年福州洋货进口净值为 521 万海关两，棉纺织品类 133 万余海关两、毛纺织类 11 万海关两、五金 41 万海关两、棉毛杂类 9855 海关两、杂货 161 万海关两，分别占洋货净进口值的百分比为：棉类 25.59%、毛类 2.1%、五金类 7.8%、杂货类 30.88%，其余为鸦片，所占比重在 33% 以上。③ 1900 年福州洋货进口净值为 564 万余海关两，棉货类 102 万海关两，毛货类 8 万余海关两，五金 48 万海关两、棉毛杂货 5089 海关两、杂货总计 231 万海关两，所占比重分别为鸦片 33.9%、棉货类 18.09%、毛类 1.45%、五金 8.57%、杂货类 40.98%。④ 到 1904 年，洋货进口净值为 853 万海关两，其中各类洋货进口绝对值均较 1900 年提高。福州鸦片进口 247 万海关两，约占 28.97%；棉纺织品为 184 万

---

① 吴亚敏：《近代福州及闽东地区社会经济概况》，华艺出版社 1992 年版，第 203 页。
② 同上。
③ *Foochow Trade Reports and Returns for the year* 1896.
④ *Foochow Trade Reports and Returns for the year* 1900.

海关两，约占 21.66%；毛纺织品 9 万海关两，约占 1.09%；五金 88 万海关两，约占 10.35%；杂货类为 317 万海关两，约占 37.2%。①

1895 年厦门进口商品中，鸦片、棉纺织品、毛纺织品、五金、杂货五大类共计进口净值 736 万海关两，其中鸦片进口值为 134 万海关两、棉纺织品为 125 万海关两、毛织品类为 9.9 万海关两、五金为 24 万海关两、杂货 352 万海关两，分别占进口净值的百分比为 18.19%、17%、1.35%、3.25%、47.9%，杂货的比重大大上升。棉货类中，进口的大宗是棉纱 93 万海关两和白洋布 11 万海关两，分别占棉纺织品进口值的 74.16%、8.5%，除此之外，依次以标布、原色布、花布、红布、日本棉布进口相对较多。五金类以锡 154376 海关两、铅 18281 海关两、旧铁 14449 海关两、水银 16325 海关两为主。杂货类中豆类为 61 万海关两、大米 56 万海关两、鱼介海味 47 万海关两、麦粉 36 万海关两、煤油 32 万海关两、豆饼 14 万海关两、各种参 14 万海关两、日本火柴 11 万海关两、稻谷 5.6 万海关两。除此之外，进口骆驼编织物、煤、燃料苯胺、菇类、玻璃器皿、药品、茶席、麻袋、玻璃器皿、鸟羽、丝织品均上万海关两。② 1896 年厦门洋货净进口值为 750 万海关两，鸦片 218 万海关两、棉货类 153 万海关两、毛货类 12 万余海关两、五金 34 万海关两、杂货类 333 万海关两，分别占洋货净进口的百分比为 29%、20.3%、1.6%、4.5%、44.4%。③ 到 1900 年，厦门洋货净进口值为 761 万海关两，其中鸦片为 165 万海关两、棉货类为 140 万海关两、毛货类为 9.7 万海关两、五金为 45 万海关两、杂货为 402 万海关两，所占百分比分别为 21.6%、18.4%、1.27%、5.8%、52.8%。其中各类商品所占比重与 1896 年相比，鸦片减少明显，棉、毛织类相差不大，五金有所上升，最明显的是杂货类上升了 7 个百分点，这是值得关注的问题。其中进口最多的依次是大米进口 30 万担，值关平银 84 万海关两；干虾 11 万海关两；面粉净进口共计 15 万担，值 53 万海关两；人参共计 21 万海关两；日本火柴 66 万罗，值 16 万海关两。④ 到 1904 年厦门的进口洋货为 994 万海关两，进口

---

① Foochow Trade Reports and Returns for the year 1904.
② Foochow Trade Reports and Returns for the year 1895.
③ Amoy Trade Reports and Returns for the year 1896.
④ Amoy Trade Reports and Returns for the year 1900.

鸦片为206万海关两,棉货类为231万海关两,毛织品为15万海关两,棉毛杂货为2万海关两,五金为34万海关两,杂货类为505万海关两,分别占外洋净进口的百分比为20.7%、23.2%、1.5%、0.2%、3.5%,杂货类为50.8%。①

由上看出,1895—1904年10年间,无论福州还是厦门,其进口贸易绝对值均出现了上升,福州进口的各类商品中,仅鸦片一项就占到30%—40%;棉纺织品的比重也相当大,这是由于福州地处闽江尾闾,闽江流域各个地方所需洋货均从福州转运而使进口量非常大;而厦门进口当中鸦片所占比重在20%左右,占进口最大宗的是进口量不断增长的各类杂货,这主要是厦门与南洋地区长期以来形成的传统的贸易圈影响所致。②

第二节 主要进口商品

福建进口商品结构不断发生变化,不仅表现在商品种类的增多,还表现在每一种主要商品在商品结构的地位变迁上。尽管我们从总体上对主要商品进行了考察,但只有通过仔细分析各种主要商品量与值的消长变化及其影响因素,才能够充分说明经济全球化对福建近代商品生产和需求产生怎样的影响,也才能够明白真正牵制福建近代贸易发展变化的原因。

一 鸦片

1895年以后,福建的鸦片贸易发展趋势和全国一样,基本上呈现由盛转衰、并趋于消灭的特征。近代以来,鸦片无论在福建,还是在全国的贸易当中,都占据非常重要之地位,是进口最大宗的商品之一。

鸦片战争后,清廷为筹措军饷,于1858年的《天津条约》准予鸦片合法输入中国,《通商章程善后条约·海关税则》规定洋药准其进口,议定每百斤纳税银30两。海关只参稽查鸦片逃税事宜。还规定:鸦片收税(进口税)以后,外国鸦片商只准在口岸销售,一经离口,即属中国货

---

① *Amoy Trade Reports and Returns for the year* 1904.
② 由于海关贸易统计从1905年以后开始出现了大的变更,各海关进出口商品的详细情况只统计到1904年,之后简略,因而囿于资料限制,仅就1895—1904年间进行分析,特此注明。

物，只许华商运入内地，外国商人不得护送，内地如何征税（厘金），"听凭中国办理，嗣后修改税则，仍不得按照别定货税"①。这一规定使鸦片被排除在子口税优待之外，鸦片运销到内地要缴纳沿途厘金，引起了以英国商人为主的外国鸦片贩子的强烈不满。1861年，刚出任代理海关总税务司的赫德，首次提出了鸦片税厘并征的办法，中英围绕税厘并征问题展开了交涉。1876年，中英《烟台条约》将运销鸦片沿途所要缴纳的厘金税均改在沿海口岸向海关一次性完纳，而税厘并征数额直到1885年7月18日签订《烟台条约续增专条》才规定：洋药运入中国者，应由海关验明，封存在海关批准设立的具有保结的栈房或者具有保结的趸船内，必须等到按每百斤向海关完纳正税30两，厘金80两之后，方许搬出。规定了鸦片进口税厘并征110两。鸦片进口于内地拆包后即为中国货，由中国另行征收内地厘金。②此条约实行后，报部的鸦片厘金猛增。"据信其结果将使进口本省的鸦片大量增加。由于各口岸税率相等，直接由福州口岸进口，比以前由邻近海岸和内地口岸运进更为适宜。"但由于福州厘税加重，政府对土鸦片贸易的默许和容忍，以及在贸易上土货处于更优越的地位，据信"土鸦片的种植和消费数量可观"③，鸦片商无利可图，因而外国鸦片进口量不大。尽管如此，甲午战前，与全国一样，鸦片始终占福建进口商品之首位。

由于鸦片毒害颇大，清政府不得不于1906年颁布禁烟章程，要求"由各将军、都统、督抚等督饬所属暨税务司于各该水陆边界设法稽查，以杜漏扼"。对于吗啡，"切实申明分饬各税关，如查不因医治使用贩运来华者，一概不准进口"④。清政府向英国提出，以10年为限，停止向中国输入鸦片。慑于世界舆论，英政府同意1901—1905年间鸦片递减1/10，到1917年4月1日鸦片进口基本结束。因此，甲午战争后到鸦片被禁绝之前，外国鸦片进口逐年下降，土鸦片生产不断增多。

1895年以来到被完全禁绝，全国乃至福建鸦片输入不断下降。就全国来看，1895—1910年间基本保持在5万担左右，其中1899年、1903年

---

① 王铁崖：《中外旧约章汇编》（第1册），生活·读书·新知三联书店1957年版，第117页。

② 同上书，第471页。

③ 吴亚敏：《近代福州及闽东地区社会经济概况》，华艺出版社1992年版，第360页。

④ 于恩德：《中国禁烟法令变迁史》，中华书局1934年版，第263页。

两年分别高达5.9万担和5.8万担,1910年开始迅速下降。从1910年进口量的3.5万担,下降到1917年仅有1072担。而中国最大的贸易大港上海的鸦片进口也不断下降。从1882年的4.5万担,下降到1911年的不足1.8万。① 福州和厦门进口量均呈现了下降的趋势。

随着鸦片进口的减少,鸦片的价格却不断地提升,致使鸦片进口值突升。全国鸦片进口值在1910年以前,基本保持在3000万海关两以上,到1903年,高达4383.1万海关两。以此为界,以前基本处于上升阶段,之后基本处于下降阶段,1907年最低,值2865.4万海关两,1909年间回升至3574.5万海关两。1910年随着鸦片进口量的跌落,鸦片价格猛增。1910年增至5541.1万海关两,后虽然逐步下降,但仍高于1907年最低值,1915年始,则绝对值不断下降。全国如此,各通商口岸也差不多。上海鸦片价格上升很快。如在1917年时,每担白皮土的价格为610海关两,公班土为487海关两,喇庄土为476海关两,波斯土为4海关两,外国熟膏为900海关两,到1910年时,价格分别上升为白皮土1583海关两、公班土1568海关两、喇庄土1559海关两、外国熟膏2000海关两,价格几乎翻了2—3倍。因而致使鸦片进口值从1907年约为1564万海关两上升到1910年时的3123万海关两。② 但随着绝对量输入的日渐减少,鸦片进口值在突升之后,也趋于减少。

1. 福州

福州鸦片输入量从1895年开始到1903年期间,除了1900年、1901年鸦片输入低于3000担外,其余年份都保持在3400担以上,到1903年达到最高,为4419担。③ 据福州海关贸易报告称,1895年,"全年的鸦片进口量稳定下降,特别是波斯土,减少的比例比任何其他的鸦片都大,从1894年的378担降到216担。喇庄土仅比1894年减少6担,1894年的进口量比1893年减少14%,白皮土从1894年的2365担减少到2079担,公班土从1492担减少到1239担。由于不利的汇率,加之印度鸦片的部分歉

---

① 徐雪筠:《上海近代社会经济发展概况》,上海社会科学院出版社1985年版,第13、64、143页表。

② 同上书,第143页。

③ Foochow, Amoy Trade Reports and Returns for Each Year;福建省政府秘书处统计室:《福建省历年对外贸易统计》,1935年版。

收,使得外国鸦片售价高昂,难以同土鸦片竞争"①。1903年以后,福州鸦片进口呈江河日下之势,直到1914年福建海关统计中不再出现鸦片项为止。1903年进口4419担,1906—1907年以来实施禁运政策后,鸦片进口减少到1906年的3362担,1914年只有110担。

福州鸦片进口减少主要是清廷实施严厉禁烟政策,于1906年在福州设立禁烟局。"刚开始时,仅仅禁止个人吸烟和免费施舍戒烟药品",后在清政府的支持下,禁烟行动更为激烈,如调查瘾君子的人数,取缔鸦片窟等,把违法吸鸦片的人,捉到医院禁闭一个月,进行戒烟治疗等。禁烟委员会在全省成立112个支会,势力大为发展。1911年,在政府的支持下,每月向轿夫征收烟税,但在发生了一次反抗之后,这种烟税马上停收了。"禁烟运动无疑使鸦片贸易的数字在我们的统计中大为减少。1911年秋季,从海上进口的各种土鸦片完全销迹了。"②

同时,汇率的下降,使洋鸦片进口价格提升,而土鸦片生产的增多及相对便宜,是洋鸦片进口减少的一个关键影响因素。如1897年福州报告称,"在福建较受欢迎的鸦片是白皮土,它总是由富裕人家消费。但汇率的下降逐渐抬高了它的价格,最后只有富人才消费得起"。"10年前本口进口量是本年度的一倍,虽然尚未达到完全消失的地步,但在10年中减少一半也算相当可观。主要是由于土鸦片价格便宜,日益受欢迎,部分也由于银价升高。福建人不喜欢抽波斯土,据说是运到这里后再走私到台湾。自从日本控制该岛交通后,走私贸易非常赚钱,鸦片价格很高。去年2月份后,波斯土价格大幅度上升,据说就是由于这种非法贸易所致。除了外国鸦片消费量减少外,土鸦片也从1896年的819担,下降到本年度的637担。也许可以肯定地说,消费量不少于往年,问题在于,本地鸦片产量正在增加。"③ 1900年福州贸易报告称,"外国鸦片大量减少,国内药物填补了空白。1891年只有1担进口,1900年进口量达656担。本地鸦片种植量也急剧上升,由于农民见到种植罂粟比种麦能多获三四倍的利润,因此,都转向种罂粟。因为土鸦片比外国鸦片便宜,本地人趋于用土

---

① 吴亚敏:《近代福州及闽东地区社会经济概况》,华艺出版社1992年版,第206页。
② 同上书,第408页。
③ 同上书,第217页。

产，不是全吸土鸦片，就是用土鸦片与外国鸦片混合起来吸食。"① 1901年福州外国鸦片进口量减少了7%以上，进口总数仅有2703担，公班土减少38%以上、白皮土减少5%、喇庄土减少9%，而波斯土减少7%。每担鸦片的平均价格一直是公班土624海关两、白皮土608海关两、喇庄土615海关两、波斯土520海关两。② 在外国鸦片进口量一直下降的同时，土鸦片进口量不断上升。土鸦片按质论价，每担从300海关两到429海关两不等。"目前全省广泛种植罂粟，从种植的面积来看，似乎不用多久，这种药材便可能成为一种出口商品。"③ 1904年，福州外国鸦片进口量为3852担，价值2465673海关两，比1903年大幅度下降，"主要是价格过高，另一原因是土鸦片进口量增加。将十年来的进口鸦片进行比较后就会发现，鸦片的消费量没有什么改变……"④

1907年以后清廷厉行禁烟，鸦片贸易丧失了"合法"地位，"官府和福州禁烟公会已在竭力降低鸦片消费，我相信在年轻人已获得某种成功，瘾君子戒烟则有相当的困难"⑤。在福州禁烟协会的努力下，1907年，"本省的鸦片产量已经减少一半。此后7月和10月——总督又两次告示，奉旨严禁在本省种植罂粟，违者要受到包括没收土地在内的惩罚……协会对那些无意执行合作的官员施加压力，而且将发动群众舆论来反对吸食和种植鸦片……协会已经办了几家医院，免费帮助人们戒烟。仅去年3月就有2300人通过医院的帮助戒除烟瘾"。⑥ 1909年比上一年少进口约300担外国鸦片，但土鸦片有少量增加。根据新规定，1909年只能进口1000担波斯土和喇庄土到中国，有趣的是，仅福州一口就进口了800多担这种鸦片，本年度每箱外国鸦片中的价格整整上涨300元，土鸦片涨得更多。到年底就有消息传来，印度拍卖行有鸦片的保留价格，这将有可能使鸦片的价格涨得更高。省当局和禁烟协会都已经采取强硬措施，禁止在本省种植罂粟。根据各种渠道传来的消息，他们的努力已经取得了相当的成效。⑦

---

① 吴亚敏：《近代福州及闽东地区社会经济概况》，华艺出版社1992年版，第223页。
② 同上书，第237页。
③ 同上书，第237—238页。
④ 同上书，第249页。
⑤ 同上书，第266页。
⑥ 同上书，第273页。
⑦ 同上书，第278—279页。

海关贸易报告频频记载鸦片进口不断减少的问题,"洋花进口殊有江河日下之势……福州去毒社于办理禁烟一事仍如曩时之认真进行,无可稍懈,实于禁烟前途深堪庆幸也"①。"本年洋药进口之数,业已一落千丈。固属自然之理,本年春初间,英领事署向在福州之包克本君,与厦门英领事署之特尔纳君,会同华官,调查福建全省有无栽种罂粟情事,嗣据报称烟苗,已经净绝。本省因即出示通告,自五月一日起,不准再行贩运洋土进口,尚经查获,除将所获烟土焚毁外,仍将犯者从严处治。"②

2. 厦门

厦门鸦片1895年进口2427担,1897年涨到4306担,之后几年进口有所减少,1901年减为2560担,1902—1910年间起伏不大,进口量基本保持在3000—4000担,1911年迅速减少到2381担,到1914年鸦片进口仅为54担。③

与福州相同的是,厦门鸦片进口减少。一方面是土鸦片生产和消费的增多,使洋鸦片进口相对减少。本地物美价廉的土鸦片大量生产,及外省土鸦片的进口影响了洋鸦片的进口。"洋药进口自1888年到1895年八年之内,皆逐渐大减,唯本年进口净数有3800余担,较上年2400余担,虽有加增,然勿以为日后皆能若是也。盖不过暂时光景,正如各土药之略为减少,非可据以为实也。上等同安土药可熬膏八折者每担价值560元,喇庄土熬膏折数不及土药者,每担非700—750元不可,观此情形,难望洋药生理得长久复盛也。白皮土销路已有多年,如急流之勇退。本年只得70余担耳,公班土因香港趸之人欲将所存旧货售清,价钱颇减至与喇庄土无殊。以故本地之人宁将平素最喜用之喇庄土价购用该土也。波斯土、金花土价周年逐减至年底之时,较春初每百元少三十元,此货进口上年360余担,至本年则增至1960余担,所增之故,多半因价钱低减无疑也……土药因种植者,见其大可获利,故田亩之专用以种罂粟而不种米谷与别种食物者日有所增,即鼓浪屿小岛昔日种植薯菜之田,本年亦见长满罂粟,颇觉美丽,虽地亩加增,唯阴雨不时,故收成不及。上年之盛,本

---

① 民国元年(1912)《福州口华洋贸易情形论略》。

② 民国三年(1914)《福州口华洋贸易情形论略》。

③ *Foochow, Amoy Trade Reports and Returns for Each Year*;福建省政府秘书处统计室:《福建省历年对外贸易统计》,1935年版。

年土药之由别省进口者合共 916 担,较上年多 58 担,而出口上年有 97 担,本年只 29 担,江苏土药进口 29 担,余为本年册内初见者,四川土药有 14 担运往新加坡,亦堪录及也。"① 1894—1901 年由轮船从上海运抵厦门口岸的土鸦片总计达 7014 担,以 1900 年的 1466 担为最多,"土产鸦片种植范围的扩大和对它嗜好的加深,也是外国鸦片进口减少的主要原因"。如在 1894 年,云南、四川、江苏等土产鸦片从上海运抵厦门为 57 担,1895 年则为 761 担,1898 年达到 1029 担,1901 年则为 1407 担。同时,四川约有 4000 担鸦片从陆路运入本省;500 担温州鸦片由帆船运入本省。福建省到了最近几年,"罂粟的种植才成为重要的商品生产之一。1887 年《烟台条约》后开始增多,1893 年产量估计 1460 担,1900 年上升到 7784 担,而 1901 年全部产量超过 8000 担。主要的产区是同安"。"由于罂粟种植的增长,我们可以有把握地预言,外国鸦片的进口还将进一步减少……"②

随着进口量的减少,厦门鸦片进口价格也不断上升。"外国鸦片进口减少的原因之一是它的价格昂贵"。外国鸦片由于其价格远远高于土鸦片,才在竞争中处于不利地位。"1892 年每担价格为 400 海关两,1901 年则为 600—700 海关两,土产鸦片现在价格可达 360—380 海关两。这也是十年前的价格"。③ 1892 年厦门进口的白皮土每担平均价格为 472 海关两,1905 年为 780 海关两,到 1911 年则更升至 2130 海关两;公班土价格从 1892 年的 448 海关两,到 1895 年的 527 海关两,1911 年时升至 2800 海关两;喇庄土每担价格 1892 年为 414 海关两,1911 年急升到 3230 海关两;波斯土从 1892 年的 377 海关两升至 1911 年的 2430 海关两。④

由于厦门各类鸦片进口价格的递增,导致 1907 年以后厦门鸦片进口值突增,并带动全省鸦片进口值升高。1910 年达到最高点,此后逐年下降,直到鸦片禁绝。随着禁运鸦片政策的出台,为什么会出现外洋鸦片进口值却在增高的现象?厦门鸦片进口值在 1909 年超过了 1895 年以来的最高年份 1903 年的消费量,于 1910 年达到顶点后,直线下降,但只有禁绝

---

① 光绪二十二年(1896)《厦门华洋贸易情形论略》。
② 戴一峰:《近代厦门社会经济概况》,鹭江出版社 1990 年版,第 312 页。
③ 同上书,第 311 页。
④ 同上书,第 309、342 页。此是外国鸦片近二十年来每年出售厦门的数量及各种鸦片的平均价格(1892—1901 年包括支付的关税和厘金,1902—1911 年税厘已支付)。

鸦片输入的最后两年因进口鸦片数明显减少，进口值才低于历年消费值。而全省的情况也呈现相同的发展趋势。"1892 年所记录的是每担 400 海关两，1901 年上升到 700 海关两。但 1910 年和 1911 年出现了不正常的价格，由于提高关税，立即造成鸦片价格上升，并在 1911 年 9 月，所谓鸦片繁荣时期，达到最高点。"①

而与福州不同的是，清政府提出过禁烟，但厦门消费人数并没有减少。主要是抗鸦片药吗啡进口增多。"厦门的进口总值在通商口岸中名列第 12 位，但它的吗啡进口量却名列第二。上海进口量较大……上海是中国很大一部分地区的集散中心，而厦门仅仅影响一个有限的地区。"② 1895 年"洋药进口数虽短少，然未如上年之甚，所短者 700 余担，为公班土、喇庄土两种，虽印度国报传来年所出洋药有 39000 箱，较之本年 37000 箱其数虽多，而人皆疑明年洋药来数未必有增加之处"。莫非鸦片进口有 4800 余两，估值关平银 7300 余两，灌药水筒管 100 余支，估值关平银 100 余两。"观此可知，莫非鸦片之弊之行于本口也。"③ 1891 年间，460 盎司的吗啡进入厦门口岸，1892 年进口 1000 盎司，1894 年 5188 盎司，1900 年达 16776 盎司。1899 年吗啡的进口数比 1895 年增加 31%，同期内，1899 年外国药品进口总数量比 1895 年增加 31%。由此，从专治鸦片毒瘾的吗啡药丸进口日增的情况，"可得出唯一的结论，即吗啡已成为了鸦片的代用品。"④ 1902—1911 年大约有 23722 盎司的吗啡，作为鸦片的替代物在海关的监视下进入本口岸。

直到政府采取强硬措施，禁止鸦片入口。"洋药进口喇庄土较上年多 437 担，波斯土少 917 担，公班土则 4 箱而已。本年核计共得 3790 担，而上年则有 4306 担，较少 516 担，自不满商人之愿矣。莫非鸦片自光绪十七年本口册论始有，自是以来递增不已。至本年照英两计之，则有 11810 两之多，实为历年之冠，上年亦只 9071 两耳。观此足见嗜之者日多，消流日广。本口与内地店铺牌号大书发卖戒烟。莫非烟丸药者日见其多，此物制成丸药服食者固多，然用以射入皮肤之嗜好，亦习染甚速。服用此物

---

① 戴一峰：《近代厦门社会经济概况》，鹭江出版社 1990 年版，第 343 页。
② 同上书，第 310 页。
③ 光绪二十一年（1895）《厦门口华洋贸易情形论略》。
④ 戴一峰：《近代厦门社会经济概况》，鹭江出版社 1990 年版，第 312 页。

其害较吸食洋烟犹烈。盖其内含毒贻害最深,然因其价颇相宜,取用较便,故土人嗜之者日众,零卖每瓶重7钱半,为洋银3元至3元2角。"①"洋药进口本年实为最少,土药出产日盛,服食莫非鸦者亦日多。洋药进口之数自必日少,可无疑义。莫非鸦片药水因用玻璃管射入皮肤有烂肉之害,通行不久便已日息。唯莫非鸦片药丸则销流极腐,本地售此药铺年内有一家,以之制丸者竟用至4500两之多,本年进口莫非鸦片有12400余两。上年只8800余两,所望国家速为设法禁止勿使进口为妙……"②"药土洋药进口共2450余担,较最短之光绪二十一年为稍胜……洋药进口数目何以江河日下至于此,盖仍以土药消流日盛,而莫非鸦片进口至1.25万余两之多,较前十年其数竟增35倍耳。"③

从1911年9月起,熟土鸦片禁运入口,1911年12月31日起,波斯土禁运入口,10月本土鸦片禁止种植,如1912年厦门贸易报告,计进口鸦片净数只有1620余担,1911年则仍有2830余担。由于政府的禁运政策,"第以此项贸易是时情形不定,故土商亦极竞戒慎,不肯冒险再运前来甚至有将所存之土减价发售,受亏不少者"。而进口的减少,使价格猛抬,"洋药进口日渐衰微,推原其故,乃系烟禁森严,有以致之现时已将前积之土逐渐移出销售,想不久本关报册中定将此项名目削减于无何有之矣,其价值之升涨殊异于寻常,可见当此情形危迫之时,此项贸易实属冒险之至也,波期土价值在七月至十月之间,每担由关平银2300两升至4333两,而各色药土至年底其价值之高,仍复如是。"④但直到1913年5月5日,地方当局才采取严厉手段查禁鸦片,关闭所有鸦片商店,并严厉处罚吸食者,9月罂粟的种植得以禁止。1913年厦门贸易报告称:"洋药本年报册所载数目,系春初四个月之额而已。迨五月一日起,药土即完全禁运出口,故本关贸易册中,对于各种药土,业已删除尽矣。"⑤

三都澳虽然直接进口外国鸦片不是很多,但土鸦片的消费却也影响到当地百姓的生活。"一般人认为,本省这一地区的繁荣之所以日益消失,是由于近年来土鸦片的产量和消费量增加,据估计,这个地区60%的成

---

① 光绪二十四年(1898)《厦门口华洋贸易情形论略》。
② 光绪二十五年(1899)《厦门口华洋贸易情形论略》。
③ 光绪二十六年(1900)《厦门口华洋贸易情形论略》。
④ 民国元年(1912)《厦门贸易报告》。
⑤ 民国二年(1913)《厦门贸易报告》。

年男子吸食鸦片,而20年前仅有30%左右。"①

强行施禁,却使本来就猖獗的走私更形严重。1915—1917年间,从台湾和其他地方运来了大量毒品,大多在管辖区外的海岸卸货。②《福建地方志》记载说,鸦片是最大的投机事业。"据海关报告,1905年运进本境的鸦片计有3500余担,但据土商报道,当时大土入口4000余担,小土入口1000余担,还有一些走私的尚未计算,所以海关报告的数字大大不实。"从事鸦片走私的洋行也非常多。"当时市场上所谓的红土、大土,都是由英船运来,交予英商洋行再分售给日商洋行、法商洋行或本地投机奸商转手进入土膏店或鸦片烟馆。当时市内较大的洋行如法国的合一洋行,日本的日兴昌洋行、福记洋行、三五公司等,都是以经营鸦片为主的外国商家。"③

综上,在福建完全禁绝鸦片进口之前,鸦片在进口商品中,地位非常重要,常占全省洋货进口净值的首位,从1895年起占全省洋货净进口值的比重为28%,1900年稍有所下降,为27%,1905年下降到24%,而到1910年时由于禁运政策,导致鸦片价格攀升,尽管进口量在减少,但价值却达到前所未有的高度,所占全部洋货净进口值的40%之多。随着禁运政策的逐步实施和彻底完成,经过1910年、1911年的至高值后,不断下降,到1914年时,进口鸦片所占比重降低到只有5%。④全国鸦片进口所占百分比基本趋于下降。鸦片进口在全国进口贸易总值中的比重,1894年为20.6%,1900年为14.7%,1908年为8.7%,1917年为1.1%,所占比重不断下降。⑤

鸦片作为西方打开中国市场的一个武器,到1914年基本在福建海关记载中消失,一方面是西方资本主义利用毒品鸦片这种不人道的贸易毒害了人们的身心健康,更为重要的是鸦片的输入严重阻滞了中国的经济发

---

① 吴亚敏:《近代福州及闽东社会经济概况》,华艺出版社1992年版,第453页。
② 戴一峰:《近代厦门社会经济概况》,鹭江出版社1990年版。
③ 中国人民政治协商会议福建省福州市委员会文史资料工作组编:《福州地方志简编》(上册),1979年版,第146—147页。
④ *Foochow, Amoy Trade Reports and Returns for Each Year*;福建省政府秘书处统计室:《福建省历年对外贸易统计》,1935年版,相关表格根据1海关两=1.558国币元换算而得。
⑤ 上海社会科学院经济研究所、上海市国际贸易学会学术委员会编著:《上海对外贸易》(上册),上海社会科学院出版社1989年版,第197页。

展,使大量白银外流,加上大量机制棉纺织品的输入,扼杀了中国民族工业的兴起和发展,又使中国农、副、土、特产品大量出口以抵贷款,因此中外联合采取措施,限制及取消了鸦片进口。

二 棉纺织品

棉纺织品是近代中国进口的最重要商品之一。全国棉纺织品的进口从1874年的1829万海关两,增加到1894年的5214万海关两。而棉纱的进口增长更为迅速,进口量从1874年的6.9万担,增长到1894年的116万担;进口价从197万海关两,增长到2130万海关两。甲午战争后,全国棉织品的进口从1895年的5312万海关两上升到1905年的18166万海关两,后有所下降,但基本保持在1亿—1.5亿海关两之间,直到第一次世界大战结束后,突破2亿海关两,1920年达到2.48亿海关两。1921—1931年间,基本保持在1亿—2亿海关两之间。进口数之巨,可以想见。30年代之后不断下降,进口值不及甲午战前的水平。而进口棉纱从1895年的113.2万担,上升到1905年的256万担,直到1917年基本保持在200万担以上,从1918年始逐步下降,到抗战爆发前,全国进口只不过1万担左右。① 甲午战后到19世纪最后20年间,全国洋纱进口量增长了10倍,洋布进口增长不到3倍。棉纱进口值曾经在世纪之交时两度超过棉布进口值。进入20世纪后,棉纱进口增长速度减慢,海关报告多次指出,其速度减慢的原因是中国国内棉纺织业的发展。棉纱增长主要是由于纺机比织布进步速率更快,在中国洋纱排挤土纱的进程比洋布排挤土布的进程更快,手工业者们往往利用洋纱织土布来抵抗洋布。② 第一次世界大战期间,棉纱进口量不断下降,并开始出口。随着中国国内棉纺织业(包括外资在华工厂)的发展,棉纱出口量跳跃性地上升。这种上升趋势一直发展,1927年时棉纱由入超变为出超。③

福建棉纺织品的进口中,棉布、棉纱、棉制品曾占洋货进口的主导

---

① Hsiao Liang – lin, *China's Foreign Trade Statistics*, 1864—1949. Harvard University Press Cambridge, Mass. 1974, pp. 38 – 39.

② 严中平:《中国棉纺织史稿》,第267—269页,科学出版社1955年版;许涤新、吴承明:《中国资本主义发展史》(第2卷),第952—964页。

③ 陈争平:《试析1895—1930年中国进出口商品结构的变化》,《中国经济史研究》1997年第3期。

地位。福建省非产棉区，棉织业非常落后，土布生产不能满足人们需求，因此大量仰赖从海外运来的棉纺织品。19世纪70年代以前，曾引进外国棉花纺纱织布，自己生产棉纺织品，但由于物美价廉的洋纱很快挺进了福建市场，使用洋纱织布更经济实惠，成本较低。在利润的吸引下，闽浙总督卞宝第曾支持在福州城中设局织布，以进口印纱为原料，每年生产棉布40多万匹。① 随着洋纱纺织的发展，棉纱进口突飞猛进。外国棉布作为打开中国市场的主要商品，早在1848年时闽督兼海关敬穆上报的奏折就指出："洋布、棉布其物充积于厦口，内地之商贩皆在厦运入各府销售，其质既美，其价复贱，民间之买卖洋布、洋棉者，十室而九。"② 外国棉布进口日见增长，土布生产遭到严重打击。从整体来看，直到甲午战争以前，棉纺织品占洋货净进口的比重除鸦片之外，当属第一。

但随着国内外棉纺织业的发展，1895—1937年间，福建棉纺织品的进口也经历了一个由盛到衰的过程。棉布进口从1900年的141万元，上升到战时1915年的306万元，再上升到1930年的656万元，20世纪30年代以后逐年下跌。而棉纱进口从清末时期就开始出现下降，到20年代以后，基本不再进口。棉纱及棉布和其他棉织品进口陆续减少，到20世纪30年代，福建棉纺织品进口走了下坡路。

（一）棉布

在福建市场上，棉布进口量曾相当大，不仅有国内棉布的进口，也大量进口国外产品。福州进口的棉布花样多，主要有原色布、白洋布、英美粗斜纹布、薄棉布、各种制裳布、织花斜纹布、印花布、红布、花素棉羽绸、色花色提色点布、染色素布、棉法兰绒、棉剪绒、日本棉布等。其中以标布为巨擘，原色布、白洋布次之。甲午战争之前，洋标布之宽度，几为土布宽度之1倍，以品质论，复最相似，故输入匹数，增益甚至速。③福州进口第一位的标布自1895年以来呈现显著的下降趋势，如1895进口标布17万余担，1899年升至19万余担，后连年下降，到1918年时进口

---

① 卞宝第：《卞制军奏议》第12卷，第83—84页。
② 《解放前厦门的绸布业》，《厦门文史资料选辑》第4辑，1983年版。
③ 班思德：《最近百年中国对外贸易史》，海关总税务司统计科译印，1931年版，第118—125页。

只剩 5 万担。而原色布和白洋布及其他各色棉布则基本是稳步发展。如原色布进口基本保持在 5 万—7 万担。① 除了战争等客观原因使棉布运费增高，人们囤积居奇，从而使进口棉纺织品有所下降外，福州棉布大体处于平稳发展状态。"本年进口匹头，几乎全盘减绌，唯原色布，及红布两宗之于棉货类中，其数尚觉增多"。从 1914 年进口棉货关平银 185.5 万两下降到 1915 年银 153.28 万余两的原因，"盖缘业此者，率皆预料欧战方殷，该货来源，势必愈绌，故于去年内，争相囤积以待耳。至本年内，所有报运进口作备行销之货，以及进口后，复有加以土染之布匹。其价值均极腾涨。推市价之所以如此高抬者，则以行驶沿海各轮船运费，既已增加百分之三十。"② 棉布进口从 1899 年的 116 万元上升到 1931 年的 196 万元，从 1932 年始，进口迅速减少。③

相对来说，厦门棉布花色较少，主要有原色布、白洋布、色素布花色布、标布、英美粗斜纹布、红布、制袋布等，其中以标布、白洋布、原色布为进口量的大宗，三者彼此争雄。1895 年以前，厦门洋布进口量一直以标布、白洋布、原色布为大宗，原色布起伏较大，白洋布稳步上升，标布稳步发展。甲午战争后，1895—1907 年间，厦门洋布依次是以标布、白洋布、原色布为主，1895 年分别进口 5.4 万担、4.3 万担、3.2 万担，1901 年进口量最多，分别为 7.4 万担、6.7 万担、3.6 万担；1908 年之后，到 1914 年"一战"时，原布突升第一，1912 年达最高，达 6.9 万担，标布位居第二，白洋布居第三；1915 年以后，各色棉布进口剧减，但标布又超过原色布位居第一位，白洋布从 1907 年以后进口量一直保持在第三位。一直到 1918 年"一战"结束时进口量达到最低，1919 年开始，才均有回升。而整体来看，厦门棉布处于不断的上升状态，如从 1899 年进口的 62.8 万元，上升到 1931 年的 483 万元，1932 年也迅速下降。④

三都澳棉布进口量很少。1899 年开埠到 1902 年以前基本无洋布进口，1903 起始有进口，主要以标布、原色布、棉羽绸、红布为主，但进口量无法与福州、厦门相比。进口最大宗的标布 1903 年只有 1420 担，到

---

① *Foochow Trade Reports for the years* 1894—1919.
② 民国四年（1915）《福州口华洋贸易情形论略》。
③ 福建省政府秘书处统计室：《福建历年对外贸易统计》，1935 年版，第 144 页。
④ 同上。

1908年上升到5026担，后年有下降，直到1913年均没有超过5000担，1914年增到7433担，"一战"开始后，洋货输入日少，标布也直线下降。1919年"一战"结束后，只进口1400余担。三都澳棉布进口量很少，从1903年始有进口只1万海关两，后逐步上升，到1915年时达到最高约5.1万海关两，后又逐步下降，1925年仅剩1.7万海关两，之后起伏不定，但从1932年始也几无进口。①

民国以后20世纪30年代以前，三口相比，厦门棉布进口值逐步增大，且开始超过福州，绝对值相对增加。从全省来看，福建棉布进口在30年代之前是趋于不断上升的状态，从1932年开始由于关税自主"国定税则"的实施，洋布进口绝对值日见下滑。

表4-2-1　　　　福建棉布从外洋进口占棉布总进口值百分比　　　国币：千元

年别	三都			福州			厦门			福建		
	外洋	总计	%	外洋	总计	%	外洋	总计	%	外洋	总计	%
1895	—			1050			486			1536		
1899	—			1159			628			1787		
1900	—			871			539			1410		
1905	7	1110	0.63	1251	2512	50	1031	1031	100	2289	4653	49
1910	23	320	7	1282	1961	65	1305	1305	100	2610	3586	73
1915	51	319	16	1317	2482	53	1696	1901	89	3063	3971	77
1920	23	34	68	1316	2932	45	2711	3341	81	4050	7864	52
1925	17	103	17	1199	2587	46	3583	4260	84	4799	8218	58
1930	35	72	49	1692	4262	40	4830	6233	77	6557	11700	56
1931	28	97	29	1964	6599	30	4826	7420	65	6817	14116	48
1935	0.9	423	0.21	83	3912	2	185	3064	6	270	7399	4
1936	0.1	219	0.05	21	3634	0.58	57	2403	2	79	6257	1
1937	0.07	316	0.02	19	3738	0.5	25	2599	0.96	44	6654	0.66

资料来源：*Foochow, Amoy Trade Returns for the year* 1895；福建省政府秘书处统计室：《福建省历年对外贸易统计》，1935年版，第75、144页；周浩等：《二十八年来福建省海关贸易统计》，福建省政府统计室1941年版，第128—129页。

说明：1895—1900年间因从外埠（国内）进口值没有计算，因而总进口（外洋+外埠）值为空。

1895—1931年间，全省的洋布进口值基本是处于一个上升的状态。

---

① 福建省政府秘书处统计室：《福建历年对外贸易统计》，1935年版，第144页。

1905—1931年间的洋布平均占棉布进口的59%左右,可见洋布在福建棉纺织品进口中的地位。但30年代以后,洋布进口迅速减少,所占比重也明显下降。其发展变化的基本情况如表4-2-1所示。

30年代之前,外国棉布进口不断增长,"本省产棉甚少,纺织工业毫无基础,历年棉布之输入,为数甚巨"①。福州棉布的增长情况,1916年海关报告称,"综合所有洋货贸易价额,实较前数年以来,均觉显有增盈,而其所得之净值,尤多进步,棉货类,除棉纱外,所称为十六大宗之中,计竟有十宗均获较前升涨。余者虽形减跌,亦为数甚微。"② 民国以来,棉纺织品进口稳步增长,主要是由于外国棉布价格低廉、需求量大,人们乐于购用所致。就1901年福州来看,"棉织品的需求量很大,灰白洋布(原布和白洋布)、美国咔叽布(斜纹布)、扣布和手帕的增加量值得注意"③。进口棉货类,除棉纱不计外,其余均觉畅销,"唯十六大宗之中,竟有九宗,胥形减少,供不应求,于斯可见。白色布、印花布、棉花羽绸、染色素布、色短布及法兰绒等项,民间之乐于购用者,年甚一年"④。福州作为福建区域内闽江流域最大的集散中心,闽江流域的广大地区对棉织品的销用都从福州中转,福州作为一个巨大的棉纺织品市场带动了外国棉布源源不断地进口。"福州口,亦棉货匹头类之一大销场,盖缘有大多数市镇,属于本省者,均须赖此间供给也……"⑤ 1932年后,福州棉布进口量大跌,主要由于日本占领中国东北和上海,激起人们的抵货运动,使大宗之棉布进口大大减少,加上关税自主运动,关税增高,关税制度的日趋合理化,另外,本地及外埠土布的竞争,种种因素导致洋布进口减少。1932年福州海关贸易报告分析棉布锐减,除了"上述原因,固为万阶,而金银汇价不利,与进口税单增高,亦皆有相当之影响也。唯本埠工厂出品,则大见增加,而沪、汕两埠之棉布亦源源而来。⑥"

就厦门来讲,棉布进口增长显著,主要是英国、美国货。20世纪以后,日本产品进口也大增。如1901年时,"布匹几至各项加增,进口之数

---

① 福建省政府秘书处统计室:《福建历年对外贸易统计》,1935年版,第17页。
② 民国五年(1916)《福州口华洋贸易情形论略》。
③ 吴亚敏:《近代福州及闽东地区社会经济概况》,华艺出版社1992年版,第234页。
④ 民国六年(1917)《福州口华洋贸易情形论略》。
⑤ 民国七年(1918)《福州口华洋贸易情形论略》。
⑥ 民国二十一年(1932)《海关中外贸易报告》。

较上年共多35%，如原色、白色布多5/10，扣布则自5.5万余疋增至7.4万余疋，所多将及一半，实为十年以来首屈一指，英美两国斜纹布共有1800余疋，较上年所增实多……"① 棉布的需求量大，一方面由于二三十年代厦门开始市政建设，流动人口增多，市场经济活跃，带动棉布商业繁盛。据1930年调查，厦门全市棉布商户数增至63户，其中批发商15户，零售商48户，资本额达到106万元（按1958年人民币计算），营业额超过1000万元。另一方面，作为著名的侨乡，福建很多出国到东南亚从事商贸经营的华侨回国探亲，购买大批棉布作为礼品，加上大量的华侨汇款对侨乡人们生活的资助，提高了厦门地区的消费水平，购买力增强，洋布销用日多。"厦门进口贸易生机之流露，迥出寻常，究其缘由，因华侨汇款归来，接济市面益殊多，再加前数年种植罂粟，人民富裕，购买力于以增厚，故进口洋货匹头，显有超前之概，内以英国市布、细斜纹布、洋标布为尤甚，各色染料、外国麦粉、亦甚优胜。"②

（二）棉纱

福建从19世纪70年代开始进口棉纱，进口量增长很快。1895年洋纱进口量总计6.7万担，1898年达最高11.6万担，1900年跌到7万余担，之后到1907年间，基本保持在9万担左右，此后到"一战"前基本保持在6万担以上，"一战"开始后，迅速减少，从1914年进口的5.9万担，下降到1920年的1万余担，再降至1932年的仅9担。③ 福建三口的洋纱进口，厦门为第一，福州第二，三都澳最少。厦门棉纱进口量从1864年的3205担，上升到1894年的58561担，1898年达到最高的84228担，后起伏中明显下降，到1918年只进口6372担，战后三年稍微恢复，却无法改变进口愈益减少的发展趋势，到1932年，厦门洋纱仅进口9担。1895—1905年间，福州进口洋纱逐步上升，从15950担上升到43272担，1906年之后开始下降，除1912年、1913年稍有回升外，1918年进口量只有8205担，1925年则仅有30担。三都澳更是少之又少，最多一年1914年也才进口1501担，1916—1920年间的进

---

① 光绪二十七年（1901）《厦门口华洋贸易情形论略》。
② 民国十年（1921）《通商海关各口全年贸易总论》。
③ *Foochow, Amoy Trade Returns for Each Year*；福建省政府秘书处统计室：《福建历年对外贸易统计》，1935年版，第143页。

口只有几百担。除此之外，没有进口。①

全省棉纱在1905年以前，基本几乎全是仰赖洋纱进口。1905年始三口洋纱进口值不断下降，但直到1910年洋纱在全省棉纱进口中的地位非常重要，当年洋纱约占全省棉纱进口值的77%，1920年下降到只有21%，1930年几全仰外省进口。② 1920年海关贸易报告称，"棉货类，暨呢绒类，颇为加增，唯印度棉纱直有江河日下之势。"③ 1930年，几乎没有洋纱进口。

为什么曾经畅销一时的洋纱到甲午战争之后，尤其是民国以来呈现一泻千里的状态？原因不一而足。首先，福建曾经热衷纺纱织布为副业的时代已经过去。甲午战后四年间，洋纱进口还呈上升状态，当时人们比较喜欢用洋纱织成的物美价廉的土布，如1895年福州进口印度棉纱增加到5158担，比1894年增加了近50%。"因本地四载之前兴纺纱织布，是以所需之巨，其所织之布虽不逮宁波坚厚，价尚较廉，销售之于贫民为较易耳。"④ 本地人用这种棉纱织相当粗糙的本色布、花格布和条纹布，每匹（20英尺长，1英寸宽）本色布的售价380文，织成三色的条纹布或花格布，每匹380文。另一种布，每匹（28.5英尺长，16.5英尺宽）700文，很是畅销。还有一种灰布每码160文，有的宽度不同，每码110.5文。估计福州及福州附近地区有10000台织机生产这些棉布。⑤ 而厦门"本处用印度棉纱所织之土布于台湾甚为畅销，故印度棉纱进口因而大加增长。自正月以至九月，买卖棉纱商人皆得获利。秋季织布家积聚布匹渐多，加以印度银价低贱，因而近日销售不多，获利亦薄。1898年进口棉纱计有6.5万余担，较上年多1.5万余担"。⑥ 由于日本纱物美价适中而打进了厦门市场，开始了与印度棉纱的竞争，"印度棉纱进口共5.8万余担，只得适中之数，而日本棉纱实有新兴气象，上年（1896年）贸易册内方有是物，不过50余担，而本年则有200余担，此纱本以印度棉花纺成，唯货色则

---

① Santuao, Foochow, Amoy Trade Returns for the years 1894—1919；福建省政府秘书处统计室：《福建历年对外贸易统计》，1935年版，第142页。

② 福建省政府秘书处统计室：《福建历年对外贸易统计》，1935年版，第143页。

③ 民国九年（1920）《通商海关各口全年贸易总论（三口合论）》。

④ 吴亚敏：《近代福州及闽东地区社会经济概况》，华艺出版社1992年版，第203页。

⑤ 同上书，第207页。

⑥ 光绪二十二年（1896）《厦门口华洋贸易情形论略》。

胜于印纱，苟其价与印纱比肩，常与现在情形无异，似可卜其销场定必加广。上海所纺棉纱亦略有进口，唯以现在价值衡之，未可与日本所产者争席耳。印度棉纱生意全年皆有获利，上年腊底本已价高，嗣仍逐渐递增。至本年九月间，上等第二十号之纱每担值银120元，如此高价，贸易册中向所未观，其后再起至今，仍未少衰"①。1899年，日本棉纱进口5000余担，皆能获利。"日本纱成本较廉，办货者甚为踊跃，大阪所出之纱可卜其日加兴旺。"② 1900年以后，由于外洋棉纱进口价格陡高，1907年"洋纱每担由37万元涨至43万元"③，使经营"棉纱生意的商人损失惨重，每包棉纱平均跌价15—20元"，影响进口④。加上1908年"本地几家布厂关门，消费量减少"。⑤"推厥原因，盖以前社会秩序稳定之时，农民或以织布为副业，故需要棉纱较切"，而这段时间，社会动荡，"农民耕种之不得，遑论副业？棉纱需要自因而日减。然衣为人生必需品之一，棉纱输入既减，棉布输入必增，两相对照之下，亦可见本省近年生产荒废之一斑"⑥。

　　第二，随着国内土布生产日益发达及其对土纱工业的带动，使洋纱在不断竞争中处于劣势。20世纪之前，来自印度、日本的棉纱进口虽然继续增长，如1898年福州进口的印度棉纱增加了15%，日本棉纱增加了78%，但土纱的竞争使洋纱进口逐步退居次要地位。有关土纱与洋纱的竞争记述，在海关年度报告中，不时可见。"棉纱主要来自印度，但上海纱很快就会取而代之。本年度进口26857担（即8950捆）印度棉纱，比上年增加841担。秋季日本棉纱一度回升，其低廉的价格使印度棉纱的价格每捆下降30元。其后又从上海纱厂进货，上海纱可能会成为一次繁荣的贸易。"⑦ "中国机制棉纱，殊见加涨，其多出之数，约可与外洋进口者之减少数，彼此相衡。"⑧ "棉纱销路，颇见畅达，如上海机制棉纱，尤能迈

---

① 光绪二十三年（1897）《厦门口华洋贸易情形论略》。
② 光绪二十五年（1899）《厦门口华洋贸易情形论略》。
③ 光绪二十六年（1900）《厦门口华洋贸易情形论略》。
④ 吴亚敏：《近代福州及闽东地区社会经济概况》，华艺出版社1992年版，第263页。
⑤ 同上书，第268—269页。
⑥ 福建省政府秘书处统计室：《福建历年对外贸易概况》，1935年版，第18页。
⑦ 吴亚敏：《近代福州及闽东地区社会经济概况》，华艺出版社1992年版，第214页。
⑧ 民国三年（1914）《福州口华洋贸易情形论略》。

步而前，可料其于此项贸易中，必能占稳健地位……"①厦门"印度棉纱，地位已为上海棉纱，占而有之，几致销路断绝"②，"唯上海棉纱几尽举印纱以代"③。厦门"印度本色棉纱之进口，往年已属锐减，本年竟归乌有，盖该埠销路悉为沪产所占"④，"无论如何，近日进口，不能望其巨大，盖中国之纺纱业，年盛一年故也"⑤。1912—1921年厦门海关十年报告指出，较粗劣的外国棉制品的进口没有任何明显增长，同时，外国棉纱的进口数量减少了，主要是由于中国棉纺织厂生产的增长和竞争的增长。⑥

（三）棉花及棉制品

棉纺织品进口中，除棉布、棉纱，原料棉花外，其余的棉纺织品进口比重较少。本省不产棉花，近代棉花进口量不多。1895—1899年间，福建洋棉几乎全部由厦门运进。1895年全省只厦门一口进口182.82担，值1668海关两（合国币2599元），这种局面1899年才有所改观。当年福州进口洋棉仅114担，值2759海关两，厦门进口洋棉4650担，值56624海关两，共进口4764担，59383海关两。⑦ 1901年，只有厦门进口洋棉3577担，值国币83621元（可换算为海关两），以后，除1907年进口洋棉1084担，值24858国币元外，其他年份进口只几十担而已。而外埠棉花进口量则基本保持在4000—5000担。⑧ 1930年以后洋棉进口基本消失，而本国棉花输入则仍保持在几千担之上。从供给来看，棉花以本国供应为主，说明本国棉花生产丰富，也说明质量较高，加上地理优势使然。而曾经进口的印棉杂质较多，质量下降，"盖因棉内有子，与别物1/10相杂，须加工方可弹净，故未克与几净之土产棉花销场争胜也"⑨，也由于"亦

---

① 民国七年（1918）《福州口华洋贸易情形论略》。
② 中华民国十年（1921）《通商海关各口全年贸易总论》。
③ 民国十一年（1922）《通商海关各口全年贸易总论》。
④ 民国十四年（1925）《中国海关华洋贸易报告》。
⑤ 民国十七年（1928）《中国海关华洋贸易报告书》。
⑥ 戴一峰：《近代厦门社会经济概况》，鹭江出版社1990年版，第362页。
⑦ Trade Reports and Return for the year 1895, the Returns of Foochow, Amoy.（其中不包括cotton waste）
⑧ 福建省政府秘书处统计室：《福建历年对外贸易统计》，1935年版，第140—141页；周浩等：《二十八年来福建省海关贸易统计》，福建省政府统计室1941年版，第193—196页。
⑨ 光绪二十二年（1896）《厦门口华洋贸易情形论略》。

缘价值腾贵，未获畅销，而办运者亦少也"。①

表4-2-2　　　　　福建全省棉纺织品由外洋进口量　　　单位：国币千元

年别	品别	三都澳	福州	厦门	福建
1895	合计	—	1611	1949	3561
1900	棉布	—	871	539	1410
	棉纱	—	642	1531	2173
	棉制品	—	371	152	523
	合计	—	1884	2222	4106
1905	棉布	7	1251	1031	2289
	棉纱	3	1715	2301	4020
	棉制品		151	34	184
	合计	10	3117	3366	6493
1910	棉布	23	1282	1305	2610
	棉纱	23	1260	1452	2735
	棉制品		95	59	154
	合计	46	2637	2816	5499
1915	棉布	51	1317	1696	3063
	棉纱	32	819	725	1576
	棉制品		73	160	233
	合计	83	2209	2581	4872
1920	棉布	23	1316	2711	4050
	棉纱	16	213	790	1019
	棉制品		31	287	318
	合计	39	1560	3788	5387
1925	棉布	17	1199	3583	4799
	棉纱	—	2	107	110
	棉制品	—	66	359	425
	合计	17	1267	4049	5334

---

① 光绪二十五年（1899）《厦门口华洋贸易情形论略》。

续表

年别	品别	三都澳	福州	厦门	福建
1930	棉布	35	1692	4830	6557
	棉纱	—	0.5	—	0.5
	棉制品	0.04	111	514	626
	合计	35.04	1803.5	5344	7183.5
1935	棉布	0.9	83	185	270
	棉纱	—	0.09	—	—
	棉制品	0.6	74	87	162
	合计	1.5	157.09	272	431

资料来源：*Trade Retuerns for the year* 1895；福建省政府秘书处统计室：《福建历年对外贸易统计》，1935 年版；周浩等：《二十八年来福建省海关贸易统计》，福建省政府统计室 1941 年版。

进口的棉纺织品还包括棉毯、毯布、手帕、毛巾、袜、内衣、棉线、棉织衣类等。甲午战争以前输入日渐增多。其中，福州市场上的洋袜愈益受到人们的欢迎，成年男人和小孩用的，各种尺码的，白底红条的普通棉质短袜，在城市里到处都在陈列出售。① 甲午战争后，到 30 年代之前，这些棉制品的进口一直处于不断上升的状态中。1899 年全省由外洋进口的棉制品为 7.6 万元，其中由福州进口 6.4 万元，厦门进口 1.1 万余元，1915 年共进口升至 23 万元，福州为 7.2 万海关两，厦门为 16 万元，1925 年由外洋共进口 42.5 万元，福州 6.6 万元，厦门 3.6 万元。1931 年进口为 87.4 万元，1932 年 84.3 万元，达进口最高峰后迅速下降，到 1937 年仅进口 5 万余元。②

由于福建棉花及棉纺织品在福建进口洋货中占有十分重要的位置，尽管 30 年代后各类棉纺织品进口的绝对值均呈衰减趋势，但仍可以说，棉纺织品进口极速减少，导致洋货进口贸易急速衰落趋势不可逆转。从福州来看，1895 年福州从外洋进口的棉纺织品占洋货进口净值的 20.09%，1910 年为 22%，1920 年占 19%，到 1930 年则下降到仅约 13%；而厦门 1895 年从外洋进口的棉纺织品占洋货净进口的比重为 17%，1905 年 23%，1910 年 14%，1920 年 25%，1930 年 15%。③ 总的来说，福建纺织

---

① *Foochow Trade Reports for the year* 1890.

② 福建省政府秘书处统计室：《福建历年对外贸易统计》，1935 年版，第 146 页；周浩等：《二十八年来福建省海关贸易统计》，福建省政府统计室 1941 年版，第 161—162 页。

③ *Trade Reports and Returns for the year* 1895, *the Returns of Foochow*, *Amoy*；福建省政府秘书处统计室：《福建历年对外贸易统计》；周浩等：《二十八年来福建省海关贸易统计》，福建省政府统计室 1941 年版。

品进口量较大，左右着洋货进口的发展趋势。以 1929 年为例，棉布进口为 1018 万元，棉纱进口为 259 万元，棉制品进口为 94 万元，棉花进口为 27 万元，丝织品进口为 70 万元，麻类进口为 38 万元，共计 1506 万元。①

综上所述，棉纺织品一直是福建市场进口的重要商品，从早期原棉进口到半制成品棉纱的进口增长，到机制品的棉布及其他棉制品的变化明显看出，20 世纪 30 年代以前，由于福建棉纺织业的落后，西方各国及东亚的日本试图通过对棉纺织业的原料、半成品及成品的垄断来控制福建的棉纺织业，福建不得不长期仰赖外来棉及棉制品的进口。随着民族资本主义棉织工业的发展壮大，纺纱、织布的资本主义化及主权意识的不断增强，中国棉纺织品开始与洋货竞争，使倾销中国市场长达几十年的棉纺织品进口量不断下降。随着世界经济危机的爆发，福建出口棉纺织品从 20 世纪 30 年代开始，逐步走向衰落。

三 毛纺织品

毛纺织品也是福建的主要进口商品。但由于毛纺织品本身价格较高，加上福建气候相对温暖，本地人消费不多。福州刚开埠时，进口量就很少，"福州的消费量很小，各种毛织品一共约为 5000 匹。1844 年毛织品贸易经营数字还要少。到 1859 年开始恢复，据估计超过了 200 万两，到 1861 年达到将近 400 万元。各种杂项料子，如法兰绒、毛毯、彩呢、旗纱布、羽绸、白点灰呢、格子花呢、羽绫等虽然许多都经常有销路，可是大半没有稳定的需求。"②

毛纺织品类以小呢、绒毯、各色羽纱、各色厚薄毛呢为主，还有哔叽、羽绫、毛线等品种。1894 年则福州毛织品只占洋货进口净值的 4.42%，1895 年则降为 2%，1900 年仅占 1.45%，1910 年约占 1.22%。30 年代前后，则多数年份不足 1%。③ 1895 年，福州毛织品进口与 1894 年相比，明纱（羽纱）减少 709 匹，即 20%；厚呢绒（羽绫）减少 536 匹，即 25%；西班牙条纹（小呢）减少 104 匹，即 5%。"若视诸光绪十

---

① 周浩等：《二十八年来福建省海关贸易统计》，福建省政府统计室 1941 年版。
② S. W. Willams, *The Chinese Commercial Guide*, pp. 106 – 107.
③ *Trade Returns for Each Year*；福建省政府秘书处统计室：《福建历年对外贸易统计》，1935 年版。

二年以至十五年间者，则更绌矣。因其价值既贵兼以茶景逊前，民间获利既艰，购用者少。"① "这主要是由于汇率降低，物价提高，部分是由于茶叶贸易减少，本地人的购买力有限。"② 1895 年厦门进口的毛纺织品占洋货进口净值比重仅有 1.35%，1900 年为 1.3%。一直到 20 世纪 30 年代进口基本徘徊在 1%—2%。毛纺织品的进口量很小，但在海关统计当中，一直作为一类单独统计，说明也是各国打开中国及福建市场的重要商品之一。

四　五金类

五金是近代以来新进口的商品之一，包括铅、锡、铁、铜、钢、铝、水银各金属材料及其制品和各种矿砂等。对于中国来说，五金进口相对不多，而且进口的铁几乎是钉条铁、条铁和旧铁等。福建五金进口以铅、锡、旧铁等为大宗。铅主要用来做茶箱的衬里，铅锭的"需求量取决于茶叶的出口贸易"③，当茶叶贸易相对兴盛时，铅进口量就增加，反之，则减少。19 世纪 80 年代以来，福建茶叶的出口已开始走下坡路，因而铅的进口也随着茶箱使用减少而减少。如 1915 年福州铅进口增加，"盖缘本届出口茶叶，比前为多，故必须此铅，以作装茶用途耳"④。福建经商传统源远流长，人们为祈求平安，常借烧纸钱求助于神灵。到近代以来，这种迷信用纸量非常之大，由于进口锡主要用来制这种迷信纸箔，因而锡进口也非常大，"考此行销之锡，殆皆取以制造纸箔，为崇信神佛家所购用"⑤。而旧铁是农民用来制造农具等生产工具用的。钉条铁和条铁的进口增加到 2587 担，旧铁进口相对下落。本地铁匠喜欢条铁，因为它比古田铁便宜，制造得好，并易于加工，因而进口渐升。最好的古田铁，每担要 3.9 元，普通的也要 3.3 元，而洋钉条铁和条铁才 3.15 元，旧铁则只有 3.00 元，加上福建区内交通不便，因而进口增加。⑥

在 1895—1937 年间，全省五金进口从 1895 年的 93 万元，升为 1930

---

① 光绪二十一年《福州口华洋贸易情形论略》。
② 吴亚敏：《近代福州及闽东地区社会经济概况》，华艺出版社 1992 年版，第 203 页。
③ 同上。
④ 民国四年（1915）《福州口华洋贸易情形论略》。
⑤ 同上。
⑥ *Foochow Trade Reports*，1881.

年的 243 万元，1933 年降到 145 万元，之后不断下降，1934 年暴跌仅剩 70 万余元，五金进口跌入低谷时期。1895—1905 年这十年间，五金进口从 93 万余元增长到约 329 万元。1906 年始又出现一个显著的下降阶段，到 1911 年降到 93 万余元，后逐步上升，到 1931 年又出现另一个新高，达 329 万余元①。

1905 年以前，福州五金进口基本处于升势，尽管进口的大宗货铅块大幅度下降，用来做纸箔用的锡的进口也没有增长的前景，但由于钢和紫铜的近一两年的突然增多，使福州在 1895—1905 年保持升势。之后直到 1931 年之前，除五金进口 1919 年超过 150 万元外，其余年份多在 50 万—100 万元之间。②

1895—1926 年间，厦门五金进口值，除了个别年份外，几乎都在福州之下，进口值多数年份保持在 50 万—100 万元，从 1927 年开始高于福州，并突破 100 万元，到 1931 年、1932 年达到最高峰，约进口 209 万元。到 1934 年与福州一样，暴跌至进口不足 50 万元。厦门铅的进口量从 1894 年的 4087 担下滑直到 1896 年的 1742 担，后直到 1915 年，基本在 1000—2000 担之间浮动③。锡进口时高时低，有走下坡路的趋向，但进口量相对来说还占相当的地位，基本上与旧铁交替占五金进口的第一位。应注意铁钉、铁条等进口量有逐步上升的趋势，1914 年"一战"开始前后，各类金属进口均形减少，1919 年始递升。而三都澳五金进口量很少，进口最多的年份 1915 年也只有 6.7 万元左右，基本仰仗铅进口的增长变化而发生变化，1915 年铅进口高达 3661 担。

但五金作为生产资料，在整个洋货进口当中所占的比重不大。如 1895 年五金进口值为 93 万元，洋货净进口值为 1949 万元，所占百分比不足 5%，1905 年进口量为 329 万元，达到进口高峰年，所占比重也只约 12%，之后，直到 1919 年约占 10%，其余年份均不足 7%，后到 1937

---

① Trade Reports and Returns, 1895—1899, the Returns of Foochow, Amoy；1899—1932 年根据福建省政府秘书处统计室《福建历年对外贸易统计》，1935 年版，第 155 页；1933—1937 年根据周浩等《二十八年来福建省海关贸易统计》，福建省政府统计室 1941 年版，第 165—166 页。

② Foochow Trade Returns for the years 1895—1819。

③ 福建省政府秘书处统计室：《福建历年对外贸易资料》，1935 年版，第 155 页。

年，除 1931 年超过 5% 外，其余年份均低于 5%。① 这主要是由于福建工业相对薄弱，制造业发展缓慢所致。"进口五金类，其数之列于本关册载中者，本非民为大宗款目，盖福建一省，铁器时代，尚在极其幼稚，所有制造工人，操钢铁之艺者，既不甚多，而技术革新亦欠精。其余一切以此二物所造用品，亦殊鲜巧妙之构。大概钢铁二种，为本口辖境内所需要者，全年得 2 万担之数。已足敷用，而其中且有 1000 担，转赴内地各处行销。"② 同时，随着福建主要出口大宗茶叶贸易的不断衰落，五金进口最大宗的铅的使用量不断减少，导致五金进口额也毫无增进。尽管会有偶然因素导致增减异常，但总体发展趋势无大改变。

五 煤油和火柴等引燃物

（一）煤油

煤油自 19 世纪 60 年代初进入中国。由于比豆、菜、茶、棉、麻等植物油（土油）点灯亮度高，价格又仅为植物油的五至七成③，因此，煤油进口值不断增加。福建也是一样，"当地人宁可用煤油点灯，而不用菜油。原因是一煤油价廉，二使用煤油点灯的人越来越多了。"④ 煤油从被引进到福建以后，就经历着一连串的兴衰过程。它于 1864 年第一次出现于统计表中，当时的进口量为 1510 加仑，到 1877 年达到 16750 加仑，1877 年以后的 5 年中剧增到 28 万加仑。这种引人注目的增长，到 1884 年突然受到了挫折，当时进口量只有 3.43 万加仑……⑤有人指出衰落原因是政府担心火灾，但由于煤油的亮度强，价格低，对人们有吸引力，因此人们不考虑它的危险。⑥ 物美价廉的进口煤油全民启用，引起植油作物种少而田荒，"此物昔日不过好奇者用之，今则比户相需几不可少，种花生榨

---

① 详细情况参考 *Trade Retuerns for the years* 1895—1899；1899—1932 年根据《福建历年对外贸易统计》，1935 年版，第 155 页；1933—1937 年根据周浩等《二十八年来福建省海关贸易统计》，福建省政府统计室 1941 年版，第 165—166 页。

② 民国四年（1915）《福州口华洋贸易情形论略》。

③ 姚贤镐：《中国近代对外贸易史资料》（第 3 册），中华书局 1962 年版，第 1389—1394 页。

④ 吴亚敏：《近代福州及闽东地区社会经济概况》，华艺出版社 1992 年版，第 387 页。

⑤ 同上书，第 361 页。

⑥ 同上书，第 362 页。

油为用之田，所以荒废者，缘煤油价贱，如光绪二十年间，每箱不过1元1角6分"①。福建煤油进口的真正高峰期是从甲午战争前后开始，一直到1930年。1895年，全省煤油进口量为505万加仑，1900年上升为642万加仑，1905—1920年间稍有下降，1930年又升为826万加仑，是福建省历史上煤油进口值最高的年份。1895—1930年期间，除第一次世界大战影响煤油进口跌落较巨之外，其余年份进口量都相当大。之后福、厦、漳、泉等城市都先后建立了发电厂，居民逐步改用电灯照明，加上税收及煤油工业欠发达等原因，虽然广大农村仍主要依靠煤油灯照明，但总体上用量逐年减少，煤油进口减至1931年的385万加仑，以后也基本没有增长，30年代后进入低落期。

福州进口的煤油有美国油、波罗岛油、苏门答腊油、台湾油、日本油和俄国油。"美国煤油进步很快，但不能与俄国煤油相比。1892年进口美国煤油4.4万加仑，到1893年增加到51万余加仑，尚为不错，但同期俄国煤油进口量从21万加仑增加到115万加仑。1895年第一次出现laugkal煤油。去年不仅从美国和俄国进口煤油，也从婆罗洲和日本进口掺假的煤油……"② 喜欢用俄国煤油的原因之一是"它包装得更好，油桶更坚固，几乎或完全不会漏油"③；而内地使用的日本油相对较多，日油油色偏黄，且多烟，但"所恃乎售价较廉，故能渐得人之欢迎，所有进口煤油数目中，计其报领子口税单，转入内地者，居79.2万余加仑，而尤以日本油占最多数"④。哪种煤油能在市场竞争中处于优势地位，主要看一是否油质好，二是否价格便宜，三是否供应充足。总体来看，甲午战争后，福州煤油进口量非常可观。如1894年进口为113万加仑，1895年上升为194万加仑，1930年升至377万加仑。由于煤油生意的兴盛，引起广大经营商通过各种渠道进口煤油而赚钱。如1896年，一家洋行在闽江北岸建造了一个可以储存300万加仑煤油的油栈，并储备了制造油桶的机械。"它打算用油船把油运来，将油抽到船上的油桶，这样每小时可抽油1500桶，可以省下要花许多时间安装的抽油机械的费用。由于只需从10英里外的

---

① 光绪二十五年（1899）《厦门口华洋贸易情形论略》。
② 吴亚敏：《近代福州及闽东地区社会经济概况》，华艺出版社1992年版，第387页。
③ 同上书，第203页。
④ 民国四年（1915）《福州口华洋贸易情形论略》。

下游将油运到油栈里，零售商可以在每加仑煤油时多赚一点钱。"① 本口有三家煤油代理行，卖三种不同的煤油，竞争十分激烈，使煤油没有多少利润可赚。去年报告中所述，进口散装煤油，然后再装桶出售的做法获得相当的成功，每小时装75000桶（不是1896年的1500桶），以这种速度，运油的轮船很快就卸完返航。② "一战"时期，各国煤油进口均形减少，唯有日油增加，"此种煤油，人本不甚乐用，其于销场中得占有今日之地位者，良以其售价较廉，又多行销于内地，盖内地各处，自有一种人民，适以贱价为合用者也"③。不同时期，因不同的原因，各种油相互竞争，争夺福州市场，随着使用的日益普及，煤油的进口也维持在较高的水平。但随着物价的升高和电灯照明的不断采用，煤油的销用就面临不断被挤掉的危险。因而，各油商不断到内地进行推销，以使煤油能够稳住市场。如1915年福州煤油为309万加仑，上年则有460万加仑，"本年煤油价值，亦随各种物价而飞涨，若零售之油每加仑约需加价洋银八分。各该煤油公司，于内地地方，除派遣代表人常川往来外，沿复随时前诣各处，察勘情形，寻觅新市场，以冀广开销路，推而至于其他各行商业中人，亦莫不同然有此举。闽垣城厢内外，各街道中，现在均已燃点电灯，即在住户之用此者，亦日见其多，如生意家觉尤乐于装设，盖以其光明照耀，似更有益于店中之营业也。设使此而不用，固亦须燃点最上等之洋油灯。今者民间凡值佳节以及喜庆等事，倘为电灯所未展设处，则亦必租用水用电灯一种，习俗相沿，几视为断不档缺之品"④。30年代后煤油进口，较前减少，"大半亦因捐税之故"⑤，也因"本埠炼油工业，亦趋式微。唯私运进口者，以海关缉私工作，卓著成效"⑥。

厦门煤油进口情况也是从甲午战后开始迅速上升。1865年之后始有进口，1875年煤油只进口7680加仑，1885年则上升为13万加仑，到1895年时，突升至311万加仑，这是因为之前煤油主要从美国和俄国进口，运输路线较远，自从1894年厦门始有苏门答腊油与美油和俄油进行

---

① 吴亚敏：《近代福州及闽东地区社会经济概况》，华艺出版社1992年版，第209页。
② 同上书，第215页。
③ 民国六年（1917）《福州口华洋贸易情形论略》。
④ 民国四年（1915）《福州口华洋贸易情形论略》。
⑤ 民国十六年（1927）《中国海关华洋贸易报告书》。
⑥ 民国二十四年（1935）《海关中外贸易报告》。

竞争，因地理上较为接近，厦门煤油进口大大增加。1897年厦门贸易报告称，"自同治十三年起始有火油进口，是年贸易册内只十加仑，由是历年递增。以美国之油为最盛，计本年进口有172.8万余加仑之多，次则俄国火油80.3万余加仑，而苏门答腊火油有71.4万余加仑。此火油光绪二十年进口始有11.5余加仑，二十一年则有33.7万余加仑，至本年之数则远胜于前。盖因油质加美罐制益精，颇堪与美国者相并以故，渗漏不多，而在香港制罐装油者则更远胜也。俄国散舱火油进口之数短绌殊多，只有58.4万余加仑耳。"① 1898年，"美国煤油进口共58万余加仑，较上年之172.8万余加仑实少114.8万余加仑，而苏门答腊煤油则有105.6万余加仑，较上年多34.1万余加仑，实为历年以来首屈一指。光绪二十年本口始有此油运进。由是递增不已。将来可夺各种煤油之利，其所可争胜之处，则因本口与产油之地相隔不远也。"②

由此看出，煤油消费与地缘经济有很大关系，即与供给地的远近密切相关。产地近，节省运费及交易成本，因而消费多；相反，则日渐减少。同时，"运费的高低及煤油价格的变化影响煤油进口，煤油生意颇为兴旺，苟非因价值高昂使贫乏之家减省俭用，则进口尚不仅此数，且本口油价较别口颇低，别口既易销流是以散舱煤油，不无停运来厦；散仓煤油在本口业已销场稳固，将来恐成独市生意，观现在新开之煤油池，便可知矣。煤油近日已成内地各大市镇人民日用之物，若能照数年前相宜之价，则销场必定大增可预料也。本年运煤油进口之商皆大获利，唯望其勿过于居奇。但源源而不销为获利便即放手可也，此物昔日不过好奇者用之，今则比户相需几不可少，种花生榨油为用之田，所以荒废者，缘煤油价贱。如光绪二十年间，每箱不过1元1角6分，而本年竟涨至2元7分至3元2分半，则其田可复耕作也。本年进口煤油共311.2万余加仑，内美国138.5万余加仑，俄国76.9万余加仑，俄国散仓之油50.4万余加仑，而苏门答腊则45.2万余加仑也。"③ 如"一战"时期，煤油运费腾贵，致价增高，"故其输入之数，因而减有八万箱以上，每箱凡十加仑。所有市场畅销之标唛，平时每箱价银，只三元五角，或四元，及本年春季，每箱则售银七元。迨

---

① 光绪二十三年（1897）《厦门口华洋贸易情形论略》。
② 光绪二十四年（1898）《厦门口华洋贸易情形论略》。
③ 光绪二十五年（1899）《厦门口华洋贸易情形论略》。

五月以后，其价递跌至五元二角。从兹则无稍变动矣"①。煤油则短约100万加仑，闻本年煤油市情要点，系消用价值较廉之油，多于上年额数，其故因油价高超及需油人家购买之力量较微所致也。② 煤油市面冷淡，本年输入，较上年曾短38万加仑，而所消耗者，约少有7万担箱，要于五月间，每箱涨价五角，遂稍有居奇之事焉。唯不久行市照常，迨十月间，始略变动，每箱复贵三角矣。至日本煤油，闻专系用以掺杂上口之油者，本年亦因船只往来缺乏之故，有由44.85万加仑，降至25.85万加仑。③ 从此之后，一直到1930年，除"一战"时期进口有所下跌外，其余多数年份均保持在300万加仑之上，一些年份稍不足次数，但量仍然非常可观。由于煤油生意的有利可图，各家公司也纷纷采用种种方式加大输入煤油。"本年进口煤油有428万余加仑，实为历年之冠，此货多属散仓由轮船于苏门答腊等处载运而来。亚洲煤油公司生意现仍占其大半，但不久将有旧金山等处新觅得之油运到争衡。美国煤油公司已委托代理人在此地扩充利益，现正寻觅合宜之处设立散仓油池也。自旧金山前来其运费较自纽约略省，或可使美国煤油与苏门答腊煤油及班岛所产者相竞更有济矣。"④

三都澳由于腹地相对较小，洋货进口虽然品种不多，量也不大，但煤油进口也值得关注。1900年进口2900加仑，1910年上升至32万加仑，1915年升至44万加仑，1925年有所下降到37万加仑，1931年下降到24万加仑，1932年之后迅速降落。

（二）火柴

火柴作为引燃物无处不需。从19世纪70年代以来的海关统计可以看出，1875年厦门的火柴进口1.4万罗，1885年迅速上升到17万罗，到1894年则上升到50万罗。福州的火柴从19世纪60年代主要从德国进口，1866年进口6325罗，1876年增长到2.1万罗。之后日本火柴开始大量涌入，"以前可以买到的只有瑞典火柴和后来少量的布莱恩特—海氏火柴两种，但现在日本火柴几乎已经把他种火柴排斥在这个市场以外而大量进口，并以内销执照在内地各处畅销，1891年日本火柴进口超过他种火柴

---

① 民国五年（1916）《厦门口华洋贸易情形论略》。
② 民国六年（1917）《厦门口华洋贸易情形论略》。
③ 民国七年（1918）《厦门口华洋贸易情形论略》。
④ 光绪三十年（1904）《厦门口华洋贸易情形论略》。

五倍之多。"① 1885年进口火柴约7万罗，1894年上升为17万罗，但远远少于厦门的进口量。1895年以后日本占领台湾，并加大对福建的贸易出口，因而火柴的进口不断增加，当年全省共进口76万罗。但与甲午战前不同的是，战后尽管绝对量较大，但起伏也较大，似波浪式上升。日本火柴不仅靠价格低廉，而且根据福建市场需求来定价。"据调查，清人喜欢包装华美，颜色鲜艳，有两片药皮；一箱硫黄火柴应包装百盒以上，火柴头的药物带薄桃色为宜，安全火柴宜细长，根数也应多些。"② 从全省来看，1913年火柴进口量达到最高峰，共计约进口128万罗，1914年到抗战爆发前，除了1927年、1929年、1930年三年剧增之外，其余年份迅猛下降，1925年为47万罗，到1931年下降到19万罗。③ 这主要是由于国内抵制日货运动及各地火柴工业的创办开始与洋火竞争，使早期进口增加明显。福州曾由英商德兴洋行创设"耀明火柴厂"，后由英商天祥洋行承顶，改为"福建火柴厂"，但福建"当地生产的木材不适于制造火柴"④，生产的火柴难以与日本生产的火柴竞争，洋火大量进口。1916年，福州商人刘以琳利用福建火柴厂原有设备，建"国光火柴厂"与洋火争利，因而，战时洋火进口不断减少，但战后因无法争利，直到1931年，福州协利锯木厂老板林弥钜自己创办建华火柴厂，并与英美烟公司的售卖行锦顺商行联手，使企业站稳脚跟，到抗战期间发挥了重大作用。1933年，厦门也曾创办"福建火柴厂"。这些进口替代工业的不断发展，加大了对洋火的竞争而使洋火进口贸易不断减少。

在福州市场上，进口火柴来自欧洲和日本，以日本为主。对二者火柴的需求同样日益增长。"后者可望挤走它的外国对手，因为它以较低价格投入市场。在1891年的总进口量中，欧洲产品只占15%，其余的为日本

---

① *Report by Consul Philips to the Marquis of Salisbary on the Trade of Foochow during the year* 1891, *British Parliamentary Papers* No.1038, p.10.

② 农商务省商务局：《重要出口工业品要览》（上编），1909年版，第17页；[日]西川俊作、山本有造：《日本经济史（5）产业化的时代》（下），生活·读书·新知三联书店1998年版，第127页。

③ *Foochow Trade Returns for Each Year*；福建省政府秘书处统计室：《福建历年对外贸易统计》，1935年版，第164—165页。

④ 《闽海关十年报告》（1902—1911）；中国人民政治协商会议福建省委员会文史资料研究委员会：《福建文史资料》第10辑，1985年版。

产品。"① 1899年福州贸易报告指出，由于日本火柴需求量大，加上价格便宜，因而把欧洲火柴挤出市场。"十年前的统计表显示，从欧洲进口的洋火数量达11361罗。现在却没有进口，因为欧洲洋火无法与日本洋火竞争，自1889年起，欧洲洋火即形敛迹，而日本火柴的进口则增加了70%，此事值得一记，由于广泛使用及价廉……"② 1898年福州筹建一火柴厂自制火柴，但以失败而告终，日本火柴销场更旺。"本埠制造自来火厂今岁业已停闭，是以日本自来火大为畅销……"③ 1913年之后，中国自制火柴工业不断发达，加上不断地抵制日货运动的影响，福州日本洋火进口不断减少。"自来火进口者，皆为日本所制，本年比去年减少3万罗斯，盖因有中国自制之自来火，分别由宁波、杭州及广东等处来耳。当中日交涉，商民不售日货，其结果所至，遂使自来火售价，几乎增长一倍。迄于今日，犹如故也。考自来火一物，固最为普通之品，然而虽在自来火易之之处，似仍有用火刀火石者，尚未能悉行废止。"④ 1920年后，洋火进口量日少，已到无关紧要地步。

六 粮食类

（一）谷类

福建山多田少，加上人口增盈，粮食一直是困扰人们的问题，从明末以来政府就免税或轻税鼓励米粮进口。有清一代，福建缺粮问题仍很严重。清前期福建61个县，缺粮县即达15个，缺粮县为闽县、侯官、晋江、南安、惠安、同安、厦门、龙岩、漳浦、海澄、平和、诏安、长汀、上杭、永定，主要分布在沿海和闽西种烟区。清后期，福建62个县，缺粮县为34个，比清代前期增加了19个，粮食自给县为12个，比前期减少了11个，粮食富裕县为16个，也比前期减少了7个，它们分别占总数的55%、19%、26%。缺粮县所占比例增加了1倍多。民国时期缺粮县减少为12个，约占19%，自足和基本自足为38个，约占59%，余粮县15个，约占22%。⑤ 民国时期，全省65个县级单位，缺粮县为12个，约

---

① 吴亚敏：《近代福州及闽东地区社会经济概况》，华艺出版社1992年版，第362页。
② 同上。
③ 光绪三十二年（1902）《福州口华洋贸易情形论略》。
④ 民国四年（1915）《福州口华洋贸易情形论略》。
⑤ 徐晓望：《清—民国福建粮食市场的变迁》，《中国农史》1992年第3期。

占全省的19%。"福建多山，不宜于发展农业生产，种植的粮食，只有闽江两岸的大米和沿海沙质的地番薯，就是在好年景，也不够本省食用。"①福建粮食除了本省相互补给不足及从外省进口外，多仰赖外来粮食的进口。

第一，大米和面粉进口的消长变化。

近代以来，到甲午战争前，福建有不少外粮进口，主要由厦门港进口。因厦门"是闽南货物吞吐口岸，泉州、晋江、南安、永春、同安、莆田等县所缺粮食，多赖厦门采运外米接济，常年约70万—120万市担不等"。② 但厦门因气候环境等各种因素影响，洋米进口量时高时低，1864—1894年间，除1873年、1877年、1893—1894年等少数几年进口量骤然大增，分别约为58.6万担、48余万担、30万担外，多数年份厦门大米进口在20万担之内。③ 厦门进口大米则相当可观，多数年份大多占全省进口的95%以上。厦门口岸洋米进口的变化趋势足以代表整个福建的进口趋势。福州大米进口量少，且仅有间隔性的十年进口记载。除了1865年、1877年两年进口大米相对较多，分别为11万担、15万余担，约占全省洋米总进口的38%、21%外，其余年份只1万多担，占总进口最高不过5%④。

关于面粉进口，福州除1864年进口2.1万担外，直到1872年始有进口。1873年进口1050担，除1882年高达8055担外，一直到1884年，时有升降，进口基本在千担以下；1885—1894年间，面粉进口缓缓增加，从1802担增长到4855担。厦门1864—1884年二十余年间，进口多在5000担以内，个别年份达8000余担；1885—1894年间，厦门面粉进口较

---

① 吴亚敏：《近代福州及闽东地区社会经济概况》，华艺出版社1992年版，第408页。

② 福建省地方志编纂委员会编：《福建省志·粮食志》，中国社会科学出版社1999年版，第15页。

③ Trade Reports and Returns，1864—1894。

④ Santuao Foochow and Amoy Trade Reports and Returns for the years 1864—1919. 1919—1933年根据福建省政府秘书处统计室：《福建历年对外贸易统计》，1935年版，第116—117页；1934—1939年根据福建省政府统计处，周浩等：《二十八年来福建省海关贸易统计》，福建省政府统计室1941年版，第134—137页（换算：1担=0.6046公担）；全国大米进口资料来源：国立"中研院"社会科学研究所，杨端六：《六十五年来中国的国际贸易统计》，1937年版，第九表，第43页；Hsiao Liang - lin: China's Foreign Trade Statistics，1864—1949，East Asian Research Center Harvard University Press，Cambridge，mass，1974，pp. 32 - 33。

以前大大增长,每年进口都在13000担以上,1886年、1890年洋面粉进口高达32946担和39760担。由此看出,厦门也是福建面粉进口的主要集散地。1894年前30余年间,除了1872—1874年、1882年外,面粉从外洋输入厦门的数量均占福建外洋面粉进口的70%以上,相当年份高达85%以上①。

甲午战争后,福建大米、面粉的进口都大大增长。值得注意的是,厦门作为全省粮食进口集散地中心地位更显突出。就大米而言,1895—1920年间,除1901年厦门洋米进口量占全省洋米总进口的84%、1907年占72%、1913年占72%外,其余年份均在90%以上,很多年份占到95%以上。1921—1939年间,除1937年外,其余年份占比60%—90%,变化相对较大②。

从全省进口洋米总量看,除少数几个年份如1897年、1903年、1919年、1920年等进口较少外,一直到抗战爆发前的1935年,大米进口多在20万担以上(战前多数年份在20万担以内)。其中1895—1910年间,除了3年突升外,基本进口保持在20万—50万担。1911—1920年间,经历第一次世界大战,洋米进口于1919—1920年两年达到最低点,只进口5万多担外,福建进口洋米保持在20万—60万担。战后1921—1935年间,福建大米进口则保持在50万担以上,其中1925—1927年及1932—1935年几个年份则突破100万担大关,最高年份1933年洋米进口达到240万余担,成为历史的最高纪录。1936年始突降至不足20万担,直到1939年,虽稍有上涨,但均没突破20万担。若从长期发展趋势来看,用线性趋势图进行分析的话,全省洋米进口仍呈缓慢上升状态。

福建外洋大米的进口是解决福建缺粮问题的主要途径之一,这从洋米进口占外来大米进口的百分比可以看出。1895年洋米进口量为277646担,全

---

① *Santuao Foochow and Amoy Trade Reports and Returns for the years* 1864—1919. 1919—1933年根据福建省政府秘书处统计室:《福建历年对外贸易统计》,1935年版,第116—117页;1934—1939年根据福建省政府统计处,周浩等:《二十八年来福建省海关贸易统计》,福建省政府统计室1941年版,第134—137页(换算:1担=0.6046公担);全国大米进口资料来源:国立"中研院"社会科学研究所,杨端六:《六十五年来中国的国际贸易统计》,第九表,第43页;Hsiao Liang‐lin: *China's Foreign Trade Statistics*, 1864—1949, East Asian Research Center Harvard University Press, Cambridge, mass, 1974, pp.32-33.

② 同上。

部进口约910574担,洋米占30%。1899年洋米进口达1028936担,占外米进口总数的75%。1895—1939年间,1895年、1897年、1900—1901年、1905年、1936年洋米进口占大米进口总量较少,在30%—40%,1919—1920年不足20%,1903年只有9%,而1937年抗战爆发后,占外米进口仅3%。除以上9年外,其余37年洋米进口均占外米总进口的50%以上,多数年份占80%—90%,如1902年洋米进口绝对量约达130万担,占外来米进口的80%。有些年份竟高达99%。① 福建洋米进口在全国洋米总进口中所占比重在甲午战前相对较高,甲午战后到抗战前,除个别重大灾荒年份所占比重超出10%以外,其余多数年份在10%以内,且以7%以下居多。作为农业生产大国,甲午战后仍大量进口粮食,主要是由于东南沿海地区除福建外,广州更需要大量的粮食进口,因而尽管从绝对量来看,福建洋米进口占福建米总进口比重并不小,但与广东相比,则相对小得多。广州1895—1910年间,进口大米多数年份在100万—300万担,民国以后,广州进口有所减少,但其他通商口岸则大大增加,如九龙、汕头、拱北等地进口外米量相当大。如九龙从1912年至1937年间,外米进口绝大多数年份在100万—800万担,汕头口从1921—1937年间多数年份大米进口也保持在100万担以上,其他拱北、三水、江门、北海都有不少进口,因而相比而言,广东缺粮情势更加严重。②

1895年之后,面粉进口出现了驼峰状的两个高峰期,相对应也出现了两个低谷期。以1914年为界,1895—1914年是第一个高峰期;1914—1921年则是第一个低谷期;1922—1930年为第二个高峰期,之后又进入了第二个回合的低谷期。

19世纪80年代始面粉进口量缓缓增加,但1890年面粉进口最多,也只进口4万余担。而从1895年始,面粉进口增长加剧。1895—1905年间进口10万—20万担(仅1897年降为59383担),1906—1914年间,面粉进口除1909年、1910年两年跌至10万余担外,其余年份均在30万担以上,1907年进口最多,达582424担。1914—1921年,进入了面粉进口的

---

① *Amoy, Foochow Trade Returns for the years* 1895—1899;福建省政府秘书处统计室:《福建历年对外贸易统计》,1935年版;1933—1937年根据周浩等《二十八年来福建省海关贸易统计》,福建省政府统计室1941年版。

② 1912年以前参见陈伯坚等《广州外贸易史》(中册),广州出版社1995年版;1912年以后参见许道夫《中国近代农业生产及贸易统计资料》,上海人民出版社1983年版,第133页。

第一个低谷期，除1917年进口8万余担，1921年进口6万余担外，其余年份面粉仅进口几千担。1922—1930年间，福建面粉又进入进口的第二个高峰期。其间仅1925年进口16万余担，1930年进口面粉21万余担外，其余年份都在30万—60万担。1923年进口值几乎与"一战"前进口最高年份1907年相当。1930年之后又逐步进入第二个低谷期。从1930年的212776担缓缓下降到1936年的1万余担，1939年又稍升到2.6万余担。①

通过比较外国面粉的进口与全省面粉总进口量的变化，可以观察外国机制品与国内产品的竞争情况。1895—1913年间，1909—1910年两年最少，分别为105119担和103872担，不足面粉进口总数的27%和29%，以下五年1903年、1908年、1911—1913年分别占总进口的87%、79%、84%、79%、61%，都在60%以上，其余12年洋粉进口均在90%以上。1914—1921年历经第一次世界大战，洋粉进口陡然下降，从1914年的18万余担，跌到1915年仅1600余担，百分比从37%下降到不足1%。除1917年约占17%外，其余年份几乎不值一提。1922—1930年间，洋粉进口慢慢回升，开始几年占到50%以上，以后又有所下降，但均在20%以上。与"一战"前相比，尽管进口量有增无减，但洋米进口百分比明显降低。1931年到抗战爆发，洋米进口无论量与百分比，均明显下跌，多数年份只有几个百分点。②

第二，大米、面粉进口消长的原因。

首先是与长期以来福建形成的依赖东南亚、东亚的日本等地大米贸易圈的供求关系有着至为重要的关系。福建外洋粮食进口在近代尤其是1895年以后大大增长，从清初开始，福建长期以来都依靠外来大米以资接济民食。省城福州"产米极少，向资溪海转运"。③ 长期以来，因地缘

---

① Amoy, Foochow Trade Returns for the years 1895—1899；福建省政府秘书处统计室：《福建历年对外贸易统计》，1935年版；周浩等：《二十八年来福建省海关贸易统计》，福建省政府统计室1941年版。

② Santuao, Foochow, Amoy Trade Returns for the years 1895—1911；《福建历年对外贸易统计》，1935年版；周浩等：《二十八年来福建省海关贸易统计》，福建省政府统计室1941年版。

③ [清]郑祖庚纂，朱景星修，福州市地方志编纂委员会整理：《闽县乡土志·侯官县乡土志》，海风出版社2001年版，第352页。《商务杂述·输入货》，成文出版社有限公司1974年版，第702页。

经济及传统朝贡贸易形成的大米贸易圈使近代福建仍大量依赖东南亚的米谷进口。1873年福建粮食歉收,"随后,西贡谷物在厦门的销售有所扩展。据说签订了一份购买不少于20万担大米的合同"①。1907年,"粮食缘本土少产,进口颇多……洋米进口已值关平银166.6万余两,多运自暹罗安南"②。泰国出口的米,战前(第二次世界大战)以新加坡和香港为主要市场,两地约购入泰国出口米的2/3。③ 福州进口洋米,因数量不大,且无航行南洋之定期船只,多向香港采办。由香港输入者则有暹罗、安南及仰光3种。进口洋米以暹罗米为最多,计民国二十三年为34万余市担,约占洋米进口总数的90%,民国二十四年为42万市担,约占洋米进口总数之全部。④ 厦门洋米有暹罗、安南、仰光3种。暹罗米、安南米从香港采办,仰光米则直接向产地采办。仰光米进口最多。依海关统计,民国二十三年计为94万市担,估洋米进口总额的53%,民国二十四年计为42万市担,占洋米进口总额的44%。⑤ 同时,也从日本进口大米。"大米主要进口于日本,在日本,现在大米的出口是由政府垄断,支付部分税收。它便于大米运往国外换取现金。"⑥

甲午战争后,由于日本占领台湾,使向称"福建谷仓"的台湾与福建的互济贸易转变为国际贸易。就台湾输闽商品,最初固系以米、茶为大宗,"日据初期,仍有可观的台湾米输往福建。如在1900年间,时值福建米荒,台湾输闽数达7000万斤,时价200万日元,为日本占领台湾期间台米输闽最盛之一年。自后即趋剧减,迄西元1911年11年间,竟减少至其十分之一以下。据1907年统计,台湾输闽仅值131358日元。1912年台米输闽减少至毫不重要的地位"⑦。尽管台湾输入福建的大米日有减少,但作为福建粮食主要来源地之一的台湾,历史上与福建的传统互济贸易及

---

① 戴一峰:《近代厦门社会经济概况》,鹭江出版社1990年版,第103页。
② 厦门光绪三十三年(1907)《华洋贸易情形论略》。
③ 任美锷:《东南亚地理》,中国青年出版社1954年版,第102页。
④ 国立"中研院"社会科学研究所丛书(第11种),巫宝三、张之毅:《福建省粮食之运销》,商务印书馆1938年版,第10页。
⑤ 同上书,第21页。
⑥ 戴一峰:《近代厦门社会经济概况》,鹭江出版社1990年版,第102页。
⑦ 福建省档案馆、厦门市档案馆:《闽台关系档案资料》,鹭江出版社1993年版,第541页。

闽台之间人民长期以来形成的同种同源关系，使双方粮食及生活用品的供给仍然保留着旧有的传统。

在进口大量大米的同时，随着福建在世界体系中日益被边缘化，物美价廉的机制面粉也开始向福建输入，并不断增加。早在1866年的厦门贸易报告中就有载，"还必须提请注意另一种新的入口货，那就是加利福尼亚面粉，由轮船从香港大量输入。中国人主要用它来制造面条，本市及四周乡村都大量消费。在质量上，加利福尼亚面粉胜过厦门面粉，并且便宜一些，所以这项生意大有持久和成功的希望"①。面粉大部分来自地广人稀的美国，还有加拿大、澳洲等地。1882—1891年闽海关十年贸易报告称，"被居民赏识的另一种商品是外国面粉（美国产），居民用其制造各种食品，或专用制造，或将其与本地面粉混合起来制造。"②门户开放政策的草拟者曾在美国国会直言："东方是消纳美国每一磅剩余面粉、玉米和棉花的市场……中国是我们的天然顾客。"③同时，也有少量他处的面粉进口，"我们的统计表中计有三种面粉，美国89406担，澳大利亚6701担，日本450担，总数为96557担。据说福州面粉储量过剩，仅有微利可图"④。民国时期，面粉进口"主要来自澳大利亚、加拿大和美国"。⑤福建大米和面粉的进口从个别商品的侧面向我们展示了近代以来福建在卷入世界体系过程中表现出的地方性特征，即传统的与东亚和东南亚的贸易依然长期存在，并成为福建贸易最重要的方面。

福建省自然地理环境制约下的商品性农业的发展变化及消费水平的影响。福建山多田少，耕地有限，人地比例不足，这是外粮输入的前提条件；加之商品性经济作物的种植，又占去了相当部分田地，使不太丰裕的用以粮食生产的土地面临更严重的不足，这是影响福建依赖外粮进口的主要原因之一。有学者通过对福建缺粮县的详细考察，指出，近代以来就福建人地比例来说，由于商业性农业的发展及消退，导致晚清粮食供应相对困难，难以自给，因而大量依靠外粮输入；而民国以后，基本能够自给，

---

① *Amoy Trade Reports for the year* 1866.
② 吴亚敏等译：《近代福州及闽东地区社会经济概况》，华艺出版社1992年版，第362页。
③ 林坚：《远渡重洋：中美贸易两百年》，厦门大学出版社2003年版，第97页。
④ 吴亚敏译：《近代福州及闽东地区社会经济概况》，华艺出版社1992年版，第258页。
⑤ 陈世钦：《福建省·粮食志》，福建人民出版社1993年版，第17—20页。

输入粮食减少了。① 但从考察外洋粮食输入（大米及面粉）及其占外粮输入百分比中可以看出，这种衰退直到抗战前的 1936 年才日渐式微。这种对外洋粮食的大量需求，在甲午战争后更加明显。如果说清末以来到民国初年，商品性农业如茶、蔗、烟等的发展，占去了相当多的产食粮用地，商品经济提高了人们的购买力，使粮食市场繁荣、输入增多的话，那么民国以来商品性农业的逐渐消退使部分侵占的粮食用地又重新生产粮食。在伴随着生产粮食用地增多，人口显见下降（福建华侨出国达到了高潮）的情况下②，为什么还有那么多外洋粮食进口呢？这不能不引起我们从农业生产商品化之外寻找原因。这仍然离不开从福建与东南亚间的传统大米贸易圈来进行解释，也是解释为什么厦门成为粮食消纳最主要口岸的原因。近代厦门工业基础薄弱，是一个纯粹的消费性城市，加之厦门的腹地相对较小，粮食接济跟不上，又与国内省份的产粮区距离遥远。周边多数缺粮区均由厦门进口粮食补给，泉州同安地区大种土烟，官民趋利思想驱使他们广种能获厚利的罂粟，也侵占了部分的粮食用地。"本处膏腴土地，用以种植莺（罂）粟者甚多，所余之地其出产不足以供民生日用故。所需粮食等物由别处进口者源源而来。"③ 而历史上形成的大量福建华侨出国尤其到东南亚地区经商、谋生，并在近代以来尤其是 1891—1930 年间达到高峰期，大批的华侨由厦门出国及巨额的侨汇在此时期汇回国内，支持了人们的购买力。④ 尽管商品性农业开始走下坡路，但人们消费水平并没有降低，还有相当的购买力，加之，一些华侨经营与侨乡的贸易，促使东南亚地区的大米源源不断地输入福建。

而粮食收成受自然环境、社会秩序等因素影响最巨。福建地处东南沿海，时常面临旱涝风蝗等自然灾害的侵袭，加之社会动荡，地方不靖，宗族滋事现象严重，都影响了本地粮食生产而加大外粮进口。

---

① 徐晓望：《清—民国时期福建粮食市场的变迁》，《中国农史》1992 年第 3 期。
② 同上。其中指出，晚清的 1885 年，福建人口约 1700 万，可耕地为 1345 万亩，则人均土地只有 0.79 亩，全部种粮的话，按亩产 300—500 斤米计，则人均只有 237—227 斤米，加上商业性农业的发展，福建大米完全不能自给；而到民国元年，由于大量华侨出口，造成人口锐减约为 1200 万，可耕地没有增长，人均占有地上升为 1.24 亩。商业性农业此时消退，粮食自给程度加大。
③ 光绪二十二年（1896）《厦门口华洋贸易情形论略》。
④ 戴一峰：《近代福建华侨出入国规模及其发展变化》，《区域性经济发展与社会变迁》，岳麓书社 2004 年版。

第四章　全球化与区域化：商品结构（1895—1937）

　　如果没有各种天灾人祸，粮食收成较好，五谷丰登，则洋米、面粉等进口粮食则减少，反之，若出现严重灾荒，食粮歉收，粮米供不应求，则洋粮进口增加。这种影响因素一直是影响外粮进口明显起伏的主要原因。粮食歉收是粮食进口突然增多的直接因素。如在1873年厦门粮食进口由1872年的361126.76担，一跃而为1873年的883187.78担，多进口50余万担，"这巨大数量的进口，部分地是由于1871年本地和台湾的歉收，据说两地产量减少分别达50%和60%"①。厦门1877年为586225担，1877年进口量虽然并非太多，但也相当可观，"这显然是由于本地区雨水过多造成粮食供应不足而引起的"②。还有如1902年厦门洋米进口约达130万担，"本年因天气干旱歉收，故进口之米极盛"③。厦门近代以来洋米进口的最高峰即是1933年，达201万担，而前一年则只有104万余担，"进口洋米，系因本埠农作歉收，较上年激增一倍，计有2万担"④。福州洋米进口与厦门相比虽然不多，情况亦然。"洋米进口较胜于前，缘今岁歉收，是以官府中有由西贡埠贩运大帮而来耳。"⑤ 1910年夏初的长期干旱使早稻收成遭受严重损失，出现了粮荒和抢劫，由于政府妥善处理，禁止粮食外运，并从国外进口大批粮食以低价卖给贫民，社会的秩序才保持安宁。⑥ 而在丰收年景，进口外粮则明显减少。甲午战前，"本地谷米因格外丰收，几可足数民食，故本册所记米数只4.6万余担，可谓乐岁之象也"⑦。美国面粉贸易稳固，尚价值有57.5万余两，盖缘本地年成丰稔，故面粉运进者较少也。⑧ "进口米，本年为数无多，盖由本处收成丰稔，故可无取乎由暹罗西贡等处大帮运来矣。"⑨ 本年环境安堵，米之收成，初造丰登，夏间雨水过多，田禾淹没，自民国三年以来，当以此次水灾为

---

① 戴一峰：《近代厦门社会经济概况》，鹭江出版社1990年版，第102页。
② 同上书，第188页。
③ 光绪二十八年（1902）《厦门口华洋贸易情形论略》。
④ 民国二十二年（1933）《海关中外贸易报告》。
⑤ 光绪二十七年（1901）《福州口华洋贸易情形论略》。
⑥ 吴亚敏：《近代福州及闽东地区社会经济概况》，华艺出版社1992年版，第417页。
⑦ 光绪二十三年（1897）《厦门口华洋贸易情形论略》。
⑧ 光绪二十六年（1900）《厦门口华洋贸易情形论略》。
⑨ 民国三年（1914）《福州口华洋贸易情形论略》。

最大。故二造收成，深受其害。①"本年因早晚禾稻歉收且无本地帆船如昔年由台湾载米而来者，计米粮由外洋进口有100万担，价值300万两之多，实为历年之冠。"②粮食收成好坏，加上地方不靖，政局动荡，洋食输入因而时升时降。"粮食缘本土少产，进口颇多，本年因有械〔斗〕加以歉收，较常更甚。洋米进口已值关平银166.6万余两，多运自暹罗、安南。而洋米面粉则值关平银116.1万余两，洋麦9700余两，士巴利面粉公司并三井洋行承办之面粉用大轮船直达厦门，实为创见。"③"年来福州一带，雈苻猖獗，赤氛弥漫，地方困窘，民生涂炭。本年闽江流域情形，较诸去岁尤为恶劣……洋口失陷，竟达六月之久；居民备遭荼毒，损失不可胜数也。闽产食米，本足自给，如早晚两造，均告丰登，则闽江上游所产食米，每年运销下游者，约达300万以至600万担之多。唯本年上游各处，因地主不靖，农民率多减种稻谷，多植茶树，期避盗匪之觊觎。加之气候失调，雨量缺乏，收获欠佳，民食不足，以致产米之区，反须求给他处，藉资补苴。故本年福州进口之华洋食米，约值六百余万元。漏厄之巨，殊堪警人。"④

国际政治经济形势及中外关系变化也会波及粮食进口。1900年厦门本由于收成较好，而洋米进口少有降低，但由于义和团运动的影响国内外形势发生变化所致，"上半年景象尚佳，唯自五月间北方拳匪乱，两月后本口又有日本水师登岸一事，致买卖入停"，"当七月间日本水师登岸滋扰时，洋米每担涨价至五元之多，唯近岁暮则每担降至三元半，食力之流莫不欣幸"⑤。"一战"爆发后，欧洲国家都相继卷入战争，美国也于大战末期参战，无力从事与远东的贸易，使主要来自美洲及澳洲的面粉进口跌入了低谷，日本乘机向福建输出面粉，但无法挽回下跌的惨状。"查美国面粉，因欧战水脚高昂，致价腾贵，故改用中国粉以代之，乃三年日本金票之价跌，遂使业此者，得以采买日本粉，比之购办中国粉，较能获利，而洋粉进口锐增，职是故耳。唯食米反为减少10万担。"⑥这与大米的进

---

① 民国九年（1920）《通商海关各口全年贸易总论》。
② 民国二十四年（1935）《海关中外贸易报告》。
③ 光绪三十三年（1907）《厦门口华洋贸易情形论略》。
④ 民国二十二年（1933）《海关中外贸易报告》。
⑤ 光绪二十六年（1900）《厦门口华洋贸易情形论略》。
⑥ 民国六年（1907）《厦门口华洋贸易情形论略》。

口情势则明显不同,因为后者主要来自东南亚。同时,抵制外货也可能造成外粮进口减少,这都是国际关系发生变化的影响。"福州一口,政局情形,不利于商务,从事贸易者,均仅谨慎将事,抵制日货,年中风潮剧烈,境内米价昂贵,致进口洋米大增,外国面粉,到货加多,中国粉反受排挤。"① 30年代始,日本开始制造中日摩擦,1937年以后,爆发了全面侵华战争,随着厦门、福州的相继沦陷,粮食贸易自然大受影响。这也是30年代中后期,粮食进口减少的主要原因。

三是近代交通运输工具的改进,远洋航线的增辟,国际运费的降低,比较利益的存在,便利了外洋粮食进口。西方为扩大对华贸易,日益改善交通和交通工具,轮运业逐步取代了近代以前帆船运输的局面。如在1867年厦门帆船吨位数占总吨位数的59.5%,1867年则轮船首次超过帆船吨位数,到1886年,轮船吨位已占到93%,基本取代了帆船。② 同时,由于中外商人经营的航运业也不断发展,增辟了到达香港、台湾、南洋的航线及中美间的航线。甲午战后,日本也加入了以英德荷等为主的西方殖民者行列,加紧开辟福建由香港中转的远洋航线。而中美航线的开通大大节省了美国面粉的进口成本,"窃思此货既已免税,若乘太平洋轮船由美国西边出口之便,附之而来到此停泊,数点钟久其货可以直至安稳口内,在洋行门前卸清,其利便为何如而乃由香港转运来厦,多此过船拨载所失之斤重,与额外之工资、水脚、保险等费,未免使成本较重而获利无几也"③。"厦门一口,本年船运之利便,大为加增,进口贸易,精神焕发,其由外国进口者尤甚,美国面粉,与上海厂家所出面粉为敌,已操胜算,故上海面粉,进口锐减。"④ 同时,在米粮短缺之时,外米输入之运费较国米进口相对便宜。据调查,每担米从闽北运至福州费用为5.25元,而洋米的海运费反而便宜,如香港至福州每市担的运费(包括沿途关税等)为2.1972元左右,再加上仰光至香港的费用每担0.5元,最多不过3元左右,这就导致了洋米的大量输入。⑤

---

① 民国十二年(1923)《通商海关各口全年贸易总论》。

② Trade Returns for the years 1863—1886. 戴一峰:《闽南海外移民与近代厦门兴衰》,《区域性经济发展与社会经济变迁》,岳麓书社2004年版,第43页。

③ 光绪二十五年(1899)《厦门口华洋贸易情形论略》。

④ 民国十一年(1922)《通商海关各口全年贸易总论》。

⑤ 《福州港史》,人民交通出版社1996年版,第235页。

外国面粉进口变化，主要是因为外国面粉物美价廉，人民乐于消用。"美国面粉之佳者，贩运进口价甚相宜。本土制面未得善法，废弃尤多，是以两相比较，用洋粉货色既高，价费更省，故运进内地者渐行推广也。"①如1901年，进口美国面粉有20.1万余担，较上年多5.2万余担，实为历年之最。此货销场日益加广，况物美价廉，故土人乐用而成进口货之大宗也。② 机制面粉的输入刺激和带动了本国面粉业的发展，引起土洋面粉相竞争的局面。19世纪末以来，以汉口、上海、天津等开港口岸为中心，中国的近代制粉业开始获得发展。上海面粉的大部分，输出到包括香港在内的中国沿岸开港口岸，华南地区最大的上海粉输入口岸为厦门。③ 随着国内机制工业的发展，进口替代可能导致洋货进口减少，这在"一战"以后表现较明显。"外国面粉从1908年的16万担减少到1909年的3.5万担，绝大部分需求量从上海进口较便宜的面粉厂生产的面粉。"④ "外国面粉，缩减亦巨，推原其故，无非因购运中国面粉，较属有利可图也。"⑤ "本年国产面粉，进口价值，计为331万元，以视去岁之296万元，增益殊巨，至外洋进口之面粉，则每况愈下，盖其原有销路，已为国产取而代之矣"。⑥

四是粮食免税政策也鼓励了粮食进口。粮食的免税政策到民国时期一直在福建实行。民国时期曾因粮食价跌引起粮农不满，以图对进口粮食征税，但基于福建严重缺粮的情况，财政部遂决定对粮食进行象征性地征税，1934年财政部训令江海关监督及税务司："兹经本部议定，征收洋米每担1.00金单位，谷每担0.50金单位，通知全国海关一律征收，至粤海、潮海、梧州、龙州、南宁、厦门、闽海等，进口之米谷，因各该地民食关系，目前暂予缓行，其余各省之海关……应即遵照所订税率，实行征税。"⑦ 福建长期缺粮，政府的"政策倾斜"，使外粮进口大大增加。

总之，粮食是福建进口商品的一大特色，尽管近代从19世纪80年

---

① 光绪二十二年（1896）《厦门口华洋贸易情形论略》。
② 光绪二十七年（1901）《厦门口华洋贸易情形论略》。
③ 东亚同文会编：《支那经济全书》（第11辑），同会编纂局1908年版，第1—4章。
④ 吴亚敏：《近代福州及闽东社会经济概况》，华艺出版社1992年版，第275页。
⑤ 民国七年（1918）《厦门口华洋贸易情形论略》。
⑥ 民国二十四年（1935）《海关中外贸易报告》。
⑦ 章有义：《中国近代农业史资料》（第3辑），生活·读书·新知三联书店1957年版，第234页。

代开始，中国粮食进口迅速增加，1885 年进口值约为 67 万海关两，1894 年时已达 1083 万海关两，1907—1908 年两年平均进口值超过 4160 万海关两，净进口值也达 3349 万海关两，粮食进口值占商品进口值的比重一度上升到 10% 以上，面粉进口在粮食进口中的比重于 1895—1915 年间达 20% 以上。但"一战"期间及战后粮食出口也有所增加，1922 年开始，入超加大，1923—1927 年粮食进口净值年约 12239 万海关两，其占商品进口净值的比重达到 12% 左右，这五年间粮食入超量年均 3842 万担，1929 年后中国粮食入超常在 1 亿海关两以上。① 而粮食进口绝大多数是为满足华南地区缺粮省份的需求。就福建大米一项粮食的进口对福建进口的影响程度来说，"在这么一个农业地区里，谷物的进口总会吞噬掉大笔财富"②。1895 年洋米进口 86.5 万元，洋货进口净值为 19485 万元，洋米约占 4.44%，1899 年洋米进口 477 万元，洋货进口净值为 2608 万元，洋米所占比重高达 18.3%。1913 年洋米进口为 274 万元，洋货净进口值为 3055 万元，所占比重为 8.99%；到 1933 年时洋米进口 1602 万元，洋货进口净值为 4266 万元，所占比重高达 37%。③ 福建大米和面粉的进口从商品的侧面反映了在卷入世界体系过程中地域经济圈和世界体系共同作用的独特特征。

（二）糖

1. 贸易情况

福建进口的消费品当中，值得关注的是糖品贸易的变化。众所周知，福建曾是著名的产蔗区。甲午战前，福建闽南地区就产糖，并有大量的糖品出口。④《闽产录异》记载，近代初期的闽海关税课，"以厦门

---

① 陈争平：《试析 1895—1930 年中国进出口商品结构的变化》，《中国经济史研究》1997 年第 3 期。

② 吴亚敏：《近代福州及闽东地区社会经济概况》，华艺出版社 1992 年版，第 269 页。

③ *Trade Returns for the years* 1895—1899；福建省政府秘书处统计室：《福建历年对外贸易统计》，1935 年版。

④ 福建很早以来就是中国主要产糖区之一，中国最早出现制糖业是在唐朝由印度传入。元朝时中国成为世界上最大的产糖国，明清时期是全国主要产糖区。因气候适宜，水量充足，山区以建宁府、平原以泉漳之地成为福建的主要产蔗区。参考《十七世纪上半期的中国糖业及对外蔗糖贸易》，《中国社会经济史研究》，1994 年版。另外，台湾糖业主要是在 17 世纪上半叶荷兰人开发台湾时引种发展的，由福建去的流民从事此业。

糖税为大宗，通关牵算，厦门之税十居其五"①。"下游多种甘蔗，泉漳、台湾尤多……蔗糖磨蔗，渴者任啖，不得携带。"② 由于出口糖的有利可图，糖和茶叶曾一度列为厦门口岸两大出口产品。"由于当地丰收，汇兑有利，以及欧洲市场上的不正常价格，使厦门糖的出口有利可图。"③ 19世纪80年代以前，福建所产糖除本省销用一少部分，国内销售一部分，其余分销往印度的孟买、印尼的爪哇、马尼拉、越南西贡、日本、香港、暹罗和澳大利亚等处。④ 1866年一个外国人亲眼看到漳州府有许多冰糖作坊正在兴建，指出，"茶叶和冰糖是厦门附近的两大出产，而近年来由于厦门糖价高涨，运往中国其他口岸供内销的数量将不多了。"⑤ 清末开始大力推广，以为侨资机器榨糖工业提供原料。⑥ 19世纪80年代后，茶叶贸易的衰落，糖地位更重要。80—90年代是闽南糖业的黄金时代。福建糖主要从厦门出口。1875年时厦门糖品出口25万担，1880年上升到30万担，1885—1895年多在20万余担。⑦ 这一阶段从绝对值上看，糖的出口量相当大。甲午战争之后，随着日本占领产蔗重地台湾及其在台湾的殖民农业统治的逐步确立，产糖区台湾的粗糖大多运往日本，经过精加工后输入中国大陆，造成福建进入了由出口糖向进口糖转变的历史时期。⑧ 同时，由于东南亚地区机制糖业的不断发展，

---

① 彭泽益：《中国近代手工业史资料》（第1卷），生活·读书·新知三联书店1957年版，第596页。
② （光绪）《闽产录异》卷1，货属。
③ 姚贤镐：《中国近代对外贸易史资料》（第2辑），中华书局1962年版，第1234页。
④ Amoy Trade Reports for the year 1874.
⑤ 彭泽益：《中国近代手工业史资料》（第2辑），生活·读书·新知三联书店1957年版，第116页。
⑥ 林庆元：《福建近代经济史》，福建教育出版社2001年版，第272页。
⑦ Amoy Trade Returns for the years 1875—1899。
⑧ 习五一：《1895—1931年台湾食糖贸易研究》，《近代史研究》1995年第5期。指出，日本从1896—1910年间不断调整台湾的关税政策，到1910年时废除出口税及出港税，提高进口税率。日本为发展本国的蔗糖生产，一方面鼓励进口粗糖进口企业创建，一方面扩展在台湾的制糖业，使台湾成为日本精制糖厂的原料产地，次而附以爪哇粗糖为补充。1895—1900年间，台湾蔗糖一半以上主销中国大陆。1900—1915年间，随着台湾蔗业的发展，日本精制糖厂需求的饱和，日本食糖开始大量出口。1916—1931年，台湾、日本、大陆间贸易由台湾种蔗生产蜜糖，运入日本经过精加工后，销往中国大陆。

福建传统制糖无法与其相竞争。1909年，南洋闽侨郭祯祥兄弟归国，获悉闽糖业日衰，认为"若不及早改良，不过数年必尽绝矣。"① 同年，制糖公司在漳州成立，是我国最早的制糖公司。该公司使用机器榨糖，闽南地区还出现了其他几个小型新式制糖厂，糖业生产和出口量有所回复，"糖看来是出口的唯一货物，近年代有复苏的迹象"。糖的出口在1902年到1911年已从9.9万担增加到19万担。"自1910年为制糖而引进新式榨蔗机和采取其他一些改进方法，在某种程度上说明了这一发展。"② 但由于恶劣的生产和投资环境，加之1911年同盟会反清起义的影响，造成糖"销售量下降，并且存货积压，运送货物需冒极大风险，北方的商人被迫暂停或削减营业，结果每担糖价下跌一两，使一些本地商人遭到沉重的损失"。③ 据国民政府农商部统计，1912年福建制糖作坊有83家，职工883人，而1913年降到32家，329人。④ 种种原因所致，闽南糖业急剧衰落，种蔗"获利自薄，产糖之区，因之多改植他物"。⑤ 随着蔗业的消沉，糖品出口自然无法继续其辉煌。1900年后厦门糖品出口只有15万担，1909年降到最低，为6.7万担，后直到1930年间，除1911—1912年出口回增为19.6万担和20万担，1921—1922年回增为16万担和14万担外，其余年份多在10万担之内。⑥ 由于国外香港、台湾、日本及爪哇等地机制糖品的不断输入，入口则不断加大。

全省糖出口从1895年的19万担，下降到1937年的5.3万担，其间虽涨落不定，但总体上衰落的趋势不可阻挡。相反，在出口不断减少的同时，福建糖的消费并没有减少，而是出现了一个令人震惊的现象，即曾经是全国著名的产糖区，洋糖的进口日益加剧。从1895年仅有3705担的进

---

① 林金枝、庄为玑：《近代华侨投资国内企业史资料选辑》（福建卷），福建人民出版社1985年版，第118页。
② 戴一峰：《近代厦门社会经济概况》，鹭江出版社1990年版，第101页。
③ 胡刚：《二十世纪初闽南蔗糖业的衰落及其原因探析》，《厦门大学学报》1988年第2期。
④ 彭泽益：《中国近代手工业史资料》（第2卷），生活·读书·新知三联书店1957年版，第442页。
⑤ 章有义：《中国近代农业史资料》（第2辑），生活·读书·新知三联书店1957年版，第140页。
⑥ *Amoy Trade Returns for the years* 1895—1819；1920—1931年来自《福建省历年对外贸易统计》，福建省政府秘书处统计室1935年版；1932—1937年来自周浩等《二十八年来福建省海关贸易统计》，福建省政府统计室1941年版。

口，1900年上升为43537担，又迅速升至1906年的27万担①。1906年厦门贸易报告指出，"所当注意者，厥唯糖斤，其进口递增，以荷国属土运来者为最。观下列之数便知此五年内若何兴起也"②。

1902年厦门主要从香港进口糖21522担，新加坡8197担，共计29719担；到1906年时，从香港进口糖上升为46128担，从新加坡进口55378担，从爪哇进口28528担，共计130034担。1906年进口量比1902年增长了3倍余③。洋糖可分三类，"有制自台湾，由日商运入福州者曰日糖，有制自英属南洋群岛，经香港而输入福州者曰英糖，有制自爪哇经香港而输入福州者曰荷兰糖。大抵日货多系单糖，英货兼有冰糖，荷货则系粗细砂糖，计洋糖之输入每年约在十万担以上"④。

1907—1930年间，全省糖的进口量变化起伏较大，如1906年进口增加，后两年又下降，1909年又恢复，三年后又下跌，1913年、1914年又突升至33万多担，之后又跌至1917年的低谷，仅11万担。不管起伏多大，但总体趋势和绝对值不断上升，1925年时上升为48万担，1930年达到进口最高峰的65万担。此后由于关税政策等多方面的原因，20世纪30年代洋糖进口不断下降。⑤

2. 原因

1895—1930年间，福建糖业衰落，进口增加，原因如下：一是国际市场糖品的竞争，二是制糖技术的落后，加上税制的影响，使福建糖业败落，进口增加。

---

① *Santuao, Foochow, Amoy Trade Returns for the years* 1895—1898；1899—1931年来自《福建历年对外贸易统计》，1935年版；1932—1937年来自周浩等《二十八年来福建省海关贸易统计》，1941年版。

说明：福建省糖类由海关输出国外多从厦门出口，1895—1900年间福州没有输出值。因而数据取自厦门一口。1900年之后，三都澳和福州均有少量出口，但合计最高年份输出量不过1500担，最多也仅占出口总量的1%，而厦门当年出口共计71939担，参见1919年统计（1担＝0.6046公担换算）。

② 光绪三十二年（1906）《厦门口华洋贸易情形论略》。

③ 同上。

④ 陈文涛：《福建近代民生地理志》，福州远东印书局1929年版，第410页。

⑤ *Trade Returns and Reports for the years* 1895—1898；1899—1931年来自福建省政府秘书处统计室《福建省历年对外贸易统计》，1935年版；1932—1937年来自周浩《二十八年来福建省海关贸易统计》，1941年版（单位由公担转为旧担）。

福建作为主要产糖区,曾不断输出糖到欧美及日本、朝鲜等国,然而,"自1877年以来,为欧洲甜菜糖及爪哇粗糖、香港精糖所压迫,贩路日渐收缩;不唯海外输出全行杜绝,即国内市场亦为外国糖所夺"①。甲午战后,日本在台湾以大农场的经营方式广植甘蔗,并大量向福建倾销。1905年以后,印度、锡兰、印尼等英、荷各殖民地的机制糖越来越多地涌入中国市场,竞争导致福建糖产下降。"昔年,糖之运往北方各口甚多,近日已成强弩之末,未足与爪哇所产相提并论矣"②。"虽然该处糖茶之日见衰败者,其原因犹在彼而不在此,如糖之一物,凡由香港马六甲固势所必至也,不形骤落,况此三处之糖,其种植法、制造法,皆极精良,而售价又贱,此厦门本地糖之减色。群岛爪哇等处输出者,竞来此争利,本地植糖者,又复年减一年,如是,则厦门出口糖,安得不形骤落,况此三处之糖,其种植法、制造法,皆极精良,而售价又贱,此厦门本地糖之减色,固势所必至也"。"更有一进口货,骤然风增者,外国糖(皆由香港马六甲群岛爪哇而来)是也,且其在该处市场,独占优胜,本地糖不但不能争胜,反觉渐归斯灭之势"③。

加上外国制糖均采用先进的机械制造方法,而福建制糖业仍然采取传统的手工榨糖法,杂质多,损失大。1884年左宗棠曾倡办福州糖厂,结果其不期去也,使糖厂夭折。清末虽有华侨兄弟创办"华祥制糖公司",并从国外引种优良甘蔗进行生产,还推广设立糖厂,但都没能发展起来。"茶去、糖也去,无例外的,旧的方法总要退让给新的。在爪哇,以现代科学管理的方法来栽培和制出的茶,杀败了本地的土糖。目前,大量的爪哇糖输入厦门。"④ 当时的报纸杂志也评述了当时糖业衰落的情景,"由于制糖的不精以及成本的高昂,便不足和外洋的糖类相对抗。据海关的报告统计,由1924年起一直到现在,洋糖输入的总量逐年增加,而且有方兴未艾的趋势"⑤。

另外,洋糖之所以畅销,在于其境内的优惠税率的招徕。根据协定关

---

① 章有义:《中国近代农业史资料》(第2辑),生活·读书·新知三联书店1957年版,第139页。

② 彭泽益:《中国近代手工业史资料》(第2辑),生活·读书·新知三联书店1957年版,第471页。

③ 《厦门商况》,《商务官报》,国立"故宫博物院"印行1908年版,第78页。

④ [英]包罗:《厦门》,中国人民政治协商会议福建省厦门市委员会文史资料研究委员会:《厦门文史资料》(选辑)第2辑,1983年版。

⑤ 张福安:《厦门经济概况》,《福建文化》第1辑,第6期,1932年11月。

税，洋糖只需缴纳5%的进口正税和2.5%的子口税。而土糖，从闽南产地运到厦门，需缴内地常关税，"赤糖每担征0.06两，白糖每担0.1两，冰糖每担0.12两"，从厦门运出，先交纳5%的出口税，运销外埠，再缴纳沿岸贸易税，输入内地，抽收厘金。庚子之后，厘金加重。1902年，闽省大吏以"糖斤一项，谓熬煮得法，其利与盐相埒，东南数省销售尤多，加抽二成"，"以赤糖运出内地，须纳厘金两倍也"。① "加以糖捐局之开办，厘金则例之增三倍，以致商人群起反对，且一时往来内地之运输，几曾全停，华洋货价，从而涨高，更使情形益无进步，再船只缺乏，往来上海商轮，时间延误，行无定期，常有货物，限于吨位不敷，致被退关，并无须缴纳驳艇费，至有船装运为止。凡此情形，更为贸易之障碍，尤以出口者为甚，试观该埠统计表可见吨数之减色，全年共减23.5255万吨。"② 加上，由于福建多山，交通不便，糖运输多靠人力肩挑运送，"运输既缓，成本亦甚高"，一般每一工人挑100斤走10华里路，就得支付2角的工钱，若从产地到港口为100华里，那么每100斤运费为2元，每斤的运费为2角，而从"爪哇运来外糖之运费，每磅运价不到百分之一分，相差之巨，概可想见"。③

同时，时局变动也是重要的影响因素之一。如1925年厦门糖进口量大增，主要由于广东地区社会纷乱，一些糖品多转至厦门进口。"进口贸易，大致十分活跃……如自爪哇进口之白糖及车白糖加增亦著，此项货物亦由于上述南方各处贸易纷扰情形，遂改以厦门为分运之中心地点。故至年底，存货尚约有2500吨"。④ 总之，洋糖所以畅销之故，"一因原料精良，色泽皆美；二因制造法改良，生产费减少；三因各个国家对于糖业概施以种种补助奖励方法。吾国对于此三原因，无对付之法。故糖业不免失败。福州之华兴糖厂，虽亦知求新种用新法，但因关税之阻碍，尚未见有何等成效"⑤。

20世纪30年代后，国定税则的实施在一定程度上影响了洋糖的输入。"修正海关进口税税则，自本年（1933年）5月16日起施行，进口

---

① 李文治、章有义：《中国近代农业史资料》（第2辑），生活·读书·新知三联书店1957年版，第618页。
② 民国十四年（1925）《中国海关华洋贸易报告书》。
③ 《闽南的蔗糖业》，《复兴月刊》第4卷，第8期。
④ 民国十四年（1925）《中国海关华洋贸易报告书》。
⑤ 陈文涛：《福建近代民生地理志》，福州远东印书局1929年版，第410页。

税率，多有增加，走私情事，乃益炽烈。此外，洋糖进口亦受影响，本年贸易统计之内，虽载有洋糖11.4万担，然正式进口者，不过4.4万担；所余7万担，则均系缉私充公之私货耳。"① 据厦门的报纸载，"厦门因受走私影响，致正式报纳税者甚少，兹查十月份进口报税洋糖，仅200余包，连海关破获私糖，在厦拍卖五百余包，共七八百包外，其余所销，即均走私私货……现洋糖之销于漳州者，大部分系由旧镇私运，销石码者，则多由海沧日水营运往"②。海关统计数字不断减少。同时，抵制日货运动等也在一定程度上打击了糖的进口。

3. 对策

为改变糖业衰落的现状，就必须提高制糖技术，采用机械化生产。"制糖之法，普通将甘蔗以辘轳榨压取汁，入釜熬之，初成红糖，和桐油并入篦压之名糖板。入盆凝之名糖碗，以洲蔗成者净而无沙名洲板，以红糖再炼燥而成霜为白糖。白糖加石膏入盆凝之为盆结。以白糖再煎加温煨窖中以稻草覆之，使凝结如石曰糖霜。又称白冰。黄者为漳冰……""旧法榨蔗用圆筒形之石二，藉牛力绞之，此器粗劣仅能榨汁百分之五十至六十，新法压榨机，以蒸汽机为动力，能将甘蔗含汁百分之九十榨出百分之八十五"③。随着外来机制糖品的竞争及本省发展商品性生产的努力，机制糖业也孕育而生。当时主要用重油或煤油作为动力燃料，运用机器榨糖，但在煎熬方面仍用土法或简单的机器。抗战前这类糖厂漳厦一带十分盛行。每厂的房屋，机器等设备不过四五千元，工作人员仅六七人，每日可出糖三四十担，较土法可多出糖20%。但由于由商人、买办、华侨集资从国外购买机器创建的现代化的工厂相对较少，各类制糖作坊无法真正实现机械化，致使贸易没有发展的后劲。

进口商品还有鱼介海味、炼乳、燕窝、纸烟、酒、药材等，和生产原料及生产资料的进口染料类、水泥、电气材料、机器、煤、车辆、纸等。比如鱼介海味进口量也非常大，主要品种包括海菜、海参、干贝、鱿鱼、墨鱼、蚶、蛤、鱼翅以及各种鱼干、咸鱼等海产品。虽本省地处东南沿海，但由于渔业落后，因而大量从日本进口。"彼邦渔业利用科学方法，

---

① 民国二十二年（1933）《海关中外贸易报告》。
② 《星光日报》1935年11月11日。
③ 陈文涛：《福建近代民生地理志》，福州远东印书局1929年版，第409页。

锐意精进，以廉价之产品，倾销我国，本省渔业则墨守旧法，不知改过，而当局复不求奖励诱掖之方，强弱不敌，盖为必然之势。"① 进口商品时常占据非常重要的地位。

通过以上各类商品的分析，可以看出，1895—1937年间，福建主要进口西方的机制消费品及相关原料品，鸦片毒品在各国的努力下，合法运销销声匿迹，但由于经营鸦片有利可图，走私无时不在，表现出了资本主义全球扩张中的原始资本积累的性质；而棉纺织业中的棉布、棉纱、棉制品，毛纺织品，五金等的进口都表现了在全球经济影响下的由盛转衰的历程；福建与东南亚地区的大米贸易和与西方的机制面粉贸易说明，福建特殊的地理、历史经贸传统不断延续并支持着福建的对外贸易，而与西方各国贸易表现了落后的农业文明与先进的工业文明之间的不等价交换机制。而福建糖品由输出转变为输入，输入也由盛转衰的历程说明，西方各国利用殖民地半殖民地国家和地区如香港、东南亚等地的特色资源优势，向福建进行倾销，并随着经济危机的爆发而逐渐衰落。这实质是殖民体系利用地缘经济优势进行贸易的一种格局。

第三节　福建出口商品结构

福建出口商品结构是指福建出口的商品构成及各类商品在本地出口贸易中所占的比重或地位。出口商品结构反映当地生产供给的余缺情况及国外市场对区域商品的需求情况。出口商品结构的消长变化直接反映了本区域的经济发展变化，也反映了本区域商品在国际市场上的需求变化状况及区域社会经济的发展变化与世界经济发展变化的关系。甲午战争后，西方资本主义在开拓福建市场的过程中，从以前用金银、奢侈品等，到近代用鸦片作为交换来换取福建茶、糖等土特产，使福建日益卷入世界市场。

一　出口以福建的土特产品为主

甲午战争以前，茶叶一直主导着福建商品的出口。福建省会福州曾是全国三大茶市之一，在出口土货当中，茶叶占福州土货出口总值的比重均在80%以上。除此之外，还有木材、纸、竹笋、干鲜果、中药、干贝、香菇、

---

① 福建省政府秘书处统计室：《福建历年对外贸易统计》，1935年版，第19页。

糖、桂圆及各种器皿等,绝大多数为土特产食用品及生活消费品等。1895年以后,福州土货出口种类虽在增多,但变化不明显。1894年,福州出口49种商品,出口到境外(包括香港)① 的只30来种,其他均出口到国内他埠。② 以茶为大宗的商品结构基本没变。甲午战争后,福州直接出口到境外(主要输出到香港)的除茶叶外,其他有32种;出口到国内他埠计有50来种。③ 1900年福州出口到境外(香港)的约40种。④ 1904年,福州出口境外(香港)商品升至55种以上,与甲午战前相比,土货出口的种类有所增多。⑤ 厦门港输出货主要有茶、麻袋类、纸艺、桂圆、木材(棺木料居多)、水仙花、蜜饯糖、果类、烟类、纸箔、粉丝(行销南洋)、药酒(行销南洋)等。⑥《大中华福建省地理志》记载,思明县物产输出品以红茶、蔗糖、纸料、烟丝为大宗。⑦ 出口种类变化不大。

福建出口商品主要是本省的农副产品及其加工品等土特产品和粮食等日常必需品。"主要物品之输出,类皆本省之特产,每年咸占总输出90%左右,由此可见,本省物产在经济上所居之地位矣。"⑧ 有关福建的输出商品情况,《福建经济概况》称,向以茶、木、纸、糖、笋、菰、果实、鱼介海味等为大宗。"此正可补充说明本省工业之不健全状态,木材为采集性质之产品,茶、纸、糖在本省可视为农业与手工业结合之产品,笋、菰、果实及鱼介海味,系属农艺与渔业之产品。故在输出品中,实无一与现代工业有何等因缘,输出情形如许,则福建可谓为纯农业社会而无疑。而在农业社会中,尚需要输入米谷与麦粉,安得不造成经常之入超状态"。⑨

福州出口的主要商品以茶、纸、木材等为主。1894年以前,茶叶以红茶、绿茶和茶末为主。到1900年时,除红茶、绿茶外,茶末、茶叶及茶柄、砖茶的出口日加,茶籽饼的出口也有不少。海关贸易报告中记载,

---

① 中国香港当时是英属殖民地香港。
② *Foochow Trade Reports for the year* 1894.
③ *Foochow Trade Reports for the year* 1895.
④ *Foochow Trade Reports for the year* 1900.
⑤ *Foochow Trade Reports for the year* 1904.
⑥ 陈文涛:《福建近代民生地理志》,福州远东印书局1929年版,第39页。
⑦ 林传甲:《大中华福建省地理志》,中国地学会,1919年版,第157页。
⑧ 福建省政府建设厅,朱代杰、季天祐编:《福建经济概况》,1947年版,第320页。
⑨ 同上书,第318页。

"土货出口如笋、香菌、纸、山芋、杉木五款及茶皆为大宗……通盘核算，所有土货出口往外洋贸易，全数内是年仅茶一项已居百成中之八十三成。"① 1904 年出口的茶叶仍以红茶为最大宗。② 作为重要的产纸区，五口通商后，福州纸品出口不断增加。甲午战争以后，直至 20 世纪 30 年代，是纸品出口的黄金时期。出口纸类以上等纸、二等纸为主，之后又出现了纸箔。木材出口在 1895 年以后主要出口台湾与东南亚，出口的木材主要有棺木、厚木及煤油箱木、木杆及其他木材等几种，还有木制品及木器等。1900 年厚木板开始出口，木杆、木柱及油箱木的出口大大增加。当年除了茶、木材、纸伞、洋李、机器、羽毛、樟脑、笋等几种主要商品，其他不占重要地位。1910 年，福州土货出口大宗有茶、木材（杆）、纸伞、木板料、纸、藤条、笋、鲜橘、鲜橄榄、土豆等，此外还有樟脑、羽毛、漆器、茶油、花籽仁、桂圆等。③ 大体来看，从 1895 年始直到 1910 年间，福州出口土货当中，大宗的商品仍是福建的手工制作的土特产品等，属资源性商品的多。如光绪末年著名的报纸《商务官报》称，"福州输出于外国及中国各港之货，其重要者共十八种，茶、纸、竹笋、木、樟脑、椎茸、李干、咸李、蜜柑、桂圆、橄榄、荔枝、松烟、竹及竹叶、竹丝烟、羽毛、药材、伞、中国靴。"④ 民国时期出版的《福建近代民生地理志》记载，有茶、杉、竹、竿篾叶、纸、笋、樟脑、鸭毛、漆器、乌烟、桂圆、药材、香菇、茶油、鲜干、橄榄、橘荔、枝干、锡箔、干梅、咸梅、莲子、乱丝、轻木板、纸伞等。⑤

厦门出口的商品，以纸、糖、烟草等为主。1895 年厦门出口的商品中，纸为第一，糖为第二，茶叶为第三，第四位为卷烟，分别出口值为关平银 277282 海关两、205810 海关两、188479 海关两、149311 海关两；其次是土布夏布 97606 海关两、药用酒 56490 海关两、粉丝 54308 海关两、粗瓷器 50995 海关两、伞 35914 海关两、草布 28628 海关两、砖瓦器 21685 海关两、蒜头 21009 海关两；另外，出口较多的还有茶木板、麻

---

① 光绪二十八年（1902）《福州口华洋贸易情形论略》。
② Foochow Trade Reports for Each Year.
③ 从 1904 年始，因海关统计方法的变化，经由海关出口的主要土货，只有几种主要商品的数量统计，也没有区分出口到国外与外埠的商品。
④ 《福州重要输出品》，《商务官报》，国立"故宫博物院"印行 1907 年版，第 314 页。
⑤ 陈文涛：《福建近代民生地理志》，福州远东印书局 1929 年版。

第四章　全球化与区域化：商品结构（1895—1937）

袋、干咸鱼、渔网、爆竹等。①厦门纸包括上等纸、次等纸、纸箔和其他四种，但以纸箔出口比重最大。纸箔为迷信用品冥钱之一种。东南亚供华侨使用。闽南地区曾是产糖的重要区域，尤其是产糖区台湾的糖品均通过厦门出口。随着日本对台湾的占领，厦门糖品出口大受影响。但是糖出口仍占重要地位。纸品出口曾占厦门重要地位，如海关报告记载称，"中国四十八海关中有烟叶出口者居其四十，而尤以厦门为最多，其输出额殆占全国十分之一"②。从各类商品地位可以看出厦门主要出口商品的重要性。如1912年，厦门出口前五位的商品依次为糖、纸、烟草、茶叶、干果。其中糖为第一位，纸为第二位，烟草为第三位，茶叶从1895年的第三位下降到第四位。1925年时，纸第一位，糖第二位，烟草第三位，米粉干第四位，茶叶下降到第五位。后一直到1930年，纸一直是出口最多的商品，烟草第二位，糖、茶的地位不断下降。③

地处闽东地区的三都澳，"三沙湾峰峦四周，一线通海，水广面深，风波不兴，大船自由出入，允为良港。唯背面山峦起伏，仅能与福宁、福安、宁德、罗源等处相通，贸易殊难发达。出口货，茶为大宗，茶油、糖、烟叶、下等纸、粗碗、生铁（铁为古田霞浦福安所产，运往台湾最多）次之"④。

二　主要出口商品地位此消彼长

民国时期一些相关资料曾对1905年以来个别年份的各类土货出口值及其所占的比重做了统计。

表4-3-1　　　　　福建全省主要输出货物之位置　　　单位：国币千元

位次	年份	1905	1910	1915	1920	1925	1930	1934	1935	1936	1937	1938
一	货名	纸	茶	纸	木材	木材	茶	茶	茶	茶	茶	茶
	国币	10256	9324	12182	14577	19005	17812	16004	11824	16242	15251	11818
	%	25.70	20.85	29.48	28.75	27.62	25.46	48.5	45.0	43.5	43.5	35.7

---

①　*Amoy Trade Returns for the year* 1895.
②　章有义：《中国近代农业史资料（1912—1927）》（第2辑），生活·读书·新知三联书店1957年版，第201页。
③　苏水利：《厦门对外经济贸易志》，中国统计出版社1998年版，第32—33页。
④　吴承洛：《今世中国实业通志》（第1编：下册），商务印书馆1929年版，第105页。

续表

位次	年份	1905	1910	1915	1920	1925	1930	1934	1935	1936	1937	1938
二	货名	茶	纸	茶	纸	纸	木材	纸	纸	木材	木材	木材
	国币	8149	8093	11088	11655	13009	16505	7363	3955	4867	6157	5657
	%	20.42	18.12	26.84	22.99	18.91	23.59	13.3	15.1	13.3	17.5	17.1
三	货名	木材	木材	木材	茶	茶	纸	蔬菜	木材	纸	纸	纸
	国币	4566	4969	6006	6012	9643	12225	2256	2394	4578	4034	3698
	%	11.44	11.11	14.54	11.86	14.01	17.47	6.9	6.5	12.3	11.5	11.2
四	货名	烟草	烟草	烟草	菜蔬	烟草	木材	菜蔬	菜蔬	鲜果	糖	
	国币	1912	2761	2280	2322	2625	2613	2049	1474	2215	1763	6155
	%	4.79	6.17	5.52	4.58	3.81	3.73	6.2	5.6	5.9	5.0	9.5
五	货名	菜蔬	菜蔬	菜蔬	烟草	糖	菜蔬	干果	鲜果	干果	菜蔬	干果
	国币	1615	2020	1560	1902	2550	2583	1251	1361	1718	1470	1484
	%	4.05	4.52	3.78	3.75	3.69	3.8	5.2	4.8	4.0	4.5	
六	货名	糖	糖	鱼介海味	樟脑	菜蔬	干果	鲜果	干果	鲜果	干果	鲜果
	国币	999	892	860	1804	2472	1285	1242	972	1683	961	1327
	%	2.50	1.99	2.08	3.56	3.59	1.84	3.8	3.7	4.8	2.7	4.0
七	货名	干果	干果	糖	糖	纸伞	糖	烟草	糖	糖	糖	菜蔬
	国币	505	717	729	1570	1161	1105	1024	355	636	693	883
	%	1.27	1.60	1.76	3.10	1.69	1.58	3.2	1.4	1.7	2.0	2.9
八	货名	樟脑	鱼介海味	鲜果	鲜果	通心粉	鲜果	糖	竹及竹器	鱼介海味	药酒	鱼介海味
	国币	494	538	622	982	963	855	415	270	325	317	245
	%	1.24	1.20	1.51	1.94	1.40	1.22	1.3	1.1	1.9	0.9	0.8
九	货名	鱼介海味	鲜果	干果	鱼介海味	干果	鱼介海味	鱼介海味	粉丝	竹及竹器	竹及竹器	纸伞
	国币	340	472	539	728	719	795	356	267	318	254	221
	%	0.85	1.06	1.30	1.44	1.04	1.14	1.1	1.0	0.8	0.7	0.8
十	货名	鲜菜	瓷瓦器	瓷瓦器	鲜菜	鱼介海味	瓷瓦器	竹及竹器	鱼介海味	药酒	鱼介海味	植物油
	国币	331	414	393	662	703	767	242	265	274	242	218
	%	0.83	0.93	0.95	1.31	1.02	1.10	1.0	1.0	0.7	0.6	0.6
总值	国币	39913	44724	41316	50699	68810	69965	32919	27294	37236	35091	33072

资料来源：1905—1930 年自《福建历年对外贸易统计》，福建省政府秘书处统计室 1935 年版，第 65 页；1934—1938 年自福建省政府建设厅，朱代杰、季天祐《福建经济概况》，1947 年版，第 319 页；福建省秘书处编译室《闽政月刊》，1941 年版，第 9 卷，第 2 期；陈肇英《福建省银行三周年纪念刊》，福州万有图书社 1938 年版；第 40 页。

说明：1905—1930 年间经由汕头输出之纸与烟草价值已计入本省输出总值，1934—1938 年间没有包括。出口商品包括出口到国外和国内他埠的所有商品和。

从表4-3-1可以看出，福建全省大宗出口商品地位不断发生变化，但茶、纸、木材基本位居出口商品的前三位。如1905年时，出口的纸为1026万元，占土货出口总值的比重为25.70%，居出口商品的第一位；茶为第二位，出口值为815万元，所占比重为20.42%；居第三位的是木材，出口值为457万元，所占比重为11.44%，仅这三项就占出口商品总值的57.56%。其后，依次是烟草、蔬菜、糖、干果、樟脑、鱼介海味、鲜菜等。1910年时，居前三位的依次是茶、纸、木材，分别出口932万元、8093万元、4969万元，所占出口比重分别为20.85%、18.12%、11.11%。除此之外，居出口商品前十位的其他商品依次是烟草6.17%、菜蔬4.52%、糖1.99%、干果1.6%、鱼介海味1.2%、砖瓦器0.93%。1915年时出口次序依次是纸1218万元、茶1109万元、木材601万元，所占比重分别为29.48%、26.84%、14.54%，占第四位和第五位的依然是烟草和蔬菜，出口较多的还有鱼介海味、糖、鲜果、干果、砖瓦器。另外，1920年、1925年占前三位的依次是木材、纸、茶，1930年茶又上升到第一位，木材下降到第二位，纸第三位，烟草第四位，蔬菜第五位。30年代以后，茶输出第一位的地位一直保持着，而纸和木材交相为第二位、第三位，而长期位居第四的烟草则于1930年以后地位不断下降，当年下降到第七位，1934年以后则已不居前十位。同时，蔬菜和干鲜果一直保持相当重要的出口地位。

第四节 主要出口商品

福建出口商品中，茶、纸、木材占据最主要的地位。同时，烟草、糖、干鲜果、蔬菜、鱼介海味等产品的出口也很多。下面从主要商品的出口情况进行分析，以观察福建商品结构变迁及反映的历史特点。

一 茶

福建是著名的产茶区，省会福州曾是全国闻名的三大茶市之一，茶叶出口历史悠久。近代以来，茶叶地位更加重要。甲午战前，茶叶一直主导着福建商品出口趋势。各县所产之茶，经加工制造后，除少数留供省内消费外，80%皆输出省外或国外。其输出之数量可由经海关茶的输出量值代表。"盖茶之经由海关输出值常占其输出总值百分之百。"① 福建茶叶依海关出口分类，主要有红茶、绿茶、砖茶、其他茶四种。红茶包括工夫茶，其他红茶；绿茶包括小珠、熙春、雨前、其他绿茶；砖茶包括红砖茶、绿砖茶；其他包括毛茶、花茶、茶片、茶末，其他未列名茶等。② 但随着国际市场机制茶叶的竞争，茶质、茶价、茶叶市场等各方面的影响，使茶叶出口逐步失去了过去的繁荣景象，尤其是甲午战争以后。

（一）厦门

甲午战争前，厦门茶叶出口曾有过辉煌时期。1877年出口量达历史最高，为91404担，主要以乌龙茶和工夫茶为主，出口量分别为68553担和22792担，小种59担。随后，由于工夫茶在1880年以前有相当多的出口，80年代开始出口迅速减少，所以1885年海关统计中几乎没有了统计；同时占出口最大宗的乌龙茶日趋减少，从1877年的不足7万担减少到1885年的4.9万担，到1894年仅剩2.9万担，小种也只出口137担。总体上看，厦门茶叶出口量下降比率很大，1894年比1877年下降了约68%。③ 甲午战争前，厦门茶叶主要来自闽南茶区、武夷茶区和台湾茶区。在19世纪70年代茶叶出口鼎盛时期，主要仰赖武夷茶和安溪茶，到19世纪70年代后期，台湾乌龙茶产量不断增多，开始运到厦门复出口国外。从19世纪80年代起，厦门出口茶叶便进入"台湾茶时期"，从厦门复出口的台湾茶叶主要是乌龙茶。④ 当时台湾商品多数通过厦门转运出口，"厦门的复出口几乎完全是在本口岸与台湾之间进行，本口岸与台湾有着密切的商业联系"⑤。

甲午战争后，日本占领台湾，造成台湾战乱，人们误以为茶叶生产会减少，因出高价收购，但结果，"盖因日本、上海、台湾等处所出下等之茶较多，致厦门茶为之滞销，现在厦茶已经售出，唯观其价目，可见艺茶者之大受亏折，即采办之商人亦未能如愿以偿。盖本年艺茶之人伐去下等茶树，勉力试种上等之茶，乃售卖仍莫得善价，故其所亏尤

---

① 福建省政府统计处，唐永基、魏德端：《福建之茶》（下册），1941年版，第311页。
② 同上。
③ *Amoy Trade Returns for the years 1877—1894.*
④ 厦门港史志编纂委员会：《厦门港史》，人民交通出版社1993年版，第143页。
⑤ 戴一峰：《近代厦门社会经济概况》，鹭江出版社1990年版。

甚，厦门茶之势既已江河日下"①。当年茶叶出口下降到15933担，1896年稍有上升，出口约32601担，主要是上年积压卖不出之茶，盖"本年册内所记者兼上年所出之茶大半在内也"。从1897年开始主要输往美国的厦门乌龙茶由于美国颁布了《不纯物法》，限制厦茶输入，因而厦门茶叶出口量不断减少。最主要的是日本在台湾的农业殖民茶叶统制政策，使过去由厦门转运出口台茶由于直接从台湾输往美国，造成厦茶输出的减少。"厦门素为其近地茶及台湾茶之输出口港，自台湾归于日本，台湾茶由基隆出口。而厦门近地之茶亦衰退，昔日于此地极占势力之外国商人亦均废业。"②

台湾被占后，日本一面开辟基隆港与外国直接贸易，一面招雇安溪茶司到台自行加制，致使1917年以后，仅有极少数台茶经由厦门出口了。"现厦门输出茶叶，百分之八十为崇安与安溪之茶，其余北溪茶如长泰、华安等地之茶不过百分二十而已。"③ 这可从台湾由厦门转运出口和直接由台湾出口美国茶的对比中来看：

表4-4-1　　　　台茶出口往美国经由厦门和直由基隆比较　　　　单位：磅

年别	经由厦门	直由基隆	共往美国
1902	15717095	1794696	17511791
1903	14722950	4703920	19426870
1904	11156420	6061120	17217540
1905	9896351	8165560	18061911

资料来源：光绪三十一年（1905）《厦门华洋贸易情形论略》。

1902年时，台茶经厦门出口到美国有1572万磅，由基隆直接出口美国的有179万余磅，从厦门出口的台茶约占台湾出口美国总值的90%；而1903年经厦门出口约1472万磅，直由基隆出口为470万磅，经厦门出口的台茶减少为76%；1904年时经厦门出口的台茶为1116万磅，由基隆出口的为606万磅，经厦门出口更减少至65%；到1905年时，经厦门出口和直接由基隆出口的茶叶相差不大，前者为990万磅，后者为817万

---

① 光绪二十一年（1895）《厦门口华洋贸易情形论略》。
② 《中国茶叶情形》，《商务官报》，国立"故宫博物院"印行1906年版，第456页。
③ 福建省政府统计处、唐永基、魏德端：《福建之茶》（下册），1941年版，第316—318页，第324页。

磅，经厦门出口所占比重跌至55%。到1907年时，日本在台湾实行台日一体的关税政策，限制闽台贸易，从此以后，台湾茶叶经由厦门出口的比重日益减少，这就截断了厦门茶叶依赖台湾茶出口的时代。1896年始，厦门还出口一部分包种茶，但这种茶出口量非常小，1896—1915年之间，茶叶出口量只有2000—5000担，并不能改变厦门茶出口的衰势。这可从厦门历年海关统计中看出。厦门茶叶1897年出口12127担后，1900年出口降到6767担，1915年升至8437担①，1925年又降到8064担。即1900—1925年间，厦门茶叶出口维持在5000—8000担。②

日据台时期，台湾乌龙茶的出口不再经过厦门转运到最大的消费市场美国，乌龙茶引起美国市场的丧失，使厦门仅有的少量本地茶仅限于出口到华侨聚集地的东南亚地区。1900年厦门海关贸易报告称，"茶务居今只有台茶到厦转运出口一宗，其生意全年皆不顺适，商人亦无利可图，非独本地如此，即在美国亦莫不然，厦门乌龙茶出口者共只3600余担，价值关平银4万两，皆运往海门、爪哇以供出洋华人之用者。厦门茶叶全无洋商贩运出洋发售，实以本年论略为始见。似此重大货品二十五年前岁可出6.7万余担者，至今尽归乌有，殊堪慨叹。"③而东南亚华人的需求使得厦门茶出口得以维持。1912年厦门出口茶叶"多属照常运往爪哇及新加坡一带以供华侨之用者"④。从1926年开始，厦门茶叶出口又有所回升，当年出口茶共计11689担，1930年为12080担，1937年为12016担，1926—1937年抗战爆发前，厦门茶叶出口基本保持在1万—1.5万担。⑤

(二) 福州

福州曾是全国三大茶市之一，国际市场曾非常依赖福州出口的武夷红茶和运往俄国的砖茶。1853年上海小刀会起义使福州水运全线开通，从此以茶叶出口为最大宗的福州外贸顿时飙升。当时茶叶主要出口英国。1864年出口国外茶叶48万担，到1880年达到高峰，共计72万余担，19世纪80年代后期，由于国际上印度、锡兰、日本等国茶叶的生产及出口

---

① *Amoy Trade Returns for the years 1897—1915.*
② 福建省政府秘书处统计室：《福建历年对外贸易统计》，1935年版，第80页。
③ 光绪二十六年（1900）《厦门口华洋贸易情形论略》。
④ 民国元年（1912）《厦门口华洋贸易情形论略》。
⑤ 福建省政府秘书处统计室：《福建历年对外贸易统计》，1935年版，第80页；周浩等：《二十八年来福建省海关贸易统计》，福建省政府统计室1941年版，第83页。

竞争的加剧，福州茶叶出口开始减少，1885年出口63万担，1894年茶叶出口下降到35万担。① 甲午战争后，福州茶叶出口仍以红茶为最大宗，另外，还有红砖茶、绿茶，但后两者的出口量都非常小。②

1895—1919年间，福州出口最大宗的红茶从1894年的39.4万担，下降到1900年的25.6万担，1905年降到最低，只有9.4万担，1906—1911年间又有增加，1910年为11.8万担，之后，出口量时高时低，但无法改变日益减少的发展趋势，1915年出口7万余担，1919年仅为5万余担。③

其他种类的茶叶也日形减少。1894年，红砖茶出口8.5万担，1895年10万余担，1896年为9.8万担，此后逐步下降。1907年起，红砖茶的出口绝对量大大下降，1918年还有8978担，1919年只出口1担。④

1895—1913年间，绿茶的出口量非常少，1895年出口2614担，1913年出口3595担。1914年绿茶出口绝对值突增到40415担，后一直到1919年，绿茶出口基本保持在3.5万担以上，1919年为4.2万担。⑤ 他类茶叶几无可谈之处。

由于各类茶叶的输出均形减少，尤其是红茶输出的巨减，福州茶叶总量迅速下降。"福州者，福建之首府，当开埠之际，原为制茶重要输出港，几凌驾上海、汉口，近年势力大减。盖彼素恃武夷山之茶以博令名于一时。武夷山者，横亘福建西北境之大山脉也，所产香味秀逸为时人所称，1880年输出至74万担，1904年仅30万担耳。"⑥ 总体来看，1894年，福州经由海关输出茶叶共计4.8万担，1895年即减少到4.6万担，后不断下降，1899年出口共计3.5万担，1905年减少到13.5万担。⑦ 1907年，《商务官报》记载，"茶为输出物之大宗，约占输出额五分之二。近与印度茶、日本茶竞争，致岁有减色。二十年前输出1000万两以上，

---

① *Foochow Trade Returns for the years* 1864—1894.

② 1920年开始，海关贸易统计全国汇总一起，各海关具体商品的进出口情况不再单独列出，因而各类茶的出口情况只能分析到1919年，特此注明。

③ *Foochow Trade Returns for the years* 1895—1919.

④ 同上。

⑤ *Foochow Trade Returns for the years* 1894—1919.

⑥ 《中国茶叶情形》，《商务官报》，国立"故宫博物院"印行1906年版，第456页。

⑦ *Foochow Trade Returns for the years* 1894—1905.

昨年输出在 600 万两以下。"① 1906—1916 年间，从 17 万担降到 1915 年的 12 万担，1916 年升为 17 万担，后不断下降。② 这主要是因为"一战"期间，伦敦茶市停闭，英国政府又颁布禁止茶叶入口的条例，1919 年以后，对英国属地印度茶等实行进口优惠关税，使"华茶益难竞争，更蒙不利"③。"一战"以后，各国经济不景气，购买力仍很薄弱，茶价惨跌，虽然于 1919 年 10 月 10 日起，华茶出口免税两年，但输出仍不断减少。1920 年减少到 8.2 万担，1921 年又有所上升，为 10.6 万担，1928—1937 年间，福州茶叶出口基本保持在 18 万—22 万担。④ 20 世纪 20 年代中期以后，"绿茶出口，亦见复兴，并于非洲北部及阿尔及尔两地，开辟新市场，一时销胃甚强，因而本期出口数量之巨，竟为前所未有，且其价格亦颇坚挺"⑤。本省茶叶因海外新市场的增加，后遂步入复兴之途，年输出复达 20 余万担。⑥ "唯销路殊为畅旺，俄德两国，对于品质中次之工夫茶，尽量吸收，所有存底，销售一空。即存货告罄以后，问津者仍纷至沓来；至小种茶，则本年收获，虽仅 15400 小箱，迨茶市终时，余胜未售之货，不过 1000 小箱耳。吸胃之浓，可以概见。按本年闽省西北及三都澳附近产茶区域秩序宁谧，所望循斯以往，人民得以安居乐业，俾对于茶之栽培，加以讲求，华茶贸易，庶几有豸，对观夫印度、锡兰、日本暨荷属东印度各处之植茶事业，年来均已采用科学方法，则福州茶叶，自非锐意改进，不足以维持其原有地位也。"⑦ 1935 年以后，国民政府高呼振兴实业，恢复对外贸易，争取外汇口号，设立福建茶叶管理局，由银行贷款，对茶叶进行统购统销，名为扶植，实为统制，发展官僚资本，想方设法复兴茶业贸易。但总体来看，茶叶出口总量不大。原因何在呢？

---

① 《商务官报》，国立"故宫博物院"印行 1907 年版，第 314 页。
② 需要说明的是，这些输出的数量包括红茶、绿茶、红砖茶。绿砖茶只 1915 年的 520 担几种，其他种类的毛茶、花熏茶、茶片、茶末等均未算入，因而比《福建历年海关贸易统计》中的数量稍微少一些。如后者 1899 年为 360687 担，1900 年输出 314954 担，1905 年输出 135600 担，1910 年输出 133880 担，1906 年为 170668 担，1916 年为 172300 担。
③ 班思德：《最近百年中国对外贸易史》，海关总税务司统计科译印，1931 年版，第六章。
④ 福建省政府秘书处统计室：《福建历年对外贸易统计》，1935 年版，第 80 页。茶叶包括各种茶出口，其中包括经由海关出口到外国和外埠之和。
⑤ 《福建省之特产产销》，《闽政丛刊》，1939 年版。
⑥ 唐永基、魏德端：《福建之茶》（下册），福建省政府统计处 1941 年版，第 316 页。
⑦ 民国二十四年（1935）《海关中外贸易报告》。

1932年海关中外贸易报告总结了原因：究其原因，国内外虽兼有之，然不外以下五端：本省采茶工人，多数来自江西。近来闽赣边界，赤匪蟋距，工人执役，顿生困难，一也。匪军既在产区勒征重捐，复于途中旨索规费，层层剥削，无力负担，二也。上年陈茶，存底过丰，资金积压甚巨，致茶商拖欠银行之款，无法偿还。本年新茶上市，亦皆无力采购，三也。伦敦及其他海外市场需要不殷，因之本年产量虽微，仍不得善价而沽，四也。金银汇价，仍属不利，本年汇率，较上年腾涨35%，结果茶叶所售之价，遂跌落35%—40%，五也。但年内曾有少数锡兰茶叶输入本埠熏制。然后运销美国，实属创见。其为尝试性质，毫无疑义。良以福州气候，对于种植熏茶所用之茉莉花等，最为适宜，附近一带，种植茉莉区域甚大，由是福州非独为闽省西南各地茶叶转运之枢纽，且系三都澳及长江各埠茶叶熏制与集散之中心。加以绿茶因国内需求较殷，来此熏制者日增，以故本埠实业中，茶叶一项，尚见稳定，唯红茶销路日蹙，若不设法挽救，恐全国茶叶，将蒙受巨大影响，非仅本埠一处之损失而已也。①

（三）三都澳

三都澳1899年开埠后，出口贸易以茶叶为大宗，多数茶叶先输往福州而后转运出口。1900年开始输出茶叶，共计3.07万担，后不断上升，1905年时达11万担。1906—1931年间，除"一战"时期的1918年、1920年、1921年下降到不足10万担外，其余年份均在10万担以上，1915年、1924年超过14万担，创三都澳茶叶出口的最高峰。这是因为1915年、1924年间红茶出口大增，"欧洲业茶者，定购戏茶，自茶市初开，以迄茶市闭歇，均络绎不绝，唯其运出，多系取道北方口岸及香港耳"②。1932—1937年间又降到8万—9万担，1935年跌至4.3万担。主要由于民船运输致使绿茶陡降所致。"绿茶一项，因转口税行将裁之谣一度甚嚣尘上，茶商咸恐一旦实现，则以前装由轮船运输，应纳转口税之茶，若与免税之茶，相与角逐，必也难操胜算。于是争相改用民船装运，以作未雨绸缪之计。益以沿海盗贼，经痛剿之后，相率远扬，航行安宁，民船运输，愈见发达。计其所运之茶，较诸上年，激增1.5万公担，而经由输运者，则锐减三万余公担。至于营业情形，据云植茶农民与贩运商人

---

① 民国二十一年（1932）《海关中外贸易报告》。
② 民国四年（1915）《三都澳口华洋贸易情形论略》。

之间,均无利可图。年内政府曾派专家,前来附近各县从事调查茶园状况,以期对于种植及运售方法加以改良,而谋发展焉"。①

(四) 全省

民国时期福建调查丛书之一《福建之茶》②曾对福建全省茶叶的产供销的基本情况进行了全面的研究。

红茶过去为本省茶之输出主要种类,其输出量几占总数90%以上,唯自1899年以后呈衰象,5年之后由31万担减至21万担,降落之势甚猛而急。后此仍趋减少,直到1916年止,起伏无定,高者20万担,低者11万担,普遍徘徊于15万—16万担间,终未能恢复以前旧况。1918年起不及10万担,虽于1923年一度涨回至10.1万担,但仅一年之纪录,过此降落之骤,最低纪录为1933年之4.3万担……其输出之急剧低落仍由于澳洲市场之丧失,印锡茶在欧美之竞争,与乌龙茶美国销路之被夺。1936年后已稍见起色,战后施行统购统销,制茶品质提高,又呈欣欣向荣之势矣。

绿茶与红茶相反,1904年后输出始盛,1900年之前尚不及百担,五六年间扶摇直上,一增而至6万—7万担。1914年追及红茶,后年有进步,至1923年高达16.3万担,以后各年略有减少,仍占茶类输出总值50%以上。1929年且达16.37万余担之最高峰。嗣以花香茶代兴,输出量逐有降低,战后销路更见停滞。

砖茶主销俄国,发轫极早,制造中心为福州,所制多红砖茶,绿砖茶极少。1875后各年间均有10万担以上输出,1891年俄商因福州砖茶水色不浓,茶味淡薄,而又不耐煮沸,不适俄人要求,因而转向九江、汉口购办,输出遂见锐减。

其他茶以花熏茶最多,约占95%以上,余则为数极微,此类茶之输出在1925年以前涨落靡常,最低达200担,最高仅3.2万担。

《福建之茶》从茶种的盛衰变化中分析了福建全省茶叶贸易的走势。全省所有出口的茶叶,从1895年的48万担,稍升为第二年的52万担,到1927年仅出口23万担,之后几年又稍微上升,基本保持在30万担

---

① 民国二十四年(1935)《海关中外贸易报告》。
② 福建省政府统计处,唐永基、魏德端:《福建之茶》(下册),1941年版,第311—312页。

左右。

三个贸易港中，各港出口茶叶占茶叶总出口的比重以福州为最多，三都澳次之，厦门再次之。"福州与三都澳两港，即是为着茶叶之输出而开放的。"① 在三都澳开埠之前，福建全省的茶叶，97%是从福州出口的，而1899年三都澳开埠（当年只开埠四个月，没有出口记载）后，由于闽东地区的相当一部分茶叶从三都澳出口，因而福州茶叶的出口比重不断减少。福州茶叶所占比重从97%下降到1915年的45%，之后多数年份保持在40%—50%，1928年后，才又升至60%—75%。相对来说，三都澳的茶叶出口占比从1900年的9%，上升到1915年的52%，1915—1927年间，除个别年份外，基本保持在50%以上，1928—1937年由于福州出口增多，三都澳所占比重又有所下降，所占比重基本保持在30%上下。

因海关统计当中，没有明确指明茶叶出口往国内还是国外，但根据相关文献记载，我们可以估计绝大多数的茶叶是出口国外市场的。各县所产之茶叶，除一部分留供本省销用外，多集中福州、厦门、三都澳等地，转销国外与省外。据历年经由海关输出之总计，输往省外者，约占总输出额的21.57%，输往外洋者占78.34%。唯运往外埠之茶叶，除一部分供国内消费外，实则亦多再转运国外。故办往外国茶叶所占总输出之成分尚不止此数。② 就国外市场而言，福建茶叶出口地区最广，遍及亚、欧、美、澳几大洲。"闽茶输出，可分两类：输出外洋之红绿茶曰洋庄，销行国内者曰苏庄。绿茶销路，半在国内，半在俄美、琉球及南洋等处；红茶销路，则以俄国居多，约占全输出量十分之六，其余英、美、德、法各国，合销十分之四；砖茶之国外销场，几全部在俄；白琳所产之日毫，世称上品，多运销于外国；武夷岩茶，茶中之圣，每年出口六七万担，大部运销于英、德、美、俄及波斯诸国，其一部分运销于粤；安溪铁观音之销场，以南洋群岛、菲律宾及安南各地为主，其销于潮州、厦门、广州者，为数尚少，输出量亦不及闽北之洋庄也。"③

福建三口出口的茶叶行销市场有所不同。"三都澳于战前未有直接对

---

① ［日］野上英一编：《福州考》，福州东瀛学校1937年版，第276页。
② 福建省政府秘书处统计室编，福建调查统计丛书之二：《福建经济研究》（下），《二十四年来福建省对外贸易长期趋势之探讨》，1940年版，第248页。
③ 《福建省之特产产销》，《闽政丛刊》1941年版，第2页。

外贸易,战后(指抗战)因抢运关系,多数茶叶咸取道于此而往香港。福州之茶叶销路几遍东西各国,形成全省最大对外贸易口岸,英、荷、德诸国各有其所属洋行驻在福州采办,厦门出口之茶,百分之九十以上皆运出国外,其行销区域多限于太平洋西岸各地,而菲律宾、荷属印度,新加坡、缅甸诸地市场,则几为厦门所独占,为外销茶中侨销茶之主要出口地。"① 香港为华南运出货品之转运中枢,故本省外销茶之销路,亦以香港为最大,英国次之,德、法、荷兰、菲律宾、新加坡等地又次之。② 一般来讲,厦门茶以美国和东南亚为主,如 1896 年时,厦门出口和复出口的茶叶销往美国分别为 19060 担、162136 担;英国 637 担、6433 担;香港 5620 担、3759 担;新加坡 2501 担、1158 担;爪哇 2908 担、5113 担;暹罗 951 担、307 担;菲律宾 207 担;其他还有英属美洲、安南、淡水和台南,后者则相对微不足道。③

1902 年时厦门茶叶出口外洋 14 万余担,以出口美国为最多,约 12 万担,几乎全是从厦门复出口到美国的台湾茶,出口的本地茶叶只有 17 担。另外,出口爪哇 8973 担、香港 5758 担、新加坡与海峡殖民地 3679 担、英国 1679 担,还有少量出口暹罗、安南、菲律宾群岛、英属美洲、淡水、台南等地,数量较少。到 1907 年时,日本在台湾的殖民政策逐步奏效,因而从厦门转运出口的台茶不断减少,出口外洋茶下降到 3.1 万余担;复出口到爪哇的有 14123 担、香港 6825 担、美国 6223 担、新加坡与海峡殖民地为 2964 担,其余均很少。到 1912 年时,厦门出口茶叶仅有 2.8 万担,美国市场早已不在,主要是出口东南亚各国,如爪哇 23311 担,新加坡 3576 担,其余国家最多不过几百担。④

相对来说,福州销售区域更加广泛,主要是欧美澳洲等地,以红茶为最大宗。如 1896 年福州红茶出口往英国的有 72533 担、香港 50424 担、澳大利亚 46693 担、美国 44754 担、欧大陆(俄除外)21518 担、南非等地为 17270 担、英属美洲为 13407 担,还有少量到印度、新加坡、新西

---

① 福建省政府统计处、唐永基、魏德端:《福建之茶》,1941 年版,第 328 页。

② 同上书,第 329 页。

③ 光绪二十二年(1896)《厦门对外贸易统计》,茶叶复出口量很大,主要是由于台茶由厦门复出口国外的相对较多。

④ *Amoy Trade Returns for the years* 1902,1907,1912。

兰、俄国（由奥得萨）日本等地。福州茶叶复出口很少，几乎可以不计。① 1916年，红茶共出洋169450担，其中出口香港56562担、印度311担、英国33009担、法国9590担、俄国欧洲各口30377担、俄太平洋各口11768担、日据台湾381担、加拿大1828担、美国及檀香山21968担、澳洲2319担、南非24担；绿茶共出口国外13173担，香港90担、俄国欧洲各口9755担、俄国太平洋口605担、日据台湾2641担、加拿大78担、美国4担；砖茶出口俄国太平洋各口7573担。可见英国、香港、美国、俄国、法国、澳洲，非洲等均有销售，只是出口量不断减少。② 茶叶出口，一般5月、6月为最多，"每逢此期，辄有直航欧美之汽船泊于港中，其采买之人，以英、德为多，广东茶商次之，唯砖茶一项，由广东商及俄商采买"。③

总体来看，甲午战后到"二战"前，福建茶叶出口相对甲午战前来说大大下降。福建茶叶衰落原因有很多方面，很多学者曾进行探讨。民国时期出版的《福建近代民生地理志》总结了十点如下④：

"闽特有原因有三端，余则为全国均之：一台湾为日所割，日即奖励其所产之乌龙茶以抵抗闽茶；二印度茶之销路日广，锡兰、爪哇产茶之量日多。因其地土宜于种茶，每亩所产较中国每亩之产量日多，且茶圃日辟，年可增茶三十余万担。闻其所出口之数，已达我国茶70%。我国茶之销路日减；三美国自宣统三年阳历五月一日起禁止着色茶进口，而中国茶皆多着色。四商人无联络之情提挈之能运销出洋，以洋商为关键，开盘定价悉听命焉，虽受抑勒亦无如何；五培养茶树率皆小农，规模狭小无接济之金融及研究之场所；六茶主制茶墨守成规，水味之浓淡，多不投外人之嗜好。欧人视茶为充饥之品，不为解渴之品，咸以牛乳白糖挽茶饮之。闽茶之清香，恒为牛乳白糖所淹，反不若印茶之浓厚。七闽省山坡起伏之地，占全省百分之四十，所有运送皆藉人背。至溪船上落，尤属危险，失事者十常居一。交通不灵，成本加重，则畅销自难；八闽茶输出全盛时代，人民争事茶叶，一时供过于求，价格低落。狡猾商人或减少价格，或

---

① *Foochow Trade Returns for the year* 1896.（专项：茶叶）
② *Foochow Trade returns for the year* 1919.（专项：茶叶）
③ 《福州重要输出品》，《商务官报》，国立"故宫博物院"印行1907年版，第314页。
④ 陈文涛：《福建近代民生地理志》，福州远东印书局1929年版，第314—316页。

掺入柳叶等因之食用顿落；九闽茶之起验两税，本已十分加一，近则每经一地，辄加一税，其名目不可胜计，因之成本日重；十日本茶叶组合会，中央会议所，每年以数万巨资登广告设陈列所，美国芝加哥开博览会时，印度政府准商会之请，于出口茶叶每百磅抽税三角，专备在会场登记广告之用。且以盒茶分赠茶商遍于全美。印度茶业之猛进与论咸归于广告之效。而我闽茶懵焉不知自封故步。宜取失败之地。"

概而言之，近代福建茶叶出口贸易不断衰落，有如下几个主导因素：

第一，中外茶叶的竞争，机制茶和手工制茶的成本不同，印度、锡兰机制茶的不断增多，导致福建茶叶在世界市场中竞争失利。1901年福州出口贸易额下降了近38%，"只要浏览一下出口统计就会知道，出口贸易已极度衰退。在某些市场上，如加拿大和澳大利亚，印度以及锡兰茶叶已经完全把中国茶叶逐出市场"。[1] 市场上不受欢迎，导致茶价不断下跌；而在产茶地福建，茶叶商人图谋茶利，茶叶质次价高，反过来更阻滞了茶叶的出口，导致茶叶卖不出去，不得不削价出售。茶叶价格的下跌，茶商不能盈利，使茶叶出口不断衰落。如1900年时，"茶叶是大宗出口土货，但我担心，那些运茶到国外的人没有什么好庆幸的。那些将茶叶卖给外国的中国茶商恐怕也难以从茶叶贸易中赚到钱。到年底还有大量存货未出售，与去年形成了鲜明对照，1899年年底，根本无茶叶可售。售价并不令人满意，工夫茶原每担价值白银19—24两，一度跌到10—24两，乌龙茶原为19—24两，现跌到14—20两，其他各类茶亦莫不跌价"[2]。观25年前厦门各处产茶每年售价有200万两之多，现年不及25万两，"其贸易之愈下显而易见"。[3] 同时，世界资本主义垄断的发展，使一些国际性大公司建立起了产、运、销一条龙式的定向垄断系统，大大减少了中间环节，而中国则保持各级市场商人层层加价，层层缴捐的剥削，因而削弱了在国际市场上的竞争力。

各地茶商，不甘茶叶无利可图，通过粗制滥造或掺杂其他树叶等方式追求眼前利益，结果茶叶质量日益降低。世界市场不断排斥福建出口的茶叶。有些商人为了迎合国外的需求，不断仿制国外茶叶，"茶商用一种所

---

[1] 吴亚敏：《近代福州及闽东地区社会经济概况》，华艺出版社1992年版，第234页。

[2] 同上书，第229页。

[3] 光绪二十一年（1895）《厦门口华洋贸易情形论略》。

谓的'新方法'制茶，自以为茶叶会更浓重更有泡头。他们的努力当然获得部分的成功，制出一种能泡出黑汁的物品，但其难以入口的味道只是在市场上给它带来损害。因此，这种糟糕的物品——对印度和锡兰茶叶的拙劣的仿制——与真正的机制茶叶鱼目混珠……其结果是人们对本口所有东西都不再相信，这种茶叶受到了谴责"①。同时，也试图采用机器制茶，虽然有些改善，却没有成功。福州茶叶改良公司发起人的备忘录，陈述了福建茶叶出口衰落的主要原因，指出：英国饮茶人现在需要一种像印度和锡兰的机制茶叶那样浓烈，富有刺激性的茶叶，用机器采制可以使茶叶卷得更加平衡，比手工制的不易被损，更为重要的是，机器的有规则的压缩，使茶汁收缩在茶叶里面，不会像中国的制茶方法那样把茶汁压出来。滚筒会使毛尖茶叶带有明亮的金色，而用中国方法揉制，只会使这些嫩叶变黑。尽管本地茶商急于改变制茶方法，他们似乎又不愿有所改革……运去北岭的一个人力的"廉价滚筒"在几星期内就显示出来，即使本地区的劣质茶叶都能用这种机器生产出价格大为提高的茶。第一，小批运到墨尔本的这种茶叶，每担的售价比摆在旁边的土制茶多 7 两。在这之后，几个外国商人和中国商人组织了一家公司，租下院子，引进了一流的机器，用剪枝、施肥等方法改良茶园。该公司已经拥有了相当面积的土地……已经取得了用水权，定购了机器……一个广东人正在锡兰为该公司收集情报。还可再补充一点，尽管劣质老叶用新方法制成的福州茶叶在伦敦仍极受欢迎，更好一点的"金毛尖茶"售价高达 10.75 便士，然而不幸的是茶商还没有适应这种价格。② 这种情况也只是个别的、一时的现象，总之，福建茶叶大势已去，因为多数时候，除非在国际市场上茶叶价格非常高的时候才可能消费中国茶叶。1901 年，福州贸易报告记载，当时一个大茶商写道："中国茶叶只有在印度和锡兰茶叶价格太高的时候，才能在澳大利亚站住脚。在一个茶季里，从 6500 万磅到 2500 万磅是一个相当大幅度的下降，但后一数字就能满足需求，因为各种茶叶消费只有在迫不得已时才会要中国茶叶。一些大茶行甚至连一盎司也不要。"③ 有关这一点，早在 1889 年美国驻厦门领事给茶商的信中就提道："厦门乌龙茶的质量已

---

① 吴亚敏：《近代福州及闽东社会经济概况》，华艺出版社 1992 年版，第 215 页。
② 同上书，第 210 页。
③ 同上书，第 235 页。

变得很坏，其信用的堕落已无法挽救……。茶叶的污秽、采茶及制茶的粗放与种种欺诈行为，已成为公认的事实。"①

第二，各种茶税的不合理征收，大大限制了茶叶的出口，而国外则针对中国茶叶不断采取限销措施，也是一个影响。"细询茶叶兴衰，可以一言答曰，只陷于重税下耳。目今在附近之台湾，如日本种植茶树，会将大告成功，时乎已至，中国似宜各所适从。一面豁免茶厘暨出口税，一面引用机力制茶，冀与并驾齐驱。果尔则福建茶叶自必臻于隆盛之秋也。中国若能采纳各方面之条陈，免其厘税，则户部岁收，或见损失，此诚无可置辩者。第溯厦门茶叶自受影响以还，势至今日，已成不可掩其失败之事实矣。以此推测，将来华茶厘税，当有免除之一日也。回观二十五年以前，厦门产茶各处，每年价数有过 300 万元。今日则只剩 35 万元之谱。茶厘之害，于斯可见云云。此观之，是大宗货物衰落已久。"② 一个茶商认为，中国特别是福州的茶叶贸易，无法复苏，除非中国人采取一些激烈的改革措施，如修改出口税和厘金税，否则，即使没有印度和锡兰这两个从中国的贸易衰落中获得利益的国家的竞争，这两种税收本身就足以摧毁任何贸易。如果中国人对采茶和加工工艺不加重视，根本就无法与印度和锡兰竞争。有人建议，通令应当发到产茶区，废除对铅锭和茶叶所征的厘金税，以让茶农能够获得微薄的利润，并促使他们对茶园感兴趣，而不是迫使他们完全放弃茶业。③ 海关贸易报告中经常提及税厘苛重及其对茶叶贸易的影响问题。"闽江上游，货物懋迁，大受盗贼之影响，夏季出口之锐减，或由于此，亦有归咎于捐抽太重，有碍商业者，但将届年终，闻十二月一日起，出口货物将抽附加税，于是出口贸易大见活泼，货物多项，均见增加，本年茶季殊属欠佳，品质不良，价格极贵，但红茶出口之数稍胜上年，而绿茶多由他处进口，再经烘焙，旋由该埠作原货出口者，异常踊跃。"④

第三，交通、政局、天气等均是影响茶叶贸易的客观因素。茶叶贸易下跌，乃交通不便造成。"其为大宗而今日减见减缩者曰茶，其味之美，

---

① 《英国领事商务报告》（1889 年：厦门）。
② 民国八年（1919）《厦门口华洋贸易情形论略》。
③ 吴亚敏：《近代福州及闽东社会经济概况》，华艺出版社 1992 年版，第 235 页。
④ 民国十七年（1928）《中国海关华洋贸易报告书》（福州）。

西人曾赞叹之。无如中国路政讲求伊始，凡由产茶地输出之路，或崎岖难行，或水道纡（迂）折，而全以人力从事。印度则铁路衔接，其茶率由汽车装运，夫货物之转运，藉人工者费大而缓，藉汽车者费省而速，费大则价自昂，费省则价自贱，是以英国等人家，率购印茶，虽明知花茶佳美，其如价昂，何唯上等人家则嗜华茶，然亦恒苦其难得上品。近来伦敦市上，福州茶虽较前略多，销路亦略有起色，而商人作伪者多，卒蒙茶品低劣之诮"。①

长期以来福建军阀割据，土匪当道，严重滋扰了社会环境，影响了贸易发展。"岁首福州省城，发生变故，省政府委员等六人，致被拘禁，全城空气极形紧张，夏季三个月内，双方军队在福州附近地方迭为攻守，常处于对垒状态，虽闽垣始终未遭陷落，然商民日困危城，惊慌无似，益以百货腾贵，生活奇昂，物价涨落往往跌出常轨，令人无从揣测。致华商各行号以及银行钱庄之被累倒闭者，不一而足。直至秋末华北战事结束，中央军队到闽被拘省委恢复自由，乱事始告平定……出口货之茶叶、纸张、木材及笋等项，多产自闽江上游各地，夏间因交通梗阻，运输艰难，致多囤积内地，直至十二月初始源源装运来埠，出口贸易亦因之畅旺。"② 茶叶是出口外国的唯一大宗货，但可悲的是，茶叶的出口量逐年下降，在市场上已不像过去那样受欢迎。1897 年，红茶的出口量比上年减少 54800 担，砖茶减少 40700 担，"原因是产量不足，而不是需求下降。产量不足的原因则是由于春季天气不好"③。

1912 年海关贸易报告称："茶为本口大宗货物，若上游业茶者并无彼此联络其策进行办法，而欲使其出口既多且佳，恐亦非易希望之事也。近查本口各洋商以关于本年茶叶之报告情形见示兹特述其大概：云溯自业茶以来，从未见有若本年之劣败者，当新茶初到时，适因镑价较高，故至彼此观望多时，始敢出而贩运。迨业茶之家均原以银价折算而办茶，洋商又以汇兑率合宜，加之外洋市面甚佳，故遂踊跃购运，大有恐后争先之势。凡各种茶叶销路均极流通，其畅旺情景直达于七月之间。不意尔时忽有印

---

① 《福州商务》，《商务官报》，国立"故宫博物院"印行 1908 年版，第 53 页。
② 民国十九年（1930）《中国海关年华洋贸易报告书》（福州）。
③ 吴亚敏：《近代福州及闽东社会经济概况》（1897 年福州贸易报告），华艺出版社 1992 年版。

度、锡兰及爪哇茶出口非常之多,故致各处市景复形拥滞。自兹以往,又因镑价高涨,茶叶市景日就衰落,及至年终时,欧洲市面始觉稍有转机,盖缘印度、锡兰出口之茶顿形减色。而中国下等茶之运往外洋者,已不免大半为爪哇茶所占销。是以欧洲市面虽有进步,然于华茶毫无利益,就目下情景而言,正未知此损失地位,将来尚能恢复否耳。其运往伦敦之茶,所以减少者,不独因伦敦市面欠佳,且多有由欧洲与各处直接购办,不从伦敦转运之故耳。工夫茶头春收成叶质甚美,唯小种茶上等者殊形缺少,至二春所出之茶碎末,较平常为更多,职是之故,致所剩者多不能销售。白毫茶因天时不合,当采摘时气候炎热,故其叶多变成淡绿色,未若天气平和时所生叶尖之洁白,其价值当开盘时比较,上年多出百成中之十二。花香茶较上年减少百成中之五十,此类茶因不合时尚,故致难以销售,其价平均而计,每担约值银二十六两,乌龙茶本年收成欠佳,大半未销脱,茶砖销路复见发达。其下等末在美国亦见畅销,因可取作化物之用也。大概而论,各种茶叶与形失败,是皆在业茶者,不欲力求精进,遂乃自贻伊戚,现在茶质日就低劣,并非由采制时不肯留心研究之所致。即考本届茶务之减色,实为数年来所未有。上等茶,其中所含茶末,曾经中外商会议定一定之分数,原期彼此买卖两得其平,孰知本年该茶内所含末质竟愈出原定分数一倍之多,致使茶业前途殊形障碍,况因各种之茶,掺有败叶,每每多被剔回,诚恐其结果所在,终不免失却华茶名誉,难以求沽于市面,而唯本口则尤有甚焉。有心人于此似极应动勉,上游各处业茶山户于茶质采制务求精良,足称上品而其价又是能与印度、锡兰、爪哇产相争逐,或者庶可期有起色云。"①

1932年海关贸易报告称:"本埠出口货物,素以茶叶为大宗,历年咸占出口贸易之半数而强,唯本年红茶出口,则为清淡之一年,且海外销路日趋衰落,瞻望前途,甚为悲观,究其原因,国内外虽兼有之,然不外以下五端:本省采茶工人,多数来自江西,近或闽赣边界,赤匪蟋距,工人执役,顿生困难,一也;匪军既在产区勒征重捐,复于途中旨索规费,层层剥削,无力负担,二也;上年陈茶存底过丰,资金积压甚巨,致茶商拖欠银行之款无法偿还。本年新茶上市,亦皆无力采购,三也;伦敦及其他海外市场需要不殷,因之本年产量虽微,仍不得善价而沽也。金银汇价,

---

① 民国元年(1912)《福州口华洋贸易情形论略》。

仍属不利,本年汇率,较上年腾涨百分之三十五,结果茶叶所售之价,遂跌落35%—40%之间。五也;但年内曾有少数锡兰茶叶输入本埠薰制,然后运销美国,实属创见。其为尝试性质,毫无疑义。良以福州气候,对于种植熏茶所用之茉莉花等最为适宜。附近一带,种植茉莉区域甚大,由是福州非独为闽省西南各地茶叶转运之枢纽,且系三都澳及长江各埠茶叶薰制与集散之中心。加以绿茶因国内需求较殷,来此薰制者日增,以故本埠实业中茶叶一项,尚见稳定,唯红茶销路日蹙,若不设法挽救,恐全国茶叶将蒙受巨大影响,非仅本埠一处之损失而已也。"①

最重要的是,由于西方各国利用亚洲各殖民地的机制茶与福建茶进行竞争,加上本地茶叶质量低劣、外国对中国茶叶的输入实行加价的高关税政策,导致茶价下跌,无利可图,广大茶农不得不放弃茶业经营,致使茶叶商品生产逐年下降,"福建茶区,茶园荒芜几近上千至数千顷"②。茶叶生产反过来又限制了对外贸易的发展。福州1895年"出口茶数比较上年少4万余担,再较上年则绌4.9万余担","况欧洲报到行情,是处亦难得价,又如新金山所报更属不堪,盖缘该处销场近多印度、锡兰之土特产"。"闻英京短销额,茶因水脚之昂计有八千吨之数,又美之曩日行销由英亦盘运,今因水脚之巨亦舍彼而转来本口,采办闽茶。综而言之,唯有赴俄之茶砖较多一万八千余担,揆诸时势,来岁以必更增何以知之。视其购买茶末茶碎之多,可知其备制茶砖之用。若夫今岁茶景之不逮尚非关金镑之高昂也。"③

从以上史料观之,近代福州茶叶贸易不振,一是被世界市场茶价所左右,二是受世界茶叶市场供求的影响,三是受本地茶叶生产的影响。因研究较多,不再赘述。

二 木材

福建森林资源非常丰富,产区广泛。主要分布地区有闽江流域,东起闽侯、闽清、古田,西迄宁化、建宁,南自德化、大田,北及崇安(今武夷山市)、浦城,有27个县;汀江流域,主要产区有长汀、连城、永定、

---

① 民国二十一年(1932)《海关中外贸易报告》。
② 光绪三十一年(1905)《福州口华洋贸易情形论略》。
③ 光绪二十一年(1895)《福州口华洋贸易情形论略》。

上杭、武平等 5 个县；九龙江流域，主要产区有南靖、龙岩、漳平、华安、宁洋（后划归漳平、永安）等县。其他流域主要有：蛟溪、南门溪、连江流域；闽中木兰溪，闽南晋江、础溪流域，共 12 个县。1935 年福建省政府统计处调查称，闽江流域、汀江流域、九龙江流域及闽东各县，均为林木的主要产地。闽江流域产量最大，不但种类多，而且有较丰富的储蓄量。① 如闽江上游的南平就是重要的林区，"南平重山复岭，梯田而耕，粮食不足，所赖山林之产，岁入不下百余万黄金。竹有纸、笋，木有杉、松，既多且遍，随地皆宜，斯为大宗通行，及于燕、齐、楚、豫、赣、浙之邦"②。

福建林业商品化生产从清代开始，19 世纪五六十年代木材销路渐佳，商人有利可图，开始大量收集，广事推销；同时，木材销路畅通，木价渐渐上涨，专事种植林木的林户应运而生。当时也已出现专业林户和收集、贩运木材的木商，并渐有一定的数量。木材开始成为福建大宗出口商品之一。清前期，福建艚船商便从兴化贩运杉木出海。1853 年后，茶叶出口贸易迅速增长，也渐渐带动木材输出，但同治年间每年由福州输出的轻木板，仅值 2000—4000 元。③ 之后，福州木材贸易日渐发达。据外国人所见，当时"福州最大的出口货物还是木材，由闽江放筏下来，堆在郊外江边，占地很广。成千的木帆船来自厦门、宁波、乍浦，有的甚至来自北方的山东及渤海湾，它们都是经营木材贸易的。这种木材主要是供建筑用的普通松木。在装船之前，一般都将木材锯成适于建筑用的长度，在福州也能买到任何数量的上等硬木锯成的良好木板"。④ 1861 年下半年，福州港出口圆木和木杆共计 8.88 万根，1865 年则达 50 余万根，1867 年出口 66.8 万根，为这一时期的最高数字，1873 年由厦门输往台湾的茶叶箱值 11160 元⑤，1879—1894 年间，厦门输往台湾的木箱共值 40 万海关两。⑥

---

① 林开明：《福建航运史（古近代部分）》，人民交通出版社 1994 年版，第 357 页。
② 蔡建贤纂：《南平县志》（清咸同年间至民国十七年，福建南平县），卷 6，《物产志》，1928 年铅印本，成文出版社有限公司 1974 年版，第 489—490 页。
③ 福州 1861—1874 年《英国领事商务报告》。
④ 姚贤镐：《中国近代对外贸易史资料》，中华书局 1962 年版（第 1 册），第 543 页；第 3 册，第 1616 页。
⑤ 1873 年厦门《英国领事商务报告》。
⑥ 戴一峰：《试论近代福建的木材加工业》，《福建论坛》1991 年第 3 期。

第四章　全球化与区域化：商品结构（1895—1937）

从19世纪70年代起，由于向常关报运木材出口的增加，闽海关统计下的木材出口量呈下降趋势，但若将常关管辖下的木材出口合并计算，则总出口量仍为数甚巨。1881年，福州数千人从事伐木事业，"用木排把木材放到本口岸，在桥下两边的河边划出大片水域停放木排"。木材源源运来，所以尽管大批出口，停放处仍挤得满满。到目前为止，绝大部分木材是用民船运载出口，但是当北方需要木材时，就租用帆艇或轮船装运。① 1886年，由福州输出的木材价值近万两。到19世纪末，木材已是福建出口的大宗商品之一。光绪末年《商务官报》报道，"福州贸易品中，木料一项，与茶、竹、纸并为大宗。"②

光绪末年到1918年是福建木材出口不断增长的时期。清光绪年间英商祥泰、天祥、建兴和德商禅臣等洋行于富屯溪、沙溪、建溪流域一带采购木材，销往国外。据本省木业中人云："清季末叶林木市况于兴盛之时，采办人因买卖木材，获利丰厚者，为数甚多，如上杭当时有木客百80人，建瓯有100余人，邵武约60余人，其他产林各县，亦均在20—30人以上。"③ 1885年，经由海关出口的福建木材折合国币有18万元。甲午战争以后，随着木业利润的扩大，福建木材整体出口不断增加，如1895年，经由福州、厦门两口出口木材已28万元，1900年54万元，1905年时则增长到221万元，后一直到1918年间，除个别年份外，福建木材出口基本保持在200万元以上。④ "木料出口，续有中增，本年复多添设锯木厂两家，计运往外洋木料，本年共值关平银115.41万余两。"⑤ 1917年福州口贸易报告称，由于经营木业者繁多，木材需求量不断增大，但是急功近利的大量木材砍伐问题日益突显出来。"木料一宗，于本口出口各商品中，亦居其一大部分是也。本年此项木料，计装载轮帆船只由福州运出者，其价值竟达关平银381.15万余两，而以由帆船运往之数为尤多。近

---

① *Foochow Trade Returns for the year* 1881.
② 《福州重要输出品》，《商务官报》，国立"故宫博物院"印行1907年版，第314页。
③ 翁礼馨：《福建之木材》，1940年版，第3页。
④ 1885年时，福州厚木板出口6007海关两，木杆出口79072海关两，厦门出口的茶木箱31009海关两，共计有116088海关两，折合国币有180865元；1895年时，福州木材出口品种以软木杆、厚木板、木杆和棺木为主，1898年时增加了煤油箱的出口，1900年时有软木块出口，而厦门则主要以茶木箱为主。*Foochow, Amoy Trade Returns for the years* 1885，1895，1898.
⑤ 民国七年（1918）《福州口华洋贸易情形论略》。

年以来，经营斯业者，颇觉实繁有徒，抑且不有利可获。今对于此项商业之前途，诚有不能已于言者。盖即自兹以往，所有此项木料，能否足应需求之一项问题耳。迩闻培养森林办法，已经入手进行，第木料之砍伐，日不暇给，而所藉以为挽救之述者，又复不得其法，试思夫森林一端，其有待于用新法培植之要素，既如是也殷，又为闽省一种重大问题，深恐故步自封。年复一年，时不我与，将见最后之一日忽忽其来矣。"①

1919—1930年是福建木材出口的极盛期。第一次世界大战结束之时，"国内平靖，市场繁盛，而迄欧战之时，输出贸易与工商各业，尤呈兴旺，民生经济，乃渐繁裕"②。社会经济的发展带动了木材生产，从而推进了木材出口。1919年福建共出口木材为573万元，1923年为2303万元，出口达到最高峰，后降到1926年的1164万元，1927—1929年间逐步恢复，1929年出口达2248万元，1930降到1345万余元。③当时福建土货出口贸易已形消落，但木材出口仍占新高，"不幸出口贸易，继续衰落，不在其例者，为竹篾、纸、轻木梁及药材"④。木材经营商也增多，"如当时福州之杉木行达20余家，庄客有40余号，伙贩更有200余家之谱，龙溪之木商，为数亦多"⑤。但追求短期效益的乱砍滥伐问题，使来日木材出口面临潜在危机。

1931年开始，福建木材出口进入了完全的衰落时期，当年木材出口约为367万元，后不断下降，1934年降至最低为205万元，后又有所回升，1937年时为616万元。⑥"木材贸易，虽蒙政府减轻转口税率，经示鼓励，终因销路不畅，殊鲜起色。"⑦至本期中，各级木商之减少，如初级市场之木客，建瓯前有100余人，本期仅剩20余人，邵武民元前有60余人，现仅存4—5人，泰宁建宁各县，昔各有数十人，今且近绝迹；山客亦因木况之下趋，亦大有减少。福州之木商，如杉行、木贩、松行、樟行及江浙庄客等，亦莫不大量锐减，此外龙溪木商，迄今木商与木行分散

---

① 民国六年（1917）《福州口华洋贸易情形论略》。
② 翁礼馨：《福建之木材》，福建省政府秘书处统计室1940年版，第3页。
③ 同上书，第154—156页。
④ 民国十六年（1927）《中国海关华洋贸易报告书》（福州）。
⑤ 翁礼馨：《福建之木材》，福建省政府秘书处统计室1940年版，第5页。
⑥ 同上书，第154—156页。
⑦ 民国二十二年（1933）《海关中外贸易报告》。

漳、码、浦各地者，较前期亦有减退。① 木材出口的黄金时期一去不复返了。

福建木材生产以马尾松、杉树、樟树3种为主，还有楠、花梨、漆、乌桕、棕、油桐、桉、白杨等。"福州所产木材，以杉树为第一，松楠白梨、樟等次之，其输出者，专为杉木，此余盖鲜。"② 如1919年福州各类木材的出口中重木材约为3.7万元，轻木材为191万元，杉木则为378万元，共计573万元，其中杉木约占出口总值的66%，1929年时，福州出口重木材约3.6万元，轻木材约为245万元，杉木约为1953万元，出口木材总计为2241万余元，其中杉木占出口总值上升为87%多，可见杉木出口地位之重要。③ 福建地多山岳，宜于林木，"自古以杉树擅名……"④ 杉木，随地山林均可布种，年可出息数万元。"相传政地向多围拱巨木，今则大把盈利即行砍伐。农民又以收利太迟，鲜试想继种，故产额渐减，底价频高。不独运售为难，即本地建筑均受其影响。"⑤ 而闽西的龙岩，作为主要林区，"升科可耕之田，不过一千六百余顷。此外，则一望皆山，而林业未兴，山多濯濯，于地尚有遗利焉。迩年，岩人亦颇注意林业、竹山、杉山、茶山、食其利者，殆数百家。园艺，如桃、李、枇杷、橘、柚、梨、枣，所在成林，昔人称：'渭川千亩竹，安邑千树枣，其人与万户侯'等。果能于林业，园艺实力振兴，亦未始非吾之一富源也"⑥。福建木材大多是从闽江流域经福州海关运送出口的。1895年福州出口木材约占全省木材输出总值的77%，1900年上升到90%，从1905年开始，直到抗战爆发前，几乎全由福州出口，所占比重在99%以上。如1906年由轮船运输的各类木材如杉木杆、梁木杆、木板、煤油箱等共计价值达约77万海关两，1910年时，出口价值上升为160万海关两

---

① 翁礼馨：《福建之木材》，福建省政府秘书处统计室1940年版，第6页。
② 《商务官报》，国立"故宫博物院"印行1907年版，第314页。
③ 福建省政府秘书处统计室：《福建历年对外贸易统计》，1935年版，第82页。
④ 《福州重要输出品》，《商务官报》国立"故宫博物院"印行1907年版，第314页。
⑤ 黄体震等修，李熙等纂：《政和县志》卷17《实业志》（农业类），1919年铅印本，成文出版社1967年版，第205页。
⑥ 陈丕显等修，杜翰生等纂：《龙岩县志》卷17《实业志》（农业类），1920年铅印本；《中国地方志集成》第34册，上海书店2000年版，第177页。

之多，民船载运出口的木材量也不断增大。①

20世纪30年代后，为什么木材出口急转直下呢？其中最重要的原因就是急功近利，乱砍滥伐使林木流失严重。木料产地，在闽江上流各地，即延平、邵武、建宁、汀州等各府山地，其邕伐木者仅及近水之处。后入深山，今大料绝少，口径皆在一尺以下者，盖个人滥伐之咎也。近来山地以林为业之人，颇讲殖林法，将以维持后日之衰退。而其殖林之法，与日本无大殊。广殖杉苗，每年刈除杂草一两次，不施肥料。其防御野火之法……②这种潜在的危机是导致木材贸易衰落的最关键因素。早在木业出口贸易高峰到来之前，福州贸易报告就指出："以为开心于此项实业者，告闻尝据最可信之证佐，谓木料贸易已临于僵竭，且指明不出五年期限云。盖此时从内山采运木料至福州，计其所得利益，不能偿其所失运费，情势若此，然则将来改由外洋贩运木料进口，或且较土产者为合宜也。夫森林之培植，亦只徒托空言，而昔日所产老树地方，已成为牛山濯濯，又或产地与水道距离太远，以致其出品竟不能合营业上之价值焉。所当注意者，即为上述木料情形，却非指杉木一种贸易而言。盖此项木植，犹复有加以重视者在也。"③

国内外市场的不断丧失，直接导致木材出口不断下降。"一因国外市场之丧失：本省林木国外之市场，原以台湾为主，昔日木况称盛之时，输出值曾达三百余万元之谱，本期为日台杉木所排挤，数量大为减少，市场几全丧失；一因国内市场之停滞：外木行销国内，代用品增多，经济不景气。"④ 木材销量非常可观，但主要销往国内，国外限于东南亚及欧属地区，向来所占比重不大。福州"其输向之地，以天津、宁波、上海北方各埠为第一，此外，有英商天祥洋行、德商禅臣洋行输出之箱板，以为煤油箱、茶叶箱等用者，其输向锡兰、新加坡等地，每年在6万两以上。又此外，木料不通过洋关者，无统计可据，然以常关报告为准，输出木料总计383万两，而洋关有76万余两，合计460万两，今输出已形衰退，然一

---

① 戴一峰：《论近代福建木材业——近代福建林业史研究之二》，《中国社会经济史研究》，1991年第2期。

② 《福州重要输出品》，《商务官报》，国立"故宫博物院"印行1907年版，第314页。

③ 民国七年（1918）《福州口华洋贸易情形论略》。

④ 翁礼馨：《福建之木材》，福建省政府秘书处统计室1940年版，第7页。

年尚在300万两以上"①。《福建之木材》对此也有记述,指出抗战前本省木材行销之地区,尚未广泛。除主要推销于国内各地外,"行销于国外各地者,则有香港、菲律宾、日本、日据台湾、关东租界地、荷属印度等地"。台湾原为产木之区,而本省木材之输往数量非常可观,"盖以该地闽侨甚多,侨胞乡土观念浓厚,日常生活所需,多崇尚国产,建造用材,恒乐于承购本省之木材故也"②。销往国外的木材所占比重很少,"若纸、木二者,观其所占出口价值,均较巨于茶,不过,此类大半为国内交换,其间纵有涉及外洋资本,亦复甚少。综木料贸易,属于国内者,计居四分之三,是诚土产中最大利源,惜乎其只知砍伐,年复一年,而不筹所以培植之方,以为后图耳(后土货贸易段)"③。

就抗战爆发前后来看,福建木材出口量不断减少,出口国外所占的比重更小。

抗战前木材产量共计为510万株,木材销售量为450万株,销往东北、华北约45万株,上海及长江流域约270万株,粤浙赣地区为45万株,销往台湾为22万株,东亚和东南亚地区(日本、印度和东南亚各国)约68万株,销往国外只占约1/5。1937年抗日战争爆发当年,木材产销均有减少,产量为419万株,销量为310万株,销往国内的有248万株,销往国外62万株,国外也基本占1/5。④ 从价值来看,1937年经由海关输往省外的木材有594万元,输往国外的有22万元,国外所占比重只有3%强,而从福州出口省外约590万元,国外则仅22万元,国外所占比重也为3%左右。而厦门输往省外的有1305元,输往国外的有3746元,国外所占比重为74%。⑤ 当年输往国外总值当中,输往菲律宾约为164元,英属印度55元,日本4593元,中国香港13545元,输往日据台湾193789元,关东约7521元,以输往日据台湾最多。⑥这一方面受沉重的捐税与地方土劣的勒索的影响,另一方面日本扩大侵略使福建林木市场萎缩,加上境外木材的竞争,如中国台湾市场受到日

---

① 《福州重要输出品》,《商务官报》,国立"故宫博物院"印行1907年版,第314页。
② 翁礼馨:《福建之木材》,福建省政府秘书处统计室1940年版,第144页。
③ 民国七年(1918)《福州口华洋贸易情形论略》。
④ 《福建省志:林业志》,方志出版社1996年版,第四章第一节第一目,表4-1。
⑤ 翁礼馨:《福建之木材》,福建省政府秘书处统计室1940年版。
⑥ 同上。

本杉木排挤，华北、长江一带受到俄、日、美等各国进口木材的排挤，木业出口大大减少。

贸易的变化必然引起生产的变化和与之相关行业的发展；反过来，生产的起伏则更左右着贸易的发展。近代福建木材贸易也离不开这一规律的支配。木材贸易的兴盛曾带动了木材工业的发展。据记载，1919年福州较大的锯木厂有8家，其中半数为华资经营，日制木材量10—300根，1937年达到96家。① 随着木业生产遭到破坏，尽管木材出口一时兴起，但木材贸易终大势将去。"闽省木材向以天津为尾闾，本年该埠需求甚殷，而闽江上游各处，地方安堵，采办亦易，故木材出口，殊为踊跃，惜造林事业，尚未讲求，木植来源，恐瞬将告罄耳。"② 总体来看，木业虽曾兴盛，但机械化的锯木厂少之又少，主要还是原始的原木销售。建瓯虽称"杉木王国"，但在抗战前却无一家锯木厂，而是墨守成规地把山上杉木原材，整筒装排循建溪河道运福州销售，再由津沪商行购运出海外销。③ 汀江流域"查木材之生产，原为本区天惠特厚之物产，全区经济所系之命脉。各县人民从事木材生产运销之经营，为数既多，而每年林产之收入，提供全区人民生计之开支，亦非少数"。但是，"虽为天赐丰厚之林区，林产丰足，唯若不务种植，从事砍伐，则自然增长之林木，终有砍伐竭尽之一日，试观近年来各县林木之蕴存，已较前十数年前有多大之减少"。因此若要发展林业生产，就要不断奖励植树造林。加上交通不便的影响，"本区交通，林区以内，山路崎岖，荆棘塞道，既极感不便，而汀江水流，溪狭滩多，亦至形阻梗"④。

由于林业生长期相对较长，林业伐毁严重，加上政府政策如资金不到位等的影响，重整旗鼓比较困难。只有政府督促，采取积极措施，不断复兴茶业、木业生产，才能够挽回局势。"显森林一端，纵能竭力增养，亦必待至五十年之后，方足以使福州口再复旧观耳。而况此举势须由政府筹办，盖他进所获盈利，较诸今日所费时间与金钱，虽足以相偿而不止。唯是获利之期甚远，故断非私家营业所能企及也。考修浚闽江一策，筹集款

---

① 上海市木材总公司：《上海木材流通志》，上海木材总公司出版社1996年版。
② 民国二十四年（1935）《海关中外贸易报告》。
③ 《漫话建瓯私营锯木厂》，《建瓯文史资料》第9辑，第32页。
④ 《福建汀江流域之木材业》，《统计月刊》第2卷，第4期。

项，殊觉非难，盖为便利交通起见，虽属一种重要问题，而其实培养茶、木两项天然出产，固于本省大局情形，更有密切之关系，假使茶、木二宗，亦获有规定等程序，及与共同承认之管理法以管理之，度以必经筹出款项，以期达到此项目的耳。若以茶而言，大约只须于三年内，遂能获利，然而集资以兴他种实业，究竟其获利处，是否堪以比之此事为更优厚，又诚为一层疑问焉。"①

三　纸

福建不仅是中国茶叶、木材的主要产地，而且也是纸的生产基地之一。早在唐宋年间就已产纸。五口通商以后，随着对外贸易的日趋繁盛，"而于本省纸业上，尤有一划时代之转变"②。纸业适应国内外市场的需求而不断发展起来。

近代以来全省60余县中，约有40县产纸。产纸区域根据不同的流域分为闽江流域、汀江流域、九龙江流域、晋江流域、木兰溪流域等几个区。其中闽江流域县份最多，约有22县，几乎占产纸县份的1/2，主要有建溪的浦城、崇安、建瓯（附水吉特区）、松溪、政和；富屯溪的邵武、顺昌、将乐、建宁、泰宁；沙溪的沙县（附三元特区）、永安、清流、明溪、宁化；半溪的南平、尤溪、古田、大田、闽清；大樟溪的永泰、宁化为主；汀江流域全区包括长汀、连城、上杭、武平、永定5县，"毗邻全国产纸名区之江西省，故纸业特盛，历代即为产纸之渊薮，各县年平均产值向居全省之第一位，迄今犹然"③。九龙江流域以西溪的南靖、平和，北溪的宁洋、漳平、龙岩为主，晋江流域产纸较少，只有永春和安溪。"福州输出三大宗之一为纸，以竹为之，故称麻竹，其色略带茶青，日本所谓唐纸者也。此项竹纸之产地，在闽江上游，延平、建宁、邵武、汀州、龙岩州各地，其中以延平府属之沙县、永安、尤溪三县及汀州府属之连城及龙岩各地为最。有毛边、川连各名目，皆质地精细者，其粗恶者，仅供包纸及贴金银箔之用。"④邵汀各属闽纸出产地为连城、上杭、

---

① 民国七年（1918）《福州口华洋贸易情形论略》（常关段）。
② 林存和编：《福建之纸》，福建省政府统计处1941年版，第3页。
③ 同上书，第33页。
④ 《商务官报》，国立"故宫博物院"印行1907年版，第314页。

清流、宁化、长汀、永安、尤溪、将乐、顺昌、松溪、政和、龙岩、邵武、大田、沙县、归化、光泽、龙溪、漳平各县。① 闽西长汀、连城一带的纸，因交通关系，多经广东汕头出口，"故该关报告中之纸类亦当视为闽产"。②

由于福建纸产地广泛，加上纸品的需求旺盛，不仅在国内畅销，还远销国外很多国家。"本省纸类品质之佳，价格之廉，为国内外人士所脍炙者，已非一日。故自清末以迄战前，行销区域即已甚远，大别可分国内与国外两销区。国内除西北、西南各省较少外，其他如东北三省、河北、山东、江苏、浙江、江西、安徽、广东各省年皆有巨额之外销。国外则偏近于日本、菲律宾、香港、安南、日据台湾、关东租界地及南洋各地，中以安南、台湾及南洋为主要销区。"③

随着纸品生产的发展，从五口通商时期始，福建纸的出口开始增加，但出口值还不是很大。1885年时全省纸品出口共计93万海关两，其中福州出口共计5.2担，计36万海关两，几乎全部出口国内各埠，只有上等纸共88担，值680海关两出口国外（包括中国香港）；厦门纸出口共计4.6万担，37万海关两，其中出口国外的将近4万担，中国香港1083担，出口国外的共值33万余海关两，出口国外占绝大多数；闽西产纸区经由汕头出口的纸量最大，全部出口净数为3.1万担，共计19.8万海关两。其中出口国外的有约1.6万担，近8万海关两，出口中国香港的2140担，2万余海关两；出口省外的有1.4万，约7.8万海关两。因只有一等纸复出口国外112.48担，值1312海关两，因此，出口外洋（包括中国香港）约占全部出口值的51%。福建三口中，福州主要是面向国内，厦门绝大多数出口国外，而广东汕头出口的福建纸国内外参半，总计出口国外比重1/2弱。

甲午战争后，福建纸业出口日益增加，1895年全省共出口130万元，其中福州46万余元、厦门17万元、汕头66万余元，其中只有汕头出口上升。1900年纸品全省共计出口为291万余元，福州出口39万余元，厦

---

① 陈文涛编：《福建近代民生地理志》，福州远东印书局1929年版，第412页。
② 福建省政府秘书处统计室：《福建历年对外贸易统计》，1935年版，第15页。
③ 林存和编：《福建之纸》，福建省政府统计处1941年版，第179页。

门45万余元，汕头207万元。① 到1905年时，全省纸出口量迅速上升到602万元，后一直到1912年间，基本保持在500万元以上。从民国元年开始不断上升，除了"一战"期间有所下降外，其余年份逐年上升，1926年达到1314万元，到1930年间虽有所下降，但仍保持在1000万元以上。② 1930年以前，汕头关之输出额恒占四关总输出1/3以上以至2/3，福州关次之，厦门关又次之，三都澳关最少。这一时期，是纸输出的黄金时期。纸业发展及出口的畅旺，带动了各类纸商的增多。"福州一地，纸行纸栈数达百余家之谱，外省纸行来闽设庄者，接踵而至，数亦可观。各县原有纸栈亦均扩大范围，同时，新设者亦多，造成本省生产市场之加多，使本省纸业之生产与贸易得以平衡发展矣。"③

1931—1937年间，福建纸业严重衰落，出口也不断下降，以汕头纸出口减少最明显。汕头纸品出口从1930年的764万元下降到1931年的343万元，又降到1933年的119万元，"盖以闽西各县遭敌蹂躏最甚，而地方之损伤亦最重也"。闽江流域各县在1930年以后，各年间虽同此情形，"唯以地县较多，受匪较浅，故福州关输出值反驾于汕头之上"④。又由于各地土匪盛行，剿共十九路军发动闽变，"民国十九年，省垣政变，刘卢战兴；二十一年冬闽变复起，翌年春始告定。两度战争均以福州为中心，沿江各县皆军事冲要之区，遂遭兵燹之祸；而溪河梗阻，舟楫不通，闽北各县之纸品，堆积如山，无法推销。及至战事解决，而纸价又复低落，纸商亦不得不贱价脱售，损失殊大"⑤。同时，福州"造纸方法，过于陈旧，产品不精"；且纸厂所在地方，多遭战乱破坏，而本埠新式纸厂，"所制货品，又因东省去谓清淡，与夫洋纸兑销，备受打击，以致终年所获之利，尚有不敷开支之虞也"⑥。加上世界性经济危机波及南洋，使大批华侨回国，严重影响纸箔消费而使出口减少。而且在如此战乱民困

---

① *Foochow, Amoy Swatow Trade Returns for the years* 1885，1895；《福建历年对外贸易统计》，福建省政府秘书处统计室1935年版，第83—86页。其中各关出口纸值由1海关两＝1.558国币元换算而来。

② 《福建历年对外贸易统计》，福建省政府秘书处统计室1935年版，第83—86页。

③ 林存和：《福建之纸》，福建省政府统计处1941年版，第7页。

④ 同上书，第183页。

⑤ 同上书，第9页。

⑥ 民国二十二年（1933）《海关中外贸易报告》（福州）。

的年代，政府加大捐税征收，洋纸加大竞争，"闽纸上等者，质或太薄，不适于用，下等者，韧度又逊于洋纸，故洋纸输入日多，而土纸输出日减"①。1900年，全省经由海关洋纸输入共计3.6万元，1910年上升至10万余元，1913年上升至2.6万余元。整个20年代，多数年份均保持在10万元以上，1925年进口达24万元，1931年升至104万元。与出口相比，虽然进口纸无足轻重，但作为重要的产纸之区，必然对出口造成影响。

福建纸产种类众多。在海关贸易统计中，主要有上等纸、次等纸、纸箔和切纸几种，"其中以纸箔及上等纸较多，次等纸次之，其他纸类甚少"②。一等纸指可写字者而言，二等纸指包物之纸而言，纸箔指通常迷信品而言。③ 其中出口最大宗者当属纸箔。如1912—1930年间，福建纸箔出口从1912年的196万元，上升到1925年的439万元，1926—1930年各年则升至500万元以上；1912年上等纸出口188万元，1925年高达431万元，1930年为365万元。纸箔输出值居四类纸中最大，占9/10以上。1930年以后，随着全省出口纸品的衰落，上等纸才超过纸箔出口值。纸箔生产和出口以厦门为主，清末厦门制造纸箔的手工作坊遍布太平妈街、大沟乾、海岸街、海岸后街、福茂宫、内武庙、打索埕以及打锡箔巷（至今仍保留原名）等地。20世纪30年代初期，较著名的有规模的纸箔厂为：台湾人阮顺永、阮镜波俩兄弟在本市大沟乾创办的"阮顺记"（又称金成美纸箔厂），生产的阮文川、阮太川两个唛头的纸箔，专门销往新加坡；葡籍华人尚仔在双莲池的丹霞宫开设的"庄庆芳"纸箔厂；葡籍华人张成海（又名张海涛），在海岸街开办的"张锦成"号，随着业务发展，又在故宫路设立分号"合兴源"纸箔厂。这四家纸箔厂资力雄厚，经营范围广，产品远销印度尼西亚、新加坡、缅甸、泰国、菲律宾等地，故有纸箔"四大家"之称。除四大家之外，还有晋益、老全美、协源、聚泰（又叫春发栈）、文记、源茂、裕成、骆协成等十多家中型户。④

厦门纸品出口基本上经历了1895—1905年11年的增长期，前5年变化不大，后5年相对增长，从1895年的17万元，增长到1900年的45万

---

① 《福建近代民生地理志》，福州远东印书局1929年版，第414—415页。
② 福建省政府秘书处统计室：《福建历年对外贸易统计》，1935年版，第15—16页。
③ 《福建近代民生地理志》，福州远东印书局1929年版，第414—415页。
④ 民建厦门市委员会、厦门市工商业联合会编：《厦门纸箔出口外销的变化》，《厦门工商集萃》，1984年版，第23—25页。

元,再升到1905年的153万元;1906—1920年间出口不断减少,尤其1914—1920年第一次世界大战期间,从1906年间的122万元下降到1920年的85万元;之后又回升到1925年的162万元,后又降到1933年的113万元,1934年始有所回升。1912—1937年,"纸一直是厦门最大宗的出口商品"。此26年中,有18年居厦门出口商品值之首位,尤以1925年到1937年接连十三年夺魁。26年中,有19年的出口值均在法币100万元以上,1935年达190多万元,占厦门当年出口值的52.15%。[①] 厦门也以纸箔输出比重最大。纸箔亦称海纸、神纸、锡纸、花金等,为迷信用品冥钱之一种。在东南亚华侨以至当地人民中有广大市场。[②] 纸箔每年出口值在厦门纸类出口总值中占2/3左右。[③] 20世纪30年代,土货出口包括纸箔出口减少,因为纸品主要"供给海外闽侨购用,近因马来半岛、爪哇、菲律宾群岛等处贸易衰疲,所有各该处福建侨民,纷纷返掉回国"[④],土货出口贸易的盛衰,"纯视侨民购买力之强弱以为断,侨民景况既如上述,则本年土货出口锐减,自无足怪矣"。[⑤]

就福州来看,"据商家报告,1895年出口2万余担,1906年增至5万余担。本境所出有目红纸,每篓1200百张,年约2300篓,价银4两余至5两余,年约1.1万两,海运销售上海、天津、牛庄、胶州等处。若上游运来毛边纸、大小海纸、大小广纸、川连、捞纸、毛泰、方高、花笺、南屏、代白、连泗、松扣、双合、中包、节包、福纸、篓纸、草纸,名目不一,均从本境转输出口"[⑥]。与厦门纸业出口升降不定的情况不同的是,福州除了1900年和"一战"期间稍微有些下降外,其余年份从1895年的46万元,增加到1925年的327万元,1930年稍降到237万元,3年后升至出口绝对值的最高峰,1934年后又有所回落。"本埠向为中国纸业中心,但日货角逐殊烈。苟非广用机器大量制造,本埠纸业,将无法立于不

---

① 苏水利:《厦门对外经济贸易志》,中国统计出版社1998年版,第9页。
② 厦门生产纸箔原料,据清道光十三年编修的《厦门志》就有"苏木——主要用于制造纸箔之原料"的记载。厦门纸箔外销原是由渔民出海焚烧金银纸,祈求平安,有时把剩下来的金纸在海外转卖掉,很受欢迎,以后就有人专门运载出口。
③ 苏水利:《厦门对外经济贸易志》,中国统计出版社1998年版,第9—10页。
④ 民国二十年(1931)《海关中外贸易报告》(厦门)。
⑤ 民国二十一年(1932)《海关中外贸易报告》(厦门)。
⑥ (清)朱景星修,郑祖庚纂:《闽县乡土志》(商务杂述),第346页。

败之地也。"闽省"惜造林事业,尚未讲求,木植来源,恐瞬将告罄耳"①。到1937年时,纸出口值为212万元。② 由于以天津为中心的国内市场需求畅旺,"其间纵有运输出外洋者,为数亦甚鲜少,可不必注意"③。

而汕头纸品出口从1895年的66万余元,迅速上升到1900年的206万元,再升到1911年的259万元,1912年稍有下降后,从1913年起到1930年间出口大起大落,但绝对值大大增加,1930年时出口高达764万元。1931年之后,闽西受社会变动影响纸出口大大减少。闽西一直是全省纸出口的最主要区域,因而汕头出口纸的消长变化基本影响了福建全省纸业的出口方向。

随着纸张需求的增加及对纸质要求的提高,传统的手工制纸业不能满足市场需要。因此,在手工制纸的基础上,金嗣韶于1915年独资创办了新式的金继美纸厂,资本10万元,地址在崇安黄连坑,规模宏大,拥有1个大工场,1个漂白场,3个煮料锅及储料房屋和工人宿舍数座,拥有纸槽16具,工人300人,所制纸张,品质颇佳,每日产量一万多张,产品多销往上海、天津、杭州一带,该厂管理虽具科学化,但尚未使用动力机器生产,仍属于大的手工工场。④ 1929年闽人陈希庆在福州泛船浦创设福州造纸有限公司,采用科学方法,利用机械制造,为本省首家造纸工厂。总体来看,机械化水平相对较低,纸业生产主要仍是手工操作,因而制约了纸业的发展潜力及贸易长期发展势头。

四 烟草

烟草又名淡巴菰、醺、菸,或又称烟草。明万历年间,烟草从菲律宾的吕宋传入中国后,开始用竹烟管吸烟叶丝,或以特制的铜烟管盛水吸条丝烟。烟丝的来源,一般是闽南的平和、长泰以及闽西的永定等地。⑤ 清

---

① 民国二十四年(1935)《海关中外贸易报告》。
② *Foochow, Amoy, Swatow Trade Returns for the years* 1895—1898; 1899—1933年自福建省政府秘书处统计室《福建历年对外贸易统计》,1935年版,第83—86页。
③ 民国七年(1918)《福州口华洋贸易情形论略》。
④ 林庆元:《福建近代经济史》,福建教育出版社2001年版,第326页。
⑤ 中国人民政治协商会议福建省厦门市委员会文史资料研究委员会编:《厦门卷烟业》,《厦门文史资料》第10辑,1986年版。

代福建有的地方,"烟草之植,耗地十之六七"。福建闽南漳州、泉州,闽东福鼎、福州,闽北浦城,闽西归化、长汀、永定等县是著名的烟草生产区域。"烟叶,一名淡巴菰,邑中种于田者曰田烟,种于山者曰山烟。山烟以产自黄龙茅洋者为上。田烟以产自莲塘及党溪者为上。远近皆著名。"①"杭邑山多田少,人情射利,弃本逐末,向皆以良田种烟。害农之大者,近亦奉文切禁矣。是乾隆初年前已然。又闻父老言,总督李鹤年出巡,尚令兵拔去,是同治末年也。然农家薯、芋、茄、豆、瓜、蔬无不旁种烟,田中收成,复种油菜、青菜,不得尽谓之弃本逐末也,唯自卷烟、纸烟盛行,此业已一落千丈矣。"②闽东福鼎县出产烟丝,"岁六千零担,船运福州。"③ "福州特加烟丝是二种,一为原烟,一为炒烟,皆以管吸之。炒烟俗呼朋兄烟,创自清初。"④《大中华福建省地理志》称,"永定物产,皮丝烟冠于全国,岁值三百万。"⑤《闽县乡土志》载,"条丝烟,永定或溪运或海运来,年销最多。"郭白阳的《竹间续话》记载,"条丝烟为永定特产……驰名国内,全县之种烟者十居八九,每岁销售省外为五百万元,沙县亦产烟,早'沙烟',视条丝远矣。"⑥ 其中闽西出产的烟草,"唯因运输关系,多由汀江转以韩江以达汕头,然后出口,故汕头每年一百余万元之烟草出口,殆亦全系闽产也。再据各方调查,广东之潮梅一带,并不出产烟草,是以汕头输出之烟草,乃全部为闽西各县所出产,殆无疑议;故将由汕头输出之数值,并入本省计算"⑦。民国时期,烟草生产旺盛。"烟草,种出东洋,近多莳之,价昂,甚以腴田种艺者。"⑧ "条丝,其原料为烟叶,已详物产志中,多产东下路与永定毗邻各乡。"

---

① (清)翁天祐等修,翁昭泰等纂:《续修浦城县志》卷7《物产》。《中国地方志集成》(第7册),上海书店2000年版,第102页。
② 张汉等修,丘复等纂:《上杭县志》(清代至民国间,福建上杭县)卷9《物产志》,1939年版;《中国地方志集成》(第36册),上海书店2000年版,第125页。
③ (清)黄鼎翰编:《福鼎县乡土志》第4卷《商务表》,光绪三十二年刊本。
④ 郑丽生:《闽广记》第2卷《朋兄烟》,参见《郑丽生文史丛稿》(上、下),海风出版社2009年版。
⑤ 林传甲:《大中华福建省地理志》(永定),中国地学会1919年版,第237页。
⑥ 林庆元:《福建近代经济史》,福建教育出版社2001年版,第213—214页。
⑦ 福建省政府秘书处统计室:《福建历年对外贸易统计》,1935年版,第16页。
⑧ 蔡建贤纂:《南平县志》卷六《物产志》,《货属》,1928年铅印本;成文出版社1974年版,第498页。

据 1916 年财政所调查，全县所出，每年约 3000 担而弱，不及永定 1/10。自纸烟盛行，人趋简便，条丝已成弩末之势。①

甲午战争以前，福建烟草就有出口，但并没有受到商人的关注。如 1890 年时有记载称，福州主要出口商品是茶叶，"然而，我相信有些商号往伦敦输送过少量本地产的烟草，但由于品质很差，似乎在那里不受欢迎，平均售价每磅约为 4 又 1/2 便士"②。甲午战争之后，福建香烟多由厦门和汕头出口，福州出口次之，三都澳更少。如在 1895 年时，经由厦门海关出口烟草（烟叶和精装烟）共计 1.4 万担，值 18 万余海关两，其中输往国外（外国和中国香港）1.2 万担，值 15 万海关两，出口国外所占比重为 83%。而福州只有精装烟 188.06 担出口外埠，值 1630 海关两。③ 之后出口不断上升，1898 年厦门烟草出口（包括复出口）增加到 2.2 万担，共计 29 万海关两，输往国外的有 2 万余担，值 16 万海关两，出口外埠有 729 担，共值 9458 海关两，出口国外占比 56%。福州共计出口（始有烟叶统计）1346 担，共值 8939 海关两，其中大多数是出口国内各埠。④ 从 1899 年开始，厦门出口共计 1.5 万担，值约 20 万海关两，福州出口共计 626 担，值 4833 海关两⑤，汕头出口 4 万担，共计 146 万元，1899 年四海关出口总计 5.6 担，共值 177 万元，从汕头出口约占 82%。之后全省烟草出口有所减少，1905 年又开始增多，共计出口 4.9 万担，值 189 万元，到 1910 年更增加到 9.2 万担，值 273 万元；1911—1915 年间，出口值除 1912 年下降到 98 万余元外，其余年份都保持在 220 万元以上。1916—1920 年间，又下降到 180 万—190 万元，1921—1930 年间，是烟草出口的高峰期，基本保持在 240 万—290 万元。民国以来，烟草出口数量基本上是不断减少，但烟草出口值不断上升。⑥ 如汕头 1899 年出口烟草 3.98 万担，1930 年出口量 2.3 万担，出口虽有所下降，但多数年份保持在 2.5 万担至 3.5 万担，变化幅度不大。而厦门烟草出口量从 1899

---

① 张汉等修，丘复等纂：《上杭县志》卷 10《实业志》，1939 年版，载《中国地方志集成》（第 36 册），上海书店 2000 年版，第 129 页。

② 姚贤镐：《中国近代对外贸易史资料》（第 2 册），中华书局 1962 年版，第 1133 页。

③ *Trade Reports and Returns*, 1895, *the Returns of Foochow*, *Amoy*.

④ *Trade Reports and Returns*, 1898, *the Returns of Foochow*, *Amoy*.

⑤ *Trade Reports and Returns*, 1899, *the Returns of Foochow*, *Amoy*.

⑥ 福建省政府秘书处统计室：《福建历年对外贸易统计》，1935 年版，第 90 页。

年的1.5万担，下降到1900年的9473担，1901—1906年基本保持在1.5万—2万担，1907—1917年10年间烟草出口量基本保持在2.1万—4.9万担之间不等，是烟草出口的黄金时期。"中国四十八海关中有烟叶出口者居其四十，而尤以厦门为最多，其输出额殆占全国1/10。"①1918—1927年间，则在1万—1.7万担之间徘徊。从1928年开始，厦门出口量与出口值都不断下降。厦门烟草出口量与值的变化在很大程度上影响了全部烟草出口量与值的变化。

烟草出口主要是掌握在日本三井洋行手中，三井洋行在平和的一溪专设机构，建筑仓库，大量收购，把烟草集中厦门转运中国台湾，制成香烟后，返运中国各地销售。如1912年前后，三井洋行出资在龙岩州城东门外开始设立烟叶收买所，雇用中国商人，付给一定的佣金收购烟叶，收买的烟叶全部运往厦门，由厦门出口运往台湾。②1916年后，台湾种植烟草，厦门烟草出口也渐趋衰落。③同时，西方英美烟草公司与南洋兄弟烟草公司在福建厦门开展竞争。④为发展本区烟草业，1929年，厦门一些华侨资本家，全股在鼓浪屿成立东亚卷烟厂，是为厦门首创的卷烟厂，主要生产飞机牌、跳舞牌等。但无法与外国烟进行竞争，因而贸易不断萧条。

五 瓜果蔬菜、鱼介海味等食用品

福建由于地处温热带，气候温暖，雨量充沛，很适宜温热带果品的生长。福建以出产蜜柑、荔枝、龙眼、橄榄等果品为最著名，另外，还有柚、桃、李、枣、柿、香蕉等。福建果产分布很广，大致分为三区。一是红橘区，包括闽侯、闽清、连江、长乐等县；所产红柑、橄榄为主，桃、李次之。二是荔枝龙眼区，包括莆田、仙游、晋江、南安、同安、永泰等地。所产以龙眼、荔枝为主，番石榴、柿、桃等次之。三是蜜橘、香蕉区，包括龙溪、漳浦、长泰、南靖、诏安、海澄等县。以红橘、芦柑、荔

---

① 章有义：《中国近代农业史资料（1912—1927）》（第2辑），生活·读书·新知三联书店1957年版，第201页。

② 同上书，第507页。

③ 厦门港史志编纂委员会编：《厦门港史》，人民交通出版社1993年版，第219—220页。

④ 中国人民政治协商会议福建省厦门市委员会文史资料研究委员会编：《厦门卷烟业》，《厦门文史资料》，1986年版，第10辑。

枝、橙、柚、香蕉为主，凤梨、枇杷、柿、杨梅等次之。① 随着需求量的增大和种植面积的增多，商品化生产也不断加强，因而有大量的干鲜果品出口到国内外各地。出口以橘子为最大宗，但由于不易保鲜及贮藏的问题，福建出口以干果为主。主要以荔枝干、桂圆干为最大宗，除此之外，还有其他类干果如黑枣、红枣、柿饼、干梅、罐头果、未列名干果及制果等。福建1899年时出口干果共计26万元，到1905年时上升到51万元，到1910年上升到72万元，后不断下降，到1919—1920年两年才又有所回复，这两年出口干果分别为63万元、94万元。1921年开始，除少数年份如1922年、1923年、1925—1927年有所下降，不足百万元外，其余年份出口均在100万元以上。②

而鲜果出口主要是以橘子、橄榄、栗子、梨、香蕉等类为主。各种鲜果1899年共计出口24万余元，上升至1915年的41万元，后有所起伏，到1920年又上升到62万元，1925年有所下降，1930年则上升到73万元，30年代后也不断上升。③

除水果外，各类菜蔬出产颇多，出口旺盛。福建出口的蔬菜主要为菇类、笋类和其他等。菇类以香菇和红菇为主。香菇主要以闽北建宁为产地，产值占全省的60%—70%，其他如南平、归化、永安、尤溪、沙县、顺昌等县都是重要的产地。红菇产于闽清、永安、沙县、顺昌、将乐、归化、建宁、崇安、浦城、松溪、政和等县。④ 福建海关出口的蔬菜主要通过闽江流域集中福州运送到国内外各地的，厦门次之，三都澳则更少。如1899年福州出口共计72.5万元，厦门出口11.8万元，共计84万余元，1910年福州出口134.9万元，厦门出口12.5万元，共计出口147万余元，之后10年，福建经由海关出口值基本保持在100万—190万元之间，从1921年开始直到30年代基本保持在出口值为200万—300万元之间。其中从1910年开始，福州多数年份在100万—200万元之间。从1912年开始，厦门除了"一战"时出口相对不足20万元外，其余年份出口不断上升，从1920年的22.9万元上升到1925年的42.6万元，到1930年则

---

① 陈君发、陈祖模：《福建果产业概况》，《福建经济问题研究》，1947年版，第104页。
② 福建省政府秘书处统计室：《福建历年对外贸易统计》，1935年版，第91—92页。
③ 同上书，第94页。
④ 林庆元：《福建近代经济史》，福建教育出版社2001年版，第49页。

上升到51.4万元，1931年后才有所下降。①

除水果外，福建地处东南沿海，很早以来就以渔业为生。所以海产品也曾在福建出口商品中占据相当重要的地位。尽管渔业不断衰退，但素有"海者，闽人之田"的说法真实写照出了福建人们以海为生的做法。同时，积极开发海洋资源，连江人由于地理环境的影响，主要以海为田，以渔为衣食。"海澄县物产，海产有燕窝、鲍鱼诸珍味出产，以米为大宗。农民俭朴，唯生性好械斗，故汗积之资，多耗于讼费也。"② 福建也养殖许多海产品，因而有不少海味出口。

另外，各种粉及通心粉也是福建出口的重要商品之一。1895—1906年间，福建出口共计一般在7万—8万元，从1907年开始出口超过了10万元，后逐年上升，1916年达到约33万元，之后3年有所下降，到1920年时超过40万元，后出口额不断增长，直到30年代基本保持在40万元以上，最高年份是1925年，达到96万元。粉丝和通心粉，多数是从厦门出口，这主要是"为满足东南亚各地的华侨食用的"，因而厦门出口量最大，福州出口最多也不过2000—3000元。③ 这些食品类商品多数就近销往东南亚各国华侨的聚集地，也有一部分销往台湾、日本和香港。

六 其他

开埠初期，厦门出口土货中大多数的日用品销往东南亚。早在1870年，厦门土货出口价值3410710元，输出到台湾、烟台、牛庄、马尼拉和海峡殖民地的麻布包有83.9万只，输往海峡殖民地的竹器有248担，输出到香港的樟脑有2863担，出口到马尼拉、西贡和海峡殖民地的铁器6671担，运往暹罗的伞33.7万把；出口到海峡殖民地以及上海和宁波的桂圆干有11709担，药材1494担，出口到马尼拉与海峡殖民地的纸有21497担，出口到外国及上海、北方各口岸的蜜饯、罐头水果有2956担，花及花种有1758担，棉线7078担。④ 随着贸易的发展，运销出口的各类日用品不断增多。竹与竹器就是比较重要的一种。如1900年时，经由福

---

① 福建省政府秘书处统计室：《福建历年对外贸易统计》，1935年版，第88—89页。
② 林专甲：《大中华福建省地理志》，中国地学会1919年版，第253页。
③ 福建省政府秘书处统计室：《福建历年对外贸易统计》，1935年版，第100页。
④ 林庆元：《福建近代经济史》，福建教育出版社2001年版，第225页。

州海关输出的竹及竹器出口 29238 元,厦门 48740 元,总计出口 74978 元,到 1905 年时福州出口增长到 61013 元,厦门增长到 61388 元,共计出口 122401 元。后时有起伏,到 1915 年时福州出口 107952 元,厦门有所下降,为 56376 元,共计增至 164328 元,之后福州出口不断增多,厦门则相对不断下降,加上三都澳也有零星的出口,1920 年时总出口有所下降,但从 20 年代开始一直到抗战前,福州和厦门竹及竹器出口总值也不断上升,1930 年福州出口 308641 元,厦门出口 47809 元,共计出口增至 356450 元。

福建向来就是纸伞的出口地区,近代出口量很大。福建地处东南沿海,雨水多,日照强,雨伞成为日常生活的必备工具。福建利用丰富的资源优势,制造纸伞、绸伞和布伞三大类,其产品远销国内外。主要制伞基地有福州及闽东地区的闽清、古田、水口等地,后来有伞商在厦门设厂仿造,以出口南洋华侨所用。纸伞除销往全国各地外,境外主要以台湾、香港、越南、南洋各地为主,主要从福州和厦门出口。1899 年福建共出口纸伞 76 万余柄,后不断下降,一直到 1913 年时才超过 1899 年达到 86.6 万余柄,"一战"后期有所下降。1922 年出口纸伞超过 100 万柄,1925 年更达 187 万柄,达到了历史上出口最高峰,这种盛况一直保持到 1930 年,1931 开始出口又有所下降。[①] 纸伞以福州为最多,厦门次之。纸伞出口增长是因为福州纸伞出口超过 100 万柄所致。抗战前夕,福州纸伞出口到南洋的占全省总产量的 80% 左右。

水仙花是漳州的特产,最大的产区在漳州南郊九湖乡(今龙海县),早在宋代就已栽培。明清以来成为水仙花的生产基地。水仙花早期由英国洋行输往欧洲销售,市场主要是比利时。1864 年,水仙花头出口价值 2800 银圆,1902 年 168.7 万棵,价值 33124 海关两。1908 年输出 300 万棵,其中有 200 万棵运往美国。1911 年出口达 386.7 万棵,值 4.5 万海关两[②],主要出口美国和加拿大,后在法国亦行销一时。水仙花长期以来销路很旺盛,均由德记洋行包销,华商不能染指。[③] 民国初期,水仙花头生产受阻,加上美国禁止进口,导致出口比清末减少约一半。"本年水仙花

[①] 福建省政府秘书处统计室:《福建历年对外贸易统计》,1935 年版,第 101 页。

[②] 戴一峰:《近代厦门社会经济概况》,鹭江出版社 1990 年版,第 349 页。

[③] 厦门港史志编纂委员会编:《厦门港史》,人民交通出版社 1993 年版,第 219 页。

头,运往外洋销售者,因美国有禁止此物禁口者之条,故其大受影响,致出口之数,只及上年三分之一耳。此外,所有外洋市区,得能贸易该货者,唯台湾及香港两埠耳(其运往香港转运中国南部销售者),但此物价格之廉,能鼓励通商他口前来购办,然若最下等之花头,则无处可货矣。"① 到1919年,"唯水仙花头,市面锐见畅旺销。本年业此者,比之上年,较为得利,自漳运厦计有350万枚。其中约有八成,系由本口售出,装往香港(内有转运美国60余万枚),台湾以及通商口岸等埠。在香港价格,每篓30枚,大概售银一元五角至两元左右,其价略多于去年半倍矣。有类此种微末工业,亦正在锐意进行。竞尚舒展,以求发达也。"② 1934年出口量也达237万枚。

清代后期,福建大量出口羽毛(主要有鸭毛、鹅毛二种)。1899—1911年的13年中,除1902年外,其余12年都在1000—2000担。民国时期,羽毛出口又有所增长。1912—1921年,除1918年外,每年都在1000担以上。1922年后逐渐上升,从当年出口的2537担,上升到1936年的最高值达4387担,其余多数年份出口量在2600—3000担。抗日战争爆发后,出口量明显减少,1939年下降到1021担,其中鸭毛741担,鹅毛280担。

除了最大宗的茶、木材、纸、糖、烟草之外,经由厦门海关出口的商品还有瓷器和漆器等观赏品、麻布包、麻袋、细夏布、砖瓦器、粗瓷器、铁锅和铁器;建材、化学原料明矾;食用调味品蒜头、干桂圆、蜜饯、精制烟和通心粉等。这些商品大多从甲午战争前就开始出口,民国以后明矾、蒜头、细夏布、纸箔出口不断增多。

福州出口的大宗土货除了占最大宗的茶、纸、木材外,主要是水果、蔬菜和药品,如笋、桂圆、药材、香菌、鲜橄榄、橘子、土豆、莲子、干梅、咸梅等干鲜菜蔬;日用品及一些原料品如竹篾和竹叶、樟脑、茶油、竹竿、羽毛、乌烟、漆器、福州火柴、锡箔、纸伞,还有明矾、茶籽饼、乱丝头等。

总而言之,福建近代出口商品以农副产品为主,1899—1911年间,农副产品占当时出口货物总数的比重为68.4%,1899年农副产品出口

---

① 民国七年(1918)《厦门口华洋贸易情形论略》。
② 民国八年(1919)《厦门口华洋贸易情形论略》。

1547.9万元，占当年出口总值1689.8万元的91.6%；宣统二年为1602.4万元，占当年出口总值的65.62%①；1934年到1936年，出口居前10位的商品中，农副产品分别占各该年出口总值的68.3%、61.6%和60.4%。② 这些商品大多数是福建的土特产品，都是资源性为主的产品，技术含量很低。这些土特产品之所以能保持长久的出口，主要与东南亚地区的需求有关。正如厦门海关贸易报告所指出的，"盖厦门出口贸易大部分系为本省土产如药材、酒、粉丝、桂圆、纸箔、神香及罐头菜蔬之类，供给海外闽侨购用"。随着国外市场需求的不断变化，福建商品输出也会大受影响，尤其是与东南亚联系密切的原因，厦门土货受到当地需求影响非常明显。近因马来半岛、爪哇、菲律宾群岛等处贸易衰疲，所有各该处福建侨民，纷纷返掉回国，计本年回国者，共计12.5万人，出国者仅5.8万人。试阅旅客统计，即可证明，故出口贸易，势必因之减少。③ 1932年贸易报告也指出了这种情况，"直接出口土货总值，由上年310万两跌为220万两，其中主要货物，如药材、酱油、粉丝、纸箔，以及罐头菜蔬之类，皆为海外华侨需用之物品，故其贸易之盛衰，纯视侨民购买力之强弱以为断，侨民景况既如上述，则本年土货出口锐减，自无足怪矣"。④

关于1895—1937年间福建省进出口商品结构的总体情况及主要进出口商品贸易情况，《中行月刊》有记载："其输出的货物言，输出以木料、茶、纸、烟草、菜蔬、糖、鱼介海味、瓷瓦器、纸伞等为大宗，此等特产，非由于技术的进展与学术的发明，乃系天然所赐与，近年来已渐衰退；输入以棉布、米谷、棉纱、豆饼、糖、麦粉、鱼介海味、豆类、肥田料、五金、纸烟、煤油等为大宗，其中糖及鱼介海味输入反超过我们输出的特产，要从入口性质上分析，除纸烟外，均为衣食用品及必需品。从输入品本身言，棉纱输入逐渐减少，这表面上虽似可喜，其实在棉纱不能自给的福建，此种现象即纺织工业没落的表现，至棉布和米谷增加的锐速，即以木料和茶的输出值合计，也不足以相抵，至纸烟增加，更为可怕，

---

① 福建省政府秘书处统计室编：《福建省统计年鉴》，1937年版，第833页。
② 同上。
③ 民国二十年（1931）《厦门海关中外贸易报告》。
④ 民国二十一年（1932）《海关中外贸易报告》（厦门）。

1912年输入15万余元，1931年输入已达600万余元。"① 总体上说：出口商品结构很大程度上与福建和东南亚之间传统贸易圈相关。如近代闽茶、糖出口贸易的衰落一方面是由于西方资本主义者在东南亚、南亚地区的殖民地、半殖民地型的大种植园生产兴盛并与闽产相竞争，而导致不断衰落。其中，厦门转运出口台湾运往美国的茶叶贸易衰落后，其出口主要供应东南亚地区；糖品主要从出口转而大量从东南亚地区进口；而木材、纸等主要供应国内市场，销往国外的部分无不是与福建有着传统经济贸易密切联系的国家和地区。如福州木材主要出口台湾与东南亚，厦门和汕头纸箔主要出口东南亚供华侨需用，而其他的各类日常用品均无不与华侨消费有关；进口商品结构则很大程度上反映了福建衣食用住等日常消费品深受经济全球化的影响，但是传统的地域贸易往来依然存在，最主要的就是长期以来依赖于东亚和东南亚各国的大米的进口就是明证。

---

① 《闽省三十五年来对外贸易概况》，《中行月刊》第10卷，第3期。

第五章

全球化与区域化：
市场结构（1895—1937）

甲午战争以前，福建主要是把以茶叶为主的土特产品销售到英国、美国、俄国、德国等西方国家，然后从这些国家进口鸦片、轻纺工业品、五金等产品。除此之外，长期以来形成的福建与东南亚等地的经济联系也不断发展，尽管在贸易总值中的比重无法与英美等国相比，但也是福建进口粮食、各类海产品等的主要来源市场和出口各种土特产品的消费市场。甲午战争后，日本不仅攫取了西方列强同样的特权，还取得了在华的设厂制造权。重要的是，日本割占台湾，不仅使福建失却了自己的"谷仓"，同时，也使闽台繁盛的"互济贸易"一变而为"国际贸易"，加上帝国主义的瓜分狂潮，日本划福建为势力范围。这使战前海外贸易市场明显不同的是，日本包括台湾与福建之间的贸易日益明显地影响着福建的海外市场格局。这必然会影响到西方国家对福建的贸易利益。而西方各国不断开拓福建联系国内外的航线，贸易联系更加便捷，福建对外贸易市场不断多元化。同时，曾经发达的海外贸易使历史上与福建联系密切的东南亚地区，随着中外经济联系的不断变化而日益突显地缘经济的优势。

第一节 福建对外贸易市场结构

与甲午战争前相比，随着中外贸易的发展，香港的转口港地位日益巩固，作用更加显著。但是，随着各国在中国展开角逐和对市场的分割，尤其是日本占领台湾及其加开闽台航线，造成部分闽港贸易被闽台贸易分流出去。这部分主要是由日本来经营。而经由香港转运外洋的贸易，尤其是英国的市场份额也不断地发生变化。美国、日本、东南亚都有一部分商品经香港中转到福建。囿于资料关系，可能没有充分的数据说明各国经由香港进出口福建的各种商品历年的贸易份额。但此时各资本主义国家对福建贸易的地位日益悬殊,加之经由香港中转的进出口贸易绝大多数是对英国的贸易可能并不影响分析各国在贸易中的地位。

一　福建进口贸易的市场结构①

（一）福州

就商品进口的来源地看,福州从闽江流域运输的茶叶贸易的繁盛,带动西方各国前来销售鸦片、机制棉毛织品等各类日常生活消费品。1871年,洋货主要来自英国、香港、新加坡、澳大利亚、日本等几个国家,直接进口的商品额共计298万两,从外埠转运进口约为38万两,共计进口总值336万两,其中直接从英国进口4.4万两、香港292万两、新加坡7474两、澳洲5265两、日本4047两。② 若以从香港进口商品价值70%为英国货估算,福州当时洋货进口来源地较少,主要以英国进口货为主,其次是东南亚和澳洲。1871—1883年间,除上述几个国家外,暹罗等东南亚国家少数几年有少量商品进口到福州。1884年开始,美国和欧洲大陆也有零星进口。总体来看,福州进口以经由香港转运进口的英国货为主。到1894年,福州进口洋货主要来自英国8383海关两、香港404万海关两、新加坡2963海关两、美国7万海关两、俄国奥得萨16万海关两、日本5.9万海关两③。此时,除英国、日本外,美国、俄国也是福州洋货主要的输入市场。

甲午战争以后,各洋货进口贸易量与值都不断增长。1895年,福州洋货主要来自香港、澳大利亚、印度、美国、俄国（经奥得萨）、日本几个国家和地区,当年闽台贸易由于战争而没有发生,其中来自香港的进口贸易值占直接进口总值的95%。1896—1904年间,除上述进口国之外,还有东南亚的安南、苏门答腊等。这些进口国家除从香港转运进口外,由于苏门答腊日常照明原料煤油进口较多,推高了当年的进口值。另外,日本和台湾进口值最多。1904年从香港进口647.7万海关两、美国1.8万海关两、俄国（奥得萨）5.8万海关两、日本27.9万海关两、台湾6.7

---

① 这里所需的数据主要是指与各国间的直接进出口贸易值（复出口包括在内）,特此说明。
② *Foochow Trade Returns for the year* 1871.
③ *Foochow Trade Returns for the year* 1894.

万海关两、苏门答腊达到 65 万余海关两。① 香港进口比重降到 85%，苏门答腊第二，约计 9%，之后依次为日本和台湾，分别为 4% 和 1%。

"一战"期间，西方各国忙于战争，暂时放松了对福建的商品输出，日本和美国利用有利时机，大发战争横财。1915 年，福州从香港进口洋货贸易值减少到 340.8 万海关两，比 1904 年的 647.7 万海关两下降了约 307 万海关两，进口值下降了近一半，所占进口总值的比重降到 75%，比 1904 年下降了 11 个百分点；与此相反，一个非常显著的变化是，从日据台湾进口洋货达到 80.7 万海关两，比 1904 年上升了约 40 万海关两，所占比重从 5% 升至 18%，跃居进口第二位。而美国坐收渔翁之利，从美国进口洋货值增长较快，绝对值从 1904 年的 1.75 万海关两，上升到 1915 年的 20.7 万海关两，上升速度之快，超过了日据台湾，但由于美国的主要市场当时不在福建，其绝对值与日本相差 60 万海关两。因而，其市场地位无法与日据台湾、英属香港相提并论而位居第三。位居第四的是新加坡，当年进口值为 7.5 万余海关两，所占洋货进口总值的 2%。新加坡进口绝对值不大，所占比重也不高，但是，地处东南亚交通要冲的新加坡的中转港地位日益突显，加上东南亚各国殖民地经济的形成，经由新加坡转口福建的贸易额不断增多，虽然是英国的殖民地，但新加坡在东南亚及东亚之间的中转地位，大大减弱了其作为殖民地与福建进行贸易的性质。总体而言，福州洋货输入市场主要以英国（包括香港转口部分）、美国等西方国家为主，日本、日据台湾的比重迅速上升，东南亚的优势地位也不断显现。

大战期间，福州 1916 年从国外进口洋货共计 574 万海关两，其中从香港进口的贸易值比上年增加了 16 万海关两，从日本（日据台湾）进口的贸易值则增加了约 47 万海关两，从美国进口的贸易值则增至 60 余万海关两。香港进口值所占比重下跌到 63%，日本（日据台湾）和美国的比重分别上升为 22% 和 14%。大战结束后，西方各国慢慢恢复对福建的贸易，进口的绝对值相对较低，1919 年只有 540 万海关两，其中福州从香港进口 355 万海关两，所占比重上升为 66%；日本为 82 万海关两，比重为 15%；美国为 75 万海关两，比重为 14%；新加坡为 26 万海关两，占 5%。其中，英国仍以香港转口居多，之后是美国、日

---

① Foochow Trade Returns for Each Year.

本、新加坡①。

各国加大商品与资本的输出，推动了福州进口贸易的发展。到20世纪20年代中期，福州洋货进口总值增加到667万海关两，进口贸易的国家和地区大大增加。依次是香港422万海关两、日本（日据台湾和朝鲜）117万海关两、美国103万海关两、法属安南15万海关两、英国7万余海关两，分别占洋货进口总值的比重为香港64%、日本18%、美国15%、法属安南2%、英国1%；其他国家荷兰、德国、加拿大、新加坡、法国、菲律宾、英属印度、俄（太平洋沿岸）等所占比重很小。1927年时，福州洋货进口总值达798万海关两，从香港进口550万海关两、日本184万海关两、美国30万余海关两、英属印度20万海关两、法属安南10万海关两、英国2万余海关两，分别占进口贸易总值的比重香港上升为70%、日本上升为23%、美国下降为4%、英属印度2%、法属安南1%，其余进口国和地区为法、德、新加坡、菲律宾、加拿大、荷兰、澳洲、南美洲等，但进口值很小②。1930年，福州从香港进口485万海关两，所占比重上升到72%；从日据台湾进口152万海关两，所占比重为23%；从美国进口19万海关两，所占比重3%；从意大利进口97347海关两，所占比重为1%；从德国进口39846海关两，所占比重为1%。

1931年由于福建省内兵匪横行，加上"九一八事变"发生，影响到福州洋货进口来源地发生变化。其中从香港进口值下降到369万海关两，所占比重更降到只有48%，但第一的位置仍然没变；而从日本、日据台湾的进口值分别为21万海关两、104万海关两，所占比重分别为3%、14%，合计仍为第二位；从荷属东印度进口值突然增至81万海关两，所占比重达到10%；从美国进口值也上升到68万余海关两，所占比重为9%，另外，新加坡4%，捷克3%，德国3%，英国3%，暹罗1%。从香港和日据台湾转运进口额下跌较大，过去从香港进口的贸易总在2/3以上，1931年下跌到不足一半，而日据台湾则从23%下跌到只有17%，其他欧美国家的比重有明显的上升。③ 到1935年，福州洋货进口国以暹罗为

---

① 蔡谦、郑友揆：《中国各通商口岸对各国进出口贸易统计》（民国八年、十六年至二十年），国立"中研院"社会科学研究院丛刊，第五种，商务印书馆1936年版，第2—23页。

② [日]野上英一：《福州考》，福州东瀛学校，昭和十二年（1937）八月版，第77页。

③ 蔡谦、郑友揆：《中国各通商口岸对各国进出口贸易统计》（民国八年、十六年至二十年），国立"中研院"社会科学研究院丛刊，第五种，商务印书馆1936年版，第2—23页。

第一、日本为第二、美国第三，其后依次是荷属东印度、英国、关东租界地、台湾、新加坡、德国、香港、荷兰等，所占比重依次为暹罗26%、日本21%、美国10%、荷属东印度9%、英国7%、关东租界地6%、台湾5%。1936年，福州进口贸易来源地占有一定比重的达到13个以上（其中还有未列名的国家和地区在内）①。

依照《上海对外贸易》对贸易市场的区分看②，1895年，福州洋货主要来自西洋和东洋，且以西洋为主。到1935年时，福州洋货主要来自西洋五国（英、美、德、荷、加等）、南洋六国（香港、荷属东印度、菲律宾、新加坡、暹罗、缅甸等）、东洋三个国家和地区（日本、台湾、关东租界地）。如何估计西洋、东洋和南洋输入贸易的比重，其中最关键的问题，是经由香港输入额如何分配的问题。《上海对外贸易》指出，"在全国范畴内，第一次世界大战前，全国对香港进出口贸易中，粗略估算，约有70%当属对西方贸易，30%左右属于南洋贸易（包括香港本地销售，按地区划分属南洋。下同。）"第一次世界大战后，"全国对港贸易中，约有60%应属于对西方国家的转运贸易，40%属于对南洋贸易。"③ 地处东南沿海，历史上与东南亚密切联系的福建，有相当一部分商品是经由香港转运进出口的。因而如何估算经由香港的各洋贸易成为很重要的问题。但就进口而言，1895年时，由于从香港转口大多还是英国商品，因而，当

---

① 周浩等：《二十八年来福建省海关贸易统计》，福建省政府统计室，1941年版，第40页。

② 中国近代对南洋贸易地主要包括当时对英属海峡殖民地（新加坡马来亚，简称新马）、荷属东印度（印尼）、英属北婆罗洲（沙捞越、文莱、沙巴）、菲律宾、暹罗（泰国）、英属缅甸、法属安南（越南、老挝、柬埔寨）七个地区的进出口贸易，也包括经香港转口的南洋贸易以及对港澳（香港、澳门）地区的本地贸易；西洋主要包括欧美澳洲的广大地区；东洋包括日本朝鲜及日据台湾等地。中国对南洋贸易包括新加坡、菲律宾、暹罗、安南、荷印、部分由香港、澳门转口的贸易。引自上海社会科学院经济研究所、上海市国际贸易学会学术委员会编著《上海对外贸易》（上），上海社会科学院出版社1989年版，第382页。

③ 上海社会科学院经济研究所、上海市国际贸易学会学术委员会编著：《上海对外贸易》（上），上海社会科学院出版社1989年版，第186—187页。其中指出："第一次世界大战后，全国对港贸易中，约有60%应属于对西方国家的转运贸易，40%属于对南洋贸易。"主要是由于原来向西方出口的大宗商品丝、茶出口日减，同时，从西方进口大宗的鸦片及棉毛工业品输入也处于日减地位；而从南洋进口的大宗商品仅指糖、海产品、米，出口至南洋的棉布、棉纱、药材、纸烟、爆竹等合计的比重日益增大。如此计算，上海进口国别和地区"一战"前以6∶4对西洋与南洋；战后以4∶6对西洋与南洋。

时占主导地位的可以说是西洋,而且直接从南洋进口的商品(不包括从香港转口的商品)不过1%,东南亚其他国家进口值比较少,均可忽略不计。到1925年时,从香港进口所占比重为64%、日本和日据台湾占18%、英国1%、美国15%、法属安南2%。这年福州从日据台湾进口贸易额明显增加,若按"一战"后全国经香港转运东西洋的贸易比是4∶6的话,西洋所占的比重约为54.4%,而东南洋合计约为45.6%。到1935年时,福州从东洋进口比重约为32%、西洋比重约为23%、南洋比重则为39%,其他国家为4%、香港则只占2%。香港的进口地位无论怎样也无法影响福州各洋进口市场的地位问题。也就是说,从1895年以来,以西洋为主的进口贸易不断发展,到抗日战争爆发前夕,对福州的进口市场转变为以南洋为第一,东洋为第二,西洋为第三。福州这种贸易联系有些回归传统。但值得注意的是,在这段时间内,除暹罗外的几乎所有东南亚国家沦为了西方国家的殖民地,说西方国家利用了东南亚与福建的传统贸易网络而进行殖民地经济开发,也有一定的道理。但东南亚各国的出口方向并不主要在中国(应与宗主国的联系较多),如此看来,到抗战前,福州与东南亚贸易日渐突出,说明地缘经济优势及传统的贸易网络仍在起着关键的作用。

(二) 厦门

而另一个与东南亚有着更加密切联系的贸易口岸厦门,其进口贸易无论从量与值上来看,均较福州为多。在甲午战争以前,我们可选取一两个年份来看,如1871年,从英国直接进口7.98万两,从香港进口370万两,新加坡进口9.1万两,澳大利亚13856两,爪哇15万余两,日本406两,菲律宾4.1万两,安南11.6万两,暹罗9.2万两,共计从国外直接进口贸易值429万两,从外埠转运进口量11万两。各国和地区所占比重为,香港86%、英国2%、新加坡2%、暹罗2%、安南3%、爪哇4%、菲律宾1%。[①] 即除了香港之外,东南亚各国所占比重之和有12%。战前以从香港进口70%是英国货计算,那么,当时厦门进口的最大市场在西洋(主要是英国)约占进口额的62%以上,其次是东南亚地区,即南洋,然后是东洋地区的日本。一直到19世纪90年代以前,除个别年份有进口美国和南美、朝鲜商品的记录之外,其余年份进口与1871年相似,1890

---

① *Trade Returns of Amoy*, 1871.

年，各国所占直接进口贸易总值的比重香港为86%，新加坡增长到10%，日本、安南、暹罗、菲律宾各占1%。① 1891年，始有欧大陆及俄国（经由奥得萨）进口商品的相关记录。

日本占领台湾以后，厦门与西洋贸易的国家有英国、美国、欧洲大陆、俄国、澳大利亚、新西兰、英属印度、英属美洲的殖民地、南非洲等。对南洋的有新加坡和海峡殖民地、菲律宾、安南、暹罗、爪哇，还有东洋的日本及占领地台湾。随着贸易的发展，主要进口国家和地区如美国、日本、日据台湾的进口贸易值不断增加。到1904年，厦门从英国进口贸易值为5.7万海关两、香港864万海关两、新加坡为53.8万海关两、爪哇6981海关两、欧大陆41海关两、俄（经奥得萨）6.8万海关两、日本12.6万海关两、台湾407万海关两、菲律宾5.98万海关两、暹罗21万余海关两、苏门答腊3.2万海关两、土波埃亚等地7.5万海关两。其中从香港进口所占比重为62%、台湾29%、新加坡4%、日本1%、暹罗2%，其他国家共计2%。② 以经由香港转运进口值70%对西洋贸易的比例计算，那么，约有44%的商品经由西洋运来，而56%的商品则主要从东洋和南洋运来。可见，厦门进口商品市场也逐步从西洋向东洋和南洋发展。

"一战"期间，欧洲各国贸易额不断下降，"一战"结束后，厦门洋货进口值为929万海关两、来自香港601万海关两、台湾162万海关两、美国57万海关两、新加坡40万海关两、荷属东印度38万海关两、菲律宾27万海关两、安南3.7万海关两。从各国进口值占洋货进口总值的比重依次分别为香港66%、台湾17%、美国6%、新加坡4%、荷属东印度4%、菲律宾3%、安南不足1%。③ 另外，还有英国、英属印度、暹罗等地也有少量直接进口。进口贸易中，位居前五位的依次是香港、日本、美国、新加坡、印度尼西亚。

经过"一战"后的恢复和发展，各国又加强了对厦门的贸易。20世

---

① *Trade Returns of Amoy*, 1890. 香港5159802海关两，新加坡614741海关两，澳大利亚6069海关两，爪哇136海关两，日本67279海关两，菲律宾37136海关两，安南70170海关两，暹罗则为52366海关两，共计直接从外洋进口量为6121468海关两。其中从1883年始没有了直接从英国的进口商品统计。

② *Amoy Trade Returns for the year* 1904.

③ 蔡谦、郑友揆：《中国各通商口岸对各国进出口贸易统计》（民国八年、十六年至二十年），国立"中研院"社会科学研究院丛刊，第五种，商务印书馆1936年版，第2—23页。

纪20年代以后，厦门洋货进口值不断上升，到1927年时，厦门从外洋进口值上升至1826万海关两，比1919年增长了97%，将近1倍。其中从香港进口值增至869万海关两、日据台湾增至447万海关两、荷属东印度增至183万海关两、美国增至141万海关两，英属印度从1919年的几乎只有1000余海关两增至74万海关两、新加坡增至70万海关两，只有菲律宾减少到22万余海关两、安南增至18万海关两。所占进口总值的比重香港下降至48%、日本增至23%、荷印增至10%、美国增至8%、英属印度和新加坡各占4%、菲律宾和安南各占1%。① 香港虽然比重下降，但仍位居第一、日本第二、荷属东印度上升为第三、美国第四、英属印度第五、新加坡下降至第六位。

到1930年，厦门从外洋直接进口贸易值更达到2203万海关两。其中从香港进口1074万海关两、日据台湾406万海关两、暹罗297万海关两、美国244万海关两、英属印度179万海关两、新加坡56万海关两、菲律宾23万海关两，所占比重为香港43%、日据台湾16%、暹罗12%、美国10%、英属印度8%、新加坡2%、菲律宾1%。前五位依次是香港、日据台湾、暹罗、美国、英属印度。② 第二年，厦门进口总值增加到2497万海关两，从香港进口1056万海关两、日本252万海关两、日据台湾194万海关两、荷属东印度314万海关两、美国164万海关两、英属印度110万海关两、英国97万海关两、德国79万海关两、新加坡76万海关两、安南56万海关两、菲律宾25万海关两。所占比重分别为香港43%、日本10%、台湾8%、荷属东印度13%、美国7%、英属印度4%、英国4%、德国3%、新加坡3%、安南2%、菲律宾1%。前五位依次是香港、荷属东印度、日本、台湾、美国。③ 到抗战爆发前夕，厦门洋货进口市场又发生了一定的变化。就1935年来看，厦门洋货进口主要市场依次为日本、缅甸、暹罗、香港、台湾、荷属东印度、英、德、美、关东租界地、新加坡、荷兰、菲律宾、加拿大及其他。除香港外，西洋国（英、美、德、荷、加）所占比重为22%，东洋（日本、日据台湾、关东租界地）29%，

---

① 蔡谦、郑友揆：《中国各通商口岸对各国进出口贸易统计》（民国八年、十六年至二十年），国立"中研院"社会科学研究院丛刊，第五种，商务印书馆1936年版，第2—23页。

② 同上。

③ 同上。

南洋（荷属东印度、菲律宾、新加坡、暹罗、缅甸）35%，香港10%，其他国家4%。①若把经由香港的商品按欧美与东南亚之比6∶4来算的话，进口市场仍以东亚的日本和东南亚为第一，欧美则屈居之后。值得关注的是，抗战爆发前，香港对厦门的转口地位日渐丧失，从19世纪90年代之前转运进口占比的86%，到1904年的62%，1930年的43%，到1935年仅有10%的比重。可见，香港作为厦门的西方国家转口港地位不复存在，也说明西洋国家在厦门商品进口市场上日益失去其在甲午战前的地位。东亚的日本和台湾1904—1935年间所占比重均达到30%左右；东南亚则从1904年以新加坡和暹罗为主，所占比重6%以上，达到1935年时的东南亚各国（荷印8%、新加坡2%、菲律宾1%、暹罗11%、缅甸13%）共计高达35%，加上从香港、台湾转口的部分，则远远高于这个比重。可见，东南亚各国在厦门洋货进口市场中的地位也日渐突出。近代位居厦门进口市场前五位的国家或地区如表5-1-1所示。

　　三都澳1899年开埠以后，直到1916年才开始有外洋直接贸易，而所占比重可以忽略不计。1919年从日据台湾进口742海关两，荷属东印度24549海关两，共计25291海关两；1927年从国外进口总值为85193海关两，其中从香港进口64870海关两、日据台湾20088海关两、法国51海关两、德国184海关两；1931年时从香港进口81757海关两、台湾10226海关两、德国13973海关两、英国376海关两、比利时10海关两、法国18海关两、菲律宾151海关两、西班牙162海关两、美国34海关两。②抗战前的1935年，三都澳从日本进口16973元，香港11455元，美国664元，英国48693元，德国37506元，荷属东印度1402元，台湾12015元，其他各国327元，共计直接从外洋进口总值129035元。其中，日据台湾所占比重为22%以上、香港为9%、英国为37.5%、德国为29%、荷属东印度为1%。③我们发现，三都澳与福州厦门两口不同，其商品输入虽然日据台湾比重不小，但英德两国在三都澳进口当中所占比重合计达66.5%，加上从香港转运进口则高达70%以上。

---

　　① 周浩等：《二十八年来福建省海关贸易统计》，福建省政府统计室1941年版，第41页。
　　② 蔡谦、郑友揆：《中国各通商口岸对各国进出口贸易统计》（民国八年、十六年至二十年），国立"中研院"社会科学研究院丛刊，第五种，商务印书馆1936年版，第2—23页。
　　③ 周浩等：《二十八年来福建省海关贸易统计》，福建省政府统计室1941年版，第39页。

第五章 全球化与区域化：市场结构（1895—1937）

表 5-1-1　　　民国时期若干年份厦门进口对象位序

年份	一	二	三	四	五
1875	香港	爪哇	新加坡	暹罗	安南
1885	香港	新加坡	爪哇	安南	日本
1895	香港	台湾	新加坡	安南	俄（奥得萨）
1904	香港	台湾	新加坡	暹罗	日本
1919	香港	日本	美国	新加坡	印度尼西亚
1927	香港	日本	印度尼西亚	美国	印度
1928	香港	日本	印度尼西亚	美国	印度
1929	香港	日本	印度尼西亚	美国	印度
1930	香港	日本	美国	印度尼西亚	印度
1931	香港	印度尼西亚	日本	台湾	美国
1935	日本	缅甸	泰国	香港	台湾
1936	德国	日本	印度尼西亚	香港	台湾
1937	香港	日本	德国	印度尼西亚	英国
1938	英国	德国	美国	印度尼西亚	香港
1939	泰国	香港	日本	英国	台湾
1940	缅甸	泰国	比利时	越南	英国
1941	缅甸	泰国	印度尼西亚	美国	香港
1942	泰国	台湾	越南	日本	美国
1943	越南	台湾	泰国	日本	香港
1946	美国	香港	新加坡	菲律宾	澳大利亚
1947	美国	伊朗	英国	香港	新加坡
1948	美国	新加坡	英国	伊朗	澳大利亚

资料来源：*Amoy Trade Returns for the years* 1875—1904；苏水利：《厦门对外经济贸易志》，中国统计出版社 1998 年版，第 99—100 页。

说明：1919—1930 年以前日本进口值包括从日据台湾转口在内，1931 年以后台湾单列。

总体来看，福建 3 个主要对外贸易港口当中，除三都澳所占比重很小，市场主要在日据台湾、英、德外，1895—1937 年间福州和厦门进口外贸市场结构不断多元化，而且从以西洋为主转向日据台湾、新加坡等为主的东亚、东南亚各国，即东洋和南洋为主。这充分说明，福建日益受到资本主义经济全球化推进的影响。但影响程度从最初的十分显著到后期的日渐削弱。主要在于西方与福建的经贸联系不断地融合和利用亚洲已有的商业网络，从而使东亚、东南亚的地位日渐突出。到抗战爆发前夕，福建与日本、台湾、新加坡为主的各地贸易所占优势地位日益得到巩固和发展。抗战开始后，民族危机导致日本、台湾与福建的贸易急剧下降，而东南亚各国所占的地位则更加突出和重要。

二 福建出口贸易的市场结构

福建外贸出口市场非常广泛，并且随着国内外形势的变迁而不断地发生变化。

（一）福州

甲午战争以前，福州出口贸易的主要市场在西洋地区，一少部分在东南洋地区。其商品主要出口方向为英国、香港、澳大利亚、新西兰、美国、新加坡与海峡殖民地、安南等地。从1874开始，有少量商品出口到印度、欧大陆、俄（奥得萨）等国家和地区。1875年，福州土货出口共计1223万海关两，其中出口到英国862万海关两、印度2294海关两、新加坡9736海关两、澳大利亚179万海关两、新西兰17.7万海关两、南非9.3万海关两、美国33万海关两、欧大陆21万海关两、俄国11.7万海关两、加拿大4.3万海关两、英国海峡殖民地22万海关两、香港62万海关两。英国是福州土货出口的最大市场，约占出口总值的70%，第二是澳大利亚15%，第三是香港5%，第四是美国3%，之后依次是欧洲大陆2%，英海峡殖民地2%，新西兰、俄国、南非各1%。除香港转运出口可能有到东、南洋的部分商品之外，其余多数是出口到西洋各国，且以英国为最大的市场，共计高达97%以上。① 19世纪80年代中期以后，随着福州茶叶出口贸易的衰落，福州土货的出口市场也在不断地进行着调适。1885年，福州出口总值774万海关两，出口到英国的降到467万海关两、澳大利亚163万海关两、美国48万海关两、香港34万海关两、新西兰23万海关两、南非19万海关两。出口各国的货值所占总出口比重英国下降到61%、澳大利亚上升到21%、美国6%、香港4%、新西兰3%、南非2%，欧大陆、印度各占1%。② 若不计香港转运出口之数，西洋市场贸易值仍占绝大多数，共计（英、澳、美、新西兰、欧、俄）93%以上。与1875年相比有所下降，但其主导地位无法改变。

---

① *Foochow Trade Returns for the year* 1875.
② *Foochow Trade Returns for the year* 1885.

甲午战争以后，福州以英国为主要土货销售市场的格局不断改变。如1895年，福州土货出口总值为514万海关两，出口到英国的货值为139万海关两、澳大利亚119万海关两、香港104万海关两、美国75万海关两、欧洲大陆44万海关两、南非包括毛里求斯27万海关两、新加坡等18107海关两、印度13海关两、新西兰4217海关两、日本只有212海关两。所占比重英国由1885年的61%下降到28%、澳大利亚从21%上升到23%、香港从4%上升到20%、美国则由6%上升到15%、欧大陆9%、南非占5%，其他新加坡、日本、俄（奥德萨）、印度等合计不足1%。位居第一的仍是英国、澳大利亚第二、香港第三、美国第四、欧大陆第五。[1] 可见，1895年，欧美各国加大与英国竞争福州商品市场，除香港转口外，英国的市场地位明显下降，而澳大利亚、美国和欧大陆比重均有上升；随着香港转口地位的不断巩固，闽港间航线的不断增辟，香港对福州的转口地位也不断上升；而日本占据台湾，闽台贸易国际化之后，直到日本在台湾殖民统治未完全确立之前，即从1897年开始，福州向台湾输出的商品值不断增多，台湾成为重要的市场之一；另外，还有零星商品出口到朝鲜、苏门答腊、安南、南美、土耳其、波斯等地。

1900年，福州土货出口共计增至586万海关两，出口到英国92万海关两、香港135万海关两、新加坡等10264海关两、澳大利亚86万海关两、新西兰22万海关两、南非包括毛里求斯10万余海关两、美国120万海关两、欧大陆77万海关两、俄满22万海关两、俄国奥德萨3万余海关两、英属美洲10万海关两、台湾14万海关两、日本620海关两，各国和地区所占比重为香港23%、美国20%、英国16%、澳大利亚15%、欧大陆13%、南非4%、俄满4%、台湾2%、英属美洲2%、俄奥德萨1%。各国的地位发生了重大变化，原来位居第一的英国让位于转口港香港，美国上升为第二，英国屈居第三，俄国（包括欧大陆和奥德萨）第四，澳大利亚下降到第五位。尽管各国地位不断变化，但我们可以看出，当时土货出口市场依然以西洋为主，除香港外，出口西洋的比重仍在71%以上。[2] 后一直到1904年间，福州土货出口总值并没见长，其贸易市场基本没变，但各国所占比重又有了不少的变化，各国和各地区所占比重依次是

---

[1] *Foochow Trade Returns for the year* 1895.

[2] *Foochow Trade Returns for the year* 1900.

欧大陆23%、英国22%、香港20%、美国18%、台湾9%、澳大利亚4%、印度2%、俄奥德萨1%、南非1%，其余合计也只1%左右。① 可见，欧大陆、台湾占福州土货出口的比重有所上升。而总体来看，除了日据台湾、印度之外，西洋国家仍占多数，所占比重除香港外，仍有77%以上。

"一战"期间，1915年，福州土货出口总计707万海关两，其中出口香港222万海关两、英国169万海关两、俄太平洋各口121万海关两、日据台湾90万海关两、美国36万海关两、法国26万海关两、澳洲等处32万海关两、南美洲18138海关两、英属印度42466海关两、加拿大24029海关两，菲律宾和新加坡均有少量进口。所占比重香港为31%、英国24%、俄国17%、日据台湾共计13%、美国5%、澳洲5%、法国4%、英属印度1%。此时福建的出口市场仍以欧美为主。1916年福州土货出口较上年有所下降，出口各国当中，比重最大的仍是香港，为31%，其次是苏俄，为25%、英国14%、日据台湾12%、美国9%、法国5%、澳洲1%。总体来看，欧美的主体地位没变。② 1919年，尽管各国停止了军事对抗，但还没完全从战时状态中恢复过来，因而土货出口继续下降，出口总值为470万海关两，其中出口到香港225万海关两、英国88万海关两、美国3万海关两、日据台湾129万海关两、法国15万海关两、英属印度5.6万海关两、澳洲等处2.5万海关两，另外，比利时、加拿大、丹麦、安南、意大利、荷属东印度，菲律宾、新加坡等地都有少量进口，各国各地区所占比重香港48%，位居第一；日据台湾比重上升最快，达到27%；英国有所恢复，所占比重为19%；法国3%；英属印度1%。③ 日据台湾在大战期间，大发战争横财，加大了土货收购的力度，但土货出口主要市场仍在欧美地区，东南亚势力相对薄弱。到20年代中期以后，福州土货出口货值不断增加，出口市场结构才发生了明显改变。随着日本加强对台湾的统治及其加紧对福建土货的收购和搜罗，日本地位日益显著。1925年，福州土货出口市场占比为日本第一（包括台湾、朝鲜在内），所占比

---

① *Foochow Trade Returns for the year* 1904.
② 1915—1916年自《福建历年对外贸易概况》，《福建经济研究》（下册），1940年版，第24—25页。
③ 蔡谦、郑友揆：《中国各通商口岸对各国进出口贸易统计》（民国八年、十六年至二十年），国立"中研院"社会科学研究院丛刊，第五种，商务印书馆1936年版，第24—47页。

重为 57%、香港 31%、英国 3%、德国 2%、法国 2%，美国、澳洲、苏联太平洋沿岸、英属印度、南美各 1%。① 这时东洋地区成为第一市场。除香港转运出口的部分外，仍占绝对多数；而西洋地区（英、德、法、美、澳、苏、南美等）则只占 11% 左右。这里假设每年从香港转运出口到各国家的比重不变的话，西洋各国加上从香港转运出口的数值也不过 30%。这与福建茶叶出口下降有明显的关系。直到 1930 年，福州土货出口总值增加的同时，各国所占比重出现起伏变化，但格局基本没变。福州土货出口总值增至 885 万海关两，其中出口到香港 197 万海关两、日据台湾 507 万海关两、英国 50 万海关两、法国 20 万海关两、澳洲等 23 万海关两、德国 37 万海关两、荷兰 32 万海关两、英属印度 2.9 万海关两、美国 2.8 万海关两。日据台湾超过半数，为 58%，当居第一；香港第二，约 23%；英国第三，约 6%；德国 4%，居第四；荷兰 4%，居第五，另外，出口澳洲等地 3%、法国 2%。

1931 年，福州省城军匪滋扰严重，全国抗日、抵制日货风潮不断，因而福州出口土货总值下降到 528 万海关两，出口日本 19.5 万海关两、台湾 109 万海关两，二者合计比 1930 年的 507 万海关两下跌了 378.5 万海关两，约下降了 75%，所占比重分别为日据台湾 21%、日本 4%，合计只有 25%；出口香港 208 万海关两、出口英国 80 万海关两、荷兰 37 万海关两、德国 27 万海关两、法国 22 万海关两、澳洲等处约 4 万海关两、新西兰 22477 海关两、英印 12475 海关两、美国 26971 海关两，所占比重香港升为 39%、英国 15%、荷兰 7%、德国 5%、法国 4%，美国、南美、意大利、澳洲各 1%。② 由于抗日运动的影响，日据台湾所占比重明显下降，欧美各国大大超过了日本，加上经由香港转运部分，则西洋各国又占据了优势地位，东洋日本又屈居劣势地位。这种情况一直持续到抗战全面爆发。1935 年，以日本为主的东洋各国与地区（日本、朝鲜、台湾、关东租界地）在福州出口市场中所占的比重又从 1925 年的 57% 下降到 12%，香港稍微降到 29%，英国 19%、美国 1%、德国 12%、荷兰 11%，

---

① ［日］野上英一：《福州考》，福州东瀛学校，昭和十二年（1937）八月版，第 77 页。说明：相关数据与福州直接与外洋贸易（包括复出口数）有些出入，但大体相当。

② 蔡谦、郑友揆：《中国各通商口岸对各国进出口贸易统计》（民国八年、十六年至二十年），国立"中研院"社会科学研究院丛刊，第五种，商务印书馆 1936 年版，第 24—47 页。

菲律宾1%、其他各国15%。西洋各国所占比重又有所回升，共计（除香港外）43%，加上香港转运出口则基本上超过了半数；南洋地区则基本（除香港外）保持在16%左右。1936年，出口到东洋的日本和日据台湾及关东租界地的货值比重为（日本3%、台湾12%、关东4%）19%，出口香港为31%、英国17%、荷兰10%、美国1%、德国8%，其他各国14%，西洋所占比重（除香港外）约36%，其他东南亚（除香港外）则有14%左右。1937年，主要变化是出口台湾的比重下跌到6%；德国下跌为4%；香港上升为35%；荷兰上升为16%；其他各国基本不变。在这种情况下，东洋占总值的比重为13%、西洋为36%，南洋仍为14%左右。这说明福州对日本及其属地的贸易呈衰减趋势。1938年，厦门、福州相继沦陷，中国全面抗日，不做对日出口贸易，日本、日据台湾和关东市场地位基本丧失。1938年只出口到日本16元，输出台湾关东租界地断绝，而输出到西洋的货值也大大减少，英国为30万元，比重6%；德国为3.3万元，比重为1%；新加坡为11万元，比重为2%；其他各国13万元，比重为2%。出口主要经由香港转运到世界各地，当年香港转运出口货值为473万元，比重为89%。① 可见，日本侵华战争对福建外贸影响巨大。此时香港转运出口到各国的比重肯定发生了重大变化，但由于资料缺乏而无法估量。

（二）厦门

相对福州而言，厦门腹地相对较小，土货出口来源地较有限，因而出口货值不如福州多，但是出口贸易市场却比较广泛。我们从历年海关贸易统计中观察到，与福州不同的是，厦门开埠通商以来，尤其是19世纪70年代以后，出口商品市场不仅面向欧美国家和地区，而且东南亚和东亚的贸易额也占相当的比重。1871年，厦门土货主要出口以美国、香港、爪哇、新加坡和海峡殖民地、澳大利亚、菲律宾群岛、安南、日本等国家和地区为主，出口各国和地区的贸易额（香港转运部分除外）占出口总值比分别为41%、22%、9%、9%、7%、7%、4%、1%。不包括出口到香港转运出口部分，西洋地区（美、澳）共计48%，而南洋地区（爪哇、新、菲、安南）共计29%，东洋的日本占1%。若加入香港出口到东西洋的部分（比重按全国的比重3∶7区分），那么往西洋各国的土货值约占

---

① 周浩等：《二十八年来福建省海关贸易统计》，福建省政府统计室1941年版，第44页。

64%，而往东南洋的则占 36%。① 厦门的乌龙茶主要销往美国，因而美国是厦门的主要出口商品市场；而对日本所占比重很小；厦门出口到东南亚地区的土货占相当比重。可以说，当时西方各国家努力开拓中国包括厦门市场，并广泛搜刮原料产品，但厦门历史上形成的非常发达的与东南亚之间的传统贸易并没有被排挤出去，这是厦门土货出口市场的一个非常重要的地方特色。一直到 1894 年以前，厦门土货出口起伏不定，总体不断上升。由于美国对当地茶叶的嗜好，因而美国茶叶需求主导着这一阶段的形势。1894 年，厦门土货出口总值为 664 万海关两。其中出口美国 447 万海关两，占厦门出口总值的比重为 68%；香港 48 万海关两，比重为 7%；新加坡和海峡殖民地 72 万海关两，比重为 11%；爪哇 51 万海关两，比重为 8%；菲律宾 20 万海关两，比重为 3%；暹罗 6.7 万海关两，比重为 8%；英国 14 万海关两，比重为 2%。②

甲午战后，日据台湾对厦门国际贸易的牵动，使土货出口方向发生了明显的变化。当年由于战争，厦门土货出口总值减少到只有 387 万海关两，其中出口台湾 32 万海关两、美国 182 万海关两、香港 20 万海关两、新加坡 56 万海关两、爪哇 50 万海关两、菲律宾 16 万海关两、英国 1.9 万海关两、其他国家 19 万海关两，还有日本、英属美洲等地一小部分。各国所占比重由于台湾加入（约占土货出口市场比重的 8%）而影响到其他国家。其中，美国降为 48%、香港降为 5%、新加坡上升到 14%、爪哇上升到 13%、菲律宾 4%、暹罗 2%、安南 1%，其他国家 5%。③ 若加上香港转口部分，则厦门的西洋市场下降到了 50% 左右，而日据台湾地区及其他东南洋国家基本也占半数左右。这主要是过去经由厦门出口到美国的台湾乌龙茶直接从台湾出口而不再由厦门复出口的缘故，造成美国所占市场份额大大下跌。1899 年，厦门土货出口总值更减至 138 万海关两，主要由于美国的茶叶市场的丢失，当年只有 2.3 万海关两，所占厦门总出口值的比重减少到 2%。另外，出口新加坡 48 万海关两、台湾 34 万海关两、爪哇 26 万海关两、香港 16 万海关两，所占厦门出口总值的比重分别

---

① 说明：经由香港出口国外的比重没有具体测算，但若就厦门市场出口而言，经由香港往东南亚的比重可能不止 30%，或许更多，若以东西洋比 4:6 来算的话，当时虽然东南亚地区的贸易比重很大，但仍没有超过半数。因而土货出口市场仍以西洋的美国等为主。
② *Amoy Trade Returns for the year* 1894.
③ *Amoy Trade Returns for the year* 1895.

为34%、25%、19%、12%，其余东南亚各国约占8%。① 可见，东南亚在厦门土货出口市场中日益占据主导地位。1904年，厦门已完全失去了美国这一最主要茶叶消纳市场，共计出口总值为218万海关两，出口美国只有6454海关两，其余均被台湾与东南亚地区各国所代替。出口新加坡86万海关两，比重为39%；出口台湾约56万海关两，比重为26%；出口爪哇35万海关两，比重为16%；出口香港20万海关两，比重为9%；出口菲律宾11万海关两，比重为5%；出口暹罗8万海关两，所占比重为4%；出口安南1万海关两，比重为1%，共计出口南洋约占65%，出口日据台湾占26%，除香港转口出口西洋少部分外，绝大多数都是与东洋和南洋的贸易。② 可见，自从台湾割让，厦门失去美国茶叶市场以后，多数产品是出口到周边的东亚和东南亚地区。从此开始，厦门土货出口基本上出口到这些国家。这种情况从20世纪初开始，经历"一战"贸易减少，到战后一两年间的恢复，到1919年时，厦门土货出口总值183万海关两，出口新加坡86万海关两、香港34万海关两、荷属东印度24万海关两、日据台湾18万海关两、菲律宾14万海关两、英属印度6万海关两。新加坡所占比重上升至将近半数，达49%，居出口市场的第一位；香港19%，屈居第二位；荷属东印度13%，名列第三；日据台湾10%，居第四位；菲律宾8%，位居第五，之后英属印度3%，法国、澳洲、英国、美国、暹罗也有少量进口。③ 可见，"一战"后，除香港转运出口部分外，厦门出口货流向东南亚地区就达70%以上；东洋地区占10%以上；而西洋加上香港转运70%部分，出口比重为13%左右，东南亚地区成为厦门土货销售的主要市场。"一战"后各国对华贸易的恢复，加上福建茶的不断复兴，纸、木材等出口进入高峰时期，带动了出口贸易的增长，反映到厦门土货出口贸易上，出口总值从1919年的183万海关两，上升到1927年的476万海关两，出口到新加坡的上升最快，从1919年的86万海关两升至261万海关两，上升了2倍多，出口到荷属东印度92万海关两、安南30万海关两、香港27万海关两、日据台湾20万海关两、英属印度

---

① Amoy Trade Returns for the year 1899.
② Amoy Trade Returns for the year 1904.
③ 蔡谦、郑友揆：《中国各通商口岸对各国进出口贸易统计》（民国八年、十六年至二十年），国立"中研院"社会科学研究院丛刊，第五种，商务印书馆1936年版，第24—47页。

21万海关两，所占比重分别为新加坡高达61%、荷属东印度22%、香港6%、英属印度5%、日据台湾5%。可见，东南亚地区的新加坡、荷属东印度两地所占比重就高达83%。① 到1931年时，新加坡的比重有所下降，但仍占41%之多，位居榜首；此外，依次是荷属印度22%、菲律宾14%、台湾11%、英属印度和香港分别为6%。②

1932年以后，土货出口总值不断下降，直到1935年时厦门土货出口总值368万元，居第一位的新加坡出口值200万元，约占出口值比重的55%；第二位菲律宾群岛出口值为72万元，比重为19%；第三位荷属东印度47万元，比重为13%；其后是香港6%、缅甸5%、台湾2%。其中，除香港还有可能转口部分商品到西方各国外，其余均出口到东南亚各国，总比重约92%。而中日摩擦加剧使厦门对台湾的出口明显下降。1936年开始，新加坡的比重继续增长，约占57%，香港上升为9%、台湾5%、菲律宾下降到11%、荷属东印度12%、缅甸5%。1937年，新加坡所占的市场份额增为62%，直到1938年厦门沦陷后，所占份额才下降到43%。台湾和香港是厦门比较重要的转口港和地区之一。③ 1875—1938年间厦门的土货市场占前五位的情况见表5-1-2。

总之，近代厦门土货出口市场呈现多元化特征，尽管甲午战争以前以美国为首的西方各国是厦门的主要出口市场，但战后，茶叶出口"腹地"台湾的割让，使厦门运销美国的能力陡然下降。因而，维持厦门土货出口能力的主要是长期以来形成的东南亚华侨华人在侨居地消费拉力的作用。1895—1937年间，东南亚各国成为厦门土货出口的主要方向，到后期与新加坡的贸易占据着类似战前美国地位一样的支柱地位。

三都澳出口国外的货物种类不多，货物量也相对较少，最主要的是茶叶的输出，而且1916年才又直接与国外贸易。因而其土货出口市场不大，主要是向日据台湾出口。如1919年，三都澳土货只出口日据台湾8684海关两，1927年，出口日据台湾8802海关两，出口新加坡19海关两，1931年，出口台湾55695海关两，1935年出口台湾4017元，1936年出口台湾6186

---

① 蔡谦、郑友揆：《中国各通商口岸对各国进出口贸易统计》（民国八年、十六年至二十年），国立"中研院"社会科学研究院丛刊，第五种，商务印书馆1936年版，第24—47页。

② 同上。

③ 周浩等：《二十八年来福建省海关贸易统计》，福建省政府统计室1941年版，第45页。

元,新加坡 73 元,其他各国 1684 元。1937 年抗战爆发,由于厦门、福州敌占区的影响,一些商品从三都澳输出,当年输出日本 1228 元,输出到香港 1725 元,出口到台湾 1 万多元,超过前两年,1938 年出口到香港 5 万余元,1939 年出口都经由香港转运,共计出口 375 万多元。①

表 5-1-2　　1875—1938 年间若干年份厦门主要出口市场位序

年份	一	二	三	四	五
1875	美国	爪哇	香港	新加坡	英国
1885	美国	香港	新加坡	爪哇	菲律宾
1895	美国	新加坡	爪哇	台湾	香港
1904	新加坡	台湾	爪哇	香港	菲律宾
1919	新加坡	香港	印度尼西亚	日本	菲律宾
1927	新加坡	印度尼西亚	菲律宾	香港	印度
1930	新加坡	印度尼西亚	菲律宾	香港	日本
1931	新加坡	印度尼西亚	菲律宾	台湾	印度
1936	新加坡	印度尼西亚	菲律宾	香港	缅甸
1937	新加坡	菲律宾	印度尼西亚	香港	缅甸
1938	新加坡	香港	菲律宾	印度尼西亚	缅甸

资料来源:*Amoy Trade Returns for the years* 1875—1904;苏水利:《厦门对外经济贸易志》,中国统计出版社 1998 年版,第 53 页。

甲午战后到抗日战争爆发前,福建对外洋土货的出口主要流向是,福州从以英国为首的西方国家为主,转向以日据台湾和新加坡等亚洲国家和地区为主;而厦门则主要从以美国为主、以东南亚市场为辅转向以东南亚的新加坡为主;三都澳土货出口主要面向台湾。

三　福建对外贸易市场结构的变化

有关福建全省进出口国别贸易情况,我们根据可资利用的资料,选取

---

① 蔡谦、郑友揆:《中国各通商口岸对各国进出口贸易统计》(民国八年、十六年至二十年),国立"中研院"社会科学研究院丛刊,第五种,商务印书馆 1936 年版,第 2—23 页(说明:1919 年、1927—1930 年间从日本进口值包括日据台湾;1931 年分开统计,日本不包括台湾)。1935—1939 年来自《二十八年来福建省海关贸易统计》,福建省政府统计室 1941 年版,第 43 页。单位:1931 年之前是海关两,1935—1939 年是国币元。

在福建市场结构中比较重要的国家来进行整体的分析和观察。

从统计数据可以看出，在1895年以前，福建全省的进出口商品市场主要以西洋为主，1895年以后，西洋地位不断下降，逐步让位于与东洋的贸易，而福建与南洋的贸易则展现了一种从弱到强的过程。如在1875年时，福建进出口的最大市场是英国，约占38%；其次是中转基地香港，约34%；再次是澳大利亚和美国，分别占8%，爪哇占3%，新加坡2%，暹罗、安南、菲律宾各占1%；其余以欧大陆和东南亚其他国家为主，总计不过4%。而到1885年时，随着香港转口港地位的不断确立，福建进出口到香港的市场份额从1875年的34%增加到46%，直接进出口英国的份额则从39%下降到22%，美国的市场份额上升到14%，加拿大为7%，而东南亚地区的主要市场新加坡的份额从2%增长到5%，菲律宾和日本各占1%，其余欧美国家及东南亚等其他国家所占的市场份额从7%下降到4%。总体来看，欧美国家仍然是福建外贸的主要市场。

甲午战争以后，情况发生了明显的变化。主要的变化即是日本占领台湾以后，台湾与福建之间贸易性质的转变使台湾在福建对外贸易市场中的地位显现出来，即台湾占13%，香港的转口地位基本没变即占45%，而最主要的是西方国家英国的市场份额从1885年的22%下降到6%。这说明日本占领台湾后对英国市场的竞争和排挤程度加大。美国和澳大利亚分别下降了2个百分点即12%和5%，新加坡上升了1个百分点即占6%，日本和菲律宾各占1%，欧美和东南亚的其他国家比重又有所上升。到1904年时，随着香港转口港地位的巩固和台湾市场的不断扩大，二者所占比重分别增至56%、18%，加上日本1%，使欧美各国和东南亚所占比重均有所减少，英国4%，澳大利亚2%、美国3%、新加坡5%、暹罗1%、爪哇1%。"一战"时期欧美各国对外贸易相对下降，对福建贸易也不例外，战后开始不断恢复，1919年时，从香港转运进出口的比重增至58%；日据台湾几乎不变；英国4%、美国6%，均有所增长，澳大利亚则相对减少；而东南亚各国新加坡7%、菲律宾2%，其他各国合计4%。①

---

① *Foochow Amoy Trade Returns for the years* 1871—1904；1919—1931年自蔡谦、郑友揆《中国各通商口岸对各国进出口贸易统计》（民国八年、十六年至二十年），国立"中研院"社会科学研究院丛刊，第五种，商务印书馆1936年版。

到抗日战争爆发前,这种由香港和台湾中转为主的贸易格局再一次出现了变化,即香港和台湾的转口港地位丧失,福建市场多元化非常明显,如1935年福建市场结构中,日本所占进出口总值的比重为12%、香港10%、美国6%、英国8%、德国6%、荷属东印度8%、台湾7%、菲律宾3%、新加坡9%、暹罗12%、缅甸7%、关东租界地4%、荷兰3%,其他各国5%,除暹罗12%、日本12%外东西方各国所占的比重,其余均在10%以下①。一个显著的变化是,曾以欧美为主的市场结构逐步让位于东亚的日本及东南亚各国,西洋(英、美、德、荷、香港转口部分及其他国家部分)共计占30%以上,日本(日据台湾、关东租界地)合计23%,而东南亚各国(荷属东印度、菲律宾、新加坡、暹罗、缅甸、台湾转运部分及其他各国)计42%以上,可见,东南亚在福建对外贸易市场结构中的地位到战前日益突显出来。

第二节　福建对外贸易的主要国家和地区

一　闽港贸易

鸦片战争后,英国占领香港,英国及欧美各国都利用香港的自由港地位,作为它们对华贸易的中转基地从事对华贸易。甲午战争之前,国外进口的洋货绝大多数从香港转运进口,大陆土货也有相当部分经香港转运出口其他各国。香港地处亚太地区中心,距福建很近,离厦门仅280海里,英国大部分商品经香港转运厦门,英属殖民地新加坡与印度的棉花、棉纱及其他商品也多经香港入口。"香港是本口岸洋货进口贸易的一个商业中心。机器制造品、金属和鸦片几乎无例外地经由香港运抵本口。"② 1870年,运到香港的英国棉纱有1/4转口厦门,当年英国货经香港运到厦门的货值为银圆352万元,而英国直运厦门商品值仅5.8万银圆。1873年,厦门口岸直接从外洋进口值约496万两,从香港进口商品值347万两,香港占厦门直接进口总值的71%,居第一位;1875年达393万海关两,占85.3%,仍居第一位。在外国口岸中,香港占居首位。厦门口岸与香港间

---

① 周浩等:《二十八年来福建省海关贸易统计》,福建省政府统计室1941年版,第34页。
② 戴一峰:《近代厦门社会经济概况》,鹭江出版社1990年版,第156页。

的贸易值,"1880年为557万海关两,占厦门口岸外国船只贸易总值的40%以上;1879年则为452万海关两,占35%……进口货包括运抵本口岸的所有西方产品和一部分东方产品,香港还向本口岸输入大量金银"①。到1885年时,从香港进口洋货共计631万海关两,所占厦门直接进口洋货的87%,一直高居第一位。

1895年,厦门直接从外洋进口969万海关两,从香港直接进口497万海关两,香港所占比重由于日据台湾的介入而逐步下降,为51%,仍然是进口市场第一位。甲午战争后,香港进口比重仍然很高,1900年共进口1108万海关两,从香港进口618万海关两,比重又提高到56%,1904年香港进口比重仍占63%②,这种情况直到1910年均占第一位。③ 第一次世界大战期间,英国作为重要的参战国,不可避免地影响到香港对厦门的贸易。大战以后,厦港贸易保持发展,1919年时,厦门从香港进口洋货价值601万元,占厦门直接从外洋进口总值的66%。直到30年代以后,香港对厦门转运进口的地位才明显下降。1935年,从香港进口占厦门直接进口比重降为10%。④ 香港的中转地位不断下降,日益被后起的台湾及东南亚各国所取代。

福州的进口洋货大多也从香港转运而来。1871年,福州从香港进口292万海关两,从外洋共进口298万海关两,香港所占比重高达99%;1875年,从香港进口276万海关两,占进口总值的98%;到1885年时,从外国直接进口总值315万海关两,从香港进口贸易值298万海关两,约占总值比重为95%。1895年,从香港进口的洋货值为404万海关两,而所占进口总值的比重仍为94%,这种情况一直持续到1901年。从1902年起,从香港转运进口的比重才下降到90%以下,1904年,从香港进口占直接外贸进口值的比重为86%。⑤ 民国时期,福州"进口货中,起初以英

---

① 戴一峰:《近代厦门社会经济概况》,鹭江出版社1990年版,第221页。
② *Amoy Trade Returns for Each Year.*
③ 福建省地方志编纂委员会编:《福建省志:对外经贸志》,中国社会科学出版社1999年版。
④ Foochow, *Amoy Trade Returns for the years 1871—1904*;1919—1931年来自蔡谦、郑友揆《中国各通商口岸对各国进出口贸易统计》(民国八年、十六年至二十年),国立"中研院"社会科学研究院丛刊,第五种,商务印书馆1936年版。
⑤ *Foochow Trade Returns for Each Year.*

国货最多，其次是美国、德国……主要经过香港转运福州"①。1925年，福州从香港进口的洋货值占福州直接从国外进口总值的64%，1930年还高达72%，到1931年为48%，到1935年时，福州由香港进口的洋货价值占进口洋货总值735万国币元的2%，下降到了微不足道的地步。②

福建土货出口香港的情况与从香港进口不同。厦门土货出口贸易中，土货出口很大部分是经香港转口东南亚、中近东、非洲和欧洲各国。如经由香港往东南亚转运，"洋货复出口运往外洋香港之货，此中系廉价之台湾茶配往爪哇及新加坡等处销售者居其多数"③。

厦门土货出口到香港的贸易情况，从19世纪70年代始到1885年以前，除了1872年、1875年较少外，多数年份绝对值保持在50万—60万海关两，1885年以后，则除1891—1892年高达60万海关两以上外，其余年份多保持在30万—50万海关两之间。1895年，厦门土货出口香港的货值一下子跌降到20万余海关两，直到1904年，土货出口香港货值基本在20万海关两之内。而厦门出口香港货值所占厦门出口总值的比重从1871年的22%，下降到1875年的13%，1880年有所上升，为17%，1885年又下降到14%，从1890年更降到9%，1895年仅占出口总值的5%，后一直到1904年只占出口总值的10%以下。1919年，厦门对香港的出口商品达34万余海关两，占当年厦门出口总值的18.85%，仅次于新加坡而居第二位。1927—1935年间，除1931年低于20万海关两外，其余各年对香港出口值均在20万—27万海关两之间。④到1935年，厦门出口香港值所占比重为6%。而美国的地位从甲午战前的第二位，降到东亚和东南亚各国之后。⑤

甲午战争以前，福州土货贸易主要是以茶叶直接输出英国为主，香港转口地位并不重要。19世纪80年代中期以前，出口香港的绝对值在总体上看是逐步下降的，从1885年开始，出口香港货值步步上升。如1871

---

① 林仁川：《福建对外贸易与海关史》，鹭江出版社1991年版，第281—284页。
② 周浩等：《二十八年来福建省海关贸易统计》，福建省政府统计室1941年版。
③ 民国元年（1912）《厦门口华洋贸易情形论略》。
④ 苏水利：《厦门对外经济贸易志》，中国统计出版社1998年版，第35页。
⑤ Foochow, Amoy Trade Returns for the years 1871—1904；1919—1931年自蔡谦、郑友揆《中国各通商口岸对各国进出口贸易统计》（民国八年、十六年至二十年），国立"中研院"社会科学研究院丛刊，第五种，商务印书馆1936年版。

年，福州土货直接出口国外共计1211万海关两，出口到香港只有164海关两，其所占比重可以忽略不计。从1872年开始，福州出口土货总计为1215万海关两，输出到香港共计69.3万海关两，比重增加到6%。1875—1892年间，福州土货运往香港在20万—50万海关两之间，而所占比重1873—1888年间，基本在4%—5%之间浮动。1889—1892年间，所占比重从7%升为1894年的20%。后直到1904年，福州土货出口香港的货值基本处于上升状态，占福州出口土货总值的20%左右。到1925年时，出口香港土货值246万海关两，1926年更高达342万海关两，所占比重也上升到31%，到1935年后，出口香港下降到107万国币元，合68万余海关两，比重下降为29%。抗战爆发后，交通断绝，出口香港更形减少。①

福建与香港的贸易主要是转运进口世界各国的洋货，并把国内土货运至香港，进而转运到欧美和东南亚地区。19世纪末兴起的德、美、意、日和老牌的英、法等国"皆视香港为商战极好市场，商贸缤纷而至"，90年代以后，"日货之输入渐多，市道兴旺"②。因而，"一战"前，香港进出口商品结构，基本是以转运欧美的鸦片、棉纺织品、毛纺织品、五金为主，同时，也有部分从日本和东南亚地区输入香港的海产品、大米、日用百货等转运福州、厦门。如在长崎的华商泰益号主要经营日本的水海产品、面粉及其他商品，新哲记商号在与泰益号首次通信时，指定经由香港的货物由位于香港德辅道的德泰号转送，德泰号破产后，丰记、顺记及位于南北行公所对门之福春生号内的生记栈等相继承担起转送业务。③

1919年、1927—1931年海关贸易统计资料表明，福建从香港进口的商品主要有鱼介类，牛乳及副产品、蛋及蜜等，食用果品，咖啡、茶及香物，大米，面粉，柚子及各种植物籽仁，各种染料及树胶，糖品，酒类，水泥，煤油，煤，肥皂、洋烛及其他，各种皮类，橡皮制品，木制品，纸品，毛织品，本色棉布，印花棉布，漂白或染色棉布，棉纱，麻及制品，各种制成衣、内衣及其他制成物件，石制品，玻璃及制品，铁、生铁、钢

---

① Foochow, Amoy Trade Returns for the years 1871—1904；1919—1931年自蔡谦、郑友揆《中国各通商口岸对各国进出口贸易统计》（民国八年、十六年至二十年），国立"中研院"社会科学研究院丛刊，第五种，商务印书馆1936年版。
② 汇丰银行编：《百年商业》，香港光明文化事业公司1941年版。
③ 戴一峰：《近代旅日华侨与东亚沿海地区交易圈》，厦门大学出版社1994年版，第314页。

类、铜类、锡类、其他各类金属、发电机、各种电器用品及附件等。① 进口商品涉及生产、生活方方面面，其中主要以生活消费的饮食品及服饰用品为主，福州、厦门港在进口商品贸易中占有非常重要的地位。

1919年，无论福州还是厦门，大米全部由香港进口；福州面粉全部来自香港，厦门面粉从香港进口约占总进口的38%；福州糖类约计80%是从香港进口，厦门约计85%；而各类棉布及棉纺织品、毛织品从香港进口的比重也很高。如福州从香港进口毛织品高达99%，厦门达91%；本色棉布福州从香港进口占总进口的65%、厦门占85%；印花棉布福州从香港进口约计89%、厦门计35%；福州棉纱进口几乎全部来自香港，厦门则计有94%来自香港，虽然当时棉纱进口已经跌到很少的比重。到1930年时，从香港进口的各类商品所占福厦两港的比重发生了相对的变化，大米显著下降，平均只占26%左右；而糖品中，三都澳的全部来自香港，福州82%来自香港，厦门从香港进口糖品减少到23%；福州从香港进口的煤油1919年占总进口的11%，1930年福州全部从香港进口，而厦门进口则升到29%②。有关各类商品进口比重的变化，一方面受各类商品进口总趋势发展变化的影响，另一方面，也受其他国家和地区同类商品竞争的影响。尽管如此，福建从香港进口的各类商品比例仍很大。这主要在于作为英国在亚洲的自由贸易港及作为亚洲各国和地区间的中转港地位所致。

而福建出口到香港的主要土产品中，有鱼介类、其他动物原料及产品、蔬菜、果品、茶叶、桐油、烟草、木材及制品、植物编织物、纸类、零星麻织品、石制品及其他矿物品、其他金属品、其他的化学品及药用材料、颜料等各种商品，其中以鱼介、蔬菜、果品、茶、木材、纸、编织品等为最大宗。

1919年与1930年相比较，福州的鱼介、蔬菜、果品、茶、木材、植物编织品、纸类、鞋帽及纸伞等商品，主要从福州出口到香港再转运出口的居多，其中除了茶叶、木材、编织物的绝对值出口有所减少，其余出口都有所增加。从福州出口到香港的这些商品占总出口的比重很高。如福州

---

① 蔡谦、郑友揆：《中国各通商口岸对各国进出口贸易统计》（民国八年、十六年至二十年），国立"中研院"社会科学研究院丛刊，第五种，商务印书馆1936年版。

② 同上。

出口到香港的鱼介类从1919年的64%，上升到1930年的78%，蔬菜99%、果品从96%到99%，纸类从31%到85%，鞋帽伞等从62%上升到90%，其中只有茶类出口从46%跌到29%，木材及制品从18%跌到4%，编织物有所下降，但仍旧占较高比重，从95%下降到91%[①]。与福州土货出口由香港转运出口的情况不同的是，厦门土货出口到香港的绝对值较少，所占比重也低于福州。如1919年，厦门鱼介类出口到香港占厦门鱼类总出口的比重从7%上升到15%；编织物从4%上升到19%，蔬菜从16%下降到7%；果品从14%下降到2%；茶叶从14%下降到13%；木材从6%下降到4%，纸从2%上升到3%；伞从4%上升到6%[②]。这说明福州广阔的腹地存在，为其提供了大量土特产品转运出口到香港，并转至欧美各地及东南亚地区；厦门由于腹地较小，土货出口到香港量较少；最主要的原因是厦门作为闽南与东南亚地区传统贸易圈的主要港埠之一，其大部分土特产品直接运往东南亚各地而不经香港转口。

福建与香港的贸易，无论是香港进口的洋货，还是吞吐的土货，除小部分留为本地所用外，多数洋货转运大陆，土货出口到国外。香港作为英国在亚洲的自由港埠，自然承担了为其销流各种商品的任务；而从亚洲最为重要的中转自由港的地位来看，香港则把大陆包括福建的大批土特产品转运到其他各地。其双重角色使香港既承担着转运欧美进口贸易角色，又承担着福建与东南亚土货贸易转运角色。

下面以1936年香港转运进口的英国商品的情况，观察厦门经由香港转运进口的商品来源及其商品结构情况。

1936年厦门进口英国货：①百货，其中羊毛9万元、毛毯12万元、毡帽9万元、车线21.6万元、布伞6.25万元、棉毛服10万元、化妆品5万元，共72万余元，这些商品多数从香港转运而来；②烟酒罐头类，包括面粉50万包150万元，威士忌酒1500箱10.5万元，仁酒200箱7000元，什唛洋酒500箱1万元，炼乳5000箱14万元，乳粉200箱7600元，肥皂100箱800元、金片白珍烟丝等500箱12.5万元，什唛洋烟100箱2万元，共计202万元；什唛罐头5000箱10万元。③各

---

① 蔡谦、郑友揆：《中国各通商口岸对各国进出口贸易统计》（民国八年、十六年至二十年），国立"中研院"社会科学研究院丛刊，第五种，商务印书馆1936年版。

② 同上。

种纸类（白报纸、有光纸、道林纸、鸡皮纸、打字纸、蜡纸、透明纸、洋表古纸、纳光纸、蜡纸）109万元，这些全部由香港运来。④肥粉1620万公斤值207.8万元、洋碱51.9万公斤4.08万元。这些全部是英国经由香港转运进口的。⑤五金颜料（金属品、牛皮胶、颜料、硼砂、水泥、水银等）共计16650吨值45万元，这是由香港和上海分别进口。⑥京果类，主要有虾米5000箱500万元，鱼干1000件6万元、海参2000件16万元、胡椒1000件6万元、盐鱼5000件20万元，硕俄米1000件2万元，共计550万元，全部由香港运来。⑦毛织品（幼毛咕叽2.4万元、厚毛咕叽3万元、毛西绒7.2万元、华特呢1.2万元、毛大衣呢1.5万元、法兰绒1.2万元、派力司1.8万元、凡立登2.4万元、秋绒1.6万元、麻葛6000元、沙士绢2000元、白棉花斜布6000元、棉山绢2.25万元、棉羽绒3万元、毛羽纱1.5万元、连缩布8000元）共计31.25万元。其中幼毛咕叽、厚毛咕叽、毛大衣呢、法兰绒由香港转运而来。⑧英货零类（墨尔登呢1.2万元、粗大衣3万元、海虎绒6000元、羊毛冷绒6000元、粗帆布2万元、细帆布7.5万元、色厚斜布3.5万元、珠罗纱1.8万元）共计20.2万元。战前英货输入本市，平均年约1800万元。同时，厦门还从暹罗进口米20万包240万元，全部经香港运来；同时，进口仰光米360万元，从缅甸运来。①

1936年，经由香港转运到厦门的商品种类繁多，多数是转运的英国货，还有一部分是东南亚各地的商品。所有进口商品中以京果类为第一，共计550万元，从暹罗转进口的大米一项即占第二位，有240万元之多，第三位肥田粉约为208万元，烟酒罐头为第四，共计212万元，纸类进口109万元，其余的百货72万元、五金颜料45万元、毛织品类31万元、杂货类20万元。这些商品多数为消费用品，生产原料只有肥田粉和五金颜料类。

而出口则主要以福建本地的土特产为主，福建、广东的茶叶、糖，各种杂货有相当一部分从香港转运出口，一部分销往英国等欧美国家，一部分转销东南亚地区。据《福建省统计年鉴》记载，1935年，福州出口香港的土货占总出口的绝大多数，主要有竹器16951元、藤器1753元、家

---

① 汪方文：《近代厦门经济档案资料》，《厦门市战前英货进口调查表》，厦门大学出版社1997年版，第230—239页。

具 36511 元、箧 137 元、绣花品 2150 元、毛巾 122 元、铜制品 5254 元、铁制品 1309 元、未列明金属制品 925 元、蜡烛 26 元、纸伞 98182 元、漆器 35083 元。而销往香港的为竹器 9795 元、藤器家具 35419 元、箧 72 元、绣花品 137 元、毛巾 122 元、铜制品 5240 元、铁制品 993 元,未列明金属制品 882 元、蜡烛 23 元、纸伞 95869 元、漆器 32593 元。其中以漆器、家具、纸伞为大宗。①

由于闽港之间贸易的繁盛及香港在福建转运贸易中非常重要之位置,加上很多福建人出洋到东南亚一带经商等,致客流、物流大部分经由香港中转。如 1876—1898 年,从厦门去南洋的苦力近 82 万人,其中不少是经香港中转往海峡殖民地或马尼拉的。② 他们为发展当地经济及与侨乡进行贸易联系,很多福建人到香港经营进出口贸易及其他相关服务行业。因此,为团结当地福建人,维护商人的利益,于 1916 年 9 月 23 日在港注册,1917 年 4 月 28 日正式成立旅港福建商会。"自福建人之来香港经商也久矣,从前因联络乡情,创设会所,或兴或弛,虽不无易辙更弦,而因时改善,日事扩充,其间梗概,可得而述之。民国纪元前,由各商号临时组设会所,至民元,黄德秦君提倡,旋因事他往,几至中断,民元九月一日,同乡客栈及热心者,将怀德里六号、八号小楼宇捐出,两间共值六千元,后几度经营,再募基金,粗具雏形,而会务仍未积极进行。洎民五年,农历丙辰,乃由杜公四端等出而改组,是年九月二十三日在香港政府注册,翌年四月二十八日,敦请陈公省三,来会举行开幕典礼,正式成立。"③ 旅港商会主要业务是帮助旅港闽人议学、施棺、议山、救济捐输、证书,排难解纷等项服务。商会的成立一方面表明福建旅港商人众多,经营闽港贸易的繁盛,另一方面,也表明福建商人加入了经营由香港转运进出口的贸易中,充分说明中西经济联系过程,福建商人审时度势,紧跟贸易动态,在发展对外经济联系中起到相当重要的作用。如早在 1880 年,厦门有 16 家中国商行(其中 7 家同时从事其他业务)从事与香港间的贸易。而民国时期旅港闽侨商会的成立,则更充分地体现了商人为维护自己的利益而不断现代化的特点。

---

① 《福建省统计年鉴》(第 1 回),福建省政府秘书处统计室 1935 年实地调查,第 795 页。
② 余绳武、刘存宽:《十九世纪的香港》,中华书局 1994 年版,第 296 页。
③ 吴在桥:《旅港福建商会沿革概况》,《旅港闽侨商号名人录》,1947 年版。

二 闽台贸易

1895年以前，福建与台湾是省内的互济贸易，贸易额较大。闽台贸易，在省内进出口当中占有相当的地位。"台湾被日本占据以前，福建可称为台湾对外贸易之最主要对象，盖当时台湾之物产并无今日丰富，对外关系单纯，其剩余物资常就近运送福建，尤以食米历年之大量输闽，更使台湾有成为'福建谷仓'之称。"①

鸦片战争后，西方侵略者开始通过厦门转运洋货如鸦片、棉纺织品、毛呢杂货等商品到台湾，如早在1848年，曾从厦门转运鸦片到台湾。"葡萄牙的快艇也常往来于厦门和台湾各口之间，将鸦片和很少数的外国货运往该地，而运回大米。"②据厦门海关的贸易报告称，厦门转运出口台湾（包括复出口）的货物主要为从国外进口鸦片、洋布、洋纱、金属等洋货和南京布、纸、麻布袋、铁器、茶垫、烟丝等土货。1870年厦门贸易报告指出，"台湾是福建的粮仓，它的港口与厦门间整年都有着极大量的商业往来"。1870年，本口岸的进口洋货几乎全是曼彻斯特的产品和鸦片，复出口到台湾的总计达124万余元，厦门产品出口到台湾的则为1.9万余元，总计为130万元。而1869年同类货物复出口和出口到台湾的总值为103万元。③厦门复出口台湾的货物有本色布、漂白布、染色布、洋标布、棉纱、羽纱、各类鸦片，铝块和锡；在运往台湾的土货中，最有价值的货物是用于包装糖的麻布包，还有纸、烟丝、砖以及用于制作茶箱的木材，一些货物，即陶器、粗日本布和南京布，从前由厦门供应，现在显然不再由厦门供应。④

福建从台湾进口的主要商品为茶、大米、糖、花生饼、木板等。厦台贸易总值长年约占厦门国内贸易总值的40%以上。⑤1872年贸易报告指出：台湾的口岸每年都从厦门运去大量的外国棉毛制品、棉纱、金属、鸦片和其他杂货，同时还运去麻布袋、铁器、南京布、纸、丝线、烟丝、茶垫和其他杂货；"厦门则运进茶、糖、大米、樟脑、花生饼、煤、硬木材、木板和其他杂

---

① 福建省档案馆、厦门市档案馆编：《闽台关系档案资料》，鹭江出版社1993年版，第522页。
② 周宪文：《台湾经济史》，台湾开明书店1980年版。
③ 戴一峰：《近代厦门社会经济概况》，鹭江出版社1990年版，第50页。
④ 同上书，第143页。
⑤ *Amoy Trade Reports for the years* 1865—1894.

货。这些货物主要是从厦门复出口。"① 1863 年，厦台贸易总值为 38 万美元，后迅速上升，1869 年厦门向台湾出口总额为 103 万美元，厦门从台湾进口总值 40 万美元，进口为出口的 39.29%，全年贸易额达 144 万美元，为 1863 年的 396.37%。厦门从台湾进口的主要土特产商品是砖、陶瓷、麻袋、铁器、药物、纸张、糖、烟叶等杂货，到厦门当地销售或再复出口国外。厦门从打狗、淡水运来茶、糖、大米、樟脑、花生饼、煤、硬木材、木板和其他杂货，这些货物主要是从厦门复出口。② 台湾曾是福建的"谷仓"，也有大量煤炭出口福建。如 1877 年，台湾地方政府自行开发、销售煤炭，每年运至福州、厦门的煤炭多者 30 万—40 万担，少者 10 余万担。还从台湾进口茶叶，1871 年进口为 40 万美元，1.2 万担，占进口总货值的 78.2%，还进口有稻米、樟脑和煤等，进口比例很小。③

日本占领台湾以后，闽台贸易变成了国际贸易。在福建对外贸易中，闽台贸易性质及贸易发展趋势的变化，很大程度上影响了福建对外贸易的市场格局。

甲午战争之后，日本统制台湾，以"工业日本、农业台湾"方针为指导、开发台湾，开始了其殖民统治。初期限制台湾的主要生产，工业建设谈不上，就是其他农产物也被抵制。1902 年以前，日本的统制政策还没有最终形成，因而，闽台贸易仍在传统互济贸易的基础上有所发展。1895—1902 年间，台闽贸易额约占台湾对日以外贸易总额的 1/2，此数字甚至远较台日贸易额为高。自 1902 以后，台闽贸易额及其在对日以外贸易总额上所占比例迅速下降。④ 说明日本垄断台湾的进出口贸易使闽台贸易日趋式微。总体来看，1895—1937 年间，闽台贸易发展大体经历了四个发展阶段。

第一阶段，1895—1904 年平稳发展期。这一阶段闽台贸易保持在 300 万—500 万海关两之间。⑤

1902 年以前，日本对台湾统制政策还没有最终形成，闽台贸易还相

---

① 戴一峰：《近代厦门社会经济概况》，鹭江出版社 1990 年版，第 85 页。
② 同上。
③ 《厦门港史》，人民交通出版社 1993 年版，第 150—251 页。
④ 福建省档案馆、厦门市档案馆编：《闽台关系档案资料》，鹭江出版社 1993 年版，第 524 页。
⑤ *Foochow, Amoy Trade Returns for the years* 1895—1904. 说明：总值是指厦门港、福州港和全省直接进出口总值（包括复出口在内）。

当发达。1895 年闽台贸易共计 302 万海关两,1896 年增长为 504 万余海关两,后逐年减少,到 1901 年时只有 366 万海关两,1902 年升至 474 万海关两,1904 年升为 517 万海关两。闽台贸易在福建外贸中的比重 1895 年为 13%,1896 年为 21%,1897 年达到最高,为 23%,之后直到 1904 年,在 15%—18% 徘徊。①

厦台贸易在厦门外贸中占有相当的比重。1895 年厦台贸易值为 302 万海关两,1896 年上升为 504 万海关两,后有所下降,1900 年为 371 万海关两,1904 年为 463 万海关两。厦台贸易占厦门对外洋贸易的比重在 22%—38%。福州与台湾之间,虽然福台贸易额呈现上升的趋势,从 1896 年只 2502 海关两上升到 1900 年 17 万海关两,再上升到 1904 年的 55 万海关两,但绝对值远远少于厦台贸易,福台贸易在福州外贸总值当中占比很小,1904 年以前,最高不过 4%。②

闽台贸易中,主要以厦台贸易为主。进口与出口相比,则以进口贸易为最重要。如 1895 年闽台贸易中全部是在厦门与台湾之间进行,1896 年福州开始与台湾进行少量贸易。1900 年,闽台贸易中 96% 是与厦门进行的。1904 年时,厦门比重有所下降,但也高达 90%。③

厦台贸易中,进口又占绝对比重。1895 年,厦门从台湾进口的贸易总值达 270 万海关两,占厦台贸易的 89%,直到 1904 年时,厦门从台湾进口占厦台贸易总值均在 87% 以上。④ 因而,可以说闽台贸易是以台湾进口厦门为主的贸易。在这一阶段中,厦台贸易在福建与台湾贸易中占据主导地位。这主要因为台湾仍向福建输出大宗的大米、茶叶、糖、苎麻等为主的农产品,从厦门复出口相当数量的外国洋货。与厦门比较而言,福台贸易量很少,且多以出口为主。

第二阶段,1904—1916 年闽台贸易衰落期。日本在台统制政策形成以后,闽台贸易日趋衰落。闽台贸易在 1902 年时价值 1047 万日元,以后逐年下降,1909 年下降到最低点仅有 490 万日元,而后稍有回升,达到 1916 年的 791 万日元,远远低于 1902 年的水平,平均每年以 40% 的速度

---

① Foochow, Amoy Trade Returns for the years 1895—1904. 说明:总值是指厦门港、福州港和全省直接进出口总值(包括复出口在内)。

② 同上。

③ 同上。

④ 同上。

下降，致使闽台贸易式微。①

第三阶段，1917—1929 年闽台贸易发展。从 1917 年的 1051 万日元，逐步上升到 1920 年的 1498 万日元，三年上升了约 43%，1921 年始有所下降，共计 1176 万日元，主要由于 1922—1923 年间大陆出现了抵制日货风潮波及台湾，因而这两年贸易值降至不足 1902 年的水平。1924 年始又大幅度的回升，当年贸易值为 1318 万日元，到 1927 年达到历史最高峰，为 1841 万日元，1928—1929 年两年又有所下降，但都保持在 1600 万日元以上。

第四阶段，1930—1937 年闽台贸易迅速跌落时期。从 1930 年始，闽台贸易额剧跌到 1902 年的水平以下。从 1929 年的 1657 万日元迅速跌至 1930 年的 865 万日元，又跌至 1933 年的 404 万日元，后两年有所回升，但 1935 年也只有 857 万日元，1937 年又跌为 471 万日元，闽台贸易又跌入低谷。

日据台以前，闽台互济贸易中，台湾输往福建的大宗货物为米、茶，从福建输入的货物为布帛、木材、煤、瓷器以及各种杂货。日据初期，日本统制政策没有完成之前，占主导地位的商品依然是福建从台湾输入的大米、茶叶、苎麻等农产品。

1895—1910 年台湾向福建输出的商品，大米仍占很大比重。1900 年，由于福建粮食歉收，输入台米达 7000 万斤，当时值 200 万日元，随着日本殖民政策的推行，台湾大米逐渐转向输出日本，到 1907 年，向福建的输出急剧下降到 13.1 万日元。② 1912 年从台湾输入的大米很少，到 1932 年时，台湾总督府编的台湾贸易年表中台米的官方记载已经消失。甲午战争以前，台湾茶叶是以厦门为集散地，再向欧美输出。日据台初期，台湾茶叶出口到福建复出口的还很多，最初几年有 1000 万斤以上，值 500 万日元左右，后日商垄断了茶叶的出口，排挤美英商人，并把集散地移到台湾，这样，1907 年，台湾茶叶输向福建只有 113 万日元，以后日益减少了。③ 台湾茶叶进口，于四年来逐渐递降，而本年则大加减少。主要原因是："盖因此茶，以前运由厦门转口，遣往爪哇者，今乃改由基隆径运是

---

① 金泓：《闽台经济关系——历史·现状·未来》，鹭江出版社 1992 年版，第 52—54 页。
② 同上书，第 51 页。
③ 同上书，第 52 页。

地，较可省却许多载资，暨转运之费矣。"① 台湾的土特产品苎麻，特别适应福建当地人的衣物需求。日据初期，福建年均从台湾输入苎麻在40万—50万元之间，并连续保持达30年之久，直到闽台贸易衰退的30年代才日趋减少。

随着日本在台湾统制地位的确立及"一战"战事影响，无力东顾，日据台湾农业政策的完成及发展工业市场的需求，加大了台湾与福建及大陆的转运贸易。闽台贸易中主要从台湾进口的商品逐步变成了从日本转运而来的布帛、海产品、火柴、煤炭等商品。日本长崎华商泰益号与厦门的贸易也从台湾转运进口日本商品。"台湾从日本输入的商品中，除肥料、纺织品、铁及铁器、烟、酒、鸦片之外，盐干鱼类、干虾等作为亚洲传统的日常消费品之海产品亦占有重要一席。输入的日本海产品中，有不少被再输入到大陆……大陆之输入港则以厦门、汕头、福州为主。"②

如经由台湾输入福建的日本棉布1917年为135万日元，1926年增加到461万余日元，占台湾输闽总值的3/4，自此以后，棉毛织品成为台湾输闽的最大宗商品。③ 而经由台湾输入的海产品1913年不足40万元，1917年升到187万元，后不断增加，曾高达500万元。这些海产品以干鱼、咸鱼为主，均是从日本转运台湾再出口到福建。

除此之外，食糖也大量输入福建。在日本占领台湾以前，闽台之间糖的贸易就有不少，但福建作为产糖区，本地销售的不多，主要是从厦门转运出口。1911年以来，日本糖业逐步机械化，台湾开始大量输出机制精糖，而福建则仍处在手工制糖阶段，因而1917年福建进口台糖28万多日元，1925年增加到67.3万日元，1935年更增加到84.1万日元。④ 而福建为发展制糖工业，曾从台湾进口机器进行生产。1936年泉州地主知名人士秦望山与台胞卢碧镛等人组建温陵制糖公司，从台湾引进机器榨糖。⑤

福建向台湾输出的商品，主要是木材、纸、烟草、棉、麻织品等。

日据初期，福建向台湾输出大量木材，尤其是建筑用材杉木，共计福

---

① 民国六年（1917）《厦门口华洋贸易情形论略》。
② 《日本贸易精览》，东洋经济新报社1935年版，第484—501页；张炳南、李汝和、金成前：《台湾通志》（第4卷）（第2册），台湾省文献委员会1969年版，第219—225页。
③ 黄福才：《台湾商业史》，江西人民出版社1990年版，第239页。
④ 同上。
⑤ 政协文史资料委员会编：《泉州文史资料》，政协文史资料委员会印1987年版，第3辑。

建木材约占台湾木材输入量的 9/10。"一战"前平均每年输台额在 50 万日元左右；"一战"后，随着台湾木材需求的增加，1917 年为 51 万日元，1921 年闽省木材输出到台湾达 200 万余日元，1929 年增加到 281 万日元，1929 年后，受世界经济危机的影响，福建木材输出口台湾又减少至 100 余万日元，1937 年则只有 50 万—60 万日元。①

其次是纸。台湾主要是漳泉移民，他们习惯使用从福建运来的用于书写类宣纸和用于祭祀的礼拜纸。日据初期，福建这两类纸出口到台湾很可观。如台湾宣纸年均进口 25 万元左右，福建占 2/3，1921 年福建输出到台湾为 24 万元，以后有所减少，年输出在 10 万元以上。日据台初期，由福建输入年均在 20 万—30 万元，第一次世界大战结束时达 30 万—40 万元，1919 年达 60 万元以上，1920 年达到最高，为 90 万元，20 世纪 20 年代保持在 40 万元左右，30 年代大幅度下跌，约为 10 万元。②

再次是棉布。1877 年，福建向台湾输出的棉布在 100 万日元以上，日据初期降到 1906 年的 10 万日元，以后逐渐消失。茶的出口也相对较多，福州著名茶庄何同泰，在台湾就设有分号。福州一些土特产如角梳、皮枕、全皮箱等，在台湾是热销货。陈永盛皮枕鼎盛期（1920—1930 年），输台签约占总销售额的 40% 左右。福州全皮箱工艺传自台湾，然而青出于蓝胜于蓝，最负盛名的杨桥巷万福来全皮箱远销台湾乃至东南亚。③ 台南、凤山及嘉义一带居民，有筑鱼塭养殖"目虱鱼"的习惯。而"目虱鱼"最好的饲料来自福州的茶籽饼（俗称"茶丘"，即茶籽榨油后所剩之渣粕）。古田、闽清、侯官、永泰各县盛产茶丘，且质量好，集中福州后输往台湾，每年有四五千担。此外，两地商家也有不少专做对岸生意或互设商店行站。

总体来看，闽台贸易在福建外贸中地位十分重要。1895 年闽台贸易占福建直接对外贸易总值的比重为 13%，1904 年增加到 19%。但随着日本在台湾殖民政策最终确立，受到日本政策的严格限制，闽台之间的贸易不断下降。20 世纪 30 年代以后跌入低谷，其所占比重到 1935 年时降为

---

① 黄福才：《台湾商业史》，江西人民出版社 1990 年版，第 239 页。
② 叶涛：《日据台时期闽台贸易考略》，《中国边疆史地研究》1998 年第 1 期。
③ 网上资料：《福建省省情资料库》，《闽台关系》（榕台经贸）http：//www.fjsq.gov.cn/。

7%。①但无论怎样,台湾都是福建颇具特色的外贸市场;同时,闽台之间的贸易成了闽日贸易转运站。而闽台的传统渊源关系,使日据台时期具有明显殖民统治色彩的双方贸易又体现了地缘、亲缘的特征。②也就是说,闽日贸易实际上是在利用传统闽台贸易优势的基础上发展对日之间的贸易。

据统计,1879年,在厦门的日本人有40余人,1900年增至200余人,而到了1905年在厦的日本"籍民"就达1426人,充分暴露了日本继续强夺台湾之后又企图占厦门的野心。19世纪末,日本大阪商船公司开辟了基隆到厦门的航线,日本借口发展贸易要在厦门设立"日本专管租界"以便与台湾联络。1897年日本公使向清朝提出把厦门鼓浪屿草仔安、沙坡头及其中间一带作为专营租界,后又把厦门的战略要地虎头山划入租界。1916年又公然行使所谓的"警察管辖权"。

为了发展与福建的贸易,很多台湾商人到福建来开设商行,发展闽台间的贸易,他们设立传统的郊行或向现代转型的同业公会及公司等来从事闽台之间的贸易,1917年,台湾组织台华公司、1919年高雄商人陈福全、蔡文组织南部贸易公司、基隆商人组织东华公司、台湾资本家与福州商人组织南国商事公司以发展闽台贸易。20年代以后,在福建的台湾人很多,其中约有2/3的人经商。如1926年,厦门市有台湾人745户,其中经营杂货店168户,餐馆业90户,药材行26户,海产业22户,布店及货币兑换各19户,茶商17户,烟草商16户,谷物商13户,酿酒及医师各12户,旅馆业9户,木材业及教员各8户,饼干业和果莱商各7户,糖商6户,五金及钱庄和银楼各5户,薪炭及皮革业各4户,运输、电器行、食品行、旧货商、陶瓷器、牛奶业、助产妇各3户,钟表店、当铺、樟脑业、皮鞋、蜡烛业、纸业、照相馆、肥皂业、酱油业、冰行、鱼贩、官吏各3户,生水供给、米粉业、渔业店、委托业、职业介绍、代办业、理发店、铁工厂、印刷厂、袜子制造、制香业、豆腐业、汽水制造、烟火制造、罐头业、染料、竹类工艺、兽肉、轿车出租、印刷器材、木匠用具、木器工匠、祭祀用纸各1户,此外,还有鸦片烟馆195户。③其中绝大多

---

① Trade Returns for Each Year.
② 叶涛:《日据台时期闽台贸易考略》,《中国边疆史地研究》1998年第1期。
③ 林仁川、黄福才:《闽台文化交融史》,福建教育出版社1997年版,第46页。

数从事商业、制造业和交通运输业。而这些商行的设立更体现了闽台贸易的特色。

1929年，在厦门的台湾商人，资本金在1万元以上的有海南洋行（杂货、食炭）、泰丰堂药房、荣兴洋行（海产物、杂货）、东方药房、东西洋行（药种）、广生洋行（药种）、义仁洋行（肥料）、黎华洋行（烟草、纸）、黄成源洋行（金饰）、义泉洋行（玩具）、明昌洋行（皮革）、义华洋行（糖果）、洪大川制香厂、馥泉酒厂、厦门制钉厂、成源制冰厂、中国制药厂、东南冷水公司、国庆炼瓦公司、方圆公司，先明电厂；农场有禾山、嘉禾、复兴及中和牧畜公司；金融业有3.6万元的厦门金融组合及资本金，公积金各10万元的丰南信托公司。年交易额在1万元以上的贩卖业有：烟草、茶、橡胶鞋、纺织品、文具、玩具、洋杂货、布料、钟表、眼镜、酒、水泥、酒精、糖蜜、自行车零件、米、肥料、家具类、食料品、干电池、石炭、材木、古董、线香等。① 福州台商在万元以上的有三星洋行（医料器具及药品贩卖）、东泰公司（输出业）、永和公司（煤炭贸易）、陈泰隆洋行（煤炭及海产杂货）、大祥洋行（煤炭及海产物）、开记洋行（借贷及古物）、昭惠公司（水果）、建昌五金行（机械类）、日日酒场、春和洋行（典当业）、合泰洋行（房地产）、南兴洋行（典当及棉布）、瑞泰洋行（典当业）、宏昌洋行（酿造业）。② 厦门沦陷后，日本在厦门势力更加兴旺，很多日常必需品及各种企业仍由台人设公司实行包办与统制，严格控制了厦门贸易和商业的发展。1936年在厦门的台湾人共计有2382人，从事的职业以商人为最多。③

据有关机构调查，1934年，福建省内台籍商行在厦门与福州两市比较集中，有案可查的，厦门共有21家，其中经营药材的有4家，经营杂货的有2家；福州共有16家，其中经营煤炭、海产、杂货的有3家；钱庄、当铺3家；其余的商行所经营的范围有：医药器具及药品、棉布、木材、机械、五金、皮羊、玩具、香烟、纸张、酒类等的进出口贸易或一般

---

① 《台湾と南支那》，第21—22页。转引自叶涛《日据台时期闽台贸易考略》，《中国边疆史地研究》1998年第1期。

② 同上书，第20页。

③ 福建省档案馆、厦门市档案局编：《闽台关系档案史料》，鹭江出版社1993年版，第31页。

商业贸易。① 同时，台湾居民中祖籍闽南的占人口总数的 80% 以上。厦门 1882—1891 年 10 年贸易报告明确提出："厦门一直是运往台湾货物的集散地，台湾贸易往来大部分经过本口岸。"② 从厦门到台湾，从台湾到厦门的两岸同胞年年都有成千上万之多。有资料显示，1913 年台湾来厦旅客 5660 人，1915 年增至 5947 人；1933 年至 1937 年 10 月，居住厦门岛的台胞达 8700 人，他们绝大多数都有正当职业，与厦门人民相处融洽，有力地促进了两岸的交流。根据厦门海关统计，1911 年从厦门出港到台湾的旅客有 5219 人，1937 年高达 14039 人，增长近 3 倍。从台湾来的旅客 1911 年为 6232 名，1937 年剧增为 27609 名，增长 4.4 倍。③

三 闽日贸易

福建与日本贸易历史久远。早在晚明时期，曾开通东洋航线，专门进行与日本的贸易。闽日间商船频频往来。1537 年，崇祯十年以前，每年有 50—60 艘商船从广州、厦门、福州、宁波等港口到日本长崎进行贸易。1650 年，郑成功攻占厦门后，每年都要派数十艘大帆船赴日本和东南亚各地开展贸易活动。当时出口日本的货物有生丝、茶叶、食糖、各种丝织品、瓷器、纸张、漆器、铁器、药材等；从日本进口的商品有金、银、铜等五金器材，海参、鲍鱼、鱼翅、昆布等海产品，香菇、烟叶等农产品，紫梗、木香、黄连等药材，还有水獭皮、黄铜器具、镀金器具、硫黄、漆器等。清初福建驶往日本的商船，主要是漳州船、泉州船、安海船、福州船和沙埕船，而输日商品主要有丝线、纺织品如纱、罗、绢、布、绸、梳、袜，以及砂糖和陶瓷器、书籍等。1684 年，清政府在厦门设立海关正口后，厦门与日本的贸易更加发展。1684—1723 年，厦门赴日商船达 170 艘。同时，厦门商船还开辟了从厦门载货至暹罗、柬埔寨、越南、印度尼西亚等地，出售后又采购当地物品运往日本销售的三角贸易。从日本运到厦门的物品仍然以五金器材和水海产品为主，特别是日本铜。④

鸦片战争以后，中日贸易基本处于停滞状态。这主要是日本政府在明

---

① 《台湾省通志·政事志·外事篇》，《闽台关系档案资料》，鹭江出版社 1993 年版，第 639 页。

② 戴一峰：《近代厦门社会经济概况》，鹭江出版社 1990 年版。

③ 同上书，第 605 页。

④ 苏水利：《厦门对外经济贸易志》，中国统计出版社 1998 年版，第 36 页，第 91—92 页。

治维新以前，限制对华贸易尤其是铜输入中国。19世纪70年代以后，到甲午战争以前，中日贸易才迅速发展起来。如从1872年起，年均在200万海关两以上，1876年突破300万海关两，1885年以后的4年内，每年进口额均在500万海关两以上。1889年到1893年间，每年都在600万—700万海关两。中国出口到日本的商品值，从1869年到1886年，大多数年份基本在100万海关两以上200万海关两以下徘徊。1887年开始出现大幅度增长。当年出口到日本的商品值为211万海关两，以后逐年攀升，1893年达到933万海关两，6年间增长342%。[1]

  这时的福建与日本的贸易处于不大景气的状态。1870年，厦门从日本进口贸易只有406海关两，第二年升至18万余海关两。1873年后，日本加大了对外贸易输出，因而当年达到63万余海关两。之后厦门从日本进口商品值1877—1878年两年相对较多，分别达到26万海关两、40万海关两之上，一直到1904年，除个别年份达到10万海关两左右外，其他年份均在10万海关两之内。而福州的情况也相差不大。福州从日本进口值在1885年之前，除1877年、1878年进口8万海关两、6万余海关两外，其余年份不足论列。1885年开始，除1887年只有不足3万海关两之外，其余年份均在5万—10万海关两。1895年以后最初10年，时有起伏，但除1902年仅3万余海关两外，其余年份也保持在5万海关两以上，1903年、1904年更高达24万海关两和28万海关两，但与香港等国相比，绝对值非常低。1904年位居香港、苏门答腊之后的第三位。

  当时厦门从日本进口的物品尚有大米、小麦、面粉及火柴、棉纱等其他日用消费品，但数量不多。但粮食进口在歉收年份又会增多。如1873年，厦门和台湾地区农业歉收，日本政府曾支付部分税收垄断大米运销到厦门，当年从1872年11月到1873年4月，进口的日本大米略少于60万担，日本大米大量进口曾引起日本国内米价的上涨。[2]另外，还从日本进口火柴，"福州的进口量非常大……1891年，日本火柴的进口超过他种火柴五倍之多"。[3]日本火柴主要是从神户、大阪输出到中国。1891年，神户火柴输出贸易96%是通过华侨进行的，通常他们将火柴输出到香港，

---

[1] 姚贤镐：《中国近代对外贸易史资料》，中华书局1962年版，第1600页。
[2] 戴一峰：《近代厦门社会经济概况》，鹭江出版社1990年版，第102页。
[3] 林仁川：《福建对外贸易与海关史》，鹭江出版社1991年版，第207页。

然后输到广东、福建、台湾、广西、东南亚等地销售。① 1889年日本向中国厦门和上海输入棉纱样品，此后日纱开始进口。日本政府为了与输入大量的印度棉纱竞争，采取鼓励和扶持外贸商的政策。当时的三井特产会社，曾在中国的上海、天津、营口、台湾、厦门、汉口、北京、大连、福州、汕头、青岛及香港等地设有分支机构。到19世纪90年代末，它所经营的日纱出口额已占日本对华纱出口的3/5左右。②

这种情况在"一战"期间出现显著改观。西方列强卷入战争，给日本大发战争横财的绝佳时机，加上日本对台湾的殖民政策与本土经济一体化的发展，使台湾作为工业后方的原料生产基地的地位得到充分的体现，包括台湾对大陆的贸易大大回升。因此，日本飞速发展的对中国大陆贸易，其对福建的贸易地位也不断上升。1915—1918年间，中日贸易总额迅速增加，由年贸易额2亿海关两，增至4.2亿海关两。中日贸易额占中国国际贸易总额的百分比，由23.17%迅速上升到40.08%，日本在中国大陆的国际贸易地位一举跃居首位。其中，日本输入中国大陆的贸易额由1915年的14113万日元，增至1918年的35915万日元，增加了154.48%，年均顺差达10047.5万日元（合6313.5万海关两）。③这从福州由日本进口的贸易额清楚地体现。到1915年，福州从日本进口包括台湾合计约80.7万元，约占福州进口总值451万余海关两的18%，当年居第二位。④ 第二年，福州输入更高达127.4万余海关两，占进口总值574万海关两的22%。

"一战"结束后，各西方国家又卷土重来，各国竞争加剧，促使中日贸易不断发展。如1920年，中国从日本进口为1.4亿海关两，1925年达到1.9亿海关两，1930年达到2.5亿海关两；而中国出口到日本的贸易值也不断增加，从1920年的2.3亿海关两上升到1930年的3.3亿海关

---

① 《中华会馆：落地生根——神户华侨与神户中华会馆百年史》，研文出版社2000年版，第66—67页。

② 张振国：《论甲午战争前后日本对华经济扩张——经棉纺织业为例》，《日本问题研究》，1994年第3期。

③ 蔡正雅、陈善林：《中日贸易统计》，第160页表10，第2页附表一。

④ 张果为、杜俊东：《福建历年对外贸易概况》，载《福建经济研究》（下卷），1940年版，第24页。

两①，全国对日本贸易有所发展。但就闽日贸易来看，对福建的贸易进口额及比重又有所下降。1919 年，福州从日本（台湾）进口贸易值下降为 82 万海关两，所占总进口值 540 万海关两的 15%。1925 年回升至 117.5 万海关两，所占比重升至 18%。1931 年，福州从日本进口 21 万海关两、台湾 104 万海关两，占进口总值比重分别为 3%、14%，这是由于日本侵华行径引起人们抵制日货情绪高涨影响所致。之后由于关税自主运动等原因影响，到 1935 年时，福州从国外进口值下降到 678 万元，合为 435 万海关两，而从日本、台湾分别进口 139 万、35 万余元，分别占当年福州进口总值的 21%、5%。② 厦门的情况也一样。厦门从国外进口共计 929 万海关两，从日本进口值 162 万余海关两，所占比重为 17%，位居第二；1927 年，厦门从日据台湾进口 447 万海关两，总进口 1826 万海关两，所占比重 24%，仍保持第二位；1930 年，厦门从国外进口总值 2203 万海关两，从日本进口 402 海关两，日本所占比重下降到 16%。到 1935 年，从日本进口的绝对值下降到 216 万国币元，台湾 128 万国币元，但由于进口总值迅速下降到 1484 国币元，因而，所占比重反而上升，日据台湾合计达 25%。③

就出口而言，甲午战争以前，厦门出口到日本的商品价值很小。除 19 世纪 70 年代初的 1871 年、1873 年、1875 年、1877 年、1890 年在 1.7 万海关两以上外，其余多数年份在 5000 海关两之内。1895—1904 年间，直接出口到日本的货值更少，仅有几百海关两。这是由于与日本的进出口大多数从台湾转运，台湾所占比重在 1904 年达到 26%。直至 1919 年，厦门出口日本（日据台湾）的商品值仅 18 万海关两，1927—1930 年间，厦门出口日本（含日据台湾）的商品值均在 20 万海关两以内。1931 年，厦门出口台湾的商品值达到 33 万余海关两，出口日本只有 513 海关两，其

---

① *Trade Ruturns for Each Year.*

② 福建省政府秘书处统计室编：《福建经济研究》，1940 年版，铅印本；蔡谦、郑友揆：《中国各通商口岸对各国进出口贸易统计》（民国八年、十六年至二十年），国立"中研院"社会科学研究院丛刊，第五种，商务印书馆 1936 年版，第 2—23 页；周浩等：《二十八年来福建省海关贸易统计》，福建省政府统计室 1941 年版。

③ 蔡谦、郑友揆：《中国各通商口岸对各国进出口贸易统计》（民国八年、十六年至二十年），国立"中研院"社会科学研究院丛刊，第五种，商务印书馆 1936 年版，第 2—23 页；周浩等：《二十八年来福建省海关贸易统计》，福建省政府统计室 1941 年版。

中台湾部分再转口日本。日本（包括日据台湾）所占比重从1919年的10%，下降到1930年的5%，1931年升至11%。从1919年的第四位下降到1930年的第五位，1931年又升为第四位。①

而福州出口日本贸易，鸦片战争后到1905年间，共计14年有统计数字，且多数年份只有数百海关两，其余年份几乎没有统计数字，在福建全省直接对外贸易比重中也仅及1%。但这并不意味着日本在福建的势力不够，而多是通过台湾转口所致。但随着对外贸易的发展，日本对福州的直接进口地位不断升高。1915年，由福州口岸出口日本包括日据台湾的货物达89.73万海关两，占当年该口岸出口总值706.97万海关两的12.7%，居出口国家（地区）的第四位。之后输出日本贸易额（包括日据朝鲜、日据台湾）不断增长，1925年福州出口到日本的贸易额460余万海关两，约占福州当年进口比重的57%，居所有出口国家（地区）的首位。到1935年时，福州出口日本、台湾分别为10万元、23万余元，所占当年福州出口比重分别为3%、7%，战前日本侵华造成的摩擦，影响到了人们对日本的贸易。

直到抗日战争前夕，福建全省对日出口急剧下降，1935年，福建对日出口值为10.9万国币元，仅占全省出口总值的1.5%。抗日战争期间对日本贸易中断。1946年恢复对日本出口，当年出口值为12.9万元，占全省出口总值161.7万元的8%。而从日本进口值1935年357万元，占进口总值2175万元的16.4%，当年福建对日本进出口所占比重为福建全部进出口值的12%，加上台湾所占比重7%的话，也有19%之多。随着贸易市场的多元化，日本仍占第一重要之位置。抗战爆发后福建由日本进口值才有所下降。如1937年，全省由日本进口值仍有314万元，占总进口值1952万元的16%。1938年，厦门、福州相继沦陷后，进口值下降到仅有26万元。经由台湾进口的贸易也不断下降。②

从闽日贸易商品结构来看，甲午战争以后，《马关条约》规定日本在华享有各种特权，台湾成为日本向福建倾销商品的基地。

从1919年、1927—1931年的海关贸易统计中我们可以看出，从日本

---

① 蔡谦、郑友揆：《中国各通商口岸对各国进出口贸易统计》（民国八年、十六年至二十年），国立"中研院"社会科学研究院丛刊，第五种，商务印书馆1936年版，第24—47页。

② 周浩等：《二十八年来福建省海关贸易统计》，福建省政府统计室1941年版。

及台湾进口的商品主要有海产品、动物原料及产品（少量）、果品（福州为最）、咖啡茶及香物等、零星大米、面粉（1930年、1931年相对较多）、染料及各类松胶（很少）、糖品、酒、水泥、煤（福州为最）、各类矿物油、化学品及药用材料、木材类、纸品类、人造丝、毛织品、本色棉布、印花棉布、漂白及染色棉布、工业用纤维（绳子等）、成衣等、玻璃及制品、钢铁类、铜类及其制品、机器及配件、发电机等各种电器类、自行车等、光学材料等。① 其中，从日本长崎华商泰益号经营与厦门之间的商贸记载（1906—1938年）来看，泰益号输出到厦门的商品主要为海产品、中药材、食粮如面粉及杂货，其中海产品占据最重要的地位。日本和南洋地域为中国的主要海产品输入地，厦门是日本制品大陆输出的重要中继港，经由厦门海关的对外贸易中，日本输入品所占的比率与全省的比率几乎相同。后由于经由香港进口的鱼介类所占比重相当大，因而从日本输入的海产品屈居香港之下，但总体来看，比重相当高。

福建三个港口中从日本进口海产品相当多，1919年，共计进口27万海关两，1927年高达143万海关两，1928年有所下降，1929年还保持在107万海关两。1930年、1931年连续下降，进口仍达50万海关两。② 其中，以福州和厦门进口为最多。福州从日本进口的海产品中，1919年有23%输自日本，1927—1930年间，50%—70%的海产品从日本进口。1931年，由于抵制日货运动，而使进口比重减少至17%。厦门从日本进口的海产品则基本保持在20%—40%。福建全省的外国进口商品中，海产品占有重要的地位，1934—1936年间，经由海关直接进口的前10位商品中，海产品居于第6—8位。③ 海产品多是干、咸制品为主，并"因生产、消费季节的不同，而呈现出品种与消费量的差异"，"与厦门及其腹地农村的传统生产活动、生活方式密切吻合的日常生活消费必需品"④。

随着日本工业化的发展，一些机制工业品的进口也不断增多。民国时期，厦门从日本进口的商品有火柴、玻璃、颜料、食糖、棉纱、棉布、人造

---

① 蔡谦、郑友揆：《中国各通商口岸对各国进出口贸易统计》（民国八年、十六年至二十年），国立"中研院"社会科学研究院丛刊，第五种，商务印书馆1936年版。进口商品统计表。

② 同上书，第74—79页。

③ 戴一峰：《近代旅日华侨与东亚沿海地区交易圈》，厦门大学出版社1994年版，第304页。

④ 同上。

丝绸缎、煤、煤油、纸张等。"一战"爆发后，"进口，比干鱼为更多，大率由于盐价高昂，是以土制腌货、顿见减少，而日本所出此类粗贱之品，由香港上海运来者，竟至充塞于市"①。除海产品外，棉毛纺织品的进口增大。第一次世界大战期间，由于英德法的棉毛织品进口锐减，中国民族纺织工业乘机发展起来，上海国产棉布运销厦门也较显著增加，但日本棉毛织品则异军突起。由台湾转运厦门，每月有千余件，厦门绸布市场为日本所占。绸布商店都销厦门日商三井洋行的货品。因为日货便宜，商人获利较多。

　　棉货类从欧洲各国进口大为减少，日本标布却从上一年的3000匹剧增至4900匹。此后，虽因国内抵制日货运动影响而一度锐减，但日本布匹已取代英国棉布的首要地位。厦门成为日本布匹、煤炭、人造丝绸、杂货等销售市场。②唯价值较廉的日本货，如棉法兰绒、棉纱、棉布、面巾、煤、自来火、洋参、煤油俱觉大有进境，统观全局，届本年年终时，以欧战之影响，其波及于出口往外洋货物，以视由外洋进口各货，间有过之，更属显然可见者也。③煤油进口在战间虽然比1914年有所减少，但有一种日本煤油色泽发黄，质量稍差，点燃会生烟，但是价格相对低廉，"所恃乎售价较廉，故能渐得人之欢迎。所有进口煤油数目中，计其报领子口税单，转入内地者，居79.2万余加仑。而尤以日本油占最多数"④。

　　20世纪20年代之后，南洋各地土产涨价，侨汇激增，华侨出国频繁，1926—1928年厦门开始市政建设，马路、房屋兴建等引起流动人口增多，市场经济活跃。1921年以后，日本的轻纺工业品特别是棉纺织品大量向福建倾销，棉布的进口量超过英国。1919年，本色棉布福州进口2.8万海关两，厦门5.1万海关两，1930年，福州进口11.6万海关两，厦门进口16.4万海关两。1919年，日货印花棉布输入福州为1339海关两，1930年达7.4万海关两。厦门进口1919年为5883海关两，1930年达到23万余海关两，漂白或染色布福州从1919年进口1.9万海关两，上升到1929年的20万海关两，之后有所下降；厦门与福州相比，绝对值更大，从1919年的31万海关两，上升到1927年的126万海关两，1930年

---

① 民国三年（1914）《福州口华洋贸易情形论略》。
② 苏水利：《厦门对外交通贸易志》，中国统计出版社1998年版，第92页。
③ 民国三年（1914）《福州口华洋贸易情形论略》。
④ 民国四年（1915）《福州口华洋贸易怀形论略》。

仍有 128 万海关两，棉纱进口 1919 年相对较多，之后随着棉纱输入贸易的削减，日本棉纱输入也日暮途穷。① 考进口洋货所减细者，大都皆系从香港径运前来，及从外洋经过香港，转运来闽之各种货物。至若日本货进口数目，计去年只值关平银 64.3 万两，本年竟达 80.8 万两，虽其间曾因中日交涉，商民不愿售用日货，而其进口数目，反较去年为增，其故亦可思已。② 1930 年，厦门由外洋进口之漂白及本色棉布，因产自日本者，销路日广，致英国货大受挫折，他项进口洋货，除哔叽颇见增益外，其余无足记述。③ 棉纺织品进口的兴盛，带动了棉布商业的发展。根据 1930 年的调查，全市绸布商户数增至 63 户，其中批发商 15 户，零售商 48 户，资本额达 106 万元（1958 年的人民币计算），营业额超过 1000 万元。1931年后，受世界经济危机的影响，一些绸布店相继歇业。据 1933 年调查，营业额为 750 万元，约比 1930 年的营业额降低 26%；1932—1934 年这三年中，批发商歇业的有胜丰、协丰、同兴、同源四家，零售商歇业的有云昌、同成、安娜、协和、和隆等八家。④

另外，福建产杉，除供给省内各用外，销售于台湾（转运日本）、江苏、浙江、山东、直隶各省为多。自日本地震后，此项木材遂为彼帮之要需，故近年输出彼邦之额比前高数倍。仅就福州南台鸭姆洲日商合发洋行一家言之，去年营杉木业出口者，竟达百余万元，此外尚有日商平和洋行、西辉洋行、植松洋行等，其经营杉木出口额每年亦各有数十万元之谱。⑤ 福建所产松木多销国内，其次，销往日据台湾等地。

福建从日本进口的商品"棉布岁有增加"，棉纱"日本亦有之"，砂糖"香港糖势力最大，日据台湾次之"，煤油"日本亦有少数"，火柴"日本专利十年，岁计百万"。⑥ 如有记载，"香港来的肥料和呢绒哔吱，以及英国、美国、日本来的布匹等。其中日本货价钱便宜，有时还冒充英国、美国货。因此，日本货物输入厦门很多。在沦陷期间，厦门到处充斥

---

① 蔡谦、郑友揆：《中国各通商口岸对各国进出口贸易统计》（民国八年、十六年至二十年），国立"中研院"社会科学研究院丛刊，第五种，商务印书馆 1936 年版。进口商品统计表。
② 民国四年（1915）《福州口华洋贸易怀形论略》。
③ 民国十九年（1930）《中国海关华洋贸易报告书》。
④ 《解放前的厦门绸布商业》，《厦门文史资料选辑》第 11 辑，1986 年版。
⑤ 《福建木材产销情形及其近况》（1），《中外经济周刊》第 183 号。
⑥ 林传甲：《大中华福建省地理志》，中国地理学会 1919 年版，第 156 页。

日本货。日本的棉布、棉纱、丝制品、金属制品、日用杂货、罐头、鱼类、海产、药品,甚至连酒和啤酒也大量运来。"① 为了发展与福建的贸易,很多日侨在厦门经商,"除华商及该国籍民采配日货销售外,日本人自营之商店,亦属不少。其次是英荷美三国。"② 当时日侨主要经营的洋行有:柏原洋行、三井洋行、大阪商会社、台湾银行、久光药房、玉井药房、广贯堂、马场商店、日龙洋行、中和盛药房、审美堂古玩、安田御料理、津田毅——法务局、盐田旅社、广田商店、三各辩护士、菊花洋行、农工银行等。③

而福建出口日本的商品,以少量鱼介海味、蔬菜、水果、植物油蜡、厦门烟草、木材、少量麻制品、石制品、陶器、玻璃制品和一些五金及制品为主,其中以福州出口木材及木制品到日据台湾为最多,如1919年福州出口木材有108万海关两,1928年升至989万海关两,1929年开始下降,1931年降至99万海关两。福州出口国外木材总计1919年为131万海关两,1928年高达1027万海关两,1929年始降,1931年降至103万海关两,其中出口日据台湾所占比重分别为:1919年82%,1928年升至96%,1931年96%,厦门三都澳出口很少。④ 1901年,日本在厦门设立三井洋行,专门经营进出口贸易,不久后设立的大阪洋行,专门经营海上运输。当时福建出口的产品以茶、糖为大宗,进口以粮食、棉布为主,茶叶远销日本、南洋各埠,纺织品有进口也有出口。⑤ 当时有名的漳纱、漳绒也曾销往日本。总体来看,闽南籍的长崎华商泰益号从福建进口商品,主要为闽南地方特产及华侨的婚丧祭葬等传统仪式所需用品。其输入量极为零星。⑥

中国商人到日本沿海地区经商的很多。早在1893年,就以广东、福

---

① 孔立:《厦门史话》,上海人民出版社1979年版,第136页。
② 《外营商业一览》,《厦门经济档案资料》,厦门大学出版社1997年版,第81页。
③ 苏警予等编:《厦门指南》,1931年5月;厦门市档案局、厦门市档案馆:《近代厦门经济档案资料》,厦门大学出版社1997年版,第81—82页。
④ 蔡谦、郑友揆:《中国各通商口岸对各国进出口贸易统计》(民国八年、十六年至二十年),国立"中研院"社会科学研究院丛刊,第五种,商务印书馆1936年版,第496页。
⑤ 厦门大学历史研究所编:《福建近代经济简史》,厦门大学出版社1989年版。
⑥ 戴一峰:《近代旅日华侨与东亚沿海地区交易圈》,厦门大学出版社1994年版,第302页。

建、三江三个同乡帮联合组成了中华会馆（俗称"神阪中华会馆"），本来由驻日华领事劝导，但甲午战争后，清政府在日本的领事裁判权实际上被取消而使领事的管理权大受限制，在这种情况下，1904年以三江帮吴锦堂、福建帮王敬祥、广东帮麦少彭的名义，各帮分别垫付2万日元，将中华会馆登记为社团法人。5年后的1909年5月，依据清政府公布的《商会简明章程》，神户中华商务总会在神阪中华会馆内创设。神户华侨在中华会馆先选出了16名商会会董，对于各帮分别各推举一名协理进行了投票。开票结果，广东帮协理郑祝三得82票，福建帮王大川得29票，三江帮马聘三得12票。郑祝三当选为总理。一个星期以后的5月9日，大阪也成立了大阪中华商务总会。5个月以后的9月25日，农工商部奏请设立神户商务总会和颁发"关防"，而"神户中华商务总会关防"以破例的速度颁发给商会总理，神户中华总商会正式宣告成立。[①]

1899年后，中国在日本的领事裁判权被取消，大批在日本长崎的福建商人，从事的行业很少。之后，随着日本不断加大对华贸易，在日华商只在制品、杂货、海产品等单一行业有些微利，因此，希望商会成立能够挽回受日商垄断的对华直接贸易。福建人曾于1896年兴建了长崎福建会馆，1917年又在福建会馆增设了长崎福建联合会，开展长崎华商的联谊，以敦促与福建的贸易往来，以保护在日华侨的利益。华商泰益号是在日本长崎的福建商人以传统方式经营的跨国贸易网络的典型形态，反映了闽日贸易中传统的亚洲经济圈或者说地域经济圈在经济全球化过程中所起到的作用。[②]

四　闽英贸易

英国早在清初，就已经开始了与福建的贸易往来。"厦门一埠，且为我国与英人通商发祥地。考其史乘，距今当在百年以上，即以和记洋行在厦创立已逾百年，可为明证。"[③] 当时他们派商船前来厦门贸易，并设立厦门商馆进行管理。18世纪以前，英国和厦门贸易往来频繁。早期对华

[①] 陈来幸：《通过中华总商会网络——论日本大正时期的阪神华侨与中日关系》，《华侨华人历史研究》2000年第4期。

[②] 戴一峰：《近代旅日华侨与东亚沿海地区交易圈》，厦门大学出版社1994年版，第302页。

[③] 厦门市档案局、厦门市档案馆：《近代厦门经济档案资料》，《厦门中英贸易概述》，厦门大学出版社1997年版，第229页。

贸易探索失败后，以英国为首的西方各国不惜发动了两次鸦片战争。福建成为英国在华的主要市场之一。英国割占香港，并设为自由港，绝大多数商品均由香港转运进出口，因而甲午战前，尽管英国对福建实际贸易额非常大，但反映在直接贸易上则不是很明显。甲午战争以后，西方各国及日本开始了拓展海外市场的历程。这导致福建与英国之间的贸易不断衰落，这从直接对福建贸易及香港中转贸易变化中均能体现，也可以从其他国家与福建的贸易地位的突升对英国势力的排挤中得到证明。因经由香港转口的福建与英国之间的贸易确切有多少，统计数字付之阙如，因而无法得出不偏不倚的结论。但通过学者们的估算及福建对外贸易的特点所决定的主要流向的变化，可以大体反映出英国的市场地位。

鸦片战争后，英国为开拓福建市场，运来大批的工业制品、西方的生活消费品来闽销售，以换取福建的茶叶。但贸易开展得并不顺畅。19世纪50年代中期以后，福建茶叶出口商路的畅通，改变了贸易停滞不前的局势。因而闽英贸易大大发展。随着国际市场的竞争，福建茶叶贸易不断衰退，闽英贸易也发生了相当大的变化。闽英贸易进口多数从香港转运而来，因此直接进口到福建的贸易货值很小，就厦门来说，1844年，厦门进口英国货值为银圆37万元，1846年达银圆78万元，占当年厦门从外洋直接进口总值的68.16%。1852年，进口193万元，为8年前的5倍多。1855年，厦门对英进口总值超过了180万银圆，相当于当年厦门进口总值的2/3左右。除正常贸易外，英商还进行鸦片走私。1871年，厦门直接进口英货值约8万两，之后到1881年10年间，八年时间有零星的商品直接进口，但价值很小，多数年份均没有进口。1882—1904年23年的时间，共计15年没有进口，其余年份进口量也仅几十海关两，只1898年进口1234海关两、1900年967海关两、1904年5.7万海关两。① 1919年，厦门从英国进口7041海关两，1928年增至18164海关两，1929年降至6939海关两，1931年突升至97万海关两。后一直到抗战爆发前，厦门由英国直接进口值不断上升，但总体来看，所占比重不大，1935年进口约110万元，比例上升，约占7%，处

---

① Amoy Trade Returns for Each Year. 1904年之后，海关统计资料做了更改，没有可资查询的记录。

于进口国和地区的并列第七位。①

　　福州与英国贸易情况也非常相似，一是进口绝对值很低，二是多数年份没有直接进口。1871—1904年34年间，20年有进口数字记载，但进口量很小。到"一战"时期，福州从英国进口14424海关两，1919年5994海关两，战后开始增多，1925年进口绝对值增为73485海关两，比重只有1%，1930年进口绝对值更少，只有7917海关两，1931年，日货受到排挤，进口英货增加，高达27万海关两，1935年又升为66万国币元（42万海关两），所占比重上升为10%。1936年进口值下降为33万国币元，1937年抗战爆发后升为49万余元。②

　　而就出口来看，近代早期，英国对福州茶叶的需求较大。闽英出口贸易走势随着茶叶贸易的衰落而日趋下降。1850年，英国商人开始从福州运茶叶到伦敦，当年运出255担。③ 1861—1866年五年间，每年茶季销往英国的茶叶都在3541.8万磅（约26.62万担）至4615万磅（约34.7万担）之间。1880年达51.8万担。19世纪80年代下半期，福建对英国出口茶叶急剧下降，1889年下降到24万担。随着茶叶贸易由盛到衰，福州1871年出口770万余两，后不断上升，到1874年时达到1090万余两，日后逐年下降，直到1888年时，福州直接出口英国的货值仍在400万海关两以上，1889年之后，出口不断降低，但直到1894年一直保持在250万—150万海关两之间。1895—1904年10年间，除个别年份外，其余年份均在150万海关两之下。福州出口国外市场中英国的比重从1871年的68%上升到1880年的70%和1885年的61%，之后不断下降，到甲午战前，所占比重仅剩35%，其出口的绝对值日益减少。但毫无疑问的是，在所有出口国家和地区中，英国仍位居第一。

---

① 蔡谦、郑友揆：《中国各通商口岸对各国进出口贸易统计》（民国八年、十六年至二十年），国立"中研院"社会科学研究院丛刊，第五种，商务印书馆1936年版。周浩等：《二十八年来福建省海关贸易统计》，福建省政府统计室1941年版。

② *Foochow, Amoy Trade Returns for* 1871—1904；蔡谦、郑友揆：《中国各通商口岸对各国进出口贸易统计》（民国八年、十六年至二十年），国立"中研院"社会科学研究院丛刊，第五种，商务印书馆1936年版，第2—23页；周浩等：《二十八年来福建省海关贸易统计》，福建省政府统计室1941年版。1871—1874年是两，1875—1931年之前是海关两，1935—1939年是国币元。

③ ［英］卫京生：《福州开放为通商口岸早期的情况》，载《福建文史资料选编》第1辑，第139页。

甲午战后，随着出口到澳洲、美洲及香港的比重不断上升，英国第一的地位受到了威胁。1895年，英国所占比重仍有28%，但福州出口到澳洲、香港、美国的比重也逐渐增大，尤其是澳洲的影响，所占比重达到23%。到1900年时，由于香港转口地位超过了英国，因而英国在福州屈居出口国第二位，所占比重下降到16%。随着日据台湾及欧洲各国的发展，福州出口贸易发展到1904年时，英国和欧大陆平分秋色，均占出口的22%，并列第一，香港和美国稍居其后。到1915年，福州输出英国169万海关两，1916年减为81万余海关两，所占比重从24%下降到14%，输出地位则从甲午战前的第一位下降到第二位。到1925年时，出口英国仅为24万余海关两，1927年上升为58万余海关两。但输出绝对值的下降使其所占比重也只在3%—5%，其地位居苏俄及香港之后，位居第三。日本、台湾和香港遥遥领先。到抗日战争爆发前，英国在福州土货出口值及在总值中的比重又有所上升。如1935年，福州出口英国值为232万元（合149万海关两），所占比重上升为8%，位居日本、香港、暹罗、新加坡之后，与荷属东印度并列第四。

相对而言，厦门在甲午战争以前，出口值远不如福州。1871—1877年间，厦门出口英国货值不断上升，从1.9万海关两上升到43万余海关两，后1878—1883年间迅速下跌，1884—1894年间又逐年回升，基本保持在10万—20万海关两之间。英国在厦门土货出口市场当中的地位几无可提，甲午战前所占比重最高即1877年的9%，位居第四，1885年只占3%，占出口市场第六位。

1895年以后，由于台湾茶源的切断，致使厦门茶叶出口到英国日趋减少。1895年，出口19110海关两，第二年稍升为25008海关两，之后不断下降，仅千海关两左右，甚至更少。民国以来，厦门对英直接贸易减少，尤其是"一战"以后，这主要是"世界经济、政治跌生变化，吾厦商业影响甚大"。近数十年来，厦门与英国贸易渐形衰落，"其中因素，固非片言可尽，唯缺乏热诚之联络与提倡，乃为主要原因"。[①] 1919年，厦门出口英国仅146海关两，此后虽有增加，但数额不多。到1935年，

---

① 《厦门中英贸易概述》，厦门市档案局，厦门市档案馆《近代厦门经济档案资料》，厦门大学出版社1997年版，第229—230页。

出口也只有812国币元，1937年抗战发生时，也仅有369国币元。①

从全省进口贸易来看，英国在福州直接进口市场中地位的下降，加之出口市场地位日趋下滑，直接影响到其贸易地位。1875年，闽英贸易共计892万余海关两，占出口第一位，比重为39%；1885年时，随着香港、美国地位的上升，闽英贸易下降，共计486万海关两，屈居第二位，比重为22%；1895年时，随着西方各国势力的增强，日据台湾挤进列强的行列，闽英贸易值下降到140万海关两，下降到第四位，比重只有6%；1904年闽英贸易继续下跌，只有123万海关两，比重降到4%，远远落在转口香港及台湾之后，新加坡跃居英国之上，英位居第四。1935年时，闽英贸易共计231万国币元（合148万海关两），居日本、香港、暹罗、新加坡之后的第五位，比重也只有8%。英国直接对福建的贸易一路滑坡。从闽英直接贸易可以看出，受经济全球化过程中各国地位的起伏变化、日本挺进资本主义阵营，及福建传统发达的东南亚贸易的影响，英国在与福建直接贸易中的地位不断下降。尽管如此，由于闽英贸易绝大部分是通过香港自由港转口进行的，因而这种直接贸易的表象并不等于说闽英贸易在福建贸易中的地位一落千丈，但至少可以从英国包括香港对福建贸易所占比重不断下跌中看出，英国在福建贸易中地位是日趋占据次要的地位，这一点是确凿无疑的。

闽英贸易中，从香港转运的商品，足以代表近代福建省的进出口商品结构的状况。发达的工业国与半殖民地农业国家区域间的贸易，总体特征无非是销售机制工业品，并掠夺原料品为工业生产服务。只是福建自然、地理环境的独特特点使闽英贸易商品结构呈现了地方性的特色而已。

福建进口英国的主要货物有鸦片、棉纺织品、呢绒制品、原料煤及其他各类杂货等。如厦门1846年从英国进口棉布55216匹、呢绒272匹，第二年棉布82962匹、呢绒4809匹，为上一年的17倍多。1872年贸易不景气，"曼彻斯特货物的进口在本色洋标布、本色市布、漂白布和其他重要项目上仍出现一个非常明显的增长……中国商人现在通过他们在香港的

---

① *Amoy Trade Returns for* 1871—1904；蔡谦、郑友揆：《中国各通商口岸对各国进出口贸易统计》（民国八年、十六年至二十年），国立"中研院"社会科学研究院丛刊，第五种，商务印书馆1936年版，第24—47页；周浩等：《二十八年来福建省海关贸易统计》，福建省政府统计室1941年版，第45页。

代理人，直接从那儿获得许多他们销售的洋货。"① 棉布，俗名洋布，"英为最，日本岁有增加，美货亦多，本国土布甚少，为第一大漏厄"。②

煤也是一项重要的进口物资。1875年，"鸦片和棉布尤其是前者，主要是由外国商人经营进口的，尽管在我们的统计表中这两项货物来自香港，事实上，其中有相当大的一部分是来自英国，而仅仅是在香港转船而已。"③ 抗战胜利后，厦门从英国进口的货物主要有：肥田粉162万美元、毛织品160万美元、金属品包括钢铁75万美元、颜料及染料50万美元、原橡皮胶24万美元、工业用化学品（白药、赤磷、漂白粉、烧碱、纯碱等）20万美元、澳洲奶品及食用品9万美元、加拿大纸7万美元、卡车及客车轮胎6万美元等，共计513万美元。④ 在闽港贸易部分已详细交代，在此从略。

英国作为近代最早打开中国市场的西方国家，早在甲午战争以前，就开始控制和垄断对外贸易，通过设立洋行，把持航运，建立为贸易服务的金融机构，扩大对华的侵略。1845年，英国商人首先创设德记、和记两家洋行，随后又陆续开设了汇丰、怡记（义和）、合记、宝顺、水陆、协隆、台湾记、广顺、德建、新钦兴、利记、丰记、福昌、成记、麦南美、福士特、嘉士、查士等共20家，还有屈臣氏、主利两家药房。同时，英属印度设立裕记、安记、庆记3家洋行。这一时期，各国在厦门开设的洋行有30多家，英国占1/3强。其中历史较久、实力较强的洋行有5家，时称"五行"。德记、和记、宝记3家是公认的，另两个有说是合记、美时；也有说是瑞记、协隆。五行都是经营顶盘批发商，一方面大量倾销舶来品，另一方面低价收购我国大宗土特产，转运到其他商埠和外国，垄断牟利。甚至非法推销鸦片、吗啡、海洛因等毒品，高价贩卖军火给内地土匪，拐卖华工，祸害无穷。甲午战争后，更多特权的获得，加速了商业控制的步伐。1896年，增设太古洋行，这时期各国洋行有数十家，最多时英国达30家左右。1907年，为向福建倾销煤油，特设立英国亚细亚石油公司。"一战"时期，英国在福建的如德记、怡记、德国宝记、法国义源等许多洋行歇业关闭。到

---

① 戴一峰：《近代厦门社会经济概况》，鹭江大学出版社1992年版，第99页。
② 林传甲：《大中华福建省地理志》，中国地学会1917年版，第156页。
③ 戴一峰：《近代厦门社会经济概况》，鹭江大学出版社1992年版，第159页。
④ 厦门市档案局、厦门市档案馆：《近代厦门经济档案资料》，1947年版，第230页。

1931年时，英国在厦门的洋行主要有亚细亚火油公司、太古洋行、德忌利士洋行、汇丰银行、和记洋行、英美烟公司、卜内门肥粉公司、企公牛奶公司等。① 随着福建贸易的日益衰落，经营贸易的洋行也不断破产，到1937年，英国洋行只剩下德记、和记、太古等11家。

五 闽美贸易

美国也是福建的主要贸易伙伴之一。由于美国历史短暂，在1783年独立之后，便开始了试图打开中国市场的历程。1784年2月22日，"中国皇后"号满载棉花、铅、胡椒、羽纱、皮毛、人参等货物，从纽约启航，经大西洋，绕过好望角，向东北跨过印度洋，于7月17日到达爪哇，并于8月23日抵达澳门、8月28日抵达广州。在广州逗留4个月后，购买茶叶、棉布、瓷器、丝织品、肉桂等离开，于1785年5月回到纽约，开启了中美贸易历史的先河。当时中美贸易中，中国输往美国最大量的是茶叶，而从美国进口的主要是棉布、西洋参和白银。鸦片战争之前，美国还伙同英国在中国东南沿海包括福建进行鸦片走私贸易。鸦片战争之后，美国开始到福建开拓贸易市场。1853年美国在福州设立旗昌洋行，并派人到闽北采购茶叶，从福州运销美国，这是福建与美国直接贸易的最早记录。② 旗昌洋行试营经由闽江出口的茶叶获得成功，开启了对福建近代贸易的历史。1854年在厦门设立隆顺洋行，经营进出口业务，尔后又相继在福、厦两口岸设立美孚、德士古等洋行，对福建实行商品倾销，并伙同英、德等国洋行操纵福建进出口贸易。当时在福建与美国的进出口贸易当中，以出口为主，如在厦门对美国的出口贸易当中，纽约是继香港之后的第二大出口口岸，出口最大宗的仍是茶叶，另外，还有糖、瓷器、白矾等；从美国进口的商品主要有布匹，1866年加利福尼亚开始向福建厦门进口面粉，除此之外，还进口人参、煤油和水银等，"纽约仅次于香港居第2位。1880年，本口岸运往纽约的茶叶贸易值为202万海关两，1879年为247万海关两，但没有任何货物直接从纽约运抵本口岸。从我们的统计中，可以肯定的是，1880年，经由香港和其他口岸运抵厦门的美国货

---

① 苏警予、谢云声、陈佩其：《厦门指南》，新民书社1931年版。
② ［美］马士：《中华帝国对外关系史》（第1卷），生活·读书·新知三联书店1957年版，第400页。

为8万海关两,1879年为7.8万海关两。这些货物包括1500—2000匹的布以及一些水银、面粉、人参和煤油"。"……本口岸向美国和欧洲(主要是英国)输出本地的和淡水的茶叶,有时也往欧洲输出一点糖。"①

整体来看,甲午战争以前,闽美贸易以经由厦门出口茶叶运销美国为主,相对而言,进口数量很少,多数年份没有进口的统计记录。如早在1871年时,经由厦门出口美国贸易值为108万海关两,1875年增加到156万海关两,以后逐年上升,到1885年增加到261万余海关两,1888—1890年稍有下降后,出口值迅速上升,到1894年时达到447万余海关两,达到出口值的最高峰。厦门出口美国贸易值占厦门土货出口总值的68%,位居第一,这主要是当时厦门安溪的乌龙茶和台湾茶叶进口厦门又复出口美国的结果。相对来说,由于福州茶叶出口的市场主要在英国,因而,其对美国的出口值比较小。如1871年福州土货出口美国值相当大,共有151万海关两,比厦门还多,但之后逐年下降,到1875年时出口只有33万海关两,以后继续下降,1879年时仅有12万海关两,1880年起开始有所上升,共出口35万海关两,从1880年起直到1894年止,时升时降,但出口绝对值保持在25万—60万海关两,1894年时达到61万余海关两。②

1895年以后,随着厦门茶叶复出口基地台湾被占,厦门茶源被切断,因而出口美国的最大宗茶叶贸易影响厦门对美国的出口贸易值急速下降。1894年厦门出口到美国共计447万海关两,1895年下降到182万海关两,占出口总值的比重下降为48%,下降速度之快,可以想见,但当时所占出口地位仍居第一,以后迅速下降,1896年为59万海关两,1897年只出口5万余海关两,1899年为23442海关两,所占比重下降到2%,位居出口市场的第7位,1900年只剩9067海关两,一直到1904年,出口值均只有几千海关两,1904年下降到6454海关两,不足1%,已几乎无可记述。第一次世界大战以后,厦门出口美国的货值多数年份只有几百海关两,最多也只上千海关两。如1919年厦门出口美国仅85海关两,为当年美国进口值的0.0015%。1930年,只出口美国498海关两,1937年出口美国815国币元(合523海关两),所占比重只不过1%之内。

---

① 戴一峰:《近代厦门社会经济概况》,鹭江大学出版社1992年版,第222—223页。
② *Foochow Trade Returns for the years* 1871—1895.

相对来说，由于福州茶叶生产市场广大，尽管茶叶生产不断下降，但是其对美国的出口贸易值则没有下降，相对而言，则稍有升高。如从1894年的61万海关两，上升到1895年的75万海关两，1900年则升为120万海关两，后有所下降，到1904年时，仍出口96万海关两，占福州土货出口总值的18%，居欧大陆、英国、香港之下，排在第4位。1915年福州对美国出口的商品价值36.2万海关两，当年出口总值为707万海关两，占该口岸当年出口总值的5%，居福建各出口贸易国（地区）的第5位。由于第一次世界大战的影响，战后初期的1919年福州土货出口美国只有3万余海关两；1925年出口到美国6万海关两，占出口总值的1%，在福州出口市场中所占位置已不重要。直到抗战爆发前的1935年，福建对美国出口值2.5万元，占当年全省出口总值的0.35%，居福建各出口贸易国（地区）的第13位。1936年时出口到美国只有4.7万元，所占比重也只有1%。[①] 抗日战争初期，福建的桐油全部运香港售予财政部贸委会富华公司，转售美国抵债。1941年太平洋战争爆发后，中断对美出口。

经由厦门和福州出口到美国的货值占全省出口美国的比重，从1871年福州58%、厦门42%，到1875年时福州下降到17%，厦门上升到83%；而1885年时，福州16%，厦门84%；到1894年时，从福州出口仅占福州12%、厦门上升为88%。到甲午战争后，随着厦门出口的日益减少，其在出口美国贸易中所占的地位也不断下降，1895年时福州出口比重上升为29%，厦门下降为71%。1899年时，几乎所有出口都由福州运出，其比重一下子跃升至98%，厦门则只占2%。直到1904年，99%都是由福州出口，厦门仅出口1%。到抗日战争爆发前，福州和厦门的出口值都很小，但相对来说，福州仍是对美贸易主要的出口港。

与出口贸易相比，福建从美国的进口量非常小。从1871年至1894年甲午战争之前，共有10年有进口贸易的记录，其余14年没有进口，1874年厦门进口13629两，1876年为12442海关两，其余年份均不过几千海

---

① 张果为、杜俊东：《福建历年对外贸易概况》，载《福建经济研究》（下册），福建省政府秘书处统计室1940年版，第24页。蔡谦、郑友揆：《中国各通商口岸对各国进出口贸易统计》（民国八年、十六年至二十年），国立"中研院"社会科学研究院丛刊，第五种，商务印书馆1936年版，第24—47页。周浩等：《二十八年来福建省海关贸易统计》，福建省政府统计室1941年版。

关两,1894年福州进口最高,也只有7万余元。

1895年以后,随着西方瓜分中国的狂潮愈演愈烈,福建从美国进口的商品价值也有所增多。如1895年,厦门从美国进口共计7.8万海关两,1897年上升到12万海关两,但1898年开始因古巴问题在菲律宾群岛展开的美西战争,"美国占领和保护菲律宾主要是菲律宾将成为美国在远东商业扩张的基地。"① 影响了美国对东方的贸易,直到1904年海关统计变更之前,从美国进口值升降差距很大。当年到期的美华之间《限制来美华工保护寓美华人条约》规定:条约期满六个月前如果双方不正式用文字通知停止限禁,则限禁将再延期10年,激起了全国范围内的抵制美货运动。此运动于1905年5月发自上海,自6月传至福建。厦门商会积极组织各行各业开展抵制美货运动,宣布不做美人生意。不为美船装卸货物,不进美国学校和教堂,这场抵制美货运动持续到1906年7月间达到高潮,7月20日厦门商会接到上海商务总会来电,在上海的福建帮商人提出抵制美货五条办法:不用美货、不装卸美船,不入美校,不聘美行,不做美佣等,美国归侨为反抗美国行径在上海自焚等事件,引起人们的极大愤慨,但由于清政府的压制,加上私商的利欲熏心,因而这场空前的抵美运动暂告一段落。正是由于这一场运动给美国对华包括对福建的贸易造成很大的影响,因而在以后的几年内,美货的输入显著减少。

民国时期,美国商品开始大量输入福建。1914年第一次世界大战之际,美国趁机扩大对福建的输出,特别是汽油、煤油等,福建的市场几乎为美国产品所独占。1915年,福州从美国进口货值为21万海关两,所占福州直接进口总值的5%,位居香港、日据台湾之后,排名第三。1916年增长到81万海关两,约占比重为14%,地位保持在第三位。这主要是由于从美国进口各种商品均见增加。如从美国进口的汽油量从1914年的1.24万升,增加到1919年的13万升,其他商品如棉纺织品、五金钢材等的进口也成倍增加。这就带动了美国进口值的增长。到20年代中期,福州从美国进口103万海关两,约占比重为15%。到抗战爆发前,1935年时,从美国进口值又有所下降,共计66万国币元,约占比重为10%,位居第三。1936年时进口有所下降,只有48万国币元,抗战开始时又有

---

① [英]坎柏尔:《英美在远东》,转引自《现代外国哲学社会科学文摘》1959年第1期,第14页。

所回升，1937年、1938年分别为86万和194万元。厦门也是一样，到抗日战争爆发前两年，美国进口厦门的货值为95万国币元，所占比重为6%，居进口国或地区的第七位。①

1936年，福建从美国进口的商品价值达113.44万国币元，占全省进口总值的6.1%，超过了英国，居第6位。抗日战争初期，美国偶尔通过香港向福建输出汽油、纺织品等为数较少的商品。太平洋战争爆发后，福建中断进口美国货。战争结束后的1946—1949年福建进口的汽油、煤油、化肥、大米、面粉、纺织品、罐头、日用百货等商品，均以美国货为主，美国货充斥福建市场。

从全省与美国直接进出口总值来看，1875年共计189万海关两，所占福建共进口的8%，位居第三；1885年与美贸易增长到310万海关两，所占福建进口总值的比重增长到14%，地位保持不变；1895年甲午战争后，贸易总值有所下降，为265万海关两，所占比重降到12%，仍位列第三；1904年时，闽美贸易总值下降为123万海关两，所占比重下降为只有4%，仍占第三位；1919年，闽美贸易总值为135万海关两，所占比重6%；1927年贸易总值上升为178万海关两，所占比重下降为4%；1930年达265万海关两，1931年之后与美贸易值不断下降，所占比重基本保持在6%左右。到抗战爆发前两年，即1935年，闽美贸易值虽有所上升，但升值不大，共计164万国币元，所占比重是6%，地位却下降到第七位。这可以明显看出，闽美贸易以甲午战争为界分为两个不同的时期，甲午战前双方贸易由于福建茶主要是台茶多数从厦门转运出口，支持了双方贸易的良好发展。甲午战后这一主要茶叶贸易基地失去以后，闽美贸易开始走下坡路，尽管"一战"时期，美国也尽想大发战争之财，对福建加大出口，但由于日据台湾、英国及东南亚各国与福建贸易的不断增长，使美闽贸易比重不足10%。这说明在日益多元化的福建市场当中，与美国的贸易优势已渐渐失去。

在闽美贸易当中，我们已经提到，甲午战前对外出口主要是茶叶，"厦门出口美国的茶叶包括福建产茶叶和转口台湾茶叶两个部分。70年代年出口量在2万公担到4.5万公担之间，其中转口的台湾茶叶占4%至

---

① 《福建经济研究》（下册），福建省政府秘书处统计室编1940年版，第24—25页；周浩等：《二十八年来福建省对外贸易统计》，福建省政府统计室1941年版。

20%不等。80年代出口量为2.5万公担以上，其中转口台湾茶叶占了大半。90年代以后，台湾茶叶已不再由厦门转运出口。同时，由于厦门的茶叶质量不佳，美国做出限制标准，加之印度、锡兰（今斯里兰卡）茶叶竞争，厦门茶叶出口也日渐减少。光绪十八年（1892）时仅为1万公担，光绪二十七年（1901）降至仅18公担。出口基本停顿。"① "复出口之货自以台茶为大宗，此货在昔日为本口之中流砥柱，综核本年值关平银257.7万余两，而上年则有399.6万余两，以下所载乃由著名办茶洋商而来观之，则出口茶数在台湾如何加增，本口如何抵减，便可一目了然。台茶本年生意甚佳，出口乌龙有48万（25箱）；包种104680万（25箱），合而计之，则有584680万（25箱）。产之往昔，只有光绪二十九年出其右耳。全年之货皆次第售清，并无滞销存留者，此数几全运往美国，间有往英国者，少数而已。"②

从美国进口的商品主要以棉纺织品（粗斜纹布、印花布、床单布等）、各种人参、美国面粉、液体燃料为主，"进口大宗美国货，如粗斜纹布、棉法兰绒、麦粉、洋参、煤油等类中，除麦粉锐减外，余均少有增涨……届本年年终时，以欧战之影响，其波及于出口往外洋货物，以视由外洋进口各货，间有过之，更属显然可见也者"③。1895年厦门从美国进口粗斜纹布为2969海关两，1896年为2772海关两，1897年上升到3512海关两，1899年上升到4013海关两，1900年下降到1861海关两。但随着日本棉纺织业发展，日本对福建远洋航运（经由台湾等）运费低廉，加上次品棉货极为国人所乐用，因而美货渐被日货所代替。

煤油一直到30年代以前都是福建的重要进口商品。美国煤油进口量尽管有俄国煤油、苏门答腊煤油、日本煤油的竞争，仍然不断上升，1895年福州进口美国煤油57.8万加仑，1898年进口22.8万加仑，1899年增至87.8万加仑，之后不时升降，但到"一战"期间，1916年时增长到241.1万余加仑。④ 大战后期1917年没有进口统计，1918年进口也不太多，结束后的1919年增长为283万加仑。⑤

---

① 苏水利：《厦门对外经济贸易志》，中国统计出版社1998年版，第50页。
② 光绪三十一年（1905）《厦门口华洋贸易情形论略》。
③ 民国三年（1914）《福州口华洋贸易情形论略》。
④ 吴亚敏：《近代福州及闽东地区社会经济概况》，华艺出版社1992年版，第362页。
⑤ *Foochow Trade Returns for Each Year.*

另外,"被居民赏识的另一种商品是外国面粉(美国产),居民用其制造各种食品,或专用制造,或将其与本地面粉混合起来制造。"① 这主要是由于当时美国华盛顿俄勒冈等州制粉事业非常发达,在1905年前后,输华机制面粉很多,但1907年以后,随着日本面粉事业的发展及与美国的竞争,加上中国面粉进口替代工业的不断发展,因而开始下降,"一战"前后,输入不断减少。福建面粉进口主要是从美国而来,其次是加拿大、澳洲等地。如1895年福州面粉进口共计8650担,1900年进口2万余担,1907年达到最高,为25万余担,1908年下降到16万余担,1913年进口12万担,第一次世界大战爆发后迅速减少。厦门面粉的进口也主要是甲午战争后到第一次世界大战以前进口量增长较快。

鸦片战争前早期的中美贸易中,除了向中国大量输入白银以购买中国的茶叶外,还向中国输入(奢侈品)营养品西洋参。中医认为,人参大补元气,治疗男女一切虚症,因而,人参成为一般富裕家庭必备之物。尽管人参需求有一定的限度,但销路却比较稳定,人参一直是美国输华的一项主要工业品。厦门从美国进口的人参价值不菲。1895年厦门进口人参126担,值11万海关两,1900年增为140担,达17万海关两,厦门人参的进口大部分是由美国运来。福州进口美国参有天然参和类参两种,以天然参为多。1895年从美国进口天然参和类参分别为40.28担、10.47担,值22240海关两和4011海关两。1910年时分别进口39担、13担,分别值21846海关两、5147海关两,人参量不多,但价值很高。② 20世纪20年代以后,从美国进口的商品主要有海产品、面粉、各种植物籽油、煤油、各类矿物油、化学品及药用材料、少量橡胶制品、少量木材、少量纸品、零星成衣及内衣等制品、五金类、电器等,其中以海产品、面粉、煤油等进口商品为大宗。③

为发展对华贸易,美国也通过设立洋行、银行等机构加紧扩大侵略步伐。但随着对福建贸易的不断萧条,各种洋行也不断地减少。到1931年时,只有美国美孚火油公司、德士古火油公司、捷成公司、福建汽输公

---

① 吴亚敏:《近代福州及闽东地区社会经济概况》,华艺出版社1992年版,第362页。
② *Amoy Trade Returns for Each Year.*
③ 蔡谦、郑友揆:《中国各通商口岸对各国进出口贸易统计》(民国八年、十六年至二十年),国立"中研院"社会科学研究院丛刊,第五种,商务印书馆1936年版。

司、老晋隆等几家主要洋行。①

六　福建与东南亚的贸易

　　福建向来与东南亚贸易联系最为密切。只是到近代以来，由于以英国为首的西方各国不断开拓殖民市场，相继占领东南亚地区（暹罗除外），作为其东进的跳板。因而，东南亚各国在西方各国的殖民统治之下，只能发展与宗主国密切联系的殖民地经济。同时，由于西方势力不断加强对中国东南沿海的商品资本输出，如此一来，使福建曾经与东南亚非常密切的贸易联系在这些国家不断被边缘化的过程中，贸易地位日渐受到西方各国的排挤而下降。但到甲午战争以后，东亚唯一挤进半边缘区的日本，开始了其无限扩张的"脱亚入欧"战略，以军事帝国主义为扩张的后盾，展开了在中国和东南亚的扩张计划。在与西方资本和帝国主义的较量中，日本势力不断加强，同时，东南亚各国殖民地化的经济结构形成之后，西方各国利用东南亚与中国东南沿海传统的地缘经济优势和曾长期存在的亲缘和大批流入东南亚的福建人与家乡之剪割不断的血缘关系，通过东南亚发展与西方各国的贸易，这使福建与东南亚各国之间的贸易在各资本主义较量的间隙中顽强地成长。最终表现为随着帝国主义垄断的不断加强，各国竞争的加剧前提下，在争霸世界经济中心地位的较量过程中，老牌的英国日益地衰弱下去，而后起的美国、德国，尤其是与中国唇齿相依的日本崛起之后，在东亚、东南亚各国之间展开的亚洲贸易圈的生机不断显现出来。以福建区域而言，最主要的就是在与日据台湾进口贸易联系之外，还继续发展与东南亚各国的经贸联系，这是福建对外贸易中非常富有活力和具有地方特色的一个方面，东南亚成为福建对外贸易市场结构中相当重要的一个区域市场。

　　甲午战前，由于老牌的资本主义国家英国、美国、欧洲、澳洲一些国家对福建贸易市场的分割，使曾经繁盛的亚洲贸易圈只能通过民间贸易的形式继续着，其贸易量总体来说相对较小。但厦门与东南亚的贸易联系历来就相当密切。如1880年海关贸易报告称，本口岸与新加坡等海峡殖民地、爪哇、菲律宾群岛、暹罗和交趾支那等地的直接贸易，1880年为138

---

　　① 厦门市档案局、厦门市档案馆：《厦门经济档案资料》，厦门大学出版社1997年版，第81—82页。

万海关两，1879年为153万海关两。1880年的贸易减少是在与菲律宾、暹罗和交趾支那方面。11家中国商行（其中二家从事其他商业业务）从事与新加坡等海峡殖民地的贸易。运去的货物为茶、瓷器、铁锅和锡箔等；运回的是锡、棉花和藤条等。有15家中国商行（其中三家也从事其他商业业务）从事与马加撒、巴达维亚、三宝垄和泗水间的贸易。运去茶、瓷器、纸和砖瓦等；运回燕窝、牛骨、花生饼、牛皮和藤条等。有15家中国商行从事与菲的贸易。运去瓷器和纸等；运回果油和牛骨等。有9家中国商行（其中三家也从事其他方面的贸易）从事与暹罗及交趾支那间的贸易。运去茶、瓷器及砖瓦等，运回大米、腌制鱼干和对虾等。除了暹罗和交趾支那外，本口岸的出口都大大超过进口。①

这则海关报告说明，甲午战前，福建尤其是厦门与东南亚各国联系仍然非常广泛，而且厦门与东南亚的贸易主要掌握在中国商人的手里，他们运至东南亚的商品主要是本地生产的华侨喜见乐用的土特产品，运回的则是东南亚地区的一些特产。

甲午战争后，福建对外贸易市场结构的日益多元化，使东南亚各国在与福建的贸易中占据日益重要的地位。福建与东南亚的贸易主要在越南、泰国、缅甸、印度尼西亚、马来西亚、新加坡、印度、港澳等国家和地区进行。

福建主要向东南亚各国出口土特产品以满足当地华侨的日常所需。除从厦门出口销售到南洋一带的福建茶叶和畅销到仰光、吕宋、槟榔屿等地的线面及其他土特产外，还包括蔬菜、罐头、药酒、柑橘和石榴等新鲜水果、桂圆干、锡箔、神香和纸等，所有这些出口货都是为了满足在南洋的福建移民的需要。② 盖厦门出口贸易大部分系本省土产如药材、酒、粉丝、桂圆、纸箔、神香及罐头菜蔬之类，供给海外闽侨购用。近因马来半岛、爪哇、菲律宾群岛等处贸易衰疲，所有各该处福建侨民，纷纷返掉回国，本年回国者，共计12.5万人，出国者仅5.8万人。试阅旅客统计，即可证明，故出口贸易势必因之减少，其中罐头菜蔬一项，出口约少三分之一，半因汕头、香港两处产品方与竞争，半因厦门淘化大同罐头实业股

---

① 戴一峰：《近代厦门社会经济概况》，鹭江大学出版社1990年版，第222页。
② 同上书，第406页。

份公司,业已在香港设立分号,以致本埠罐头物品出口贸易受其影响云。① 而进口货则主要为东南亚的土特产品及殖民地时期的统制经济作物产品。光绪三年(1877)至宣统三年(1911),福建从东南亚各国进口的商品主要有栲皮、锡、海参、金属制品、大米、苏木、香料、沙藤、油饼、椰油等。1912年至1922年,福建从东南亚各国的进口减少。自1922年后从暹罗、马来亚、印尼等国进口的大米、植物油等逐年增多,与东南亚各国的贸易往来也兴盛起来。

1. 新加坡

新加坡地处东南亚马来半岛的南端,地理位置尤其重要,是联系太平洋、印度洋的枢纽。因此,西方殖民者英国于1819年率武装舰队在新加坡登陆,并于1824年据为己有。新加坡沦为英国的殖民地。1836年成为英国海峡殖民地的行政首府。由于新加坡面积狭小,资源缺乏,但地理位置非常重要。因而,英国把新加坡开辟自由港,作为东西方贸易的中转站,从此与福建的贸易交流日益扩展。1821年2月18日,第一艘来自厦门的中国帆船进入新加坡。此后,满载各种货物的厦门商船不断驶向新加坡进行贸易。当时,中国与新加坡之间的贸易主要由中国商人来经营。不仅马来半岛及附近地区的物产,部分英国、印度等国家的商品也通过新加坡运到厦门。中国船运去生丝、茶叶等货,运回新加坡等地的土特产如锡、香料、香木、燕窝以及印度孟加拉的鸦片、英国的军火、棉纺织品等西方工业制品。而其中相当部分是与福建的贸易。1829年8艘来自中国的帆船驶抵新加坡,其中3艘来自厦门,5艘来自广州,这些船只的载重量自250吨至400吨不等。来自厦门的货物主要是陶瓷器、砖瓦、花岗岩石板、纸伞、粉条、干果、线香、纸钱、烟草,以及土布、生丝之类,价值为3万至6万元。② 而从新加坡运到厦门的商品有锡、旧铁船、栲皮、胡椒、檀香木、苏木、沙藤、棉花、生皮、豆蔻、海参、鱼干等。③ 华帆船与新加坡的贸易带动了东南沿海各地区的人们移居新加坡。

鸦片战争后,五口通商便利了西方侵略者直接掠夺中国货物,因而,曾一度影响到中国与新加坡与英属海峡殖民地(包括马六甲、槟榔屿和附

---

① 民国二十年(1931)《海关中外贸易报告》(厦门)。
② 聂德宁:《中国与新加坡的早期贸易往来》,《近代史研究》1997年第1期。
③ 苏水利:《厦门对外经济贸易志》,中国统计出版社1998年版,第92页。

近小岛）贸易的发展。但由于厦门大批华侨出国到东南亚一带谋生，华侨在当地的日常所需有很大部分是传统的家乡土产，因而，福建土货出口在新加坡有很大的市场，19世纪60年代新加坡总人口65%以上是华人，其中以闽粤两地为最多。福建华侨在新加坡经商，从而汇回大批的汇款支持着厦门对东南亚贸易的发展。因而，尽管近代福建开埠初期，西方资本主义开拓市场过程中曾影响到福建与新加坡的贸易，但双方贸易值无论进口、出口均呈现出不断增长的势头。这种增长到甲午战后更加显著。

厦门地处闽南地区，与新加坡等东南亚各地贸易联系非常密切，因而，福建与新加坡进出口贸易主要通过厦门进行。从19世纪70年代开始，厦门从新加坡进口的贸易值在全省从新加坡进口总值中所占的比重，除了1871年、1874—1877年及1893年低于95%以外，其余年份均在95%以上，有些年份几乎全由厦门进口。而到第一次世界大战以后，经由厦门进口贸易的比重才有所下降，除1935年、1936年低于50%外，其余年份仍占绝大多数；从厦门出口到新加坡的土货一般占全省土货出口新加坡的95%以上。因此，我们可以通过考察厦门对新加坡的进出口发展趋势来观察闽新之间的贸易发生怎样的变化。

甲午战争以前，厦门从新加坡进口贸易值从1871年的9万余海关两，上升到1875年的19万余海关两，到1880年的21万海关两，后逐步上升到1885年的64万海关两，1886稍有跌降，到1890年达到61万海关两，之后逐步上升，但1893年达到73万海关两，1894年略下降到58万余海关两；出口值从1871年的24万海关两，上升到1875年的30万海关两，到1885年时，则更升至45万海关两，1894年升至72万余海关两，占当年出口总值659万海关两的11%，在美国之后位居第二。厦门在1871—1881年11年间，出口大于进口，基本处于出超地位；从1882年开始直到1894年时，除了1886年、1894两年出现出超外，其余年份均开始入超。① 这说明在甲午战争之前，福建对新加坡贸易逐步从以出口为主转向以进口为主，也就是说福州、厦门开埠以后，新加坡转口贸易形势逐步

---

① Foochow, Amoy Trade Returns for 1871—1904；蔡谦、郑友揆：《中国各通商口岸对各国进出口贸易统计》（民国八年、十六年至二十年），国立"中研院"社会科学研究院丛刊，第五种，商务印书馆1936年版，第1—47页；周浩等：《二十八年来福建省海关贸易统计》，福建省政府统计室1941年版。

改变。

甲午战争以后，随着东亚日本对台湾的占领及其对福建统治的不断加强，在日本占领台湾初期，闽新贸易受台湾割占的影响，厦门与新加坡的贸易出现了明显的变化。厦门进口出现了相对较大的起伏，如1895年时，进口值为71万海关两，1896年上升为124万海关两，1897年又跌回69万海关两，但到1899年时则上升至最高点，为190万海关两，尽管绝对值有所上升，但1903—1904年开始大幅度下跌，降至50万海关两左右。到"一战"以后的1919年，厦门从新加坡进口值为40万海关两，到1928年又升至79万海关两，到1930年有所下降，为56万海关两，第二年又回升至76万海关两，此后，厦门从新加坡进口贸易不断下跌，到1935年只有26万国币元（合17万海关两）。新加坡在厦门的各国进口贸易中所占的比重1895年7%，位居香港、台湾之后；1900年4%，地位不变；1919年4%，位居第四；1927年4%，位居第五；1931年3%，位居第八；1935年2%，位居第十二。① 厦门从新加坡进口的商品价值相对较少，新加坡在厦门进口市场中的地位日益下降。这主要由于二三十年代以来中国在新加坡出口市场中的地位的不断下降，一般位于荷属东印度、英国、泰国、印度及后起的日本之后，这必然影响到厦门从新加坡的进口贸易。

厦门出口新加坡的贸易值不断下跌，从1894年的72万海关两跌到1895年的56万海关两，1901年则下降到不足49万海关两，直到1902年始出现转机，1904年上升为86万海关两，创近代以来进口的最高峰，占当年出口总值218万海关两的39%，位居第一。以后，直到民国建立，新加坡与厦门的贸易往来十分密切，在厦门的出口市场地位中，新加坡长期雄居首位。由于新加坡福建华侨众多，加上新加坡特殊的转口地位，许多华侨商人力主经营与中国的贸易往来，并为此于1906年成立了新加坡中华总商会，以维护华人福利、促进新、马各地与中国的经贸关系。它在沟通中新贸易往来中起着很重要的桥梁作用。1919年，厦门出口新加坡

---

① Foochow, Amoy Trade Returns for 1871—1904；蔡谦、郑友揆：《中国各通商口岸对各国进出口贸易统计》（民国八年、十六年至二十年），国立"中研院"社会科学研究院丛刊，第五种，商务印书馆1936年版，第1—47页；周浩等：《二十八年来福建省海关贸易统计》，福建省政府统计室1941年版。

的商品值为86万海关两，占当年出口的47%，将近一半之巨，可见，新加坡在厦门土货出口市场中取得了无可替代的地位，此后经常保持在100万海关两以上。1935年，厦门出口到新加坡的商品值为200万国币元（合128万海关两），所占当年土货出口总值比重超过一半强，共计占55%，1936年出口共计230万国币元，1937年，出口额增加到281万国币元，所占比重从57%增长到62%。可见，直到抗战前夕，新加坡在厦门出口市场中地位遥居榜首。这主要是由于大批在新加坡和东南亚各地谋生的华侨的生活及消费习惯使他们偏爱家乡的土特产品，这样，形成连接闽南厦门与新加坡等东南亚地区的一个消费市场，这一市场的存在，为吸纳厦门土货出口起到了很大的作用；同时，另一个非常重要的方面，就是在与新加坡贸易当中，福建籍的新加坡华侨在其中起到了非常重要的作用，他们不断回到家乡投资办厂，开展闽新之间的贸易。如著名的福建籍爱国华侨陈嘉庚在1924—1926年最得利和最富有的时候，拥有橡胶园15000英亩，开办许多橡胶制品厂，还经营米厂、木材厂、冰糖厂、饼干厂、皮革厂等，厂房达30多处。他的资产在全盛时期（1925年）达到1200万元（叻币），约值黄金百万两。[①] 其创建的公司在国内的分行和代理店遍布上海、广州、天津、福州、厦门等40多个城市。这自然而然地促进了福建对新加坡贸易的发展。

从福建与新加坡贸易发展的整体趋势来看，在1895年以前，基本分为两个阶段，80年代以前，基本处于出超的阶段，80年代初至1894年之前，基本处于入超的阶段。1895—1937年间，从可资查阅的资料来看，1895—1902年间基本处于入超状态，1903—1937年间，福建与新加坡的贸易又处于长期的出超状态。

在商品结构上，近代以来，西方殖民主义在东南亚和中国东南沿海的殖民体系的不断形成，新加坡的自由港及转口地位的日益突显，福建独特的地理环境造成的生态系统及双方长期以来形成的以华侨为支撑的贸易网络中，商品流通主要是从厦门出口以茶，从新加坡进口其转运殖民宗主国的棉纺织品和印度棉纱为主的进出口商品结构。但自19世纪末20世纪初以来，厦门出口新加坡的商品由于茶叶贸易的日益衰退，而以土特产品的出口为主。从1870年到1901年，厦门运往该地区的茶叶从536公担增加

---

① 张楚琨：《陈嘉庚光辉的一生》，《回忆陈嘉庚》，文史资料出版社1984年版，第3页。

到 4225 公担。"厦门的茶叶贸易已经衰亡了,除了海峡殖民地的中国居民的消费而小量生产外,本地茶叶已基本停止生产。海峡殖民地的中国居民主要来自本省(福建),他们保留了对包种茶叶的嗜好。"甲午战争使台茶停止从厦门转运出口,因而厦门茶叶出口大大降低,"1901 年全部茶叶出口数量是 7017 担,除 29 担是运往美国外,其余都是为了海峡殖民地的中国消费者的。"① 出口到新加坡的商品,多数为布匹、纸张、果品、土豆粉等各类粉制品,还有零星的花生油和其他类植物油等日常生活用品,其中以纸品出口值最大,由于汕头纸品出口主要从闽西汀江流域运送出去,因而也可以看作是福建出口的纸品,如此看来,纸品出口新加坡是最大宗的商品之一。如 1919 年汕头出口新加坡的纸品为 42 万海关两,1927 年出口 58 万海关两,1931 年出口减少甚巨,只有 25 万海关两。②

同时,由于新加坡及马来亚、荷属印度、菲律宾群岛等地殖民经济的发展,新加坡橡胶、锡和石油的出口占据着新加坡出口产品的支柱地位。在 1915—1927 年间,这 3 种商品占新加坡出口总值的 2/5,在 1925—1927 年间,这一份额又上升到 3/5,这是橡胶出口的进一步快速增加以及石油贸易的突发性增长造成的。③ 厦门从新加坡进口的商品,也逐步地从甲午战前以转口英国及英属印度等国的棉纱织品及鸦片为主转向以当地的特色生产橡胶、胡椒、香料以及海参、墨鱼、干咸鱼等海产为主。④ 如 1919—1931 年间,厦门从新加坡进口的商品主要是鱼介类、咖啡等香物、各类染料、动植物、油蜡类,其他矿物油及橡胶制品等。到抗日战争前,厦门主要输往新加坡的土特产品有纸箔 253.56 万元、青茶 492 万元、虾干 4000 元、菜补 9.6 万元、水果 8.75 万元、蚊香 10.2 万元、蜜料 3.53 万元,1937 年抗日战争爆发后,除水果外,其余各类出口品均形剧降。⑤

---

① 戴一峰:《近代厦门社会经济概况》(1892—1901 年十年海关贸易报告),鹭江出版社 1990 年版,第 305 页。

② 蔡谦、郑友揆:《中国各通商口岸对各国进出口贸易统计》(民国八年、十六年至二十年),国立"中研院"社会科学研究院丛刊,第五种,商务印书馆 1936 年版。

③ [英] W. G. 赫夫著:《新加坡的经济增长——20 世纪里的贸易与发展》,牛磊译,中国经济出版社 2001 年版,第 71 页。

④ 聂德宁:《近代中国与新加坡经贸关系概述》,《南洋问题研究》1994 年第 1 期。

⑤ 厦门市档案局、厦门市档案馆:《近代厦门经济档案资料》,厦门大学出版社 1997 年版,第 232 页。

"一战"后至 20 世纪 30 年代以前厦门与新加坡主要进出口商品主要是日常生活消费品。①

2. 安南

近代以前,福建与东南亚地区贸易的主要国家之一是安南。历史上福建商人到安南进行贸易,带去本地的福建的丝绸、瓷器、茶叶、纸张、药材、书籍、草席及其他手工艺品;从安南进口的最大宗商品是大米,其次有水海产品、香料、珍贵木材及其他。鸦片战争以前,1831 年越南国王送已故彰化县知县李振青的眷属及遭风暴的难民回到厦门时,船上所载货物有燕窝、虾米、鱼干、肉桂、砂仁、沉香、象牙、犀角、黄蜡、白锡、乌木、锦纹木、白糖、白兔皮等物。② 近代法国对安南的殖民统治,使其贸易受到法国的控制。但作为与中国进行贸易联系的中转基地,安南与东南亚其他国家一样,也一直保持着对中国东南沿海地区的经济贸易联系。

就进口贸易而言,20 世纪以前,福州基本没有进口安南的商品,从 20 世纪初开始才有了少量进口;而全省进口大多数是经过厦门口岸进行的。但在 20 世纪之前,厦门从安南进口值可以说没有一定的规律可循,起伏非常之大,几乎每三四年都会有一次忽升忽降。如 1871 年将近 12 万海关两,1873 年上升到 32 万海关两,1874 年又跌为只有 6 万海关两,1877 年又上升到 45 万海关两,之后又下跌,到 1880 年下降到更低,只 4 万海关两,之后一直到甲午战前,除了 1881—1883 年、1888 年、1893—1894 年有所增长,超过 20 万海关两,1893—1894 年高达 50 万和 45 万海关两之外,其余年份多数在 10 万海关两之内,这种情况一直持续着。如甲午战后十年间,从 1894 年的进口高峰一跌而到约 20 万海关两,到 1897 年进口跌到有史以来最低点,只有 1 万海关两,两年后的 1901 年又上升到有史以来的最高峰,达 76 万海关两,1903 年又跌回到 2 万海关两。③ 民国建立以后,厦门从安南进口的商品数量不多,如 1919 年从安南进口 36531 海关两,1927 年上升至 17.8 万海关两,居进口市场第七位。之后,1928 年又跌落至 9.9 万海关两,1929 年则又回升至 15.3 万海关

---

① 蔡谦、郑友揆:《中国各通商口岸对各国进出口贸易统计》(民国八年、十六年至二十年),国立"中研院"社会科学研究院丛刊,第五种,商务印书馆 1936 年版,第 2—47 页。

② 苏水利:《厦门对外经济贸易志》,中国统计出版社 1998 年版,第 93 页。

③ *Amoy Trade Returns for* 1871—1904.

两，1930年稍降后，1931年又高达55.6万海关两，居进口市场的第十位。① 由于安南与缅甸和暹罗等国一样，均是主要的大米生产基地，因而一般都会有大量的大米运到福建，而遇到粮食歉收，从这些产粮国家进口大米就会显著上升。可以说福建与安南大米贸易的兴衰左右着两者之间的贸易发展变化趋势。大米进口值的变化情况，第一次世界大战结束后，基本没有从安南进口，到20年代的1927年，福州从安南进口大米22653担，共计93019海关两；厦门则进口23823担，计89333海关两，之后两年没有进口，到1930年时，进口量也非常少，只有厦门进口825担，计4000海关两。1931年进口43620担，共计21.5万海关两。另外，还从安南进口相当数量的煤，如厦门1919年进口2470吨，共计36531海关两，1927年进口5383吨，共计47426海关两；1928年进口10661吨，共计66428海关两；1929年上升至12347吨，共计79909海关两；1930年更升至18954吨，共计115634海关两；1931年进口23451吨，共计141914海关两。而福州从安南进口的煤相对较少，如1927年进口2100吨，1928年进口1700吨，1929年进口4164吨，1931年进口只有4125吨；分别计值11200海关两、10200海关两、40940海关两、44850海关两。②

就出口而言，在19世纪70年代至20世纪初年，福州基本没有出口安南的记录，20世纪初1901年、1904年才有少量进口。而厦门对安南出口在19世纪70年代至20世纪初年，基本上呈现起伏不定、总体下降的趋势。如1871年厦门出口98163海关两，日后几乎年年下降，1875年61979海关两，以后3年有所回升，1879年后又开始下跌，至1880年仅有17936海关两，1881年则没有出口统计，1882—1886年又有回升，但只有61982海关两，之后几年又趋下跌，到1894年为31322海关两。甲午战后的1895年为32149海关两，居出口国的第九位，1899年上升到40140海关两，1904年下降到11946海关两，居第七位。③ 民国建立后的最初十几年，厦门与安南之间的贸易基本处于停顿状态。1927年以后，才恢复了贸易往来，但数量甚少。除1927年出口达29986海关两外，其

---

① 蔡谦、郑友揆：《中国各通商口岸对各国进出口贸易统计》（民国八年、十六年至二十年），国立"中研院"社会科学研究院丛刊，第五种，商务印书馆1936年版，第2—23页。

② 同上书，第97、第159页。

③ *Foochow, Amoy Trade Returns for* 1871—1904.

他年份出口只有几千海关两。1930年出口只有950海关两，此后一般都在4000国币元以内。厦门沦陷后，1939年，安南也被日本占领。出口商品以纸品、土特产品为主。如1927年厦门出口安南纸及制品2821海关两，第二年则下降到1480海关两，而从闽西运至汕头出口到安南的纸品相对较多，如1919年出口43.5万海关两，1927年上升到119万海关两，1928年为119.2万海关两，1929年以后随着纸业的衰落，出口下降，从79.4万海关两下降到1931年的仅19.4万海关两。①

3. 暹罗

鸦片战争前，福建与暹罗贸易也是中国朝贡贸易的一部分。厦门很多商船到泰国贸易，一般是春去夏回，输出商品主要是丝绸、瓷器、草席和各类生活用品，运回最大宗的商品暹罗大米，此外，铅、锡、苏木及水牛皮等也是厦门从暹罗进口的主要物品。随着近代西方殖民主义侵入中国及东南亚，中暹朝贡贸易于19世纪50年代最终结束，而民间海上贸易也处于发展的低潮。聂德宁教授在《近代中国与暹罗贸易往来》中，把近代中暹贸易分为三个时期：一是1864—1900年缓慢发展阶段，二是1901—1924年平稳发展，三是1925—1941年迅速发展阶段。② 而近代中国与东南亚各国间的贸易以闽粤为主，就与暹罗间的贸易来讲，以广东为主，而福建则以与厦门为最繁盛。而就进口而言，从1971—1904年间，除19世纪90年代以前7年福州有少量进口外，其余全经厦门运入福建。出口方面，在1971—1904年间，福建对暹罗的出口除了1876年，福州出口值为65海关两外，其余无一例外地由厦门输出。③ 这样一来，通过中暹贸易的发展趋势以及厦门与暹罗贸易的分析，大体可以了解福建对暹罗之间贸易发展的大体情况。

从掌握的资料来看，鸦片战争以后，福建和泰国之间的贸易往来虽然没有停止过，但出口贸易额不大。甲午战争之前，厦门出口暹罗基本分两个阶段：1871—1884年间呈现绝对衰落状态。从不足13万海关两，一跌而为仅有2.3万海关两。从1885—1894年的10年间，出口值起伏不定，

---

① 蔡谦、郑友揆：《中国各通商口岸对各国进出口贸易统计》（民国八年、十六年至二十年），国立"中研院"社会科学研究院丛刊，第五种，商务印书馆1936年版，第505页。

② 聂德宁：《近代中国与暹罗贸易往来》，《南洋问题研究》1996年第1期。

③ *Foochow, Amoy Trade Returns for Each Year.*

略有回升，出口水平远远不如 19 世纪 70 年代初的水平。从 1884 年的 2.3 万海关两，到 1885 年的 3.3 万海关两，升至 1894 年的 7 万余海关两。①这主要是由于厦门出口茶叶贸易跌落所致。厦门出口暹罗的茶叶，1870 年为 713 公担，1873 年升为 912 公担，但 1881 年时，只有 478 公担了。随着厦门茶叶货源的被切断及国外的竞争，因而贸易额趋于下降，势不可当。这可以看出，甲午战争以前闽暹贸易实际上处于非常不景气的阶段，这可能与中国与暹罗贸易发展的趋势是相吻合的。近代以来，厦门从暹罗进口的商品主要有大米、芝麻、油饼、油果、淡菜干、对虾及后来的工业加工制品面粉、生皮、旧铁船等。但进口贸易值除了个别年份如 1876 年为 9 万海关两、1886 年为 12.8 万海关两、1893 年约 13 万海关两等稍微有所上升外，其余年份则基本呈现逐步下降的态势。从 1871 年的 9 万余海关两，稍升至 1876 年的 15 万海关两，到 1894 年时只进口 1.5 万海关两。②

甲午战后，1895—1900 年的 6 年间，厦门与暹罗的贸易无论进口还是出口均出现了更明显的下降趋势。1895 年出口值为 70534 海关两，约占出口总值的 2%，1900 年则降为 14934 海关两，之后个别年份有所上升，1904 年上升为 8 万余海关两，约占厦门出口比重的 4%，居当年贸易国和地区的第 6 位。但在民国时期，福建出口暹罗的货物只有供应侨胞的少量茶叶。③除茶叶外，运到暹罗的商品主要以饮食品与烟草为主，因此贸易后劲不足。1919 年，厦门出口暹罗的商品仅 131 海关两，1927 年增至 4491 海关两，但到抗战前几年，厦门出口值迅速降到几十海关两。同时，由于暹罗是广东潮州籍华侨移居聚集区，华侨与家乡之间的经贸联系自然多于其他区域，汕头的大量蔬菜、水果、烟草、纸品、石制品出口暹罗，因而这可能也是厦门与暹罗贸易不景气的一个潜在因素。福建出口暹罗的主要商品是闽西地区经汀江流域由汕头出口国外的烟草和纸制品。如 1919 年从汕头出口烟草 6032 海关两，1927 年上升至 52 万海关两，1928 年上升至 112 万海关两，1929 年升至 159 万海关两，1930 年有所下降，

---

① Amoy, *Trade Returns for Each Year*.

② 同上。

③ 陆大年：《民国廿三、廿四两年来福建之对外贸易》，载《福建经济研究》（下册）1940 年版，第 31 页。

为 66 万海关两，1931 年为 24 万海关两。纸品 1919 年从汕头出口 34 万海关两，1927 年上升为 41 万海关两，1930 年上升到 49 万海关两，从 30 年代开始，出口不断下降，1931 年只有将近 18 万海关两的出口。①

而进口值也从 1895 年的 16760 海关两下跌到 1900 年的 1066 海关两，从 1901 年开始迅速增加到 7 万余海关两，1902 年更增加到 65 万余海关两，1903 年又跌回 2 万余海关两，1904 年又有所回升至 21 万海关两。进口值起伏如此巨大，主要是由于当时厦门从暹罗进口的是大米，而大米进口主要依据福建年成好坏及粮食的丰歉程度。据海关统计资料记载，1902 年厦门洋米进口达约 130 万担，"本年因天气干旱歉收，故进口之米极盛"②。1907 年"粮食缘本土少产，进口颇多……洋米进口已值关平银 166.6 万余海关两，多运自暹罗安南"③。当时直接进口暹米不多，主要是从香港转运进口，如从 1927—1931 年间，有资可据的是只有 1931 年厦门从暹罗进口 1969 担大米，值 7888 海关两，其余年份均无进口。30 年代以后，厦门从暹罗进口大米、木材，致使抗战前夕的 1935 年进口值不断增加，达到 170 万国币元，占当年厦门进口总值的 11%，1936 年又下跌到 46 万国币元，1937 年更降至只有 2 万国币元。1935 年不仅厦门，而且福州从暹罗输入大米量也非常可观，当年"进口米谷，向以暹罗产品为大宗，本年共值 185.135 万元，回溯去岁之 147.9 万元"④。福州直接从暹罗进口贸易值为 178 万国币元，约占当年福州进口量的 26%，跃居福州进口国的第一位，而仅暹米一项进口总值就超过了当年直接进口值，可见暹米在福建对外贸易上的作用。而 1936 年、1937 年进口值分别下降到 19 万国币元、6 万国币元。⑤ 同时，也由于暹罗米的市场主要是香港和新加坡，因而转运进口的大米数量，也很大程度上影响到暹罗对福建贸易的发展变化。

4. 菲律宾

菲律宾群岛与福建贸易也相当久远（有据可考，在宋元时期就有闽人南渡到菲岛经商），近代以前贸易往来频仍。19 世纪末期之前，一直在西

---

① 蔡谦、郑友揆：《中国各通商口岸对各国进出口贸易统计》（民国八年、十六年至二十年），国立"中研院"社会科学研究院丛刊，第五种，商务印书馆 1936 年版，第 471、第 505 页。
② 光绪二十八年（1902）《厦门口华洋贸易情形论略》。
③ 光绪三十三年（1907）《厦门口华洋贸易情形论略》。
④ 民国二十四年（1935）《海关中外贸易报告》。
⑤ 周浩等：《二十八年来福建省海关贸易统计》，福建省政府统计室 1941 年版。

班牙的统治之下开展与各国的贸易。西班牙把菲律宾作为与中国进行贸易的中转站，同时，向中国输入西班牙和墨西哥产的葡萄酒、花边、扇子等商品。由于鸦片战争后福建向东南亚移民规模巨大，带动了双方贸易的发展。从厦门运往菲律宾的主要货物有武器、弹药、铸铁器、铁钉、薄纱织物、擦光印花布、马德拉斯布、瓷器、大米、糖、石油、猪油、茶叶等，每一艘船载运的货值5万至10万银圆。清代前期，厦门从菲律宾进口的商品主要是农副土特产品，除大米外，主要有珍珠、珍珠母、稀见的贝壳、金粉等贵重物品，丁香、胡椒、樟脑、肉桂、檀香、加龙安等香料与药材。燕窝、鱼翅、海参、紫茶、槟榔等食品，竹布、花布、洋布等纺织品，还有玳瑁、黄蜡、鹿皮、藤条、藤席和刀枪等。在嘉庆道光年间，大米是菲律宾运到厦门来的一项主要商品。鸦片战争以后，厦门和菲律宾仍保持密切的贸易关系。鸦片战争以后，从菲律宾可以获得珍珠、珍珠母、玳瑁、蜂蜡、海藻、石花菜、燕窝、海参、胡椒、西谷米、槟榔子、肉桂、丁香皮、苏枋木及其他木材。①

甲午战争前福建对菲律宾的贸易主要集中在厦门港。主要出口煤、植物油蜡及日常生活消费产品。从厦门出口菲律宾的贸易值来看，从1871年的17万余海关两，上升到1874年的27万海关两，又跌至1879年的15万海关两，1889年又升至33万海关两，1894年回落至20万余海关两。总体来看，这一时期出口贸易升降不定，出口总值多数年份保持在15万—25万海关两，19世纪70年代厦门从菲律宾进口货值一般在2.5万—6.5万海关两，民国时期常保持在20万海关两以上。甲午战争后的1895年开始下降至16万海关两，占厦门出口的4%，居五个国家之后的第六位（其中两个国家并列），1899年则降为最低，只有6万余海关两，到1904年也不足11万海关两，占厦门当年出口值的5%，居厦门出口市场的第五位。1919年，厦门出口菲律宾的商品值为14万海关两，菲律宾居厦门出口市场第五位，以后，厦门每年出口菲律宾的商品增加到40万—50万国币元单位，菲律宾在市场结构中也随之升到第三位。到1935年时，出口值约为72万余国币元，占出口总值的比重为19%，位居新加坡之后，上升为第二位。1937年出口菲律宾商品55万国币元，菲律

---

① 苏水利：《厦门对外经济贸易志》，中国统计出版社1997年版，第36—37、第92—93页。

第五章 全球化与区域化：市场结构（1895—1937）

宾市场再保持第二，1938年尚能维持每年出口30万—50万国币元之间。

在1904年以前，福州出口到菲律宾的货值很少。1915年，从福州口岸出口菲律宾的货物值1889海关两，占当年福州口岸出口总值的0.5%。福州出口值从1925年的95946海关两，下降到1926年的85369海关两，1927年出口值更少，只有13442海关两，1935年福州出口菲律宾货值为31532国币元，1836年只有5031国币元，1837年时则上升到28147国币元。福州沦陷后的1938年，出口更少，只有600余国币元。①

厦门从菲律宾进口的商品主要是动植物油蜡、糖和其他当地的土特产品。如木材及制品1919年厦门进口1266海关两，1927年进口24750海关两，1931年升至56012海关两。② 厦门从菲律宾进口值在1894年以前虽然起伏不定，如从1871年的4万余海关两，下降到1875年的2.7万海关两，上升到1878年的10万余海关两，又跌到1886年的16631海关两，又回复到1889年的67294海关两，1894年又跌回至17602海关两，但总体趋势已日见下跌。1895年甲午战争以后10年间，厦门从菲律宾进口明显减少，只有1900年、1901年、1904年三年进口的记载，绝对值也非常少。这一方面是因为美西战争在菲律宾发生，战火阻止了贸易发展；同时，也由于日据台湾市场的挤占。到1935年进口值升高，约17万国币元，占厦门进口总值比重1%，居第14位。在1871—1904年之前，福州除1882年进口17020海关两之外，其余年份无进口记载，到1915年也只不过进口121海关两，1916年进口688海关两，20年代中期，福州从菲律宾进口也只有几百海关两，最多上千海关两，1925年有587海关两，1926年675海关两，1927年也只有1069海关两，比重不足1%。到抗战前的1935年时，只有724海关两，1936年后有所上升，也只有几千元国币。可见在对菲律宾的贸易当中，福州不居重要地位。

总体来看，全省对菲律宾进出口贸易总值在甲午战争之前只占1%，而甲午战争后到1904年也只有1%，到抗战前的1935年也才占3%，居第十二位。1935年福建对菲律宾出口74.8万元（法币），占全省出口总

---

① ［日］野上英一：《福州考》，福州东瀛学校，昭和十二年（1937）八月版，第77页。说明：相关数据与福州直接与外洋贸易（包括复出口数）有些出入，但大体相当；周浩等：《二十八年来福建省海关贸易统计》，福建省政府统计室1941年版。

② 蔡谦、郑友揆：《中国各通商口岸对各国进出口贸易统计》（民国八年、十六年至二十年），国立"中研院"社会科学研究院丛刊，第五种，商务印书馆1936年版，第207页。

值的10.4%，仅次于香港、新加坡，居各贸易国（地区）第3位。①

祖籍同安的菲律宾华侨叶清池（崇禄）② 16岁前往菲律宾经营商业，后主要经营糖业，生意发达后，在菲属各埠开设分行，以后又发展到国内，分别在厦门、上海、香港、宁波设有分行。如菲律宾的怡朗有捷丰糖行、捷发布店、捷茂铸锅和米绞（碾米厂）；宿务有捷胜，岷里拉有捷隆，西黑人省有捷昌等六间商店，厦门有捷顺、捷记（钱庄），上海有捷裕，香港有捷盛，宁波有捷美，镇江有捷德等。其同胞弟因在厦门开设心记钱庄，之后自立门户，并与人合股开设大纶绸布店，又购买福建药房、淘化大同、福建造纸厂的股票，并任厦门商会的会董。

5. 荷属东印度

近代海关有统计资料以来，福建在1864—1887年间的主要贸易地区之一是爪哇岛，1888—1904年则为爪哇和苏门答腊，1904年以后称为荷属东印度。由于苏门答腊与福建的贸易主要是限于进口苏国物美价廉的煤油，而且数量较少。1901年，加里曼丹的煤油第一次进入厦门。厦门1903年、1904年开始进口苏门答腊油，价值分别为28万海关两和3万余海关两。福州则从1900年始与苏有贸易联系，但贸易货值很小。1900年进口为6212海关两，1901年为8682海关两，1902年为4225海关两，1903年为8825海关两。19世纪末期以来，由于苏门答腊的煤油为中国人所喜好，苏门答腊煤油进口的渐渐增加，闽苏贸易不断有所发展。福建出口苏门答腊的则很少。③因而，可以从爪哇对福建尤其是厦门的贸易情况来简单了解其发展趋势。

鸦片战争以后，厦门除了从爪哇岛进口传统物品大米、食糖、胡椒、檀香木、牛角、象牙、香料、燕窝、海参等，及白银源源不断输入厦门外，又增加了煤油、油饼、牛骨、旧铁船等新品种，还有一些日常杂货及滋补营养品；而从厦门出口到爪哇的自然也多是当地华侨比较喜闻乐见的一些家乡特产。在19世纪70年代以后到20世纪初从海关统计资料来看，

---

① 周浩等：《二十八年来福建省海关贸易统计》，福建省政府统计室1941年版，第42页。
② 《厦门文史资料》第23辑记载，叶清池生于1846年，1861年16岁时在海船上卖油条，一次意外开船而只身渡洋，到菲律宾的怡朗经营商业，成为家财万贯的富翁。
③ *Foochow Amoy Trade Returns for* 1871—1904.

福建（主要是厦门①）与印尼（爪哇）的贸易情况：进口值在甲午战前基本处于一个不断下降的状态，1871年15万余海关两，到1874年时降到9万余海关两，1875年又升至23万海关两，之后整体来看不断下降，到1894年厦门从爪哇进口只有6720海关两。甲午战后的一段时间内，厦门进口爪哇的贸易值仍然不多。1895年没有进口统计，1896年仅有5445海关两，1898年升为3万余海关两，1900年为将近2万海关两。1901年几乎没有，1902年后进口又增长为将近7万海关两。接下来两年又下降为只有千元左右的数值。民国时期，荷属东印度对厦门贸易日渐兴盛，经常处于厦门的最主要的五个进口贸易国家与地区的行列。如1919年厦门从荷属东印度进口商品价值38万海关两，1927年高达183万海关两，1928年更高达238万海关两，1929年有所下降，但仍高达230万海关两，到1930年时高达202万海关两，1931年更高达314万海关两。②从荷属东印度进口值经常占到厦门进口总值的10%以上。从抗战以前3年的情况来看，1935年时厦门从荷属东印度进口116万国币元，约占进口总值的8%，位居第六。1936年时增加到209万国币元，所占比重上升为16%，在德国、日本之后，位居第三。1937年则稍有下降，为171万国币元，所占比重为13%，进口国地位有所下降，但仍在香港、日本、德国之后，位居第四。1938年厦门沦陷后又下降到116万国币元。③

厦门从荷属东印度进口值的大大增加，主要是由于厦门需求当地供应的咖啡、茶、香物等各类饮品，各种植物粉及粉制品，糖品等，其中以糖品需求为最大宗。如第一次世界大战后的1919年厦门从荷属东印度进口糖只有1.2万担，1927年进口高达28万担，1928年高达40万担，1929年之后开始降落到35万担，1930年更降至31万担，1931年更降到只有24万担；而糖品进口价值在1919年、1927—1931年分别为5.9万海关两、169万海关两、202万海关两、182万海关两、176万海关两、225万海关两。进口糖品在厦门从荷属东印度进口总值中所占比重分别为15%，

---

① 因福州1871—1904年间只1889年、1893年两年出口分别为910海关两和3海关两之外，1888年只进口371海关两。因此只考察厦门。

② Amoy Trade Returns for 1871—1904；蔡谦、郑友揆：《中国各通商口岸对各国进出口贸易统计》（民国八年、十六年至二十年），国立"中研院"社会科学研究院丛刊，第五种，商务印书馆1936年版，第2—23页。

③ 周浩等：《二十八年来福建省海关贸易统计》，福建省政府统计室1941年版。

92%、85%、79%、87%、72%。其中除 1919 年外，多数年份都在 70%—90%，可见糖在厦门与荷属东印度进口贸易当中的地位。而仅就糖品进口而言，1919 年、1927—1931 年厦门糖品进口总值依次为 85 万海关两、187 万海关两、219 万海关两、210 万海关两、247 万海关两、353 万海关两，单从荷印进口糖品占厦门糖品总进口的比重分别为 7%、90%、92%、87%、71%、89%。可见 20 年代福建厦门从荷属东印度进口糖在福建糖品进口中也占据非常重要之地位。由于糖品及其他进口商品贸易值的增加，大大提高了荷属东印度在厦门进口市场中的地位。①

荷属东印度是厦门土货出口的主要市场之一。如在甲午战争以前，厦门对爪哇的出口贸易波动较大，但 1878 年以前除 1876 年外，其他基本处于升势，从 1871 年的 24 万海关两上升到 51 万海关两。之后进入相对低落的时期，1885 年后又有所回升，但 1887 年后又开始下跌，1890 年不足 21 万海关两，直到 1894 年以前，则又升至 40 万—50 万海关两。甲午战后又进入另外一个低谷期，从 1895 年的 50 万海关两，下降到 1901 年的 23 万海关两，后两年又有所回升，到 1904 年时恢复为 35 万海关两，约占当年厦门出口值的 19%，居新加坡台湾之后，居出口市场的第三位，以后不断发展。1919 厦门出口印尼的商品值为 237143 海关两，在出口市场中一直保持第三。20 年代后期，厦门出口到印尼的商品值都在 90 万海关两以上，如 1927 年高达 92 万海关两，1928—1930 年间稍有下降，基本保持在 91 万海关两，1931 年开始不断下降，达 67 万海关两，到抗战前，厦门出口荷属东印度的贸易值 1935 年共计约 47 万元（合 30 万海关两），占出口总值的比重为 13%，在新加坡、菲律宾之后，位居第三；1936 年为 48 万元（合 31 万海关两），约占当年出口总值的 12%，所占出口市场地位上升到第二位，厦门沦陷后出口则有所下降。②

这一时期，厦门出口荷属印度的商品主要为烟草，如 1919 年，从厦门出口到荷属印度共计 8.2 万海关两，1927 年上升至 34 万余海关两，

---

① 蔡谦、郑友揆：《中国各通商口岸对各国进出口贸易统计》（民国八年、十六年至二十年），国立"中研院"社会科学研究院丛刊，第五种，商务印书馆 1936 年版，第 133—137 页。

② Amoy Trade Returns for 1871—1904；蔡谦、郑友揆：《中国各通商口岸对各国进出口贸易统计》（民国八年、十六年至二十年），国立"中研院"社会科学研究院丛刊，第五种，商务印书馆 1936 年版，第 24—47 页；周浩等：《二十八年来福建省海关贸易统计》，福建省政府统计室 1941 年版，第 45 页。

1929年更升至37.9万余海关两，1930年之后不断下降，从34.9万海关两下降到1931年的13.7万海关两。另外，还出口少量棉布，各种制衣包括成衣、内衣及其他制成物件，鞋帽纸伞等。如在1919年时只从厦门出口到荷印的鞋帽纸伞类商品只有568海关两，到1927年时出口高达12.4万海关两，1928年更高达13.8万海关两，之后虽然有所下降，但仍是厦门出口荷属东印度的重要商品之一。① 从以上分析可见，荷印对福建贸易所占比重之大、地位之重要可见一斑。

另外，东南亚地区的缅甸也曾与福建进行着长期的贸易联系。但由于近代以来英国殖民者在缅甸进行连续不断的战争，19世纪80年代的1886年最终确立英印对缅甸的统治，直到1937年缅甸独立。由于大量的印度移民的介入，开始了英国在缅甸的殖民地经济的统治时期，使历史上曾经发达的中缅贸易处于非常低迷的状态。20世纪以来，稻米出口增速很快，其次是柚木和石油的开采及输出。因此在20世纪以前海关统计当中几乎没有与缅甸的贸易，民国以后尤其是到20世纪30年代以后和厦门才开始有贸易往来。1935年厦门出口缅甸值为21万国币元，在出口贸易国家中排列到第五位。1937年厦门出口缅甸商品值为20万海关金单位，仍列第五位。鸦片战争后只有少量的缅甸棉花、大米和其他物品进入厦门市场。1878年厦门进口缅甸棉花2216公担，之后基本没有进口统计。1935年厦门进口186万国币元，占当年厦门进口总值的13%，居日本之后，占第二位，但1936年则突降至12万国币元，进口值只占厦门直接进口总值的1%，到1937年时，厦门从缅甸进口只有6891国币元。由于日本对东南亚地区的侵略，造成缅甸出口的下跌，到抗战爆发后的1940年为124万国币元，几乎为当年进口总值的1/5，又重居第一位。

而东南亚各国新加坡、菲律宾、安南、暹罗、爪哇在近代福建对该五国贸易总值中所占的比重不断发生着变化。在福建与东南亚五国贸易中，新加坡所占的比重从19世纪70年代平均约占30%，上升到80年代平均占49%，而在90年代上半期，则上升到58%；从1895年开始的五年平均所占比重上升到68%，20世纪初5年比重有所下降，但仍占到57%。1919年占东南亚各国对福建贸易总值的58%，1927年之后所占比重不断

---

① 蔡谦、郑友揆：《中国各通商口岸对各国进出口贸易统计》（民国八年、十六年至二十年），国立"中研院"社会科学研究院丛刊，第五种，商务印书馆1936年版，第472、572页。

下降，但此后 5 年平均约占百分比为 37%。抗战爆发前，基本上平均保持在 37% 左右。另一个相对重要的地区是爪哇（荷属东印度），在 19 世纪 70 年代 9 年平均约占 31%，高于新加坡，从 19 世纪 80 年代开始一直到甲午战争以前，所占比重较前下降，平均为 19%；从 1895—1904 年 10 年间，比重更加下降到平均为 13%，1919 年又回升至 25%；1927—1931 年 5 年间由于糖品进口增加，所占比重大大增加，平均高达 45%。这 5 年超过了新加坡对福建的贸易总值。菲律宾所占比重在 1895 年以前多数年份在 10%—20%，1895 年以后，比重不断下降，多数年份只在 10% 以内。而安南对福建的贸易在 19 世纪 80 年代以前，除个别年份低于 10% 以外，其余年份保持在 10%—20%，平均达 13% 左右。1885—1904 年间，除 8 年对福建贸易所占比重增长波动较大，以 10%—20% 居多，但有些年份高达 74%，除此之外，其余年份均不足 10%。1919 年以后，所占比重不大。暹罗对福建的贸易总体来看，除个别年份贸易比重达到 20%—30% 外，其余年份均在 10% 之下。①

若从五国与福建的贸易总值占福建对外洋贸易总值的比重变化来看，我们似乎更能清楚东南亚各国在福建对外贸易市场结构中的地位变化情况。19 世纪 70 年代到 19 世纪 80 年代中期东南亚五国在福建对外洋贸易总值中所占的比重从不足 6% 到 10% 之间徘徊，从 1887 年开始直到甲午战争之前，所占比重在 10%—13% 之间波动，平均约占 11%；1895—1904 年 10 年间，除个别年份比重稍高外，多数年份在 10% 以下；"一战"结束后的 1919 年五国所占比重为 12%，到 1927 年时比重升至 16%，1931 年高达 20%，到抗战前夕的 1935 年比重升至 32%，到抗战爆发，虽有些下降，但仍保持在 24%。

由此我们可以看出，东南亚各国在福建对外贸易中处于一个相对增长的态势。为什么福建对东南亚的贸易整体上来说不断增长，到民国时期比重越来越大？1894 年甲午战争前所占比重相对较小。战后十年比重也不大，之后比重日益加大，这主要与东南亚地区的华侨移民对当地的开发及其对家乡商贸关注，并不断汇款回国支持有很大的关系。有关东南亚华侨

---

① *Foochow Amoy Trade Returns for the years* 1871—1904；1919—1931 年自蔡谦、郑友揆《中国各通商口岸对各国进出口贸易统计》（民国八年、十六年至二十年），国立"中研院"社会科学研究院丛刊，第五种，商务印书馆 1936 年版。

对福建近代城市、社会经济的作用,很多学者均已做过探讨。① 近代福建、广东大量的华侨移居东南亚地区,并形成了甲午战争前后到20世纪30年代出国的高峰期。《东南亚华侨通史》记载:以中国南方主要的移民港口为例,向海外移民总人数,汕头港口在1922—1930年间年平均人数近18万人,其中最高年份1927年达到234891人;厦门港在1922—1928年间年平均人数近12万人,最高年份1926年达到233022人。经香港移向海外的中国移民人数,1922—1930年年均达到近19万人,最高年份1927年达到285593人。② 经由香港移民海外的多数是闽粤华侨。戴一峰教授研究指出,近代以来福建华侨出入国分为三个阶段:第一时期,1841—1890年是出国的迅速发展期,出或入趋于同步增长,出国人数净增长尚不大;第二时期,1891—1930年是华侨出国的高潮期,出国人数曾经两次起伏,但总趋势是迅速增长,出国远超过回国人数;第三时期,从1931—1949年是出国的低潮期,期间回国人数两度超过出国人数。③ 这与福建对东南亚贸易发展相吻合的是,甲午战争以前,东南亚地区在福建对外贸易中所占比重相对较小,而甲午战争后十年慢慢发展之后,到20世纪初特别是第一次世界大战以后到30年代初所占比重不断增长。这可以很清楚地看出,期间华侨在福建与东南亚贸易发展过程中起到相当重要的作用。有关这一点戴一峰教授指出,从厦门口岸移出的闽南华侨很多,这就在东南亚地区形成一个特殊的消费市场,因为这些华侨对来自家乡的某些商品(主要是食品和日用品)保持着一种特殊的嗜好,因而大量的土货如茶、糖、粗瓷器、伞、纸、面线、铁器等商品在甲午战争以前就是主要畅销东南亚的;而大量的华侨汇款汇回侨乡,也影响着厦门及周边地区对洋货进口的消费偏好。这在侨居地形成了具有地方特色的消费市场,"正是由于海外移民侨居地消费市场的存在,使闽南地区与东南亚的贸易在该地区对外贸易中一直占着极重要的一席,尤其是出口贸易方面。据厦门海关贸易统计,19世纪后期,闽南地区经由厦门对东南亚的出口贸易一直占其出口贸易总额的15%—50%。20世纪以降,由于茶糖两项出口

---

① 戴一峰:《区域性经济发展与社会变迁》,岳麓书社2004年版。陈衍德:《论民国时期华侨在厦门经济生活中的作用》,《中国社会经济史研究》2000年第2期。
② 吴凤斌:《东南亚华侨通史》,福建人民出版社1994年版,第642页。
③ 戴一峰:《近代福建华侨出入国规模及其发展变化》,《华人华侨历史研究》1994年第2期;戴一峰:《区域性经济发展与社会变迁》,岳麓书社2004年版。

欧美产品贸易的衰落,闽南地区出口贸易几乎靠对东南亚的出口贸易维持,其所占比重常年保持在70%—80%,至30年代更攀升到90%以上"①。

表5-2-1　东南亚五国在福建直接对外贸易总值中所占百分比

年别	五国总值[A]	福建总值[B]	五国%[A]/[B]	年别	五国总值[A]	福建总值[B]	五国%[A]/[B]
1871	1271992	22084584	5.76	1893	2753241	21378005	12.88
1872	1915919	23190667	8.26	1894	2630695	22187011	11.86
1873	1944295	22469503	8.65	1895	2261767	22989515	9.84
1874	1744438	25618842	6.81	1896	2549514	23934628	10.65
1875	1773925	23115291	7.67	1897	1737556	21451102	8.10
1876	1734751	20828464	8.33	1898	1977939	23954001	8.26
1877	2137067	21841201	9.78	1899	3510308	26833704	13.08
1878	2012570	21341309	9.43	1900	2200118	23187789	9.49
1879	1550671	20190145	7.68	1901	1955102	21874095	8.94
1880	1398644	20985272	6.66	1902	3161818	25826219	12.24
1881	1602305	21550675	7.44	1903	1871512	25877228	7.23
1882	1702281	20586318	8.27	1904	8720816	28900214	30.18
1883	2026451	20620780	9.83	1919	2602472	21253936	12.24
1884	1827554	21026308	8.69	1927	6620644	42695821	15.51
1885	2016415	22664970	8.90	1928	6725560	43002348	15.64
1886	1973017	22015469	8.96	1929	7127074	44300691	16.09
1887	2067251	20358776	10.15	1930	8985607	41335623	21.74
1888	2306964	23002309	10.03	1931	8303165	41204780	20.15
1889	2061696	18871891	10.92	1935	9202491	28925028	31.81
1890	1836439	16928155	10.85	1936	7083151	27058444	26.18
1891	2056553	17391051	11.83	1937	7314163	30524734	23.96
1892	1944640	19278066	10.09				

资料来源:根据表5-1-3统计表计算而得。说明:单位:1871—1874年是两,1875—1931年是海关两,1935—1937年是国币元。

同时,华侨大量出国对移出地,即侨乡商业的影响值得关注。据学者估

---

① *Amoy Trade Report and Returns for the years* 1864—1940.

算，尽管当时侨汇用于投资工商企业只占其中的很小一部分。1905年至1938年，进入厦门的46126亿元侨汇中，投资于工商企业的只占总数的2.51%。① 但从有关记载中得知，厦门商业在民国时期相当发达。据1931年调查，厦门城区的商店共有10718家，而当时的城区面积仅为1平方公里左右。② 又据1933年调查，厦门城区（不包括鼓浪屿与禾山区）的从业人口共计56371人，其中商业9215人，店伙15012人③，分别占16.35%和26.63%，位居第二和第一。换言之，当时厦门城区的从业人口中有40%以上是属于商业领域的，"促成厦门商业如此兴盛的，的确是华侨的力量"④。"因为侨汇使用主要是消费性的。"⑤ 另据《厦门华侨志》记载，自1875年至1949年的70多年间，华侨先后在厦门投资开设的商号中，资金较雄厚的有300多家，经营范围涉及进出口贸易、茶叶、棉布、五金、化工、医药、客栈、粮油、糖等20多个行业，其中经营进出口的商行，到1949年9月尚有16家，投资额折算金圆券20余亿元；棉布业有14家，投资额30余亿元；西药业7家，投资额28亿元。⑥ 除直接经营进出口的商号外，其他的商号所经营的商品以棉布和西药为最多，均是进口最大宗的商品。可见，华侨在厦门对外贸易中的重要地位是不可忽视的。

近代福建与东南亚贸易当中，福建商人经营进出口贸易的也很多，同时，随着与东南亚地区移民、侨汇等经济社会联系的加强，一些民信局兼营与侨乡之间的进出口贸易。如1936年2—3月吴承禧在厦门调查发现，侨批局除兼营寄信款外，还兼营纸箔、粉丝、布匹及其他华侨需用杂货之出口生意之信局有一二十家。⑦

---

① 《厦门华侨志》编委会编：《厦门华侨志》，鹭江出版社1991年版，第155页。
② 厦门市档案局等：《近代厦门经济档案资料》，厦门大学出版社1997年版，第83页、第119页。
③ 同上书，第647页。
④ 厦门市档案局等：《近代厦门经济档案资料》《1931—1933年厦门商业概况》，厦门大学出版社1997年版，第83页。
⑤ 章振乾等：《福建主要侨区农村经济探论》，《厦门大学学报》（社会科学版）1957年第1期。
⑥ 《厦门华侨志》编委会编：《厦门华侨志》，鹭江出版社1991年版，第157页。
⑦ 吴承禧：《厦门的华侨汇款与金融组织》，载国立"中研院"社会科学研究所主办《社会科学杂志》第8卷，第2期，1936年版，第223—224页。

第六章

全球化、区域化与经济变迁

福建对外贸易的发展，一方面破坏了自给自足的自然经济，促进了商品经济的发展，另一方面也使福建经济更加殖民地化。[①] 这是对于近代中国日益受到资本主义经济全球化影响的基本判断。正是在经济全球化影响下，在对外贸易的带动下，在自给自足的自然经济解体过程中，对外交通运输格局发生变化，内地商业逐步发展引起市场结构发生转化，为贸易服务的融资行业，与贸易互促互利的各个产业不断发展。但是半殖民地半封建的经济性质决定了这种经济变迁不会带来真正的经济发展，经济发展更需要地缘经济的互相调剂和补充。

第一节 交通运输业

福建对外贸易历史悠久，与国外的贸易商道久已形成。晚明时期就曾开辟了从福建厦门到日本、东南亚、经东南亚再到日本转回厦门3条海上航线。清乾隆年以降，更开辟了东洋、东南洋、南洋、西南洋的航线[②]。

[①] 厦门大学历史研究所、中国社会经济史研究室编：《福建经济发展简史》，厦门大学出版社1989年版，第340、第343页。

[②] 苏水利：《厦门对外经济贸易志》，中国统计出版社1998年版，第111—112页。郑成功时代海上航线有3条：一条从厦门到日本长崎；一条通咬留吧（今印度尼西亚雅加达一带）、东京（今越南河内与海防一带）、广南（今越南岘港）、暹罗、马尼拉、柬埔寨、柔佛、北大年等处；一条从厦门载运中国货物运往东南亚各地销售，换取香料后运往日本，再由日本换取金银或军需物资运回厦门。清前期东洋航线：贸易国家有朝鲜、日本、琉球。东南洋航线有菲律宾的吕宋、苏禄、班爱、呐哗单（今棉兰老岛北部的达比丹）、猫里雾（今棉兰老岛南北三宝颜二省）、莽均达老（在棉兰老岛上）；南洋航线：越南（此今越地北部）、占城（今越南中南部）、文莱、文郎马神（今印尼加里曼旦岛马辰）、暹罗（指当时首都阿瑜陀耶，在今曼谷以北）、六昆（今泰国那空是贪玛叻）、宋居劳（今泰国宋卡）、赤仔（在宋卡西南）、大呢（今泰国北大年）、麻剌甲

鸦片战争后，香港割让给英国，并设为自由港，香港作为中外经济联系的中转地发挥着非常重要的作用，尤其是在福建外贸市场结构中长期占据第一位的英国，其进出口的绝大多数商品由香港转口。这与甲午战前中外各国不断开通与香港间的航运有关。另外，直达欧美各国的航路及传统的与东南亚各国的航线也在继续，但均屈居于和香港之间的商道之下。

日本割占台湾，使台湾成为中国与日本进行商业贸易联系的基地和中转站。甲午战前闽台之间的传统民船贸易开始被中外各国新开辟的轮船贸易所代替，台湾成为福建与日本、福建与东南亚各国进行中转的另一个基地。

福州、厦门均有各国开通的国内外海航线，或者东南沿海外海航线的停泊地。1896年，厦门有30多家洋行经营轮船代理业，从民国初年一直到30年代，厦门港更成为福建省国内外海运活动的中心。厦门的船舶进出的总吨数，不论国轮还是外轮均占全省第一位，外轮更显突出。20世纪初，厦门港的沿海和远洋航运，主要由大阪商船会社、德忌利士轮船公司、太古洋行、渣华洋行和中国的招商局来经营。以德忌利士、太古和渣华等为中坚力量的外国轮船六公司称为"六和公司"，垄断、控制厦门海运长达数十年之久。[1] 1931年，厦门航行香港及国外的船行有10家，共拥有轮船57艘。1936年，外轮航线有英商"太古洋行"的沪—厦—港—粤航线，荷兰"渣华轮船公司"的香港—厦门—南洋群岛—爪哇航线，英国"和记洋行"的厦门—南洋群岛—新加坡航线，"和丰"厦门、缅甸、新加坡航线，日本"大阪商船会社"的港—汕—厦—台航线。[2] 民国时期编著的《大中华福建省地理志》指出，福建轮船航路以福州为交通中心点，除运茶轮船直达欧美者外，通香港和台湾的外海航线，到香港的"英国轮船由三只今减为二只，每周一回，寄泊厦门汕头二处"。到台湾的"大阪商船会社之湖北丸、基隆丸二周一回，石田洋行，海顺丸通福州基隆"。还有到上海、三都澳、兴化、泉州的内海航线。其中到上海的航

（今马六甲）、柬埔寨；西南洋航线：这条航线上厦门商船的主要贸易国是日本、吕宋、苏禄、越南、暹罗、英国等。当时厦门从事海上运输的船只分为四种：透北（以向北方各港为主）、过台（从事台厦贸易）、广拨（向南各港口）、出洋（从事国外贸易），后两者货船都以贩运洋货为主。

[1]《厦门交通志》编纂委员会编：《厦门交通志》，人民交通出版社1989年版。

[2] 陈永成：《老福建：岁月的回眸》，海峡文艺出版社1999年版，第50页。

线，是连接大陆、台湾间的航线，"招商局有海晏、新济轮船，日本大阪会社之打狗大连线，亦经福州上海间"①。以厦门为交通中心点，除运茶船直达欧美外，上海香港间的航线经由厦门，"太古洋行由上海赴香港船必泊厦门，往来甚便。"② 同时，中外航运公司开辟近海航线如到厦门泉州、厦门安海、厦门漳州等地以便利与内陆腹地的商品运输。民国时期有人指出，对外洋航线，"战前福州、厦门两处经营者有英商太古洋行、怡和洋行、德忌利士洋行、和丰洋行、日商日清公司、荷商荷印公司、华商之国营招商局、三北轮埠公司、华安公司等，其他转营租赁船舶航行之公司，尤不胜枚举，与我国沿海重要口岸及日本、香港、菲律宾、新加坡等地均有航线相通。抗战开始后，海口封锁，近海外海航运俱受严重打击"③。

总体来看，1895—1937 年间，福建对外贸易商路主要有三。

一 福建—日本或福建—台湾—日本

日本占领台湾后，力主开发闽台航运，以发展福建与日本及台湾之间的贸易联系和劳务流通。

1. 台湾总督府代表日方，主力经营台湾与中国东南沿海的航运，主要是由日本大阪商船航运公司经营

1899 年，日本大阪商船航运公司在台日本总督府的支持下，①开辟淡水—香港航线，开城丸、天草丸独占台厦航线，负责台湾北部与大陆南部的交通贸易往来。②开辟了打狗—广东线，每两周定期航行一次，即周三从打狗起航，经汕头、香港至广东；周四从广东出发，经香港、汕头、厦门返回打狗。主要为基隆香港线而设，同时，联系着台湾南部与大陆南部的贸易往来。③1905 年，有日本大阪商船公司一艘汽船，航行于福州、厦门、淡水之间的定期三角航线，至 1908 年停航，仅留基隆与福州直达航线，然航期不定，且船只时常更换。台湾总督府于 1911 年、1915 年、1923 年、1928 年等几次指令下达台湾交通部，维持闽台之间航运。1911 年时命令开通 4 条航线。

---

① 林传甲：《大中华福建省地理志》，中国地理学会 1919 年版，第 161 页。
② 同上书，第 162 页。
③ 朱代杰、季天祐：《福建经济概况》，福建省政府建设厅 1947 年版，第 199 页。

表 6-1-1　　　　　　　　台湾总督府 1911 年命令航路

航路	寄港地	使用船数	月航次	使用船命令吨数	速度	船名	总吨数
淡水—香港	厦门汕头	2	4	1500	10	大仁丸 大义丸	1576 1568
打狗—广东	安平厦门汕头香港	1	2	1500	10	苏州丸	1805
打狗—上海	淡水基隆福州	1	1.5	1500	10	抚顺丸	1811
福州—香港	厦门汕头	1	2	1500	10	长春丸	1808

资料来源：福建省档案馆、厦门市档案局编：《闽台关系档案史料》，鹭江出版社 1993 年版，第 449 页。

表 6-1-2　　　　　　　　台湾总督府 1915 年命令航路

航路	碇泊地	使用船数	年航次	使用船舶		
				总吨数	时速	乘客人数
华南甲线	基隆厦门汕头香港广州	2	48	1500	10	200
华南乙线	高雄厦门汕头香港广州	1	24	1500	10	100
华南丙线	基隆福州	1	24	1000	10	100
华北线	高雄福州上海青岛大连	2	24	1500	10	100

资料来源：福建省档案馆、厦门市档案局编：《闽台关系档案史料》，鹭江出版社 1993 年版，第 450 页。

由表 6-1-1、表 6-1-2 可以看出，晚清时期，台湾总督府命令航行的航线，主要是连接出口港香港、广州、上海对台的经贸联系的，而通过在其他口岸如广东汕头、福建厦门、福州、安平等港寄泊以联络当地的货物、劳务的输送。到 1915 年时，台湾对大陆的交通线扩展到一些华北港口，4 条航路在华南的停泊地基本没变，均通过福建福州或厦门。这 4 条航线的开通，是在原来航路不断调整的基础上进行的。1905 年，日本大阪商船公司开通了福州—厦门—淡水间的三角航线，"该航线以一只汽船回航于福州、厦门、淡水之间"。1909 年停航后，福州、台湾间的直达航线一时中断。1911 年，该公司开辟了高雄—上海航线，1912 年改为高雄—大连线。同时，基隆—福州间也开有直达航线，但该航线所使用的船只时常变更，最近因只有 2 只船（湖北丸和基隆丸）两星期才来回一次，而且，又因气候及其他事故，经常未能按时航行，两地间的交通目前颇为不便。① 1917年9月，"台湾的石田洋行以顺丸（254吨）航行于基隆淡水—福州之间，运送来自台湾的邮件，多少方便一些，但最近该航线被废止，福州与外洋之间的交通又变得很不方便了。不过大阪商船公司的高雄—大连线可以把基隆中转站的杂货输入该港，又可从当地装运以木材为主的货物输往中国北部和台湾。此外，三井物产公司的临时船只也有从台湾输入煤炭，还有台湾籍民的帆船也有不少是航行于基隆及其他各港口之间的"②。

相比而言，厦门与台湾之间的交通更为便利。1917年，厦台主要航线有：第一条：香港—基隆线，一周两次，主要运营的两船为天草丸（2526吨）、开城丸（2084吨）。航运路线为：往航线为香港—汕头—厦门—淡水，返航线则为淡水—基隆—厦门—汕头—香港。第二条：广东—高雄线，两周一次，主要由苏州丸（1085吨）运营，航行路线为：往航广东—香港—汕头—厦门—安平及高雄；返航线为安平及高雄—厦门—汕头—香港—广东。也就是说，厦门基隆间1个月连续有10次航班，比起基隆、福州间往返仅两周一次可说是天壤之别。"如作者在厦门逗留期间，看到一天有3只大阪商船公司的汽船陆续进港，其他厦门、台湾间每旬有一次城津丸的自由航行，但该船很少从厦门转航福州再从福州返航台湾。"③第三条：基隆—爪哇线，中途停厦门港。每周定期航行一次，航线为基隆—厦门—香港—马尼拉—山打根，平时由荷籍商船使用。④

"一战"时期，日本加大了对福建的贸易联系，不断开通闽台航线。1918—1935年间，大阪商船株式会社在海后路开设的厦门公司，经理为陈学海，经营大陆与台湾之间航运。到1923年时，台湾总督府命令开通的航路有：①华南甲线即基隆—香港线，基本情况与以前相同，一周一次，由天草丸、开城丸两船营运，分别实际载重2356吨及2019吨；②华南乙线即高雄—广州线，途经高雄—厦门—汕头—香港—广州，回航由广州—香港—汕头—厦门—高雄，依然两周一次，但航船主要是交通丸、温州丸，实际吨数为1549吨和1165吨。③华南丙线即基隆—福州线，二

---

① 福建省档案馆、厦门市档案局编：《闽台关系档案史料》，鹭江出版社1993年版，第454页。

② 同上。

③ 《福建事情》，第六章"交通"，外务省通商局、启成社1917年版。

④ 《厦门港史志》编纂委员会编：《厦门港史》，人民交通出版社1993年版，第35页。

周一次，湖北丸营运，实际载运吨数为2610吨。④华北线即基隆及高雄—大连天津线，高雄—基隆—福州—青岛—大连—天津；回航途经天津—大连—青岛—福州—基隆及高雄，两周一次，盛京丸、华阳丸营运，实际载重分别为2565吨、4363吨。⑤南洋丙线即基隆—香港线，两周一次，途经基隆—厦门—汕头—香港，香港—汕头—厦门—基隆。营运船只为大华丸和第一南洋，分别实际载重2197吨、1274吨。到1928年时，第一条航线，经由汕头改为广州；第二条航线也不再停泊汕头；第三条航线原由基隆通福州，现改通厦门，途经福州，所谓的"键之手"航线，由"大球丸"号航行，且航行次数由原来两周一次改为10天一次；第四条航线基本未变，只是由两周一次，改为10天一次，营运船只由2只加为3只，分别为盛京丸、长沙丸、福建丸，分别载重2565吨、2540吨、2568吨；第五条航线不再开通。1935年时，前三条航线基本不变，而第四条航线则改为高雄基隆途经福州到上海。

除了闽台之间的航线之外，1929年，大阪商船株式会社开辟了日本与厦门间的直达航线，到1936年放弃，改行日本到东南亚的航线。

从闽台之间航运的不断变化看，福建尤其是闽南的厦门与台湾的交通日益便利，也意味着两者之间贸易联系由于日本的介入而发生的变化。这说明，日本政府非常重视闽台之间或经由台湾转运福建的商贸联系。其中一些航线沟通了台湾与香港的直航，是造成日后商品多从台湾直接进出而不再转运厦门的原因，造成台湾与福建间贸易的衰落，而一些航线更加便利了福建与香港之间的联络，使欧美包括东南亚地区通过香港中转对中国大陆包括福建的贸易更加畅通。可以说，这些航道对福建对外贸易联系起到非常重要的输送管道作用。

2. 英商开通的闽台航线的消失

1867年，英商德忌利士火轮公司，又称道格拉斯轮船公司，在厦门—台湾间开辟一条辅助航线，一轮"台湾"号不定期航行于台厦之间，后因无高额利润而转让给日本人。19世纪70年代，厦门港有4艘轮船（包括航行台厦的台湾号），日本占领台湾后，该公司在台厦间航线消失。

3. 中国招商局开通的闽台航线

早在甲午战争以前，外国轮船公司开始开通福建与外洋航线的同时，1885年，国内轮船招商局招商分局在厦门建造趸船，自成立至1894年，开通香港—福州航线，途经香港—汕头—厦门—福州，有5艘轮船经营此线，其中2艘兼航厦门与台湾之间。① 20世纪初，招商局轮船进出厦门港的计有12艘轮船，主要航行香港、汕头、福州、上海、台湾等地。1937年3月28日，招商局轮船公司开办厦门与马尼拉间快运。

4. 民营的闽台航线

1904年，福安县商人在福州创办大安轮船公司。开始时，航船只行驶福州、三都澳之间，运载闽东茶叶至福州加工。茶季过后，则行驶福州至上海及台湾基隆等地，业务繁盛，遂又购置福兴、健康、安宁3艘，并租用丁江、建新、福利3艘，共7艘，分别行驶闽浙沿海及上海、台湾各航线。继大安轮船公司之后，在福州又先后创立轮泰、和安、共和、常安等轮船公司。1927年，福州电气公司刘家兄弟，合资组织刘正记轮船公司，购置1艘千吨级轮船，专运台湾煤炭至福州。越3年又租用两艘大船，连同自置1艘，共达4300吨位左右。

二 福建—欧美或福建—香港—欧美

联系欧美各国的航线除直达之外，最重要的就是闽港航线转运达世界各地。这些航路主要是由欧美国家经营。

（1）厦门—美洲线。1915年，丹麦"巴拿马"号轮船由美国得克萨斯州运煤油首次经巴拿马运河到厦门。

（2）上海—厦门—广州—香港线。1916年起，英太古洋行轮船每星期定期往返沪港之间，途经厦门、广州。1927年，航行此线的船只总吨位为2.36万吨。1936年，太古轮船公司太原、济南两轮航行上海、厦门、香港、广东。固定班次为每周五1艘由厦门开往上海，1艘由厦门开往香港、广东；另庆元、嘉应、广东、广州等轮于每周一由香港经厦门开往上海，安庆轮航行厦门、吕宋之间，每10天1班；安徽、安顺航行厦门至实叻（新加坡）、槟城，每14天一班。

（3）香港—汕头—厦门—福州线。由英商德忌利士火轮公司，又称道格拉斯轮船公司（1863年在香港成立）开通，初有3艘轮船定期航行于香港—汕头—厦门—福州之间。

（4）香港—厦门线。英商德忌利士火轮公司，又称道格拉斯轮船公司，该公司于1881年开通香港—厦门线，每4天一班到厦门。为保持航

---

① 蒋福媛主编：《厦门交通志》，人民交通出版社1989年版，第32页。

线，公司（旗昌洋行代理）与厦门茶栈商人签订三年合同，凡茶叶出口均由该公司承担，并以每25箱茶叶为一件收洋银一角的低价包运，茶商搭乘该轮往台，每人收洋银4元。日本占领台湾后，该公司经营的台厦航线消失。

三 福建—东南亚或福建—新加坡—东南亚

福建与东南亚的贸易联系，随着世界形势的变化日益重要。历史上非常发达的南洋航线到近代以来不断发展，尤其是甲午战争后到抗日战争爆发前，东南亚殖民地经济的不断发展对华工需求的日益增多，造成大批福建华侨出国，加上华侨经济的发展成熟，推进了福建与东南亚之间的客、货运输联系。福建与东南亚间的航线，中外商人踊跃开办，尤以华侨为要。

1. 外商经营的东南亚航线

由英国商人经营的有：①英商太古轮船公司开辟福建与南洋航线。英商太古轮船公司为英商中国航业公司远东经理处，创立于1867年，资本100万元。1872年太古轮船公司在英国伦敦正式注册登记。总行设在伦敦，上海、香港、厦门设分行，共有货轮40艘。厦门港的代理为太古钿记公司。开辟的航线有新加坡—香港—汕头—厦门，主要轮船有"安徽"、"安顺"、"贵阳"、"安庆"、"安东"号；南北洋联合线，拥有"岳州"、"云南"、"海口"、"湖北"、"成都"、"浙江"、"重庆"和"庐州"号等；②和通轮船公司的厦门—汕头—实叻—槟榔屿—仰光线。主要有"丰庆"、"丰平"号；怡和轮船公司的南北洋联合线，主要有"富升"、"日升"号；③和记洋行的厦门—实叻—槟榔屿—仰光—加里吉打—印度线、厦门—爪哇线，主要有"德利华"、"大金马"、"大马鸭加"号等；④安记洋行的厦门—吕宋线，主要有"四山马"、"都洗洛"号等；"永茂生"的厦门—实叻—槟榔屿—加里吉打线，则拥有"南生"、"金生"、"浩生"号等7艘轮船[①]；⑤英商德忌利士火轮公司，又称道格拉斯轮船公司，于1935年开辟厦门—南洋线，公司五轮的主要线路至新加坡、槟城、仰光等地，每轮31天来往一次。

[①] 上海市轮船同业公会编：《航业年鉴》，第12—19页；《1930年厦门港航运概况》，《近代厦门经济档案资料》，厦门大学出版社1997年版。

荷兰主要由渣华银行经营：①厦门—东南亚（爪哇）荷属东印度之间的航运早在甲午战争之前，首先由渣华洋行，又称"鸭家"开通（渣华洋行的船名都冠以"鸭家"，故称）。1837年，该行轮船始航于厦门港，泊港时卸下爪哇糖，返航时装载茶、烟、酒、面粉、纸伞等；②1901年，重新组建的荷兰轮船公司按照爪哇政府的命令，该公司以爪哇为基点，经营中国与日本间的运输，厦门为停靠处之一，公司地在鹭江道，业务先由太古洋行代理，后由安达银行兼理。由厦始航有东西航线：西航线直往加腊巴（雅加达），航行港埠有井里汶、北加浪、三宝垅、泗水、直葛等地，每轮42—45天航行1次。东航线直往孟加锡，航行港埠有马尼拉、泗水、三宝垅、答厘巴板、万鸦老等地；③1926年在厦门设行，公司拥有万吨轮船七八艘，同时代理荷兰K. P. M轮船公司的"金马"、"万福士"号2艘远洋轮船，开通该厦门—南洋航线，长期航行于厦门与吕宋、爪哇、望加锡、苏门答腊、槟榔屿的航线，所经的商埠达13处之多，故也称为"十三港船"①；④1936年，该公司又开辟了新加坡—香港—厦门线路，厦门船票由新加坡华人组织的大同公司作为代理处。

日本也经营东南亚的航运。1918年，日本分设三菱商事会社，开设船舶部，开辟了厦门至新加坡的正式航线。1929年，又开辟了日本与厦门间的直达航线。1936年，大阪商船株式会社放弃了原先的日本—厦门航线，通过安排两艘较先进的"墨西哥"号和"芝加哥"号轮船，开辟一条来往于日本、厦门、马尼拉之间的新航线，承接客货运输业务。1937年，日本发动侵华战争，中日航线暂时中止。②

2. 民族资本航运业

1913年，虞洽卿经营沪甬（上海—宁波）航线的三北轮埠公司，发展到1918年时，资本增至100万元，新购了3艘1500吨以上的轮船，把航线扩展至长江及南北沿海和外洋，北至天津、海参崴，南至福建、广东各港以及新加坡、仰光，东至日本、海参崴。③ 福州的福宁茶叶轮船公司于1904年注册的"镇波"号航行于福州至三都澳、沙埕、上海、泉州、

---

① 《厦门洋行与买办》，载《福建文史资料》第5辑；《1930年厦门港航运概况》，《近代厦门经济档案资料》，厦门大学出版社1997年版。

② 《厦门港史》编纂委员会编：《厦门港史》，人民交通出版社1993年版，第174页。

③ 中国人民政治协商会议全国委员会文史资料研究委员会，许念晖：《虞洽卿的一生》，《文史资料选辑》第15辑。

厦门、香港。1918年,郝程使用1艘370吨的"江润"号轮船,航行广州、香港、汕头、厦门、淡水、基隆等处。①

3. 华侨投资航运业

甲午战争以前,一些海外华侨随着福建与东南亚地区人口迁移及贸易需求,已开始承办轮运公司航行东南亚各地,祖籍同安的新加坡华侨邱忠坡,于1875年集资150万银圆创办"万兴轮船公司",设有槟榔屿、香港、汕头、厦门分行,拥轮七八艘,其中和科、漳福建、漳海澄穿行厦门与新加坡。甲午战争之后,许多华侨商人相继经营福建与东南亚的航运。①民国初年,龙海石码人林秉祥二兄弟在新加坡开设"中丰航运公司",厦门设分公司,购置丰美、丰远、丰平、丰盛4船2000吨级轮船航行厦门—马来亚—槟城;②1912年,缅甸华侨同安人林振宗开辟厦门—仰光线,设"宗记公司",购置双美、双安、双春3艘轮船,途经汕头、香港、新加坡;③1915年,爪哇同安籍华侨黄仲涵与周炳喜等创办"建源"号,拥有2000—3000吨级轮船6艘,航行于厦门—汕头—香港—新加坡—泗水—三宝垄之间;④厦门—马尼拉线。1918年,菲侨吴云择开设"福记船务行";1925年,菲侨吴汇祝、吴安禄合办"安记船务行";1930年,蔡本油创办"锦丰船务行"等;⑤厦门—仰光线。1912年,缅甸华侨林振宗开设宗记公司,购置2000—3000吨级轮船3艘,计载重8431吨,航行厦门至仰光航线。⑥日本开通厦门—东南亚航线。1930年,日本经营厦门—爪哇泗水的航线,由"吧城丸"和"泗水丸"航行,等等。②

由上可见,民国时期,随着香港和台湾转口地位的日见重要,各国轮船公司纷纷开通福建与台湾、日本,福建与香港和欧美,福建与东南亚或福建经由新加坡与东南亚的航线,以便利物流、客运。主要由日、英、荷等国大的轮运公司经营,如英商太古洋行及其各地的代理行经营的香港及东南亚的航线、日商大阪轮船航行公司主要经营的闽台间的航线、英商德忌利士洋行经营的香港及东南亚的航线及中国轮船招商局经营的闽台、闽港航线等。由于各国所属轮船公司使用的船只不同,英太古洋行拥有货

---

① 《交通史航政编》,第2册,交通部、铁道部交通史编纂委员会1935年版,第646页。
② 汪方文:《近代厦门经济档案资料》,《1930年厦门港航运概况》,厦门大学出版社1997年版。

轮、客轮 10 多艘，在厦门海岸盖有一座占地 1 万多平方米的大仓库，称"太古他库"，可供数万吨粮食的吞吐和周转，轮船烟囱漆有黑色标志，此公司的轮船为黑烟囱船；英商德忌利士洋行拥有巨轮数艘，定期往返厦门和南洋诸埠，客货混载，烟囱涂为红色，因称为红烟囱船；日本大阪轮船株式会社厦门分社拥有巨轮 10 艘，专理厦门对台、对日的客货运载。① 还有德国、澳大利亚、加拿大、法国、意大利的轮船公司在福建设立分公司或代理店，从事远洋航运。② 另外，作为著名的侨乡，也有不少侨胞来开拓福建航运。同时，福建商人也不断开辟对东南亚的航路。如仅 1922—1924 年间，就增加了以福州为起始港，南至香港、菲律宾、西贡、新加坡、爪哇、彭江、仰光、澳大利亚，北迄日本朝鲜、海参崴等处的多条海外航线。③ 但总体来说，福建与外国的航线主要操纵在外商手中，"操闽海转运业之霸权者，当推日本大阪商船会社，与英国德忌利士洋行及太古等各公司，我国招商局瞠乎后矣，日船之名，多有丸字，其船转驶福州厦门一线，英船如海澄等两艘，专走福州香港一线，招商局之船如新济、新康等则专走上海福州一线。福州大轮船出入，年约千余艘，运量在百万吨以上。茶及木材输出时期，洋油石炭输入时期，尚有临时船舶往来，厦门一港轮船及运量视乎福州，有过之而无不及。此外，三都澳、兴化、泉州及闽江上游之水口，皆有小轮船来往。福建与浙江附近诸港及台湾间，每年民船出入亦有五六千艘，其运载出入口货物据三埠海关之报告"。④

1936 年 5 月调查载：1935 经由厦门出入口的船只，共有 2352 艘，计约 420 万吨，英国轮船占最多数，计 230 万余吨，荷国次之，计 98 万余吨，日轮退居第三，计约 60 万吨，其余则为属中国、美国、挪威、法国、德国各轮船。如中国招商局有船 27 艘、英太古洋行为 54 艘、日本大阪商船会社 20 艘、荷兰渣华轮船公司 19 艘、英国和记洋行及谦利洋行 9 艘、英国永茂生 7 艘、德忌利士洋行 5 艘、和通公司 7 艘、安记船务公司 3

---

① 蒋福媛：《厦门交通志》编纂委员会：厦门市粮食局：《厦门粮食志》，鹭江出版社 1989 年版，第 30 页。

② 《厦门交通志》，人民交通出版社 1989 年版，第 36 页。

③ 《交通史航政编》（第 2 册），交通部、铁道部交通史编纂委员会 1935 年版，第 748—749 页，第 750—751 页。

④ 陈文涛：《福建近代民生地理志》，福州远东印书局 1929 年版，第 38—40 页。

艘、和盛公司1艘。① 而到香港及东南亚的船只,据有关资料记载:在闽海航线行驶的外国轮船尚有6家公司,23艘轮船,总共61879吨位②。

第二节 金融业

随着对外贸易的发展和近代交通的发达,为外贸融资服务的现代化的洋行和专营金融的机构出现。同时,活跃在中国市场上的传统金融机构钱庄、票号等迎来了发展的机遇,他们获得外资银行的拆借融资,借着外资商人对金融市场的中介需求,开始了近代化的发展,而中国现代化的私营银行也适时发展,活跃了整个金融市场,促使了新的融资格局的形成。

一 中外银行

1850年,英商丽如银行在福州、厦门设立分行,是最早的来闽外国银行。后英商汇丰银行福州分理处,汇丰银行在厦门代理处相继设立。由于经济危机和茶业贸易的衰退,1892年,福州的外国银行由10年前的7家减少至4家。③ 甲午战争之后除英国渣打银行福州分行设立、汇丰银行扩大经营之外,日本银行于1896年在台北设立办事处,1899年9月改为台湾银行。1900年1月该行在厦门设立分行。1905年成立福州分行,地址设在南台泛船浦。④ 外资银行除国际汇兑业务外,存放款、买卖和经纪汇票、向地方当局借款,发行纸币,同时承办中国政府的借贷及关税、外汇收入的保管业务,并且直接插手进出口贸易。这些业务与一般华商的金融联系主要是通过钱庄。当时的福建商务议员吕渭英就指出:"查城台流通银币之总汇,本有英商汇丰、渣打两银行,然信用只及各洋行。而各洋行贷用之款又以转贷茶帮为巨数。每年茶市将起,茶客入山,则贷款于闽粤各商之茶栈。茶栈则贷款于英、德、俄商各洋行。各洋行则转贷于汇

---

① 汪方文:《近代厦门经济档案资料》,《抗战前夕厦门海运概况》,厦门大学出版社1997年版,第476—477页。

② 上海市轮船业同业公会编:《航业年鉴》,1936年版,第12—19页。

③ 吴亚敏、邹尔光等译编:《近代福州及闽东地区社会经济概况》,华艺出版社1992年版,第368页。

④ 《福建省地方志》编纂委员会编:《福建省志·金融志》,新华出版社1996年版,第162页。

丰、渣打以资周转。"1904 年，茶帮贷出之款 172 万，1905 年 154 万，1906 年 130 万，到 1907 年则减为 115 万。① 基本形成外国银行—各国洋行—茶栈—茶客自上而下的资金链。外国银行对茶叶进出口贸易的资金周转起着重要作用。厦门也是如此："汇丰及渣打银行是为了欧美人支付茶叶贸易及供给欧美茶商给中国茶商的资金的目的而设立的。资金调运来自香港及上海。一般商人多通过钱庄与之联络。"②

随着对外贸易和海外移民汇款联系的密切，厦门外资银行逐步发展起来。厦门除了汇丰银行外，陆续有有利银行、渣打银行、万国宝通洋行、荷兰商业银行、荷兰银行等委托和记洋行（Boyd & Co.）、德记洋行（Tait & Co.）设立代理处。③ 除原有业务外，还开拓侨汇的解付业务。

外资银行进驻福建市场的同时，华资银行也开始登上历史舞台。中国近代民族银行也开始出现。为方便银钱兑换，户部于 1853 年建议各省一律设立官银钱局。1853 年 7 月，闽浙总督王懿德请准在福建设立"永丰官局"。9 月正式成立，经营收付省库款，并发行官票、宝钞等。后陆续在福州南台、厦门以及建宁、福宁、汀州、台湾各府设立分局。因经营不善，滥发官票和铸造大钱、铁钱，当年即发生钱票滚支风潮。④ 1859 年清理结束。1900 年 10 月，福州设立"福建官钱局"，发行银圆票，包括大洋票和小洋票，兑换银钱，调节银钱比价等。后改称福建官银行。1914 年 8 月，又改名福建银行。该行发行纸币、并进行存贷业务。后因滥发官票，发生挤兑，无力应付而倒闭。另外，还有部分侨资、外资和中外合资银行厦门分行成立，如有中兴银行厦门分行、华侨商业银行厦门分行、香港上海汇丰银行、商工银行厦门分行、安达银行厦门分行、香港集友银行、美国建东银行厦门分行、新加坡大华银行厦门分行、标准渣打（麦加利）银行厦门分行、福建美丰银行、万国储蓄会、厦门丰南信托有限公司、中法储蓄会等。

---

① 吕渭英：《福建金银机关近年消长情形》，载《商务官报》，光绪三十三年（1907）版，第 26 期，第 23 页；影印本，第 515 页。

② 东亚同文会编：《支那省别全志》第十四卷，福建省，第 1003 页。

③ ［日］日本外务省通商局监理，东京商业会议所发行：《福建省事情》，大正十年（1921）版，第 39 页。

④ 傅衣凌：《十九世纪五十年代福建金融风潮史料摘抄》，载《明清社会经济史论文集》，人民出版社 1982 年版，第 254—266 页。

为规范各类新旧金融机构的经营活动，1908年，清政府颁行了《银行通行则例》，规定"凡经营金银、汇划、贸易，如银号、票庄、钱庄以及各省所设之官银号官钱局，具有银行性质者，均应遵守。"① 1897年，我国自办的中国通商银行成立于上海。1898年福州设立分行，行址在南台中亭街。继而大清银行和交通银行亦分别在福州和厦门设立机构。大清银行福州分行1909年3月开业，行址在仓前山泛船浦，后又在福州城内花巷、厦门以及泉州、漳州、台湾等地设立分号，统归福州分行管辖。该行主要业务，代理国库，代收税款，经办一切收付，代表国家发行钞票（兑换券），代发公债和各种证券，办理银行存款，放款，汇兑及信托，保管，仓库业务，负责调剂金融市场以及管理各地金融市场等。1909年10月15日大清银行厦门分号开业，地址设在岛美街，隶属福州分行。

除了官办银行之外，福建商业银行发展迅猛。厦门商业银行，简称"厦门银行"，1920年6月1日创立，董事长廖中和，总经理欧阳泽，副总经理刘雪松。资本额定国币120万元，发行股份1.2万股，每股100元，分三期实收66万元，为股份有限公司性质。设有上海分行及浙江宁波办事处。主要经营：国内外汇兑及抵押，抵押贷款，贴现及短期贷款，存款及贵重物品保管，买卖生金银及各国货币，买卖有价证券及其他商业银行业务。代理买卖证券、生金银及外国货币和其他代理业务。1935年1月，厦门金融界受当地银江、建源、豫丰钱庄倒闭影响，连日发生挤兑风潮。该行也因被以上3家钱庄拖欠巨款30多万元，资金周转失灵，难以应付，于当月12日宣告停业。

华南储蓄银行，简称"华南银行"，1921年10月10日创立。首任董事长兼总经理孙瑞甫，经理林春丞。资本额定国币20万元，发行股份4000股，每股50元，为股份有限公司性质。1924年4月，在城内杨桥路增设办事处。主要经营：活期存款；定期存款；年金存款；人寿储蓄；汇兑；自建仓库押款；房地产抵押放款。此外，该行在福州办理小额人寿保险，提倡社会储蓄，深受群众欢迎。行内附设的储蓄百寿会，不到一年，储户达9600多户。抗日战争开始，由于业务深受影响，该行于当年底宣告停业。另外，还有1926年成立的福州颐远商业银行，1928年7月7日成立的福建东南银行，1935年11月27日正式开幕福州商业银行，爱国

---

① 周葆銮编：《中华银行史》，文海出版社1973年版，第1页。

侨领陈嘉庚创办于1943年10月1日的集友商业银行总行，还有漳州农工银行、厦门农工银行、莆仙农工银行、莆田实业银行、仙游农民银行、福州惠南银行、闽清县商业银行等。

另外全国性银行的分支机构也在厦门、福州相继设立。如中国通商银行、中南银行、国华商业银行、中国实业银行、辛泰银行、新华信托储蓄银行、农商银行、中国工矿银行、上海商业储蓄银行、亿中商业银行、复兴实业银行、华通银行厦门、福州分行等。

二　传统金融机构

为适应传统商品经济需要的传统金融机构在对外贸易的带动下，开拓了业务范围，改革了经营方式，拓展了资本利用空间。因此，获得了相对繁荣发展的一个新时期。随着国家金融政策的调整，他们各自经历了一个盛衰变化的历史时期。

（一）票号

山西钱商创设的票号以经营汇兑为主要业务并兼营存放款的信用机构。早在清乾隆年间，福州开设新泰厚、蔚长厚、蔚泰厚3家分号，资本各40万两，都是山西平遥商人开设。[1] 到1891年，福州大的票号有6家，即蔚长厚、蔚泰厚、新泰厚、协同庆、协和信、源丰润。前五家是山西银行家办的，后面一家是浙江人开办的，每家每年营业额400万元。[2] 厦门票号始于清光绪年间，有蔚忠厚、蔚长厚、蔚泰厚、新泰厚、源丰润、协和信、协同庆等近十家分号。[3] 清末，票号的主要业务是资金的异地汇兑，还包括收存官款、代理藩库，代理官款的存数、解数业务，还有藩库、税厘局、闽海关等解京和军协各饷，也都由票号代汇。据光绪十八年（1892）4月7日上海《申报》报道，光绪十七年（1891）厦门各商行向票号借贷的款项共达六七十万元。

（二）钱庄

以兑换银两与制钱为主的钱庄随着国内外贸易的日益发展，钱庄的数

---

[1] 福建省地方志编纂委员会编：《福建省志·金融志》，新华出版社1996年版，第73页。

[2] 吴亚敏、邹尔光等译编：《近代福州及闽东地区社会经济概况》，华艺出版社1992年版，第377页。

[3] 《厦门金融志》编委会编：《厦门金融志》，鹭江出版社1989年版，第31页。

量增加很快。1867年,据闽海关贸易报告统计,福州本地有银号90家,20家在城内,70家在城外。资金最大的有4.5万两。城外70家中有12家大银号,每家资本1.5万—2万两,其余均系小银号。[①] 到1891年,福州的钱庄约60家,资金从2万到5万元不等。到1901年,钱庄达30多家,其中七八家是第一流的。大多数钱庄根据自己的财政情况印发纸币。[②] 1907年调查,福州城台钱庄共33家,北号共7家,钱庄总数40家。钱样店共110家。[③] 厦门钱庄业务和福州有所区别,主要是经营侨汇,并随着侨汇的增加而发展。据厦门海关税务司的报告,1880年厦门有6家钱庄。[④] 到1891年有18家由福建人出资和经营的钱庄,经办上海、福州、汕头和香港等地的汇票,各种货币兑换业务和收受存款等,也对船货和各类财产进行贷款。[⑤] 1892—1901年,厦门曾先后存在33所钱庄,但其中11所倒闭了。[⑥] 进入20世纪头10年,由于来自南洋的侨汇数量的增加,厦门金融市场的资本翻了1倍多,即从1901年的约1000万元增加到1911年年底的约2200万元。在此刺激下,厦门钱庄业有了较大发展,增加到39家,其中32家是1901年以后建立的[⑦]。厦门钱庄,1930年全盛时期达100余家,资本不一,规模不定,业务一般办理存款、放款、同业拆放、汇兑、买卖生金银、代发钞票、兑换钱币或兼营其他业务,不发行票币,只有一种"白条"在商号、钱庄之间流通使用。厦门钱庄多系侨商开设,经理由庄东自兼,业务经营较为灵活,只要有利可图,均可兼办。1931年,世界经济不景气,侨汇锐减,加上当时中国通商、交通、实业等3家银行又先后在厦门设立分支机构,钱庄受此影响而停业者达30多家。后于1934年6月至翌年11月的1年多时间里,又倒闭21家。至1937年,厦门钱庄仅存40家,全部资本仅有法币150万元左右。1938

---

① 吴亚敏、邹尔光等译编:《近代福州及闽东地区社会经济概况》,华艺出版社1992年版,第60页。

② 同上书,第400页。

③ 吕渭英:《福建金银机关近年消长情形》,《商务官报》光绪三十三年(1907)版,第26期。

④ 戴一峰:《近代厦门社会经济概况》,鹭江出版社1990年版,第207页。

⑤ 同上书,第286页。

⑥ 同上书,第331页。

⑦ 同上书,第345页。

年5月，日本侵略军占领厦门后，继续在厦门开业者仅10余家，当时业务主要经营存款、放款及兑换全国金银货币，并兼理南北轮船客票。

厦门的钱庄以经营者财产的多寡作为信用的基础，除办理存放款业务外，有的还兼汇兑、茶叶出口贸易等业务。钱店除兑换银圆、银角、铜圆、铜钱外，还兑换南洋归侨携带回来的外币。此外还兼售奖券，代卖各船务行的船票。由于华侨回乡乘轮船抵厦时，需要转乘小舢板上岸，他们一上岸需要用外币兑换银圆、银角，因此钱庄、钱店多设在码头附近。如水仙宫、岛美、港仔口、磁街、打铁等路头。①

同时，业务不断拓展，主要有存款、放款、贴现、发行庄票、金银买卖、汇兑等。钱庄资本一般2万—5万两，规模比票号小得多，多无分支机构，通常营业范围只限于一城一地。由于钱庄资本不多，所以经营过程中经常要向外商银行告贷，或靠华商票号通融，以获得拆款，银行和票号也必须通过钱庄才能全面开展金融业务。银行、票号向钱庄拆款时不要实在的抵押物，只需一纸庄票即可。钱庄的优势在于熟悉当地情况，放账时不需要抵押和担保，认的是告贷的官、商个人信用。钱庄的信用，来自无限责任，即随时要以庄东（独资者或合伙人）部分或全部财产做挹注，故钱庄的实际资本要比账面上大出许多。它们的业务包括发行银票，最低票面值为400铜钱，最高为500贯。但是硬币的储备额至少不低于它们发行的在市场流通的纸币总金额的一半。钱庄也办理抵押贷款业务，利率为15%—30%。②

福州钱庄、银号、商行发行庄票、本票、期票等票据，凡以制钱为本位的通称钱票。鸦片战争后，外商在华贸易都要现洋，拒收福州地区钱庄"城银票"。钱庄只能专发"台钱票"在南台兑换制钱或银洋。至1893年，废止"城钱票"，一律改用"台钱票"。1904年，由于大量的庚子赔款造成国内市场通货的紧缩，政府无力解决此问题，采取放任的态度。这为福州钱庄大量发行"台伏票"开了方便之门。福州"台钱票"改名"七钱台伏票"，凭票可兑换银洋。③ 台伏票流通的区域多在市内，至多到

---

① 《厦门金融志》编委会编：《厦门金融志》，鹭江出版社1989年版，第33页。
② 吴亚敏、邹尔光等译编：《近代福州及闽东地区社会经济概况》，华艺出版社1992年版，第376页。
③ 《福州金融志》编纂委员会编：《福州金融志》，福州金融出版社1995年版，第54页。

近郊。而南台小钱庄发行的番票不能在城内通用。只有下杭街（钱庄的中心）钱庄发行的信用好，在南台和城内都可以流通。① 台伏自发行以来，福州最初流通之杂色纸币逐渐淘汰，台伏遂成为福州唯一之交易本位。②

（三）当铺

典当是一种原始的民间信用组织，是专为私人提供质押放款的行业，常与钱庄有资金往来。典当历史最久，始自唐代，到清代渐趋发达和完善。清代全省当铺最多时达425家，全年解贴银2.1万两。到20世纪20年代末，福州城台内外约有40家，每家资本三五万元不等。③ 当铺内部组织较为严密。福州当铺设经理1人，俗称掌盘，管理店内外一切事务。下设司账、号长、号俙、看当、赎当等职，职责分明。其中司账又分为"内盆"和"外盆"。内盆专管银钱出入，外盆专管标写票据。号长、号俙，即管库人员，负责保管包裹物具及器皿。店前有看当专管看估当物之值，又有赎当专管赎回所当之物。每家伙友约有10人。当铺业务手续严密，当铺职责分明。"凡库物有遗失者，由号长负责赔偿；所当之物如属赝品，由看当负责赔偿。当值及息金如有算错，应由赎当赔偿。每日所收之款，晚间必点交内盆。"④ 厦门典当业创办于清代乾隆年间，早期有吴姓经营的5家典铺。咸丰、同治年间，还有得春、谦亨等当铺开业，嗣后宏济、聚泰、生生等相继设立。清末民初，厦门典当有10多家，小典几十家。⑤

（四）民信局

厦门、福州开埠通商以后，到海外谋生的华侨商人为与国内亲人建立联系，主要依靠"水客"⑥ 递送信件和财物。随着邮电、银行的兴起，专门为华侨递信寄款服务的民信局应运而生。福建省民信局始于清代，民信局的发展是从国外到国内，主要在较大的华侨聚居地，为华侨办理与家乡通信及汇款事务。本省开办较早的民信局是晋江安海镇的郑顺荣批馆，成

---

① 东亚同文会编：《支那省别全志》第14卷，福建省，第1021页。
② 铁道部财务司调查科编：《京粤线福建段福州市县经济调查报告书》，第193页。
③ 《福建省地方志》编纂委员会编：《福建省志·金融志》，新华出版社1996年版，第62页。
④ 陈文涛：《福建近代民生地理志》，福州远东印书局1929年版，第449—450页。
⑤ 《厦门金融志》编委会编：《厦门金融志》，第24页；《福建省地方志》编纂委员会编：《福建省志·金融志》，新华出版社1996年版。
⑥ 水客一般指老洋客，时常往返于南洋与国内乡里，为乡亲携带银信并招华工引带新客出国，贩运土产。

立于1871年，创办人是洋垵村的郑灶伯、郑贞伯两兄弟；永春人黄日兴于1877年在厦门设立的民信局；龙海县角尾人郭有品于1880年创设的天一信局等。① 到80年代末，厦门已有8家民信局，专门从事厦门与海峡殖民地、马尼拉、西贡、泰国及其他国外口岸间的银信收送业务。到1911年已发展到24家②，1887—1891年，福建侨民在新加坡一埠所设的民信局有12家，占该埠民信局总数的24%。1901年左右，厦门地区的民信局已达30家。1903年，福州设立了福泰和等民信局。③ 1931—1932年福建全省有240—250家之多，形成了以厦门为中心的侨汇网络。其分布呈四大派系：一是厦门系，汇款范围包括厦门、金门、同安、南安、永春、德化、海澄、龙溪、漳浦、华安、长泰、南靖、云霄、诏安、东山、泉州、晋江、惠安等县及龙岩的适中。二是福州系，汇款范围包括闽侯、长乐、福清、永泰、闽清、福安、福鼎等县及宁德的三都澳。三是兴化系，汇款范围包括莆田及仙游两县。四是闽西系，汇款范围包括龙岩、永定、上杭、长汀等县。以上四大派系的民信局都设有总局及分支局。总局设于南洋，分局设于国内汇款集中的城市，如厦门，福州，兴化系设于涵江，闽西系由汕头转解，只在国内华侨家乡所在地或附近地点设立支局或代理店。截至1936年，据统计本省民信局头二盘局共计110家。抗日战争爆发后，民信局业务萎缩。翌年全省民信局减为67家。1940年又减为50家。抗日战争胜利后，侨胞赡家汇款激增，民信局又开始复苏。1946年上半年，福州、厦门、泉州、涵江4地复业的民信局已达71家。据本省邮政局统计，该年全省民信局共达120家。

第三节 主要商贸市场

一 总体发展

西方资本主义的侵入及中国民族资本主义的产生和发展，使福建的社会经济随之发生了相应的变化，商业市场逐步发展起来。

---

① 《厦门金融志》编委会编：《厦门金融志》，鹭江出版社1989年版，第261页。
② 戴一峰等译编：《近代厦门社会经济概况》，鹭江出版社1990年版，第345页。
③ 《福建省地方志》编纂委员会编：《福建省志·金融志》新华出版社1996年版，第74页。

甲午战争以前，以茶叶为主的出口贸易的发展及为贸易服务的航运业的勃兴，刺激了以经济作物为主的商品性农业以及以农产品为原料的出口加工业的发展。19世纪70年代起，外资商人纷纷到福州、厦门等地创办砖茶厂等各类工厂。如1872年，汉口的俄商在福州创办第一家外国砖茶厂，1876年，在福州及产茶区设立了9家俄商茶厂，还有一两家华商茶厂，分属阜昌、新泰、顺丰等3家洋行。为与外国商人竞争，福州、建宁等地曾有中国商人创办砖茶厂。1891年，建宁的富商就打算购买机器，改手工生产为机器生产。① 总体来看，这一时期，由于茶叶生产方式和生产技术多数停留在手工阶段，加上19世纪80年代以来印度、锡兰茶业兴起的竞争，及世界各国因华茶质次价高而采取的各种限制政策，引发植茶业和茶叶加工业的消退，使福建农业、手工业为主的商品经济面临严重的危机，茶树种植曾经"漫山遍野，愈种愈多"② 的兴盛时代一去不复返了。

甲午战争以后，代替茶业生产的是木材加工业的发展。德商禅臣洋行、英商天祥洋行、日商建兴洋行、英商义昌慎洋行和祥泰洋行等相继在福州设立了10余家锯木厂③，从海上运销上海、香港等地。"一战"爆发后，均盘与华商。20世纪初，日本人到闽北砍伐樟树，兴办樟脑工场，炼制樟脑和樟脑油，运往福州销售。但"闽地樟树叠经制脑者砍伐，年少一年"④。其他如棉纺织业、造纸业、制伞业等行业不断发展。如鸦片战争后，洋纱逐步代替土纱，洋布代替土布的过程不断推进，使福建传统的手工棉纺织业受到冲击，开始使用雇佣劳动，但资本少，产量小，要依附商业资本。福州的500家机坊分别依附于恒昌、恒盛、泰兴、呈泰、彩温等30来家引庄。"引庄将原料棉纱分送给机坊织制，制成后再收回送到染坊，贴上本庄的招牌发卖……在这里商人资本已经达到最高的支配形态。"⑤ 制茶业、制糖业、制瓷业多因受制于外国资本主义而走下坡路。

---

① 汪敬虞：《十九世纪西方资本主义对中国的经济侵略》，人民出版社1983年版，第388页。
② 卞宝弟：《卞制军政书》卷4，《近代中国史料丛刊》，台北文海出版社1967年版，第292页。
③ 翁绍耳：《福建省松木产销调查报告》，协和大学农经系印本1941年版，第41页；李益清：《解放前台江区的工业》，《台江文史资料》第6辑，1990年版。
④ 章乃炜：《福州商务》，载《商务官报》，国立"故宫博物院"印行，1908年第3期，影印本，第53页。
⑤ 彭泽益：《中国近代手工业史资料》（第2卷），生活·读书·新知三联书店1957年版，第258页。

进入20世纪后,没有发展成为机器工业。① 但甲午战争后,除日本外,各国资本输出不是以福建为重点,不仅没开办什么大型企业,而且原来开办的轻工业因福建对外贸易的衰落而随之衰落。② 为满足向福建推销商品的需要,外商曾在福建建立鸦片加工厂,没有取得多大成效。19世纪90年代,英商拉蒲拿加斯洋行(Lapraik, Cass & Co.)在厦门建立了3个火油池,储油量达30万加仑。为了便于贩运和销售,在火油池旁边附设制造铅铁煤油箱的小工厂。③

外资侵入刺激了福建官办和民营企业的创办和发展。甲午战争前,国内除创办福州船政局、福建机器局军工企业外,商人为与外商竞争,也尝试创办近代民用工业,但因各种因素的影响,主要集中在茶叶加工业、制糖厂、面粉厂、火柴厂、玻璃及铅厂等几个行业④,都没有取得多大成效。⑤ 甲午战争以后,1900—1911年间福建各地新办的民族资本主义企业有30多家,包括制糖、制瓷、玻璃、罐头、铁路、牧垦以及公用事业等各种行业。最有影响的当属20世纪初创办的华祥制糖公司、福州建华火柴厂和福州电气公司。第一次世界大战以后,民族资本主义企业才有所发展。据统计,至1935年,厦门具有一定规模的工厂有21家,资本总额共计533万元,平均每家25万元;福州大小工厂2505家,资本总额共计

---

① 廖大珂:《福建海外交通史》,福建人民出版社2002年版,第440页。
② 同上书,第442页。
③ 孙毓棠:《中国近代工业史资料(1840—1895)》(第1辑),中华书局1962年版,第105、第241页。
④ 孙毓棠:《中国近代工业史资料》(下)(第1辑),附录五,第1166—1169页。
⑤ 主要民族资本主义工矿业有:1874年,一洋行买办也购买机器在福州南台开办砖茶厂,第二年,又在延平西芹和建宁府各设一厂,砖茶厂增至3家,这是福建最早一批民族资本主义机器工业;1884年候补通判丁枞以"营伍用铅不少,皆向外洋购买",为挽回利权,申请试办福州石竹山铅矿,购买机器,进行试采试炼;1887年福州商人办了一家机器制糖厂,一家机器面粉厂,厦门商人办了一家火柴厂,一家玻璃器皿厂等四家轻工业工厂,规模很小;1888年福州商人开办一家机器纺纱厂,此前福州所办的一批棉织作坊,原料(棉纱)都靠进口,为挽回利权,故有兴办纺纱厂之举,由于清政府禁止商人使用机器,所以纺纱厂的机器还是商人通过洋务派官员(薛福成等人)购进的;1893年厦门商人开办厦门机器厂,实际业务仅是船舶维修,并且由一个英国人负责管理;此外,大约在同年,厦门还出现一家名为"瑞记栈"的食品罐头厂。甲午战前,福建先后出现11家新式厂矿,但这些厂矿多数以失败告终。

668万元。此外，晋江、龙溪两地的民族工业也有较快的发展。① 对外贸易不仅带动了工业的发展，还刺激了作为省内最大的商品集散地福州、作为侨汇中心地及消费市场的厦门两城市及其他城市商业的发展。相比而言，工业相对薄弱。福州商店最多时达1.5万号，1933年厦门的商店亦达6000余家。② 到抗战前的1935年时，福州商店有9328家，厦门商店5200家，晋江商店2700家，福清2000余家，南安1429家，福安709家。福州以饮食类、服饰类、居间类为最多；厦门以柴米业为最多，其次是成衣业、海产干果业、旅社茶楼业、饮食店为主；晋江以饮食业为主；其他则均以物品贩卖业为主。③ 其他行业也有所发展。

近代福建对外贸易的市场需求，交通运输业的发展，多元金融机构业务的拓展，与国内商业市场相互促动，近代市场体系逐步形成。明清时期，福建海外贸易和国内贸易都相对发达。福建的糖、纸、木材、烟、靛等土特产品以国内为主要销售市场，而粮食、棉花，生丝也依赖国内市场供应④，海外市场也是以中国的土特产换取国外的奢侈品为居多，比如暹罗的大米进口，吕宋的苏木、槟榔、乌木等，包括其他国家进口的各种香料、金银、奇珍异物、珍奇动植物、珠宝等奢侈品为主等。福州厦门开埠后，外国商人到福州、厦门做生意，他们雇用中国商人充当买办，开设洋行与银行，兴办贸易商业企业，发展外向型经济，使福建商业市场日渐活跃，从而使传统依附于自给自足自然经济的福建海洋贸易呈现了近代特色，商品流通具有了世界意义，鸦片、棉纺织品等西方商品与中国的土特产及加工工业品交易成为主导，商品交易也不再局限于互济互助，市场结构也日趋多元和复杂。从1845年外商开始到福州设立第一家洋行，到1867年，福州共设20家洋行，3家银行，2家货栈和1家印刷局⑤。厦门

---

① 厦门大学历史研究所、中国社会经济史研究室编：《福建经济发展简史》，厦门大学出版社1989年版，第232页。

② 廖大珂：《福建海外交通史》，福建人民出版社2002年版，第447页。

③ 《福建省统计年鉴》，福建省政府秘书处统计室编1937年版，第24页。

④ 甘满堂：《明清时期福建商人在国内活动探略》，《福建论坛》（文史哲版）1998年第2期。

⑤ 吴亚敏、邹尔光等译编：《近代福州及闽东地区社会经济概况》，华艺出版社1992年版，第60页。

从1845年开始，到1880年，厦门洋行数共有24家①，较大的洋行有5家，它们都是顶盘批发商，不但大量倾销舶来货，还推销鸦片、军火等。此外，这些洋行还收购大宗中国土特产，如茶叶、食糖、布匹、杂货，转运到中国各埠及外国。1881年，厦门开设以英国为首的洋行增至33家。甲午战争后，日本取代英国成为中国主要的贸易伙伴，相继开设各种洋行开展商业贸易。直到1915年，外国人在福州开设137家商店，其中有109家是日本人（包括台湾籍民）的②。同年，厦门262家外国商店中，有203家是日本商店；1917年，外国商店396家中，310家属于日本商店；1918年，277家商店中，也有206家是日本人和台湾籍民开办的。随着外资商业的发展，中国传统的商业及商业组织形态也发生了相应的变化。福州和厦门市场上都有传统的经营福建土特产如茶、纸、木材、糖品的贸易、采办、分售的称为"行""郊"贸易组织。所有这些商业组织的发展，使维护行业利益的近代化的商业组织商会诞生。商会是以新式商人为主体的各业商人组成的新型社会团体。清末厦门列入商务繁荣之区，定为"应设商务总会之处"。1904年，厦门商务总会成立。1905年冬，福州商务总会设于南台下杭街，以省会及兴、宁、延、建、邵、汀诸埠为地界。③ 1915年改名福州总商会。福州商务总会所及的地段以福州、兴化、福宁、延平、建宁、邵武、汀州七属各埠为界。福州商务总会的宗旨是：（1）联络同业，启发民智，研究商学，博稽利弊，以开通商智。（2）维持公益，改正行规，调息纷难，代诉冤抑，以协调商情。（3）调查农工商业之情状，统计其实数，以备商部及商政局咨询本埠及各埠商人讨论。（4）农工商业旧无者，议如何提倡，已有者议如何改良。（5）地方政治有关于农工商业之利害者应如何兴革，可陈其意见于官并表其意见于众。④ 之后，漳州、泉州、同安灌口、建宁、福安、福清、浦城、龙岩、崇安、南平县峡阳镇、永安、莆田涵江等地商务分会先后成立，分别隶属上面两个总会。1905年，清政府商部右丞左参议奉命到福建考察商业后，称漳州"土货较多，丝布、草席、红砖、瓷货、漆器、纸张、油伞

---

① 戴一峰等：《近代厦门社会经济概况》，鹭江出版社1990年版，第207页。
② 张遵旭：《福州及厦门》，1916年版，第53—54页。
③ （清）郑祖庚纂，朱景星修，《福州市地方志》编纂委员会整理：《闽县乡土志·侯官县乡土志》，海风出版社2001年版，第257页。
④ 福州商务总会编：《更定福州商务总会章程》，民国福州刻本，第1—3页。

等为著名工业品,皆从厦门出口,行销沿海各省及南洋新加坡、小吕宋等处,岁入银三百万两以上。臣查闽省出洋华商以籍隶漳泉二郡地之人为多,拥资巨万者所在多有"。"臣此次莅厦,当经邀集绅商,先将商务总会章程妥为厘订",并令漳州绅商亦照奏定会章设立商务分会,与厦会联络办事。① 从此,漳州才有商人组成的商会。随着商业的发展,各地纷纷成立商会组织。商会之下,还有一个基层组织,同业公会维护同行业利益,防范同业风险。福州厦门同业公会组织的情况,基本反映了商业组织发展概况及其对商业市场的影响作用。在商会的作用下,整个福建基本形成了进口鸦片、棉纺织品、五金、火柴、煤油为主,出口茶、纸、木材、烟草、瓜果为主要商品的层级商品市场,各地市场根据功能的不同和作用的大小,发挥着内外贸易的桥梁作用。

表6-3-1　　　　　　　　厦门各同业公会一览②

名称	会址	成立年月	改进日期	主席姓名	备考
厦门钱庄同业公会	镇帮街	清光绪十九年二月十五日	民国十九年四月十日	吴时汉	
厦门南洋商业	浮屿角	民国十年十一月	民国十九年二月	洪鸿儒	
厦门绸布	大同路	民国七年六月十七日	民国十九年四月三十日	石鼎宗	
厦门药业	碧山岩	清光绪二十年六月	民国十九年四月十九日	董梅峰	
厦门肥粉	恒胜街	民国十五年九月九日	民国十九年三月十六日	马大庆	
厦门面粉	磁街	民国十三年元月	民国十九年六月十五日	黄瑞甫	
厦门糖油	浮屿角	民国十三年七月一日	民国十九年五月十八日	洪鸿儒	
厦门杂货	庙后港	清光绪二十二年九月初九	民国十九年三月二日	庄金章	
厦门珠宝	中街	民国十三年十月八日	民国十九年九月九日	魏瑞卿	
厦门典途	大同路	清光绪三年三月	民国十九年二月十六日	吕尔卿	
厦门茶商	水仙宫	民国十二年	民国十九年五月四日	林永年	

① 《署商部右丞左参议王奏考察闽粤沿海各埠商务》,《东方杂志》(第3卷第3期)。
② 《厦门总商会特刊》,厦门总商会编1931年版,第20—22页。

续表

名称	会址	成立年月	改进日期	主席姓名	备考
厦门火柴	磁街	民国十六年六月十一日	民国十九年五月十七日	陈瑞清	
厦门棉纱	恒胜街	民国元年十月	民国十九年四月二十七日	蔡恒足	
厦门木商	后海干	民国十一年四月	民国十九年四月一日	林文亩（又久旁）	
厦门香港商业	兴安街	民国十七年十二月二十三日	民国十九年三月二十三日	汪筱岩	
厦门纸途	赖厝埕	清道光三年三月二十三日	民国十九年三月二十三日	林〔〕洲	
厦门屠宰	局口街	民国四年十二月	民国十九年五月一日	翁朝言	
厦门米郊	老叶街	民国七年	民国十九年二月十五日	汪少岩	
厦门酒途	港仔口	民国十三年二月	民国十九年五月	柯克明	
厦门清洁	浮屿角	民国十九年六月一日		柯水鱼	
厦门谷产	老叶街	民国十三年五月十三日	民国十九年六月九日	谢文英	
厦门糕饼	思明路	民国十七年一月	民国十九年五月	郭镇五	
厦门驳船	三安街	民国元年	民国十九年四月	黄寿鹏	
厦门照相	思明南路	民国十九年八月一日	民国十九年八月十五日	欧阳璜	
厦门颜料五金	大同路	民国十九年九月十日	民国十九年九月六日	黄世动	
厦门水果	开元路	民国十九年八月三日		吴在桥	
厦门烟酒	大史巷	民国十五年九月	民国十九年四月	许嘉禾	
厦门泉郊	洪本部	清光绪二十六年	民国十九年五月四日	吴兹城	
厦门渔商	厦港	民国三年二月起	民国十九年五月	方秋田	
厦门渔业	太山口	民国十七年十二月十六日	民国十九年二月五日	李佛	
厦门新医药	中山路	民国十五年五月四日	民国十九年四月八日	王丽明	
厦门华侨银信业	水仙宫	民国十六年	民国十九年八月十日	杨显甫	
厦门猪行	挑水巷	民国十一年六月一日	民国十九年四月二十二	纪锦亭	
厦门海产	石皮巷	民国八年九月二十七日	民国十九年四月六日	黄植庭	

续表

名称	会址	成立年月	改进日期	主席姓名	备考
厦门土旁民栈	开元路	民国八年二月	民国十九年四月八日	许经果	
厦门运输	厦禾路	民国十八年六月一日	民国十九年八月二十二日	杨文乙	
厦门航业	大史巷			邱世定	
厦门烟丝烟叶	洪本部	民国十四年二月	民国十九年七月一日	庄振荣	
厦门北郊	太史巷	民国十六年五月十五日	民国十九年十二月一日	陈耀堂	
思明县牛马羊乳业	靖山头	民国十九年十月十四日		林晋禄	
思明县柴炭业	厦禾路	民国十九年十一月十四日		陈叹尘	
思明县米业	前营街	民国十九年十一月十四日		翁毓文	
思明县洋柴业	厦禾路	民国十九年十月三十一日		杨锦川	
思明县鸡鸭业	开元路	民国十九年十月二十日		杨壬生	
思明县竹篾业	打棕街	民国十九年十月二十日		吴家煌	
思明县壳灰业	斗涵	民国十九年十月十二日		陈得胜	
思明县汽车业	思明路	民国十九年十二月十五日		施志霜	
思明县烹饪业	思明路	民国十九年十二月十一日		叶秋水	

资料来源：《厦门总商会特刊》，厦门总商会编1931年版，第20—22页。

张利民通过研究华北市场，把华北市场体系可以分为三级[①]，高级市场即中心市场，是全国性商品交易中心和重要进出口口岸，既是内地农副土特产品的终点市场，也是国际和埠际商品的总批发市场。中级市场是有一定政治经济地位，成为沿海与内地、终点与产地市场土洋货流通不可替代的纽带。它本身经济实力也不断增强，有相当的消费、生产和批发能力，是一定区域内协调商品交易的中心市场。中级市场中聚集着上下两级市场的推销商、收购商、批发庄、收买庄、本地的坐庄、商贩，以及贩运商、经纪人。比较大规模的商品批发和转运为主进行专业化经营。初级市场亦称产地市场，是遍及乡镇的集市，它有固定地点和时间。初级市场是农业生产者产品的销售地和生活必需品的购置地，是洋货和机制品向农村

---

① 张利民：《论近代华北商品市场的演变与市场体系的形成》，《中国社会经济史研究》1996年第1期。

推销的终点市场和农副产品输出的产地市场，基本具备了初级市场的职能①。

近代福建市场体系大体可分为高级市场、中级市场、初级市场三个等级。高级市场是具有贸易中心区地位的具有贸易集散地和中外贸易中转站作用的港口城市；中级市场是上连高级市场，下通初级和专业市场，是沿海与内地、终点与产地市场土洋货物流通不可替代的纽带②。主要功能是集散和转运，有较优越的交通运输和储藏加工能力，有一定政治经济地位。初级市场是土货的产地市场和洋货的最终分销市场，即土特产品的生产基地和洋货商品的最终消费市场。

根据福建区域的特征以及各个市场的主要功能划分，福建区域市场的高级市场是福州、厦门，中级市场是泉州、漳州、宁德的三都澳、莆田、三明、南平、龙岩；初级市场是各区域的县市所在地。如福州地区的闽侯、长乐、福清、连江、罗源、古田、屏南、永泰、平潭县等；漳州地区的华安、南靖、长泰、平和、东山、诏安、云霄、漳浦、海澄（今龙海）等县市；泉州地区的安溪、同安、惠安、南安、晋江各县市；莆田地区的荔城区、城厢区、涵江区、秀屿区和仙游县；三明地区的永安、明溪、清流、宁化、大田、尤溪、沙县、将乐、泰宁、建宁 9 县市；南平的延平区、邵武市、建阳市、建瓯市、武夷山市、顺昌县、浦城县、光泽县、松溪县、政和县；宁德地区包括福安、福鼎两市和霞浦、柘荣、寿宁、古田、屏南、周宁六县；龙岩地区的漳平市、永定、上杭、连城、长汀、武平县等③。晚清时期，福建的出口货物主要有茶叶、糖、木材、土纸、纸箔、干鲜果、烟草和瓷器等，其中以茶叶为最大宗。除茶叶、土纸外，民国时期，福建传统出口的农副产品、特产品和手工业品还有德化瓷器、福州和闽侯一带的脱胎漆器、溱筷、竹篾、纸伞；南平的皮枕，闽侯的福橘、雪柑、橄榄，莆田地区的桂圆干；厦门的蚊香、线香、土布、面线、米粉干；龙溪地区的芦柑、纸箔，晋江地区的石条、菜脯，永安的香菇，

---

① 张利民：《论近代华北商品市场的演变与市场体系的形成》，《中国社会经济史研究》1996 年第 1 期。

② 同上。

③ 《福建省地理志》，http://www.fjsq.gov.cn/showtext.asp? ToBook = 178&index = 173&。

沙县的笋干，永定的烤烟和福鼎的明矾等。[1] 除鸦片外，晚清时期福建进口数量较大的商品还有棉布、棉纱、棉花、金属原材料、大米、煤油和火柴等[2]。下面仅就福州、厦门高级市场做简要阐述[3]。

二 福州市场

在近代上海、香港和台湾未发达之前，福建居于三个地区的中心，经济发展占据重要地位：19世纪中叶，福州商业占全国第二位。随着近代经济中心转型到上海，香港和台湾成为主要转口贸易中心，尤其是曾经隶属福建的台湾由日本控制，大大影响了福建的贸易格局。福建在经济上就受了这三个地区形势的包围。[4] 福州开埠前就是闽江下游的集散外销中心。早在1844年，福州市场已初步形成"一条扁担、两个箩筐"的格局，即南北两个商业区，中间一条手工业街。南部商业区（今之台江、昔为城外）为闽江流域农副土特产品、水产品以及进口商品的中转集散地，它以中亭街为中心形成以中转批发为主的商业市场。台江码头和中亭街为水产品市场，上下杭街是南北京货、纱布、化工原料的批发市场和金融（钱庄）集中的地方，小桥左侧的道路是水果市场，苍霞洲为茶叶市场，帮洲、义洲为木材市场。大商行、大行栈以及仓储设施等主要集中在上下杭街，是大宗交易活动的主要场所。北部商业区（今鼓楼，昔城内）是以消费为主的商业市场。"一条扁担"，就是联结南北两个市场的中间街道。从南门兜至洋头口，是手工一条街，行业前店后坊，自产自销。福州开埠以后，外商纷纷开办洋行，前后有70多家，随后又纷纷设立领事馆、洋教堂、洋学堂和洋人别墅，并雇用一些中国人充当买办进行贸易商业活动。他们一方面收购闽工流域的土特产品运销国外，一方面向内地推销洋货。进出口商品都要到福州进行中转，逐步发挥其近代高级市场的中心集散作用。"一条扁担、两个箩筐"的市场格局，在外资进驻的情况下，仍然自清代一直延续到新中国成立

---

[1] 《福建地方志》编纂委员会编：《福建省志·对外经贸志》，中国社会科学出版社1999年版，第13页。

[2] 同上书，第12页。

[3] 主要参考《福建省志·商业志》撰写，特此说明。

[4] 《福建地理》，第7—8页。

后一个较长的时期。①

福州作为进出口商品集散中心，起到很好的集散作用，培育了不少专业市场的形成。近代福州是茶叶、木材、纸张等农副产品的集散中心，又是这些土特产品的专业市场②。福州、汉口、九江作为三大茶市，在近代对外贸易中具有重要地位。开埠以后，福州茶叶出口进入相对繁盛的时期，福建各地的茶叶多经由福州销往外地。品种以红茶为主，还有绿茶、白茶、砖茶、花茶等，国外主要销往北美、欧洲、新西兰、澳大利亚、南非、东南亚等地。国内销往上海、天津、汕头、烟台等地。福州的茶商（行）多在南台苍霞洲的福全社、荔枝下一带，现台江"茶道"地方，即过去装运茶叶的码头。此外仓前山一带也是茶叶厂商聚集的地方。福州本地帮茶商有固定牌号的 40 多家，资金多的数十万元，营业额占福州茶叶出口总额 70% 以上。客籍帮茶商中实力比较大的也有 40—50 家，分直隶、山东、安徽帮。按经营形式主要分为：采办商和运销商。采办商有毛茶帮、箱茶帮、花香茶帮。毛茶帮，帮会称"恒元堂"，所属行号 10 多家，有生顺、富春、明兴、宏春等，以采办绿茶为主。箱茶帮，帮会称"公义堂"，亦 10 多家，多为广东籍茶帮所开设，以红茶、岩茶为主，装箱运出。花香茶帮，有本地及京、徽等 50—60 家，多时 60—70 家。茶叶运销商有天津帮、京东帮、外销茶帮。天津帮 20 余家，帮会有福长兴、福泉兴，前者多为长乐人，后者多为福州人和泉州人经营。多以绿茶贩运天津，每年 5 万—6 万担，价值 300 万元。京东帮 30—40 家，分京徽帮和直东帮两派，都是运销长江以北的主要城市，年均 3 万—4 万担。外销茶帮，经营者多系客籍茶商，如广东帮、潮汕帮，其中相当部分是服务于洋行的买办性茶帮。

过去闽江流域的木材，多由木客经营。木客在产地采购后编成木排顺流而至福州中转出口和运销外省及本省沿海各地。福州乃成为木材的重要集散市场，与安东、汉口并列为全国三大木材市场。福州木材市场的经营商分为：①代客商行，主要为上游木客代销木材，从中抽取 3%—5% 佣金，大户也有直接向产地自采经营的。②采运商行（称木商、木帮），多

---

① 《福建省志·商业志》，第二章福州市场，http：//www.fjsq.gov.cn/showtext.asp? ToBook=215&index=23&。

② 同上。

系浙江以及上海等外地木行,他们在市内或直接到产地采购,在洪山桥设立水坞,然后再运到本地经销。③板贩商,购买原连木排,分优劣和大小口径,锯成板条,售与采运商,或将木材售与寿板商。④杂木商,是供应建筑、造船及家具用材的行商。⑤松木商,经营者不多,大都是上游的松木商自运自销。其中"祥臣洋行""祥泰洋行"两大商行,则自向林区采购原木,截断编排放福州,锯成松板或枕木,或原段运往上海、天津、香港等地出售。⑥寿板商,专营寿板。⑦木材零售商。后来还出现专业的锯木厂商。木材运到福州先寄泊水坞,水坞经营者需向省财政厅领取执照。全市有执照的66家,大的水坞分布在上渡、义洲、白马河以及帮洲、新港、老鸦洲、洪山桥等地。福州木商,据1947年木商业公会统计,会员商有373家(不包括木材零售商)。木材市场的经济地位,在福州仅次于茶叶市场,曾经繁盛一时。

除了茶叶和木材之外,闽西、闽北各县及闽东部分县的土特产,均以福州为市场,如连城、永安、沙县、南平、尤溪、古田、闽清等县的土纸;各县的香菇、笋干、松香、烟叶、药材、棕皮、薯榔、建莲、红曲、干鲜果;连江、长乐、罗源等县所产的咸干海味、红糖等,均运到福州,大部通过福州的溪行(习惯上通称"九八行")代为销售①,其中以土纸销量为最大。另外,传统名品如脱胎漆器、软木画、寿山石雕、纸伞等也远销世界各地。土特产品的外销及中转,以及洋货的进口转销的繁荣与畅达,影响着闽江流域市场的发展。

三 厦门市场

厦门在近代以前对外贸易十分发达,并且形成了专门经营各种商业的"十途郊"。历经清初的70年间,厦门"商贾咸集,梯航万里"。到1796年,厦门还拥有专营对外贸易的洋行8家,大小商行30多家,洋船、商船1000多只,与东西洋30多个国家和地区开展贸易往来,为厦门港的鼎盛时期。开埠以来,外商贸易日渐活跃,当时较大的洋行有5家,它们不

---

① "溪行"早在清乾隆年间业务就较发达,因客投行的土产只按货值的98%收取货款,故称"九八行"。实际上个别还附有资金、贴水等规费,故佣金有的在3%—5%。"九八行"的大户或中户有设庄自行采办的,有向同业进货的,有自运出口的,或进货后转售于出口帮的,或代客转运外销和内销的。

但大量倾销舶来货，推销鸦片、军火等，还收购大宗中国土特产，如茶叶、食糖、布匹、杂货，转运到中国各埠及外国。外商逐步操纵厦门的商业、运输业和金融业。这些行业的发展，带动了厦门圩集市场的发展。到1911年，厦门的圩集市场多数集中在沿海海岸，内武庙一带（现海岸街与海岸路），有蔬菜圩、油圩、果圩、猪仔圩、牛圩、鸡鸭圩等。各个渡口自发形成一大片商业区和居住区，沿着海岸还有许多没有固定圩集的商贩，手提肩挑贩卖各种杂粮、蔬菜和土特产。沿海一带桅樯林立，番船辏集；近城一带则是人烟稠密、百货齐集，市镇内已形成20多条商业街市，如碗街、纸街、炭街、竹仔街、木履街、布袋街等，酿酒、造纸、修船、焙制乌龙茶等的手工业作坊也日益发展。民国初期，厦门商业市场逐渐繁荣，主要商业街市只有25条，街道狭窄，垃圾成堆，空气恶劣，被外国人称为世界上最污秽的都市。1931年后，随着海滨堤岸和新马路主干道的陆续建成，各种类型的商店纷纷开设，设立了10个市场。据1932年统计，有78个行业、4004家企业，1937年发展到5344家。这些企业分布在99条主要街道上，主要经营百货食杂、粮油果品、木材家私、水产牲畜、旅馆饭店、照相理发、裁缝洗染、五金化工、电器灯具、银行当铺、汇兑信局、参仔医业、古玩珠宝、书画裱褙、影院戏院、剧社吹班、旧货估衣、寿板店、迷信品店、造船铁坊、律师所等。比较繁华的地段是大同路、中山路、开元路、思明东、西、南、北路、鹭江道、海后路一带。由于厦门与东南亚各国之间侨汇业务，推动了二者之间贸易市场的繁荣。1935年，华侨汇回厦门侨汇1163万多元。1936年，进出厦门港船只2493艘次，其中国际航线846艘次，当年货运吞吐量500万吨，客运吞吐量50万人次，其中华侨远洋客运量15万人次。1937年年初，在厦门设立的船行有35家，洋行105家，洋郊148家，港、沪商帮47家，南北郊30家。同年，在国际贸易中与新加坡、印尼、马来亚、菲律宾、缅甸、日本、英国等22个国家和地区有商业往来，运销商品80余种。①

---

① 《福建省志·商业志》，第三章厦门市场（http://www.fjsq.gov.cn/showtext.asp?To-Book=215&index=23&）。

第七章

全球化与区域化：福建对外贸易的发展趋势、地位、特点

近代福建对外贸易不得不日益受到向全球扩张的世界体系剧烈变动的影响而出现明显的波动。福建对外贸易发展态势和地位既是全球化向亚洲推进的表现，是在发展过程中综合了区域和区位优势与不足，而与经济变迁的互动引发的对外贸易特征则深刻揭示了前者对其影响的程度和水平。

第一节 福建对外贸易的发展趋势和地位

一 发展趋势

近代中国卷入世界体系的过程复杂又惨痛，与经济一体化相伴生，中国主权的不断丧失，导致了中国结构性地融入了世界体系，成为其"边缘区"。在世界体系"不等价交换"的全球分工运作机制下，在不平衡的"资本积累"模式中，边缘区受到世界体系结构性变动和周期性发展的影响和制约。历史时期形成的以中国为中心的亚洲朝贡贸易体系各个成员在世界体系的运作中，也陆续以沦为殖民地、半殖民地为代价，扩展了世界体系在亚洲的边界。这一融入的过程及被肢解的痛苦意味着，"在一个特定的地理范围内，至少某些重要的生产过程，变成了构成当时资本主义世界体系劳动分工的各种商品链条的组成部分……只有当一种生产过程随着控制那些生产过程的人们，谋求最大限度的积累资本的努力，而对这个世界经济体永远改变着的'市场情况'（无论什么原因引起的改变）有所反应——即使不在短期内，也至少在比较适中的时期内有所反应，那种生产

过程才能被认为融入了这个世界经济体"①。与中国融入世界体系相伴生的是条约体系的不断确立（贸易性质的改变）及其对亚洲经济圈的不断破坏（空间上肢解）。这一过程肇始于鸦片战争后《南京条约》及相关条约的签订和通商口岸的陆续开放。19世纪70年代以来，苏伊士运河的通航和海底电缆的铺设带动世界交通、通信的发达，为全球经济走向一体化创造了便利的条件。全球市场一体化进程牵动着中国的生产和贸易的日益世界化，预示着以中国为中心的亚洲经济体一步步地遭到破坏。"一旦19世纪中叶的交通革命和战争工业化将远东纳入数目不断增加的西方国家的范围，局势就开始发生变化。"② 在东亚秩序中，首先是日本受制于美国，然后是中南半岛的安南受法国保护，英国吞并缅甸、锡金并占领西藏以对抗俄国南下。世界体系扩张使以中国为中心的东亚贸易圈在世界体系的作用下开始解体。但最终把清朝统治和中国领土完整所依赖的不稳定力量均衡颠覆的，不是西方国家，而是以中国为中心的世界体系内部的冲突，即中日甲午战争的爆发和《马关条约》的签订。③ 事实上，发生在东亚中国与日本之间的争夺亚洲霸权的甲午战争标志着朝贡贸易体系在世界体系的肢解下最终瓦解。正如王正毅指出的："建立在朝贡基础上的东亚世界秩序在以条约为基础的国家体系的冲击下面临着巨大的挑战，最后在《马关条约》签订后终于彻底崩溃了。"④传统的朝贡贸易体系的崩溃是以资本主义世界体系在东亚扩展，日本成功地从边缘区被"拉入"半边缘区，进而不断地向中心区进军为标志的。而中国则一边与西方欧美各国进行不等价交换，一边与东亚日本进行不等价交换。从甲午战争开始，世界体系结构性的变动使中心区开始从以英国为中心的西欧转向20世纪以来的以美国及继起的东亚日本为中心的地区，而卷入世界体系中的东南沿海地区的上海、广东、福建则强势地扮演着边缘区角色。但由于各个区域自然、地理及人文环境的异质性及历史形成的亚洲经济圈延续性的影响作用，使被边缘化的过程表现出不同的特征。中日战争及其余殃——日本作为强国出

---

① ［美］伊曼纽尔·沃勒斯坦：《现代世界体系》（第3卷），高等教育出版社2000年版，第182页。

② ［意］乔万尼·阿瑞吉：《现代世界体系的混沌与治理》，贝弗里·J. 西尔费，王宇洁等译，生活·读书·新知三联书店2003年版，第270页。

③ 同上。

④ 王正毅：《世界体系论与中国》，商务印书馆2000年版，第339页。

现、清王朝的统治进一步衰弱，西方列强和日本瓜分中国的威胁以及这一威胁在国内引发的民族主义反应——是东西方关系史上一个明显的分水岭。从此以后，东亚本地的现代化过程给西方的优势带来更加严峻的挑战。正如滨下武志所言，这些挑战背后的现代化过程不仅是对从属性地并入以欧洲为中心的国家体系的回应，在他看来，并入最多也只是部分的，他所谓以中国为中心的朝贡贸易体系依然影响着东亚的发展，直到现在。[①] 通过对1895—1937年福建对外贸易发展阶段及其影响因素，进出口贸易商品结构和市场结构的变化进行详细的考察，足以用"地域经济圈"这一理论基石合理地诠释滨下先生"朝贡贸易体系"的影响作用。反过来说，正是由于历史上形成的以中国为中心的朝贡贸易体系的结构和规范，依然塑造和影响着卷入世界体系中的东亚各国之间的关系，在二者共同作用下，东亚的政治经济秩序不断改变。"对之后的发展来说，有三个变化尤其重要，其中之一是长期以来在裂隙中形成的以中国为中心的朝贡贸易体系，海外华人资本主义团体的扩张。"[②] 具体反映到福建对外贸易发展上，历史形成的独具特色的向东南亚的移民潮及由此衍生而来的华侨汇款和以当地华侨经济为主带动的福建对东南亚地区的贸易往来所支撑的地域经济圈内在发挥作用，使福建对外贸易表现出了独有的特征，在中国近代对外贸易上具有独特的地位。

二 历史地位

（一）就对外贸易的发展趋势而言

无论福建还是全国均实现了阶段性特征。世界体系结构性变动和周期性发展及地域经济圈运作机制的影响使福建对外贸易呈现出1895—1913年踯躅不前、1914—1918年战时萧条、1919—1931年战后繁荣、1932—1937年经济危机后的衰退等阶段性特征；而全国对外贸易的发展，基本上经历两个阶段，即1895—1931年增长阶段和1932—1937年的衰落阶段。《马关条约》的签订和台湾的割让及设厂制造权的取得，给了日本及西方各国在中国更加

[①] ［美］乔万尼·阿瑞吉：《现代世界体系的混沌与治理》，贝弗里·J.西尔费、王宇洁等译，生活·读书·新知三联书店2003年版，第271页。

[②] 同上书，第272页。三个变化第二是中国和日本都采用了西方的军事技术，第三是中国采用了经过中国化的马列主义。

广泛的商品——资本输出的特权，福建与台湾传统的互济贸易变成了国际贸易，日本充分发挥台湾战略地位的重要性，将其作为中日贸易的中转基地。而以中国为中心的亚洲朝贡贸易格局被打破以后，日本试图重新构建的以日本为中心的亚洲新秩序，使中心区从中国逐渐向日本转移。这样一来，在以日本为中心的亚洲国际体系中，核心区和区域的等级差异发生了很大的变化。东亚这个经济世界的核心区由以往的黄河流域等内陆转向东亚大陆的东南沿海地区，中国的上海、广州、福建，日本的东京，新加坡等逐渐成为东亚的中心地区。① 从全球视野来看，这也反映了战后世界体系中心——半边缘——边缘的三层结构的上升或下降的双向变动。以英国为中心的世界体系（空间上局于一隅）逐步向以美国及日本为中心转变（空间上扩大到全球）。从世界体系周期性发展来观察，1890—1896 年开始到 1914—1920 年间正是资本主义世界经济周期性发展的第三个上升阶段即 A3 段，而之后直到 20 世纪 40 年代则是这一周期的下降阶段，即 B3 段。② 在 A3 这一上升时期，资本主义世界体系在全球范围内进行资本积累和不平衡竞争，发动无数次的战争，引起卷入其中的各个国家的社会动荡变迁及反体系的运动，但这一积累和竞争的过程支持了中心区的繁荣发展，最终在全球范围内确立了世界体系的地位；但是，由于供求矛盾，也引发了全球经济的周期性发展，最终导致由中心区开始波及全球的经济危机。在这个周期运动中，边缘区及半边缘区也获得了经济发展的空间，但当危机波及时，全球范围内的大萧条不可避免。

  西方资本主义在上升阶段加大对中国殖民争夺和划分势力范围的斗争，使福建成为日本控制和侵略中国的基地。直到第一次世界大战爆发前，福建对外贸易在西方各国和日本的激烈争夺下，在国内展开的以救亡

---

① 王正毅：《世界体系论与中国》，商务印书馆 2000 年版，第 341—342 页。
② 康德拉捷耶夫经济发展的周期理论，把 18 世纪末叶至 20 世纪 40 年代之间划分为三个周期，其中 1780—1790—1818—1817—1844—1851 年间是第一个周期，分为上升阶段 A1 和下降阶段 B1；1844—1851—1870—1875—1890—1896 年间是第二个周期，分为上升阶段 A2 和下降阶段 B2；1890—1896—1914—1920—20 世纪 40 年代间是第三个周期，分为上升阶段 A3 和下降阶段 B3。沃勒斯坦采用此周期理论并与长周期相结合，把周期与国家体系中的中心国家与边缘国家相结合，指出世界体系最主要的周期性规律就是所谓的康德拉捷夫周期（平均时间是 50—60 年），这个周期体现了创造垄断（形成这个周期的 A 段）以及因新的供给而导致市场过剩而衰落（形成这个周期的 B 段）的过程。参见王正毅《世界体系论与中国》，商务印书馆 2000 年版，第 52—58 页。

图存为宗旨的民族主义运动的伴随下，蹒跚而行，没有发展的迹象；接下来就是由于竞争加剧造成的不平衡危机引发的资本主义世界的第一次世界大战。虽然发生在欧洲，但使欧洲及其他各国不同程度地卷入战争，这样给了日本及美国大发战争横财的机会，因而他们加大了对中国的资本——商品输出，但是欧洲各国对福建贸易的减少及日本对台湾殖民统治政策的形成，使福建对外贸易并没有增长，而相对战前仍然表现出了衰落的趋势；"一战"后各国重返福建市场，适值福建大量东南亚移民出国带来了大量的侨汇做支撑，使战后福建对外贸易无论进口还是出口，都呈现了前所未有的发展势头。但随之而来的是，牵动世界各个角落的从美国开始的全球性经济危机的周期性爆发，波及与福建有密切联系的东南亚地区，致使东南亚华侨大批返国，侨汇明显减少，进而严重影响到福建对外贸易的发展。加上中国反不平等条约体系运动的展开及关税自主运动的实施，一定程度上遏止了进口贸易扩大，从而使福建对外贸易陷入全面衰退，直到抗战全面爆发，战时经济开始。

福建对外贸易表现出的这种阶段性特征与全国对外贸易形成了鲜明的对比。与福建发展的四个阶段相对照，1895—1937年间，中国由于被边缘化程度的不断加深及通商口岸从约开向自开的发展，对外开放口岸增多，特别是1905年日俄战争后，东北全境的开放及其土特产品的大量出口，使从甲午战前开始迅速上升的进出口贸易，到甲午战争后增长更加显著。加上《马关条约》给予资本主义在中国的设厂便利，各国对华开矿、筑路、借款等资本输出的加剧，带动了对外贸易发展，出口贸易由1895年的1.4亿海关两增至1913年的4亿海关两，增长率为186%，进口贸易由1895年的1.7亿海关两增至1913年的5.7亿海关两，增长率为235%。随之爆发的第一次世界大战，给中国民族资本主义工业创造了发展的黄金时期，民族工业带动的贸易继续增长。同时，20年代末开始，在政府干预下进行的关税自主运动，实行关税保护，从而使"一战"以来的对外贸易明显增长。出口贸易由1914年的4亿海关两增至1931年的9亿海关两，增长率为125%。进口由1914年的5.7亿海关两，增至1931年的14.3亿海关两，增长率为217%。"九一八事变"发生后，东北全境沦陷，直到1937年抗日战争爆发。由于波及全球的世界经济危机造成生产力全面减退，我国农村经济日趋穷困，人民购买力薄弱，严重影响了进口贸易的增长。另一方面，由于东北失陷，丧失重要出口地域，输出乃趋减退。出口从1932年的4.9亿海关两下降到1936年的4.5亿海关两,进口从1932年的10亿海关两下降到1936年的6亿海关两。①

(二) 就在全国对外贸易的地位来看

随着世界体系变动的福建港埠优势与价格相比,不值得一提。

起初,世界体系迅猛的扩张势头,使福建对外贸易明显表现出随世界体系中心区市场变动而变动。但随着甲午战后被解构的地域经济圈的运作机制延续性作用的发挥,福建对外贸易的港埠优势更加显著。但若与沿海各口相比,贸易优势几乎看不出来。

总体来看,厦门是进口贸易中心,福州是土货出口的集散中心,三都澳的地位不是很明显。1895—1937年间,就对外洋贸易进口净值来看,由于地处闽南的厦门长期以来与东南亚商业网络中形成的内外两个消费市场的存在,使厦门在福建全省进口贸易中居于优势地位,厦门的进口贸易充分说明地域经济圈的作用和影响。总体来看,厦门在全省进口净值中所占的比重基本在1/2之强,1895—1919年多数年份所占比重保持在50%—60%。第一次世界大战结束后到抗日战争爆发前,厦门华侨经济的发展及侨汇的增多,支持和带动了厦门消费水平的提高,因而在进口贸易中所占比重基本上升到60%以上,30年代以后升至70%以上。由于厦门所占比重的增加,三都澳进口绝对值很少,福州由于与西方各国进出口贸易的显著下降,导致其进口比重不断下滑,其发展趋势与厦门正好相反。

就出口而言,与厦门相比,由于福建大宗出口商品茶、纸、木材的生产基地大多在闽江流域,广阔的腹地资源给予了福州以土货出口中心地之地位,其在土货出口总值中所占的比重到1895年之后基本上占2/3强。1895—1931年间,除个别年份外,福州土货出口基本保持在60%—80%,30年代以后,土货出口多数年份下降到60%以下。

从进出口贸易总值而言,福州、厦门所占比重在30年代以前基本上势均力敌,各占一半,只是30年代之后,由于厦门在南中国海经济圈中的地位明显强于福州而使二者对外贸易百分比也明显表现为厦门大于福州,基本保持在72%以内,相反,福州则保持在27%以上。

同时,由于地处东南沿海的福建北部受到作为近代经济贸易、金融、

---

① 郑友揆:《中国的对外贸易和工业发展(1840—1948)——史实的综合分析》,上海社会科学院出版社1984年版,第334—337页。

工业中心的上海钳制，华南又受到广州等进出口贸易大港掣肘，因而尽管有其发展的优势，但最终在世界体系区位优势的选择中，表现出贸易发展的衰落态势。

世界体系的扩展使中国东南沿海地区卷入其中，而区位优势使地处亚太交通航道中心，又有长江流域及全国广阔腹地的上海很快取代了清代以来广州取得的外贸中心地位，而跃居对外贸易港口的第一位，其贸易优势随着交通、金融、工业中心地位的不断确立，使其在近代中国对外贸易中，一直保持着远远超过其他港口、长期位居第一的龙头地位。这样，在与世界市场进行物资交流过程中，各港除直接与外洋贸易外，大多数港口把上海作为进出口贸易的中转站。其战略地位及贸易优势，使福州、厦门港的对外贸易优势相形之下逊色很多，曾经繁盛一时的广州港的贸易地位被上海取代之后，日益下降，但仍然超过福州、厦门两港的总和。福建相对封闭的自然地理环境及山多田少、工业基础薄弱的经济发展态势，面临上海、广州双面夹击，自然无法取得贸易中的优势地位。这从福建、上海、广州在全国进出口贸易净值中所占的百分比可以明显地看出。

福建进出口贸易绝对值的变化从1895年的2152万海关两到1913年的2830万海关两，到1918年的1838万海关两，升至1931年的4572万关两，下降到1737万关两，1895—1937年间历经了起伏不定，最终绝对值下降到不及甲午战后初年的水平，在全国贸易值中所占百分比从1895年的6.8%，下降到1913年的2.9%，再降至1918年的1.8%，1920年1.7%后，直到1934年基本上保持在2%以上的水平，之后所占比重也下降到2%以下。①

上海作为全国进出口贸易的龙头，其发展变化在30年代以前基本是一路攀升，从1895年的9406万海关两上升到1913年的27543万海关两，再升至1931年的91689万海关两，上升比率高达875%，30年代以后才趋于下降。其在全国进出口净值中所占的比重则基本保持在25%—35%，

---

① 郑友揆：《中国的对外贸易和工业发展（1840—1948）——史实的综合分析》，上海社会科学院出版社1984年版，第334—337页；历年海关贸易统计；Hsiao Liang-Lin, China's Foreign Trade Statistics, 1864-1949, East Asia Research Center, Harvard University Press, Cambridge, Mass, 1974, 第22—24页；福建省政府秘书处统计室：《福建历年对外贸易统计》，1935年版，第33页、第35页、第37页、第39页。

有些年份高达39%。①

华南区的广州在上海崛起的竞争之下，无论从绝对值，还是所占的百分比中，都明显表现出了弱势地位，但与福建相比，则又位居其上。进出口贸易值从1895年的3415万海关两上升到1913年的8772万海关两，经过"一战"时期相对低落之后，升至1923年的最高峰16407万海关两，1923年比1895年上升比率为293%。之后则日趋下滑，到抗战前夕的1936年则只有7339万海关两，退回到"一战"前的水平。所占百分比也从1895年的10.8%，下降到1913年的9%，战后直到1923年，除当年达到9.8%之外，多数年份所占百分比在7%—8%，20年代中期以后，所占比重日益减少，基本保持在5%—6%，30年代全国贸易形势普遍衰落的情况下，绝对值尽管明显低落，但所占比重有所回升，不过仍没有超出10%的比率。②

作为三北集散中心的天津1895年以后尤其是20世纪初年以来，对外贸易稳步上升，绝对值相对增长，除个别年份受到国内外政治以及形势的影响外，其余年份则基本上处于上升状态。进出口贸易净值1895年为3226万海关两，1913年达到7904万海关两，1931年高达22340万海关两，上升比率高达592%，之后开始衰退，1936年下降到12226万海关两，比1931年有所下降，但相对1895年仍高出2.8倍之多。③

通过对东南沿海福建、上海、广东加上华北大港天津吞吐贸易的比较分析，我们明显看出福建对外贸易的衰落态势。同样，在外部环境世界体系作用下，由于区位的不同及各区域自然地理，包括人文环境的差异，其贸易差距如此之悬殊。

第二节　福建对外贸易的特点

一　福建贸易长期入超依靠信汇平衡；而全国入超主要依靠引进外资平衡

就福建进口贸易和出口贸易比较而言，在世界体系资本积累不平衡和

---

① 30年代以后，由于是美元统计，加上包括了复出口在内，因而比重更有增大迹象。
② 广州数据全部是直接对外贸易值，因而实际贸易值会更小，所占比重也会更低。
③ 30年代之后直接进口当中复出口未除去，会有高估的倾向。

不等价交换机制作用下，贸易条件不断恶化①，造成福建出现了长期入超的现象，全国形势基本相同。福建由于华侨汇款的支持，才得以维持长期以来贸易入超的状况；而对全国来说，华侨汇款只起到了一定的作用，贸易平衡主要靠引进外资等其他方面。

总观全国及福建贸易，入超情势都非常严重。1895—1905年间增长率很高，如1895年全国入超值达2840万海关两，1905年高达2.2亿海关两，入超增长率高达672%；福建1895年入超达350万海关两，1905年高达1208万海关两，增长率达245%。这主要是1904年以前海关对进出口贸易值按市场价计算，导致进口可能高估，而出口相对低估。②

全国1905—1914年间入超值基本上是表现出一个U形发展态势，1905年入超达2亿海关两，1910年下降到8213万海关两，1913年又增长为2亿海关两。主要是由于东北地区各通商口岸多数出超，加上最大的贸易口岸上海和广东基本是出超，因而使入超表现出了相对下降的状态，但绝对值也不小，基本上保持在7000万—2亿海关两之间；"一战"开始后入超值明显下降，只有几千万海关两；"一战"以后直到30年代初入超更多，绝对值高达1亿—5.6亿海关两不等；1933年开始入超值呈现出直线下降的趋势，从1933年的5.6亿海关两，下降到1936年的1.5亿海关两。

1905—1936年间，福建入超值除"一战"时期相对减少到100万海关两左右，1930—1933年间突增至2000万海关两以上外，其余年份

---

① 沃勒斯坦把马克思的资本积累理论发展地运用于世界体系结构发展中，认为资本积累是中心区和边缘区共同追求的目标，所不同的是，中心区资本积累快，程度高，而边缘区资本积累速度慢，程度低，因而双方之间的交换是不等价交换。贸易条件一般指出口商品价格与进口价格之间的比率，又叫"进出口交换比价"，亦即一国以出口交换进口的条件。一国的出口如能换到较多的进口，贸易条件改善，或变得有利，否则就是恶化。

② 1904年以前，海关当局对进出口货物计值均按市场价格（market value）计算，如进口货值包括货物原价、运费（起运费、货栈费）、进口税及出售时之佣金等；而出口货值则除该货之市价外，均不包括该货离岸前的包装费、堆栈费、出口税及收买之佣金等，这样可能造成对进口货值高估，相反对出口货值低估。1904年以后，海关改进了进出口货值的统计方法，一律采用进口货物的到岸价格（C.I.F）和出口货物的离岸价格（F.O.B）进行计算，因而误差即行消除，这种方面适用于1932年。其计算方法为：到岸价=（市价-进口税及厘金）×（1-7%杂税）；离岸价=市价×（1+8%杂费）+出口总额。相关问题参见陈争平《1895—1936年中国进出口贸易值的修正及贸易平衡分析》，《中国经济史研究》1994年第1期。

基本在 1000 万海关两左右波动。若以 1913 年为基期，指数为 100，福建贸易入超增长较多的年份主要在 20 年代后半期至 30 年代前半期，如指数从 1926 年的 123 增长到 1931 年的 265，正值福建对外贸易的繁荣时期。

长期大量的入超如何取得贸易平衡，以维持不断变化的外贸形势呢？就福建来说，由于历史形成的与东南亚地区的社会网络的存在及大量华侨汇款的支持，使福建对外贸易能够在长期入超的局势下获得平衡和发展。这是由于闽南地区大批人员出国谋生，并经营与侨乡之间的贸易，在侨乡进行地产及其他行业的投资，支持了厦门商业经济发展繁荣，从而提高了人们的生活水平，也平衡了厦门大量的贸易入超。"厦门商业情形，我们可以从汇款方面的资料中得到解释，而且只能从汇款方面加以解释。"① 福建入超绝大多数发生在厦门，而侨汇汇回省内多数也是经由厦门汇入的。② 郑林宽《福建的华侨汇款》做了统计③，我们从中观察全省入超与侨汇额，可以发现，20 世纪初以来，华侨汇款在平衡了贸易入超和金银的入超后，基本还有盈余，这充分地说明，福建对外贸易很大程度上受东南亚福建华侨与侨乡形成的移民网络及以侨汇为联系纽带的社会关系网络的影响。就全国来看，由于福建侨汇收入所占全国的比重远远高于其入超的比重，也就是说侨汇作为平衡福建贸易的手段基本有余，全国的贸易平衡在侨汇上得到的支持相对来说要小得多。一些专家学者就全国贸易平衡问题在 20 世纪 80 年代初都进行过探讨，指出除侨汇外，外商投资是平衡贸易的主要方面，"外人在华投资或者是通过进口生产资料和工业原料方式或者是把贸易入超的资金转为当地投资之用"④。通过全国与福建贸易入超及其平衡手段的比较，更加充分地说明，中国在日益被边缘化过程中，整体受到世界体系的支配和影响很大，但支持福建对外贸易平衡的是与东南亚密切联系的社会网络构建的地域经济圈中的华侨及侨汇。

---

① 雷麦：《外人在华投资》，商务印书馆 1959 年版，第 139 页。
② 郑林宽：《福建华侨汇款》，福建省秘书处统计室 1940 年版，第 95—97 页。
③ 同上书，第 95 页。
④ 郑友揆：《中国的对外贸易和工业发展》，上海社会科学院出版社 1984 年版，第 117 页。C. F. Remer、邱瑾译：《华侨汇款与中国国际收支平衡》，《工商半月刊》第 7 卷第 13 号。

二 福建商品结构变动体现了半殖民地条件下地域经济的影响作用

福建进出口商品结构的变动,一方面明显地反映了世界体系边缘区农副产品与中心区机制工业品的不平等交换性质;另一方面也表现出了基于社会网络拉动的更具经济效应的地域经济供求关系。

世界体系边缘区与中心区的生产、贸易和市场日益一体化,大宗农副产品与批量机制工业品相交换造成积累的不平衡,标志着被边缘化程度的加深。世界体系在把中国从"外部领域"拉入"边缘区",以争取平等的商业机会,这一复杂又漫长历程的根本问题在于最终解决"东亚经济是继续以中国为中心,还是成为以英国为中心的世界资本主义体系的外围部分"。① 在这一过程中,西方资本主义中心区的霸权国家借助或者利用了亚洲曾经存在的朝贡贸易体系所形成的包括有形的(商路、商业网络)或者无形的(主导、中心、不平等、优越感)运作机制,"这种机制在中日甲午战争之后成为日本建立以日本为中心的东亚国际体系的动力"②。借助地域经济圈已存的机制,英国利用亚洲地区英属印度鸦片向中国推销,鸦片成为"西方进入中国市场唯一可能的入场券(伊舍里克 Joseph Esherick)"③,赚取扩张的积累资本,从而带动欧美其他国家及争取亚洲中心地位的日本也利用鸦片与作为边缘区的中国进行贸易,从而使这一贸易影响和约束了中国对外经济联系,直到20世纪初在国际责难声中废除。④ 随着贸易市场不断增多,机制工业品及各种生产、生活原料的容量日益加大,棉纺织品、毛纺织品、五金、煤油、火柴等各类商品源源不断地倾销到中国来,福建也不例外。

甲午战争后,随着民族资本主义的不断发展,进口替代的勃兴,边缘区与中心区之间的不等价交换呈现出发展的阶段性,即棉织品原料(棉

---

① 乔万尼·阿瑞吉、贝弗里·J.西尔费、王宇洁等译:《现代世界体系的混沌与治理》,生活·读书·新知三联书店2003年版,第249页。
② 王正毅:《世界体系论与中国》,商务印书馆2000年版,第325页。
③ 乔万尼·阿瑞吉、贝弗里·J.西尔费、王宇洁等译:《现代世界体系的混沌与治理》,生活·读书·新知三联书店2003年版,第249页。
④ 明令禁止后,各国仍然在中国东南沿海进行着大量的鸦片走私生意,对中国造成严重影响。

纱）的进口较早地因进口替代而出现了下滑，棉布等机制品则经历了进口的高峰后，随着为扭转不平等条约体制而进行的关税自主运动的展开，而呈现出衰落趋势。但无论怎样，世界体系边缘区与中心区之间的不等价交换机制在中国作为边缘区地位没有发生改变的情况下，依然发挥着作用。与此相对的一个现象——表现福建独特的商品结构性特征即东南亚地区福建华侨的流动及华侨经济的盛衰引发侨汇的增减，牵动和影响侨乡的消费水平，进而影响到消纳进口商品的结构变化，这使历史形成的福建与东南亚间的基于地缘经济及供需关系之上的大米进口贸易不断延续并成为一大特色；同时，甲午战争后，尤其民国以来，福建从糖品输出东南亚和欧洲各国转变为大量从东南亚、东亚进口糖品的区域，无不说明地域经济圈内经济的互补性或竞争性引致福建进口商品结构的变化。

在不断被边缘化过程中，甲午战前全国出口的商品以茶、丝为主，但由于世界市场的竞争，茶叶、丝及制品的相继衰落，到甲午战争后，出口商品结构逐步转向以出口茶、丝及制品、大豆等油料作物及其制品、毛皮等动物制品、各种矿产品（煤、钢、铁、锡、钨等）为主，大宗出口商品多元化。但总体来看，出口商品结构中原料品及半制成品占最大比重，制成品则相对较低。而福建在世界体系扩张初期，出口商品结构从作为奢侈品的茶叶，发展到茶叶作为大宗饮食消费品及其他一些资源性的产品及加工品如糖为主的出口结构。甲午战争后，随着茶、糖出口的衰落，出口商品除茶叶外，还有相当部分的木材、纸、烟草及瓜果蔬菜及鱼介海味、粉制品及植物编织品的出口。福建出口商品结构中，早在甲午战争以前，茶叶就因亚洲范围内的资本主义殖民体制下的机制茶叶的兴起和竞争而使其呈现出在欧洲市场的疲软现象，仅有的茶品出口自然转向具有地缘经济和大批华侨所在地的东南亚地区。而相继兴起木材、纸品、烟草等商品主要以国内为主要市场，其外销的部分主要是亚洲各国，如木材出口主要方向是日据台湾，纸品出口中占据第一位的纸箔主要为满足东南亚华侨所用，其他各种土特产品的出口莫不是以大量满足国外华侨消用为主。这充分表明了在全球视野下区域网络的重要作用。尽管近代台湾、东南亚各国（除暹罗外）的殖民地、半殖民地性质造成福建对外贸易不得不受制于世界体系制约下的各国经济变动的影响，但至少可以说明在全球化过程中，发挥区域经济圈的有利作用，可能会做到效益更大化。

三 福建外资市场结构的变化从欧美转向亚洲，实际上体现了地域经济圈的重要性

就福建对外贸易市场结构来看，甲午战争以后，日本占领台湾及其"脱亚入欧"的军事扩张战略，首先从重塑东亚格局、改变过去以中国为中心而为以日本为中心进行实践，以台湾为据点、以福建为势力范围，加强对福建的渗透和控制。世界体系格局随着全球垄断的形成而在全球范围内最终确立，中心区从英国逐步转向美洲的美国，东亚的日本也逐步向半边缘，继而向中心区进军，这样膨胀的资本主义推动各国拓展对中国的统治。日本以其天时、地利加强利润的追逐。就福建区域来说，原来以欧美为主要贸易市场的格局，由于日本的崛起而不断地发生着变化。同时，历史上曾经非常发达繁荣的福建与东南亚各国和地区间的贸易，由于世界体系扩张对东南亚各国殖民侵略和经济统制而暂时表现出贸易联系的相对衰弱。面对西方加大对东南亚地区的开发，印侨、华侨充当了东南亚各国殖民开发的重要的劳动力，单一经济最终形成。这一方面在很大程度上满足了西方各国的原料掠夺、推销工业品的需要，另一方面也使华侨侨居地与侨乡之间的物资、人员的流动加强，从而带动了双方之间贸易发展。这种与东亚和东南亚贸易联系加大的发展趋势主要通过位居亚洲经济圈中非常重要的三个国家和地区表现出来，即世界体系在东南亚扩张时期占领的重要中转贸易港新加坡、在向中国扩张初期沦为英国殖民地的香港和甲午战争后日本占领的台湾。

香港依《南京条约》割让给英国开始，就发挥着英国在东亚经济、金融据点的作用。直到甲午战争前，福建从香港转运进口的商品中绝大多数为英国商品，并转运出口相当数量的本地土特产品往英美等国，一定意义上可以说，福建与香港间贸易的盛衰反映着福建与英国贸易的变迁。甲午战争后，在相当长的时间内仍保持着这一绝对优势。但随着与福建有重要渊源的台湾及日本对福建市场份额的分割，尤其新加坡对福建贸易地位的不断上升，香港在福建市场结构中的地位慢慢下降的格局不可挽回地形成了。但香港地处东亚的交通战略地位仍在发挥着作用，除作为英国的殖民据点外，也起着联系与东南亚和日本等地的中转港集散地的作用，福建有相当部分的华侨是经由香港出国的。

台湾与福建的互济贸易一变而为"国际贸易"，中转港地位日益突显，

大大影响了福建对外贸易市场格局。甲午战争后，日本加大力度开发闽台间的航运，利用闽台传统贸易形成的人员、文化、贸易的互补互济，大力发展日本对福建的贸易，因而使台湾成为日本对中国进行商战的跳板。

而新加坡的优势地位更加突出。虽然以英国殖民地性质出现，但它在东南亚各国对外经济联系中的枢纽地位，使新加坡具有沟通亚洲各国间及西方与东方各国间双重贸易的桥梁功能，相比来看，前者比后者更为重要。有关新加坡的重要地位，中国的一份半官方报告《南洋商业考察团报告书》指出：新加坡"地居南洋群岛之中心，为欧亚航行必经之地，商务繁盛，为各地之冠，因其为免税口岸，各地货物，多先卸此处，而后转输近处各埠。与邻地交通，颇称便利。如爪哇、婆罗洲、苏门答腊、暹罗、仰光、安南，商务多集中于新加坡"①。新加坡和槟城企业注册局1931年的年度报告显示：有来自31个国家的565家外地企业在这块殖民地上有业务，它们大多都在新加坡拥有办事处或代理公司。② 新加坡的转口贸易圈的核心是由马来西亚、印尼、英属婆罗洲、印度支那以及泰国组成的。而历史上这些地区与中国东南沿海保持着非常密切的经济贸易联系，加上大批华侨侨居东南亚，因而使新加坡在亚洲的地位突显出来。这从甲午战争后新加坡在福建对外贸易市场结构中的地位明显地看出。

总之，甲午战争后，福建的对外贸易市场结构，明显地表现出从以欧美为主要市场转向以东亚的日本（以台湾为中介）、东南亚（以新加坡为中介）为主要市场。这样看来，福建与香港、日据台湾、东南亚地区形成了一张主要以亚洲地域为中心的贸易节点，基于此节点之上的是由台商、闽商、侨商为主运营的贸易市场结构图。

在经济一体化过程中，如何充分发挥一个区域对外贸易的优势作用，避免其不利影响，推动经济的发展，可以说是进行对外贸易的终极目标。在全球经济密切联系的形势下，区域化、集团化的发展成为优势发展战略。基于福建历史上形成的、具有深厚文化支撑的与东亚和东南亚地区的经济社会等方面的联系和自然地理等方面的优势，如果能够充分利用这些优势，无疑将会带动福建经济走向腾飞。

---

① 《南洋商业考察团报告书》，上海中华工业国外贸易协会印行1937年版，第20页。
② 刘宏：《战后新加坡华人社会的嬗变：本土情怀·区域网络·全球视野》，厦门大学出版社2003年版，第141页。

参考文献

档案资料及史料汇编

[1]［美］Hsiao Liang-lin, *China's Foreign Trade Statistics*, 1864—1949, Harvard University Press Cambridge, Mass, 1974.

[2] 蔡谦、郑友揆：《中国各通商口岸对各国进出口贸易统计（民国八、十六至二十年）》，国立"中研院"社会科学研究院丛刊，（第五种），商务印书馆1936年版。

[3] 蔡正雅、陈善林：《中日贸易统计》，中国经济学社中日贸易研究所1933年版。

[4] 戴一峰：《近代厦门社会经济概况》，鹭江出版社1990年版。

[5] 戴一峰、厦门海关档案室编：《厦门海关历史档案选编（1911—1949）》，厦门大学出版社1997年版。

[6]《福建历年对外贸易统计》，福建省政府秘书处统计室1935年版。

[7] 福建省档案馆、厦门市档案馆编：《闽台关系档案资料》，鹭江出版社1993年版。

[8] 福建省档案馆编：《福建华侨档案史料（上、下册）》，档案出版社1990年版。

[9] 林金枝、庄为玑编：《近代华侨投资国内企业史资料选辑》（福建卷），福建人民出版社1985年版。

[10] 聂宝璋、朱荫贵：《中国近代航运史资料》（1）（上册），上海人民出版社1983年版。

[11] 彭泽益：《中国近代手工业史资料》（1—4卷），生活·读书·新知三联书店1957年版。

[12] 孙毓棠：《中国近代工业史资料（1840—1895）》（第1辑）（上、下），中华书局1962年版。

[13] 铁道部业务司调查科编：《京粤线福建段沿海内地工商业物产交通报告书》，1933年版。

[14] 汪敬虞：《中国近代工业史资料（1895—1914）》（第2辑）（上、下），中华书局1962年版。

[15] 王铁崖：《中外旧约章汇编》（第1册），生活·读书·新知三联书店1982年版。

[16] 网上资料《福建省省情资料库》，http：//www.fjsq.gov.cn。

[17] 吴亚敏：《近代福州及闽东地区社会经济概况》，华艺出版社1992年版。

[18] 厦门市档案局、厦门市档案馆编，汪方文主编：《近代厦门经济档案资料》，厦门大学出版社1997年版。

[19] 厦门市档案局、厦门市档案馆编，汪方文主编：《近代厦门涉外档案史料》，厦门大学出版社1997年版。

[20] 徐雪筠等译：《上海近代社会经济发展概况（1882—1931海关十年报告）》，上海社会科学院出版社1985年版。

[21] 许道夫：《中国近代农业生产及贸易统计资料》，上海人民出版社1983年版。

[22] 严中平：《中国近代经济史统计资料选辑》，科学出版社1955年版。

[23] 姚贤镐：《中国近代对外贸易史资料（1840—1895）》（1—3卷），中华书局1962年版。

[24] 杨端六、侯厚培：《六十五来中国的国际贸易统计》，国立"中研院"社会科学研究所专刊四号，1931年版。

[25] 《英国领事商务报告》。

[26] 章有义：《中国近代农业史资料》（1—3辑），生活·读书·新知三联书店1957年版。

[27] 《中国旧海关史料（1859—1948）》，中国第二历史档案馆，中国海关总署办公厅，京华出版社2001年版。

[28] 周浩等：《二十八来福建省海关贸易统计》，福建省政府统计室1941年版。

地方文献

[29] （清）《续修浦城县志》卷7，上海书店2000年版。

[30] （清）《闽县乡土志·侯官县乡土志》，海风出版社2001年版。

［31］（民国）《南平县志》卷六，《物产志》，货属，1928年铅印本，成文出版社1974年版。

［32］（民国）《大田县志》卷5，《实业志》，1931年铅印本，成文出版社1975年版。

［33］（民国）《龙岩县志》卷17，《实业志》，农业，1920年铅印本，上海书店2000年版。

［34］（民国）《重纂福建通志（海防·总论）》卷87。

［35］德化县文史资料工作组编：《德化文史资料》第2辑。

［36］福建省文史资料研究委员会编：《福建文史资料选编》第1辑，第5辑，第10辑。

［37］福建省厦门市委员会文史资料研究委员会编：《厦门文史资料选辑》第2辑，第4辑，第10辑，第11辑。

［38］（民国）《古田县志》卷37，《实业志》，1942年铅印本，成文出版社1967年版。

［39］（民国）《政和县志》卷17，《实业志》，农业类，1919年铅印本，成文出版社1967年版。

［40］《建瓯文史资料》编委会编：《建瓯文史资料》第9辑。

［41］《交通史航政编》第2册，交通部、铁道部交通史编纂委员会1935年版。

［42］泉州文史资料编委会编：《泉州文史资料》第3辑，1987年版。

［43］台江文史资料编委会编：《台江文史资料》第6辑，1990年版。

［44］厦门市地方志编纂委员会办公室整理，周凯：《厦门志》，鹭江出版社1996年版。

［45］永春县文史资料工作组编：《永春文史资料》第1辑，1982年版。

［46］（民国）《上杭县志》卷9，《物产志》，卷10，《实业志》，1939年版，上海书店2000年版。

［47］（民国）《永春县志》卷9，《户口志》，1930年铅印本，成文出版社1975年版。

［48］中国文史资料委员会编：《文史资料选辑》第15辑。

年鉴

［49］《辞海》（经济分册），上海辞书出版社1978年版。

［50］《福建省统计年鉴》（第1回），福建省政府秘书处统计室1937年版。

［51］上海市轮船业同业公会编：《航业年鉴》。

［52］张跃庆、张念宏：《经济大辞海》，海洋出版社1992年版。

［53］《中国年鉴》，1928年版。

著作

［54］［德］安德烈·贡德·弗兰克：《世界体系：500还是5000年》，社会科学文献出版社2004年版。

［55］［法］费尔南·布罗代尔：《菲利普二世时代的地中海和地中海世界》（上卷），商务印书馆1996年版。

［56］［法］费尔南·布罗代尔：《15—18世纪的物质文明、经济和资本主义》第3卷，生活·读书·新知三联书店2002年版。

［57］［美］Rew, Justus Dollittle, *Social Life of the Chinese*. New York：HarPer & Brothers 1985, Reprinted in Singapore Grahm Rash，1986.

［58］［美］Robert Gardella, *Harvesting Mountains*：*Fujian and the China Tea Trade*, 1757—1937, Berkeley：University of California Press, 1994.

［59］［美］吉尔伯特·罗兹曼：《中国的现代化》，江苏人民出版社2003年版。

［60］［美］柯文：《在中国发现历史——中国中心观在美国的兴起》，林同奇译，中华书局1989年版。

［61］［美］马士：《中华帝国对外关系史》第1卷，张汇文译，生活·读书·新知三联书店1957年版。

［62］［美］斯塔夫里阿诺斯：《全球通史——1500以后的世界》（上、下），吴象婴、梁赤民译，上海社会科学院出版社1992年版。

［63］［美］苏耀昌：《华南丝区：地方史的变迁与世界体系理论》，中州古籍出版社1987年版。

［64］［美］西·甫·里默：《中国对外贸易》，生活·读书·新知三联书店1958年版。

［65］［美］伊曼纽尔·沃勒斯坦：《现代世界体系》，尤来寅等译，高等教育出版社1998年版。

［66］［日］滨下武志：《近代中国的国际契机：朝贡贸易体系与近代亚洲经济圈》，中国社会科学出版社1999年版。

[67] [日] 东亚同文会编：《支那省别全志》（第14卷·福建省），东亚同文会发行1920年版。

[68] [日]《福建事情》，启成社、外务省通商局1917年版。

[69] [日] 宫崎犀一、奥村茂次、森田桐郎：《近代国际经济要览》，中国财政经济出版社1990年版。

[70] [日] 木宫泰彦：《日中文化交流史》，商务印书馆1980年版。

[71] [日] 日本外务省通商局监理：《福建省事情》，大正十年（1921）版。

[72] [日] 市川信爱、戴一峰：《近代旅日华侨与东亚沿海地区交易圈：长崎华商"泰益号"文书研究》，厦门大学出版社1994年版。

[73] [日]《支那沿岸水路志》（第1卷），水路部1919年版。

[74] [意] 乔万尼·阿瑞吉，贝弗里·J.西尔费：《现代世界体系的混沌与治理》，王宇洁等译，生活·读书·新知三联书店2003年版。

[75] [英] 班思德：《最近百年中国对外贸易史》，海关总税务司统计科译印1931年版。

[76] [英] 格林伯格：《英国贸易与中国开放·1800—1842》，剑桥大学1951年版。

[77]《卞宝弟·卞制军政书》卷4，《近代中国史料丛刊》，台北文海出版社1967年版。

[78] 陈伯坚、黄启臣：《广州对外贸易史》（中），广州出版社1995年版。

[79] 陈慈玉：《中国近代茶叶贸易和世界市场》，台北经济研究所1982年版。

[80] 陈东有：《走向海洋贸易带：近代世界市场互动中的中国东南人行为》，江西高校出版社1998年版。

[81] 陈佳源主编：《福建省经济地理》，新华出版社1991年版。

[82] 陈世钦：《福建省·粮食志》，福建人民出版社1993年版。

[83] 陈文石：《明嘉靖间浙福沿海寇乱与私贩贸易的关系》，"中研院"历史语言研究所1965年版。

[84]（民国）《福建近代民生地理志》，福州远东印书局1929年版。

[85] 陈永成、老福建：《岁月的回眸》，海峡文艺出版社1999年版。

[86]（民国）《今世中国贸易通志》（第3编），商务印书馆1924年版。

[87] 程浩：《广州港史》（近代部分），海洋出版社 1985 年版。

[88] 戴一峰：《区域性经济发展与社会变迁——以近代福建地区为中心》，岳麓书社 2004 年版。

[89] 戴一峰：《厦门与中国近代化·张仲礼·东南沿海城市与中国近代化》，上海人民出版社 1996 年版。

[90] 邓孙禄主编，叶志愿等编写：《厦门港志》，人民交通出版社 1994 年版。

[91] 杜恂诚：《民族资本主义与旧中国政府（1849—1937）》，上海社会科学院出版社 1991 年版。

[92] 杜恂诚：《日本在旧中国的投资》，上海社会科学院出版社 1986 年版。

[93] 樊百川：《中国轮船航运业的兴起》，四川人民出版社 1985 年版。

[94] 樊亢、宋则行：《外国经济史》（第 2 册），人民出版社 1980 年版。

[95] 《福建航运史》（现代部分），人民交通出版社 2001 年版。

[96] 《福建经济研究》（上、下），福建省政府秘书处统计室 1940 年版。

[97] 福建省地方交通史志编纂委员会编著，李功瑞主编：《福建省交通史志》，鹭江出版社 1998 年版。

[98] 福建省地方志编纂委员会编：《福建省志·对外经贸志》，中国社会科学出版社 1999 年版。

[99] 福建省地方志编纂委员会编：《福建省志·海关志》，方志出版社 1995 年版。

[100] 福建省地方志编纂委员会编：《福建省志·粮食志》，中国社会科学出版社 1999 年版。

[101] 福建省福州市委员会文史资料工作组编：《福州地方志简编》（上册），1979 年版。

[102] 《福建省航运史（近代部分）》，福建省航运史编写组 1988 年版。

[103] 福建省轮船总公司史志办编：《福建水运志》，人民交通出版社 1997 年版。

［104］《福建省志·林业志》，方志出版社 1996 年版。

［105］福州港史志编辑委员会编：《福州港史》，人民交通出版社 1996 年版。

［106］格林堡：《鸦片战争前中英通商史》，商务印书馆 1961 年版。

［107］顾海：《厦门港》，福建人民出版社 2001 年版。

［108］顾铭：《闽台经贸关系研究》，厦门大学出版社 1994 年版。

［109］何炳贤：《中国的国际贸易》，商务印书馆 1931 年版。

［110］何绵山：《闽台经济与文化论集》，厦门大学出版社 2002 年版。

［111］黄福才：《台湾商业史》，江西人民出版社 1990 年版。

［112］黄苇：《上海开埠初期的对外贸易研究（1843—1863）》，上海人民出版社 1961 年版。

［113］汇丰银行编：《百年商业》，香港光明文化事业公司 1941 年版。

［114］交通部交通史编纂委员会：《交通史航政编》第 6 册，1931 年版。

［115］《交通史航政编》第 2 册，交通部、铁道部交通史编纂委员会 1935 年版。

［116］金泓：《闽台经济关系——历史·现状·未来》，鹭江出版社 1992 年版。

［117］金祥荣、王文标、严建苗：《出口商品结构研究》，杭州大学出版社 1990 年版。

［118］孔立：《厦门史话》，上海人民出版社 1979 年版。

［119］蓝达居：《喧闹的海市：闽东南港市兴衰与海洋人文》，江西高校出版社 1999 年版。

［120］雷麦：《外人在华投资》，商务印书馆 1959 年版。

［121］李国祁：《中国现代化的区域研究：闽浙台地区，1860—1916》，"中研院"近代史研究所 1987 年版。

［122］李金明、廖大珂：《中国古代海外贸易史》，广西人民出版社 1995 年版。

［123］李金明：《厦门海外交通》，鹭江出版社 1996 年版。

［124］李新：《中华民国史》第 1 编（上），中华书局 1981 年版。

［125］连心豪：《水客走水：近代中国沿海的走私与反走私》，江西高校出版社 2005 年版。

［126］连心豪：《中国海关与对外贸易》，岳麓书社 2004 年版。

［127］廖大珂：《福建海外交通史》，福建人民出版社 2002 年版。

［128］列宁：《中国的战争》，《列宁选集》第 4 卷。

［129］（民国）《大中华福建省地理志》，中国地学会 1919 年版。

［130］林存和：《福建之纸》，福建省政府统计室 1941 年版。

［131］林坚：《远渡重洋：中美贸易两百年》，厦门大学出版社 2003 年版。

［132］林金水：《福建对外文化交流史》，福建教育出版社 1997 年版。

［133］林开明主编：《福建航运史（古近代部分）》，人民交通出版社 1994 年版。

［134］林满红：《清末台湾与祖国大陆之贸易形态比较》，《中国近代现代史论集》第 29 集，台湾商务印书馆。

［135］林庆元：《福建近代经济史》，福建教育出版社 2001 年版。

［136］林仁川：《福建对外贸易与海关史》，鹭江出版社 1991 年版。

［137］林仁川、黄福才：《闽台文化交融史》，福建教育出版社 1997 年版。

［138］林仁川：《明末清初私人海上贸易》，华东师范大学出版社 1987 年版。

［139］林沙：《话说厦门》，厦门大学出版社 1999 年版。

［140］刘宏：《战后新加坡华人社会的嬗变：本土情怀·区域网络·全球视野》，厦门大学出版社 2003 年版。

［141］刘淑兰：《主要资本主义国家近现代经济发展史》，中国人民大学出版社 1987 年版。

［142］刘素芬：《日治初期台湾的海运政策与对外贸易（1895—1914）》，《中国海洋发展史论文集》（7）（下册），1999 年版。

［143］《马克思恩格斯论中国》，新华书店 1950 年版。

［144］《马克思恩格斯资本论书信集》，人民出版社 1976 年版。

［145］毛泽东：《毛泽东选集》合订本，人民出版社 1967 年版。

［146］茅乐楠：《新兴的厦门》，生活出版社 1934 年版。

［147］《南洋商业考察团报告书》，中华工业国外贸易协会印行 1937 年版。

［148］农商务省商务局：《重要出口工业品要览》上编，1909 年版。

［149］全国经济委员会编：《制糖工业报告书》，1936 年版。

［150］任美锷：《东南亚地理》，中国青年出版社 1954 年版。

［151］《日本帝国主义与中国》，北京大学出版社 1989 年版。

［152］萨士武、傅衣凌：《福建对外贸易史研究》，福建省研究院社会科学研究所 1948 年版。

［153］上海社会科学院经济研究所、上海市国际贸易学会学术委员会编著：《上海对外贸易（上）》，上海社会科学院出版社 1989 年版。

［154］上海市木材总公司：《上海木材流通志》，1996 年版。

［155］苏警予等：《厦门指南》，1931 年版。

［156］苏水利等：《厦门对外经济贸易志》，中国统计出版社 1998 年版。

［157］孙玉琴：《中国对外贸易史教程》，对外经济贸易大学出版社 2005 年版。

［158］《台湾交通史》，《台湾研究丛刊》第 37 种，1955 年版。

［159］《台湾省通志》卷 4，《经济志》，商业篇，众文图书股份有限公司 1980 年版。

［160］《台湾省通志·政事志·外事篇》，台湾省文献委员会 1998 年版。

［161］台湾总督府事务部：《福州事情》，台北印刷株式会社 1941 年版。

［162］唐次妹：《厦门与台湾》，鹭江出版社 1999 年版。

［163］唐文基：《福建古代经济史》，福建教育出版社 1995 年版。

［164］唐永基、魏德端：《福建之茶》，福建省政府统计室 1941 年版。

［165］田汝康：《17—19 世纪中叶中国帆船在东南亚洲》，上海人民出版社 1957 年版。

［166］汪敬虞：《十九世纪西方资本主义对中国的经济侵略》，人民出版社 1983 年版。

［167］王日根、陈支平：《福建商帮：海商劲旅，积极进取》，中华

书局 1995 年版。

［168］王正毅：《世界体系论与中国》，商务印书馆 2000 年版。

［169］翁礼馨：《福建之木材》，福建省政府秘书处统计室 1940 年版。

［170］翁绍耳：《福建省松木产销调查报告》，协和大学农经系印本 1941 年版。

［171］巫宝三、张之毅：《福建省粮食之运销》，商务印书馆 1938 年版。

［172］吴承洛：《今世中国实业通志》第 1 编，下册，1928 年版。

［173］吴凤斌：《东南亚华侨通史》，福建人民出版社 1994 年版。

［174］吴在桥：《旅港闽侨商号名人录》，1947 年版。

［175］武堉幹：《中国国际贸易概论》，商务印书馆 1930 年版。

［176］厦门大学历史研究所、中国社会经济史研究室编著：《福建经济发展简史》，厦门大学出版社 1989 年版。

［177］厦门港史志编纂委员会编：《厦门港史》，人民交通出版社 1993 年版。

［178］《厦门华侨志》，鹭江出版社 1991 年版。

［179］厦门交通志编纂委员会编：《厦门交通志》，人民交通出版社 1989 年版。

［180］厦门市粮食局：《厦门粮食志》，鹭江出版社 1989 年版。

［181］厦门市社会科学界联合会编：《迈向 21 世纪海洋新时代："厦门海洋社会经济文化发展国际学术研讨会"论文选》，厦门大学出版社 2000 年版。

［182］《新加坡的经济增长——20 世纪里的贸易与发展》，中国经济出版社 2001 年版。

［183］徐天胎：《福建现代史》第 2 册，福建师范大学图书馆藏抄本。

［184］徐雪寒：《中国关税二重性》，《中国经济论文集》（第 2 集），生活书店 1935 年版。

［185］许涤新、吴承明：《中国资本主义发展史》（第 2 卷），人民出版社 1990 年版。

［186］许雪姬：《日治时期的〈台湾华侨〉（1937—1945）》，中国海

洋发展史论文集（6）。

［187］严中平：《中国棉纺织史稿》，科学出版社 1955 年版。

［188］杨生茂：《美国外交政策史（1775—1989）》，人民出版社 1991 年版。

［189］姚洪卓：《近代天津对外贸易（1861—1948）》，天津社会科学院出版社 1993 年版。

［190］［日］野上英一：《福州考》，福州东瀛学校，昭和十二年（1937）版。

［191］于恩德：《中国禁烟法令变迁史》，中华书局 1934 年版。

［192］余绳武、刘存宽：《十九世纪的香港》，中华书局 1994 年版。

［193］张炳南、李汝和、金成前、经济志水产编者编：《台湾通志》（第 4 卷第 2 册），台湾省文献委员会 1969 年版。

［194］张楚琨：《陈嘉庚光辉的一生，回忆陈嘉庚》，文史资料出版社 1984 年版。

［195］张敦富：《区域经济学原理》，中国轻工业出版社 1999 年版。

［196］张天泽：《中葡早期通商史》，香港中华书局 1988 年版。

［197］张晓辉：《香港与中国近代对外贸易》，中国华侨大学出版社 2002 年版。

［198］张友伦、李节传：《英国工业革命》，天津人民出版社 1980 年版。

［199］张遵旭：《福州及厦门》，1916 年版。

［200］章开沅、马敏、朱英：《中国近代民族资产阶级研究》，华中师范大学出版社 2000 年版。

［201］章友江：《对外贸易政策》，正中书局 1943 年版。

［202］郑剑顺：《福州港》，福建人民出版社 2001 年版。

［203］郑林宽：《福建华侨汇款》，福建省政府秘书处统计室 1940 年版。

［204］郑友揆：《中国的对外贸易和工业发展（1840—1948）——史实的综合分析》，上海社会科学院出版社 1984 年版。

［205］郑之钦：《福建港论文集》，福州港务局出版社 1992 年版。

［206］《中国国际贸易概论》，国立"中央大学"丛书，1941 年版。

［207］中华会馆：《落地生根——神户华侨与神户中华会馆百史》，

研文出版社 2000 年版。

［208］《中华民国外交史》（第 1 卷），正中书局 1945 年版。

［209］中华人民共和国厦门海关编：《厦门海关志（1684—1989）》，科学出版社 1994 年版。

［210］周宪文：《台湾经济史》，台湾开明书店 1980 年版。

［211］朱代杰、季天祐：《福建经济概况》，福建省政府建设厅 1947 年版。

［212］朱国宏：《经济社会学》，复旦大学出版社 1999 年版。

［213］朱英：《甲午战后清政府经济政策的变化及其影响》，《甲午战争史论文集》。

［214］庄为玑：《海上集》，厦门大学出版社 1996 年版。

论文

［215］Cartier, Carolynlee, *Mercantile Cities on the South China Coast: Ningbo, Fuzhou, and Xiamen, 1840—1930*, Berkeley: University of California, 1991.

［216］Cook, James Alexander, *Bridges to Modernity: Xiamen, Overseas Chinese and Southeast Coastal Modernization 1843—1937*, San Diego: University of California, 1998.

［217］H. C. Sirr, *China and the Chinese*, London: 1848, Vol. I, pp. 175 - 176.

［218］［荷］陈绍刚：《十七世纪上半期的中国糖业及对外蔗糖贸易》，《中国社会经济史研究》1994 年版。

［219］［日］藤田正典：《17、18 世纪的中英通商关系——以东印度公司为中心》，《东亚论丛》1939 年第 2 期。

［220］［英］卫京生：《福州开放为通商口岸早期的情况》，《福建文史资料选编（1）》。

［221］陈君发、陈祖模：《福建果产业概况》，《福建经济问题研究》1947 年，第 104 页。

［222］陈来幸：《通过中华总商会网络——论日本大正时期的阪神华侨与中日关系》，《华侨华人历史研究》2000 年第 4 期。

［223］陈名实：《晚清福建厦门港与香港的经贸往来》，《福建史志》1997 年第 3 期。

［224］陈肇英：《福建省银行三周纪念刊》，福州万有图书社印行1938年版。

［225］陈争平：《1895—1936年中国进出口贸易值的修正及贸易平衡分析》，《中国经济史研究》1994年第1期。

［226］陈争平：《试析1895—1930中国进出口商品结构的变化》，《中国经济史研究》1997年第3期。

［227］戴一峰：《近代环中国海华商跨国网络研究论纲》，《中国社会经济史研究》2002年第1期。

［228］戴一峰：《试论近代福建的木材加工业》，《福建论坛》1991年第3期。

［229］戴一峰：《论近代福建木材业——近代福建林业史研究之二》，《中国社会经济史研究》1991年第2期。

［230］戴一峰：《论近代闽江上游地区商品经济发展制约因素》，《中国社会经济史研究》1987年第3期。

［231］戴一峰：《闽南华侨与近代厦门城市场经济的发展》，《华侨华人历史研究》1994年第2期。

［232］戴一峰：《南中国海与近代东南地区社会经济变迁——以闽南地区为中心》，《史林》2005年第2期。

［233］戴一峰：《五口通商时期的福建对外贸易》，《福建论坛》（文史哲版）1988年第1期。

［234］戴一峰：《中国近代海关史研究述评》，《厦门大学学报》（哲学社会科学版）1996年第3期。

［235］陈肇英：《福建银行三周纪念刊》，福州万有图书社1938年版。

［236］福建省委员会：《厦门的洋行与买办》，《福建文史资料》（第5辑），1981年。

［237］福建省厦门市委员会文史资料研究委员会编：《厦门卷烟业》，《厦门文史资料》（第10辑），1986年。

［238］胡刚：《二十世纪初闽南蔗糖业的衰落及其原因探析》，《厦门大学学报》1988年第2期。

［239］胡刚：《近代福建茶叶对外贸易的盛衰》，《中国经济问题》1985年第1期。

[240] 黄逸平、叶松：《1929—1934年"国定税则"与"关税自主"剖析》，《中国社会经济史研究》1986年第1期。

[241] 黄智森：《近代福建木材贸易的兴衰》，《福建史志》1991年第4期。

[242] 《解放前厦门的绸布商业》，《厦门文史资料选辑》（第4辑），1983年。

[243] 《近代福建茶叶外销消长的原因》，《福建论坛》（文史哲版）1985年第5期。

[244] 雷慧英：《近代福建与日本的贸易及文化交流》，《福建学刊》1998年第2期。

[245] 梁民愫：《试论近代福建三都澳开埠后的对外贸易及其特征》，《江西师范大学学报》（哲学社会科学版）2000年第4期。

[246] 廖赤阳：《福建商人と近代アジア域内传统贸易——长崎华商泰益号の厦门贸易を中心として》，日本南京大学1993年硕士学位论文（未刊）。

[247] 林仁川：《民国时期福建的木材生产与输出》，《中国社会经济史研究》1988年第4期。

[248] 林仁川：《民国时期福建纸的生产与运销》，《中国社会经济史研究》1989年第1期。

[249] 林星：《近代福建城市史发展研究（1843—1949）——以福州、厦门为中心》，厦门大学2004年博士学位论文。

[250] 刘梅英：《试论近代福建粮食进口贸易》，《厦大史学》2006年第2期。

[251] 陆大年：《二十四年来福建省对外贸易长期趋势之检讨》，《福建经济研究》（下）1940年版。

[252] 陆大年：《民国廿三、廿四两年来福建之对外贸易》，《福建经济研究》（下册）1940年版。

[253] 《漫话建瓯私营锯木厂》，《建瓯文史资料》（第9辑），1986年。

[254] 民建厦门市委员会、厦门市工商业联合会编：《厦门纸箔出口外销的变化》，《厦门工商集萃》1984年。

[255] 《闽台关系史》，《福建论坛》1988年第1期，第2期，第

5 期。

[256] 聂德宁：《近代中国与暹罗贸易往来》，《南洋问题研究》1996 年第 1 期。

[257] 聂德宁：《近代中国与新加坡经贸关系概述》，《南洋问题研究》1994 年第 1 期。

[258] 聂德宁：《中国与新加坡的早期贸易往来》，《近代史研究》1997 年第 1 期。

[259] 潘德深：《宋代福州港的对外贸易》，《福建地方志通讯》1986 年第 2 期。

[260] 彭景元：《试论近代厦门茶叶贸易五十》，《农业考古》1995 年第 4 期。

[261] 吴承禧：《厦门的华侨汇款与金融组织》，载国立"中研院"社会科学研究所主办《社会科学杂志》第 8 卷，1936 年第 2 期。

[262] 习五一：《1895—1931 年台湾食糖贸易研究》，《近代史研究》1995 年第 5 期。

[263] 谢冰、曾国良：《日据时期闽台经济关系研究》，《中南民族学学报》（人文版）2001 年第 5 期。

[264] 徐晓望：《论近代福建经济演变的趋势》，《福建论坛》1990 年第 2 期。

[265] 徐晓望：《清—民国福建粮食市场的变迁》，《中国农史》1992 年第 3 期。

[266] 许念晖：《虞洽卿的一生》，载文史资料选辑（第 15 辑）。

[267] 杨喜熺：《郑和下西洋航线的形成以及停航的原因》，《大连海运学院学报》1981 年第 1 期。

[268] 叶涛：《日据台时期闽台贸易考略》，《中国边疆史地研究》1998 年第 1 期。

[269] 张福安：《厦门经济概况》，《福建文化》1932 年第 1 期，第 6 期，第 11 期。

[270] 张振国：《论甲午战争前后日本对华经济扩张——以棉纺织业为例》，《日本问题研究》1994 年第 3 期。

[271] 张振玉：《近代福州港对外贸易述略》，《福建史志》2000 年第 6 期。

[272] 章振乾等:《福建主要侨区农村经济探论》,《厦门大学学报》(社会科学版) 1957 年第 1 期。

[273] 朱德兰博士学位论文:《近代における长崎华商泰益号の国际贸易活动の研究》,1995 日本九州大学文学部学位论文,参见《中国海洋发展史论文集》(第 7 辑),台湾"中研院"中山人文社会科学研究所 1999 年版。

民国报刊

[274]《复兴月刊》第 4 卷第 8 期。

[275]《工商半月刊》第 7 卷第 13 号。

[276]《前线日报》1933 年第 12 期。

[277]《商务官报》(1—5)影印本。

[278]《商业月报》第 16 卷 (4),1936 年。

[279]《星光日报》1935 - 11 - 11,1938 - 1 - 10。

[280]《中国茶讯》1950 年。

[281]《中外经济周刊》1926 年。

[282]《中行月刊》第 10 卷 (3)。

[283]《闽政月刊》1941 年第 8 辑,第 9 卷 (2)。

[284]《闽政丛刊》1941 年。

[285]《统计月刊》第 2 卷 (4)。

后　　记

　　本著是在本人博士论文的基础上修改而来。

　　寒来暑往，已过数载。出版过程中，几易其稿，仍有颇多缺憾！难道处女作必须这样，保持几分生涩，几分固执？何年何月再回首，感叹苍生易老。

　　相信每一个"地球人"都经历着新纪元全球化进程中贸易、金融、人才、技术、信息流动的冲击，享用着全球化带来的"福利"。这些福利通过最基本的形式"贸易流"为载体进行着连接和传播。从过去被迫走入世界，到现在主动开放面向全球每一个角落。

　　世界是丰富多彩的，中国是繁荣昌盛、包容和谐、幸福创新的。周边国家和地区感受到了中国的日益强大和友好，区域联动是这个时代的最强音；世界感受到了中华崛起的震憾与新时代"世界工厂、"全球市场"的不可小觑。

　　同一个命运共同体承载着太多故事，发挥区域经济优势是中国努力要为世界的付出和贡献。

　　需要感谢的人太多，我会记住你曾经路过我的世界。

　　谨以寥寥数句表达我的情愫。

刘梅英

钱塘江畔

二零一五年冬